U1017398

本书由中国—上海合作组织国际司法交流合作
培训基地资助出版

上海合作组织年度法治报告

（2017）

刘晓红　倪正茂·主　编
贾少学　石其宝·副主编

The SCO's Annual Report on
Promoting the Rule of Law
(2017)

法律出版社
LAW PRESS·CHINA

本书编委会

主　编：刘晓红　倪正茂

副主编：贾少学　石其宝

编　委：刘晓红　倪正茂　贾少学
石其宝　占茂华　张陶然
华　莉　赫　潇　庞冬梅

中国—上海合作组织国际司法交流合作培训基地（简称中国上合基地）于2014年5月20日正式奠基，2017年7月全面落成并正式投入使用。

2013年9月13日，在上海合作组织成员国元首理事会第13次会议上，中国国家主席习近平在题为《弘扬“上海精神”，促进共同发展》的发言中宣布，中方将在上海政法学院设立“中国—上海合作组织国际司法交流合作培训基地”，愿意利用这一平台为其他成员国培养司法人才。

2014年9月12日，习近平主席在上海合作组织成员国元首理事会第14次会议上再次宣布：“中方将依托中国—上海合作组织国际司法交流合作培训基地，协助成员国培训司法人才。”

2015年7月10日，习近平主席在上海合作组织成员国元首乌法峰会上表示：“中方将依托中国—上海合作组织国际司法交流合作培训基地，协助成员国培训司法人才。”

2018年6月10日，习近平主席在上海合作组织元首青岛峰会上宣布：“未来3年，中方愿意利用中国—上海合作组织国际司法交流合作培训基地等平台，为各方培训2000名执法人员，强化执法能力建设。”

今后，上海政法学院将平稳、有序、高效地推进中国上合基地建设，汇集上海、全国乃至全球范围的资深专家，形成多元、开放、国际化的研究队伍，着力打造以论坛、智库、培训三大功能为主的国家级国际司法合作交流平台。

卷首语

习近平总书记在党的十九大报告中明确指出，中国特色大国外交要推动构建新型国际关系，推动构建人类命运共同体。

上海合作组织作为唯一由我国发起成立、以中国城市命名的国际组织，是我国同俄罗斯、中亚及印、巴等国开展多双边合作的重要平台，是维护地区安全稳定的有效机制和我国参与国际事务的重要杠杆。上海合作组织成立十余年来，适应了在新形势下解决地区安全问题和各种形式合作的迫切需要，在国际上的威望和影响不断增强，在解决国际和地区热点问题中发挥了十分重要的作用。

2013 年 9 月 13 日，习近平主席在上海合作组织比什凯克峰会上宣布，中方将在上海政法学院设立“中国—上海合作组织国际司法交流合作培训基地”，愿意利用这一平台为其他成员国培养司法人才。作为直接服务国家外交、安全战略的国家级平台，上合组织培训基地在理事会的领导下，通过开展国际化人才培养培训、智库建设、学术论坛，对推进上合组织框架内司法、教育、文化等方面的交流合作发挥着独特的作用。

上海政法学院坚持以服务国家战略为己任。围绕上合组织研究，学校专门组建了学术团队，陆续形成了一批研究成果，出版了一批学术著作。《上海合作组织法治报告》作为其中一项课题，以上合组织及其成员国法治建设为研究对象，以年度报告的形式编辑成册。今天,在研究团队精诚合作与共同努力下,首期年度报告得以顺利问世,填补了上合组织法治研究领域的空白。该报告旨在为中国深入了解上海合作组织其他成员国的法治建设状况,力求提供目前国内最前沿、全面的研究成果。良好的开端是成功的一半。我相信,经过若干年的累积和打磨,《上海合作组织年度法治报告》定能够日臻完善、自成一家,成为上合组织法治研究的“拳头产品”和“学术品牌”。

学校以上合组织培训基地为重要平台,着力实施系列学术研究和交流计划,包括专项课题研究计划、学术专著出版计划、科研人员出访交流计划、海外学者驻访计划、外事官员旋转门计划等,力争在上合组织研究、俄语法律文献翻译、“一带一路”沿线国家法律查明、海外权益法律保障等方面产出更多的精品力作,将上合组织法律研究项目及学术团队建设成为国内一流、国际知名的学术及智库品牌。

“大道之行,天下为公。”在推动构建新型国际关系和人类命运共同体的进程中,中国正在以积极有为的姿态,发出中国声音,提出中国方案,贡献中国智慧。作为一所高校,我们将继续发挥人才资源和科研平台优势,对接理论前沿,关注热点问题,加强应用研究,为服务国家战略和社会需求、推进国际法治建设和人类文明进步做出自己应有的贡献。

上海政法学院校长　刘晓红

2018年3月6日

目 录

Contents

ОГЛАВЛЕНИЕ

一、上海合作组织总报告

上海合作组织法治化进程及其展望

贾少学*

内容摘要：随着国际政治经济格局进行深刻调整，全球化进程出现逆全球化的现象，非传统安全问题日益凸显，地区安全风险不断加大，各个成员国区域意识增强，上海合作组织区域治理进程加速深化。在此背景下的上合组织相关法律机制不断完善发展，上海合作组织在政治合作、经济合作、安全合作、人文合作等领域不断拓展，中国"一带一路"倡议为上海合作组织合作机制建构提供了重要的支撑。上海合作组织经过 2001～2016 年十余年的建设发展成效显著，2017 年该组织法治化进程进一步深入与加快，尤其是在成员扩容、反极端主义、贸易便利化、法律服务保障等方面取得较快推进，为组织自身"升级转型"提供了重要的制度基础。上海合作组织成员国法治化进程已进入了从理念到行动、从规范到实践的新阶段，为使上海合作组织区域一体化合作不断走向成熟，未来尚需对能源安全合作、争端解决、贸易便利化、反恐人权保障等问题进行深入思考与完善，实现上海合作组织区域治理从政策导向向规则导向的法治模式转变。

---

* 作者简介：贾少学，男，副教授，上海政法学院。本文系作者主持国家社科基金一般项目《欧亚经济联盟成员国能源安全法律规制研究》(16BFX175)阶段性成果。

关键词:上海合作组织;法治建设;“一带一路”;区域治理;全球化;国际法治

引言

随着国际化进程的持续推进,上海合作组织(以下简称上合组织)内部各个成员国所面临的各类挑战越发突出,重塑上合组织区域治理新秩序的需求绝非偶然,更非某一国家单独能够完成的。上合组织发展正面临重大的内外部机遇,对外美国战略紧缩,西方主导的全球秩序控制力下降,发达经济体提供公共产品的类别与能力减弱;对内上合组织成立至今已经积累了相当丰富的组织运作发展经验,“上海精神”的宗旨为各个成员国所普遍接受,上合组织发展已完成基本法律机制与运作体系的建立。①

上海合作组织发端于“上海五国”机制。苏联解体后,中国周边出现了很多新的独立国家,相关国家围绕着边境地区军事力量裁减以及边界问题进行谈判,中、俄、哈、吉、塔五国于1996年先后分别签署了《关于在边境地区加强军事领域信任的协定》以及1997年《在边境地区相互裁减军事力量的协定》,这两个协定标志着上海五国机制形成,为后来解决相关国家边界问题提供了法律基础。上海五国机制开启了上合组织安全合作乃至全面合作的大门。② 有国外学者亦评论称,上海合作组织毫无疑问在显著缓解周边紧张局势和非军事化之间的状态,通过和有关国家进行谈判和签订领土划界条约的方式,在多边政治、经济、军事、科学和文化方面合作取得了很大成就,这根植于国家遵守共同原则与不可分割的安全所形成的模式。③ 随着边界问题的逐步解决,上海五国机制所涉及话题也逐渐从军事安全领域向更多领域转移,后来历经1998年《阿拉木图宣言》、1999年《比什凯克宣言》,并在2000

---

① 参见李进峰:《上海合作组织15年:发展形势分析与展望》,社会科学文献出版社2017年版,第17~18页。

② 参见潘光主编:《稳步前进的上海合作组织》,时事出版社2014年版,第3~4页。

③ *Виталий Воронович*. Роль совершенствования договорно-правовой базы в развитии шанхайской организации сотрудничества. Журнал международного права и международных отношений № 3 – 2014, с. 39.

年《杜尚别宣言》中正式提出将上海五国机制转为合作组织，由原有的会议模式向地区合作组织模式转换。上海合作组织的建立和发展对于维护地区安全稳定，促进区域经济合作，提升中国国际影响力，具有极其深远的战略意义。2002 年上海合作组织圣彼得堡峰会期间通过的《上海合作组织宪章》《关于地区反恐怖机构的协定》《上海合作组织成员国元首宣言》，为该组织作为政府间国际组织的机制化建设提供了基本法律保障。《上海合作组织宪章》全文共 26 条，明确规定了该组织的宗旨任务、原则、合作方向、机构设置、运行规则、经费缴纳、成员加入、决议方式、争议解决以及应当遵循的其他规定，使该组织具备了真正意义上的国际法主体属性。① “现阶段，上合组织的主要意义在于增加保障安全方式、手段、路径的多样性，指向集体打击不同层次安全挑战、威胁、风险以及建立政治、经济、军事、科技等相互联系的平台。”②

自 2001 年 6 月 15 日上海合作组织正式成立以来，上合组织成员国合作渐进深入，已涵盖了政治、安全、经济、人文等各方面。就诸多领域合作的法治建设层面而言，上海合作组织政治合作的法律问题涉及上合组织的长期发展战略、目标设立、主要方向与总体措施等；安全合作法律研究主要涉及上海合作组织在打击恐怖主义、极端主义、分裂主义等方面的制度运作机制的法律问题；经济合作法律问题主要包括贸易投资便利化、上海合作组织自由贸易区设立、成员国之间的能源合作、基础设施建设等；人文合作法律问题涉及上合组织在教育、科技、文化、旅游等领域的制度规范。如果对上合组织作一种历史性考察，那么上合组织自 2001 年成立到 2016 年可划分为三个发展阶段：2001 年到 2004 年是初创阶段，这一阶段奠定了上海合作组织机制化建设的法律基础及安全、经贸合作的基本制度框架。2005 年到 2010 年是机制完善与合作领域扩展阶段，从以安全、经济合作逐步扩展到政治、安全、经济、人文的综合全面合作。2011 年至 2016 年是稳步发展与组织扩容阶段，包括“一带一路”倡议加快推进，中、俄、哈、塔等国的对外发展战略

---

① 载 http://www. pkulaw. cn/fulltext _ form. aspx/pay/fulltext _ form. aspx? Db = alftwotitle&Gid = 100666863，访问日期：2017 年 8 月 1 日。

② *Виталий Воронович*. Журнал международного права и международных отношений № 3 – 2014，с. 42.

对接,启动上合组织吸收印巴扩容等内容的确立阶段。

目前,国内外关于上海合作组织的学术研究成果较为丰富,然而相关论著主要是从地缘政治、国际关系或区域经济等角度进行分析和探讨,集中于上海合作组织的创立、发展过程与未来趋势的考察和描述,聚焦于上海合作组织机制发展。此类研究多采用国际机制理论,强调地缘政治、国家利益与区域组织间的互动关系。学界对上合组织从法律方面甚至是法治建设层面予以全面分析的尚不多见,非常值得学者深入探讨。随着上海合作组织各项建设逐步走向正轨,法律角色的重要性日益彰显。在此情形下,研究上合组织法律机制的积极作用和客观影响,对若干带有全局性、普遍性、本质性特征的问题进行探究,挖掘区域合作机制的内在规律,对于推动上海合作组织不断向纵深发展具有重要的意义。

一、上海合作组织法治建设的时代意蕴

全球化进程中主权国家面临的诸多挑战,无疑对于上合组织及其成员国的发展产生了新的影响。全球化时代主权国家与超国家的国际组织、国内各种公民社会组织共同分担使用原有主权国家的治理权力。[①] 然而,从国际层面来说,民族国家是所有国际规制的合法性源泉,民族国家在全球化时代仍然发挥着重要作用。[②] 上合组织法治建设离不开作为国际法主体的成员国的支持与努力,但同时上合组织法治建设的发展逻辑是在求同存异、相互平等、民主协商的前提下,积极构建与发挥国际组织的主体作用。

(一)上海合作组织区域治理法治化

“法治是一个融汇多重意义的综合观点,是民主、自由、平等、人权、理性、文明、秩序、效益与合法性的完美结合。”[③]习近平主席提出的国际关系法治化具有重要意义,在国际关系中各国应当遵守国际法规范和公认的国际关系基本准则,在国际法的框架下通过共商、共建与共享达成国际关系秩序的和谐稳定。[④] 在当今的国际社会中,主要来源于国际

---

① 参见俞可平等:《全球化与国家主权》,社会科学文献出版社2004年版,第15~16页。

② 同上书,第46~47页。

③ 张文显:《二十世纪西方法哲学思潮研究》,法律出版社2006年版,第532页。

④ 黄进:《习近平全球治理与国际法治思想研究》,载《中国法学》2017年第5期。

条约、国际惯例和国际组织规范的国际法是调解各国关系的重要手段。由于缺乏凌驾于所有国家之上的世界议会来制定国际法并缺乏一个强制执行的世界政府和对所有国家有管辖权的司法机构,国际组织实际承担着全球性法律原则、规则和制度的创造者的角色。[①] 国际关系法治化是全球和区域关系健康发展的重要组成,秉承"上海精神"的上合组织在法治建设层面向国际社会提出了新型的国际关系法治化的制度需求,从根本上建立上合组织区域治理的公正合理秩序。上合组织区域法治化是国际社会法治化的一种表现形态,国际秩序法治化是上合组织与其成员国良性互动的结果,有其坚实牢固的国际社会实践基础。上合组织区域建设的法治化状态在上合组织区域治理进程中的地位十分重要,作为上合组织机制建构和运行的结果,不仅对上合组织本身、各个成员国国家以及周边区域的发展产生了重要作用,而且对全球化、区域一体化国际趋势下的国际关系也带来巨大影响。"随着全球联系的增强,对单个政府来说,战略政治可以选择的范围和许多传统政治工具的有效性都往往在下降。"[②]"正是在这个意义上,国家中许多传统领域(国防、经济管理、卫生、法律和制度)的行动和职责,如果没有制度化的多边协作形式将不再可能实现。"[③]

上海合作组织以广泛丰富的实践活动创设,发展了自身独特的法律秩序。上合组织合作机制已经成为推进国际关系民主化、完善全球治理的重要机制。正如有学者分析的,"国际组织和多边机构的治理机制在合法性支撑的基础、代表性、责任性和透明性等方面存在不足和缺陷,严重地影响和制约了其治理的有效性"[④]。上合组织区域治理法治化有效性的增强要有赖于中国、俄罗斯主要大国的国家治理能力的提高。上合组织法治建设将带动上合组织发展路线图的设定、相关国家的权利与义务界定;协调成员国间、成员国与上合组织法律冲突;促进成员国的国内立法体系的协调发展。

---

① 参见俞可平等:《全球化与国家主权》,社会科学文献出版社 2004 年版,第 233 页。

② [英]戴维·赫尔德、[英]安东尼·麦克格鲁:《全球化与反全球化》,陈志刚译,社会科学文献出版社 2004 年版,第 20 页。

③ 同上书,第 21 页。

④ 蔡拓、杨雪冬、吴志成主编:《全球治理概论》,北京大学出版社 2016 年版,第 109 页。

上合组织区域治理在其法治化方面不断凝聚共识,形成政治、安全、经济、人文等领域的区域治理法律机制,将安全合作作为第一目标与最直接任务,构建了包括上合组织各领域公约、条约、协定等,从全方位、多层次、不同领域为上合组织区域提供法律上的保障。康德认为,规则的正义取决于其普遍化的可能性,它的普遍适用是否是可能的及受欢迎的(绝对规则),归纳这种规则普遍适用的所有相似情形,并使之成为一般立法信条。[①] 上合组织的法治建设发展的实质就是在不断地为上合组织运行提供合法性与正当性基础。现阶段上合组织的主要任务不仅是继续拓展合作的深层次突破点,而且要力图建立上合组织区域化治理的国际规则话语体系。上合组织合作法律机制化是加强“上合组织”区域治理的重要路径,是通过成员国共同意思表示制定或认可的原则、规范及程序,包含多主体、多层级、多领域网状法律治理体系,注重上合组织内部的软法与硬法相结合,国际法与国内法的关系处理。

(二)积极践行“一带一路”倡议

“一带一路”倡议自 2013 年提出以来,已从最初理念构想转化为实践方案的落实。目前,已经有包括上合组织成员国在内的 100 多个国家和国际组织积极支持和参与“一带一路”建设。上合组织如俄、哈等主要成员国是“一带一路”区域的重要节点国家,现阶段上合组织成员国的多领域合作也成为国际社会关注的焦点问题。“一带一路”倡议已经成为上合组织平台发展的有益支撑,为上合组织发展提供了重要的助推力和润滑剂,对于上海合作组织及其成员国的各方面合作有着重要意义。

上合组织发展过程中各个国家在安全领域的合作所带来的利益增长必然会将合作推广到其他领域。[②] “迄今为止,国际社会还没有出现一套可以普遍适用于所有国际组织参与国际法实施的一般性规则和制

---

① ［德］彼德斯曼:《国际经济法的宪法功能与宪法问题》,何志鹏、孙璐译,高等教育出版社 2004 年版,第 133 页。

② 参见余建华、戴轶尘:《非传统安全的区域治理与上海合作组织》,载《社会科学》2009 年第 7 期。

度，这种统一的规制能否出现、何时出现尚有待国际实践的发展。”①在“一带一路”倡议框架下，如何有效促进上合组织成员国的合作，积极发挥中国的主体性作用，在政治、经济秩序等方面争取治理话语权，打破少数国家对全球治理规则的垄断，是中国在全球治理模式上亟须探索的重大问题。中国正在不断通过上合组织平台积极寻求国际关系法治化的实现以及建立公正有序的国际法治环境，促进人类命运共同体形成。上合组织法律机制的建立应当立足于上合组织各成员异质化特征和现有发展阶段的认知上，应从执行效率、满足成员利益需求的能力与价值规范的吸引力三个方面入手进一步明确组织定位，凝聚上合组织核心价值，增强制度认同。②

俄罗斯作为上合组织重要的成员国，是“一带一路”倡议中最大的经济市场之一，是亚洲投资银行的创始成员国之一，俄罗斯的对外战略对于上合组织发展走向意义重大。2014 年 5 月，俄罗斯总统普京在中国上海出席亚洲相互协作与信任措施会议第四次峰会，与中国国家主席习近平共同签订《中俄关于全面战略协作伙伴关系新阶段的联合声明》，象征着中俄关系已提升到全面战略协作伙伴关系新阶段。由俄罗斯主导的欧亚经济联盟与中国“一带一路”倡议的对接，对于将来上合组织区域政治经济格局的发展有着非同一般的战略意义，同时中国和有关成员国包括哈萨克斯坦“光明之路”等发展战略积极对接，上海合作组织为此发挥了重要的平台作用。

二、上海合作组织法治建设总体回顾

2001 ~ 2016 年经过十余年的发展，上合组织各个领域的法治建设取得了积极成果，包括上合组织区域持续有效打击“三股势力”，维护地区安全稳定，吸收印巴加入上合组织的扩容工作，贸易便利化进程不断深化，区域国家间的人文交流合作不断加强等。“由于国际法律和国际机构的创立促进了国际间的相互依赖关系的协调，国家间的和谐得以维系。由于国家内部的福利和安全日益与全球的福利和安全紧密联系

① 饶戈平主编：《国际组织与国际法实施机制的发展》，北京大学出版社 2012 年版，第 27 页。

② 参见陈小鼎、马茹：《上合组织在丝绸之路经济带中的作用与路径选择》，载《当代亚太》2015 年第 6 期。

在一起,国际机构的政治权威和管辖权呈现了自然扩张的趋势。”①上合组织诞生至今已经呈现出将成员国利益保障与区域、全球发展紧紧联系在一起,密切融合的发展态势。

(一)政治合作

经过多年的努力,上海合作组织在法治建设过程中形成了相对完备的法律制度,政治合作领域的法律规范主要包括组织的发展战略、目标等基本文件,以及与组织结构、财政制度、成员制度、议事程序等机制化建设、组织发展战略与目标等有关的规范性文件。如《上海合作组织宪章》《上海合作组织成员国长期睦邻友好合作条约》《上海合作组织特权与豁免公约》《上海合作组织国家协调员理事会工作条例》《上海合作组织秘书处条例》《上海合作组织预算编制与执行协定》《上海合作组织观察员条例》《上海合作组织对话伙伴条例》等,以及各层级、各类别的宣言、声明、备忘录等。

上海合作组织的决策机构为每年召开一次的各国元首峰会,②国家元首会议通过制定和签署上海合作组织框架内以及与其他国际组织和国家之间相关法律文件的决议研究决定上海合作组织开展多层次、多领域合作的战略、前景和优先方向。毫无疑问的是,上合组织国家元首会议、政府首脑会议、部长级会议等会晤机制在政治合作过程中发挥了巨大作用。但同时也必须注意到,上合组织一些参与者之间的联系缺乏有效沟通,上海合作组织内部机构缺乏足够数量的资金与权力保障。③ 2016 年《〈上海合作组织至 2025 年发展战略〉2016～2020 年落实行动计划》第 2 条也特别提出了要提高上合组织成员国常驻秘书处和地区反恐怖机构执委会代表机制工作效率,并且在第 3 条规定了要严

---

① ［英］戴维·赫尔德、［英］安东尼·麦克格鲁:《全球化与反全球化》,陈志刚译,社会科学文献出版社 2004 年版,第 90 页。

② 《上海合作组织宪章》第 4 条明确了上合组织框架内的机构包括:国家元首会议;政府首脑(总理)会议;外交部长会议;各部门领导人会议;国家协调员理事会;地区反恐怖机构;秘书处。

③ *Под редакцией А. В. Лукина*. Шанхайская организация сотрудничества: от становления к всестороннему развитию. Москва МГИМО-Университет2008, с. 9－10.

格落实峰会、总理会、外长会、安秘会等会议决议的要求。[①]《上海合作组织宪章》第16条是上海合作组织在决策程序上实行协商一致的制度的法律来源。[②] 2016年在乌兹别克斯坦首都塔什干举行上合组织成员国元首峰会，签署印度和巴基斯坦获得上合成员国地位的责任备忘录，在此过程中，中国与上合组织成员国的政治互信逐渐加强，双边及多边关系明显提升。[③]

（二）安全合作

随着全球恐怖主义进入新一轮活跃期，中亚地区来自“三股势力”的安全威胁也在上升，上合组织如何更好地维护中亚国家的安全利益是个重要课题。有学者归纳中亚国家的战略目标为：（1）使得经济运行可持续与现代化；（2）提高人民生活水平、居住质量，包括现代化的经济基础以及劳动就业体系，提高就业率；（3）划分上海合作组织范围内的生产分工；（4）创造有利的外商投资环境。[④] 显然，中亚国家的这些战略目标无一不与安全保障问题息息相关。2016年6月5日，哈萨克斯坦西部城市阿克托别发生恐怖主义袭击事件，死伤十几人，随后2016年8月30日中国驻吉尔吉斯斯坦大使馆遭受恐怖袭击事件表明，在当前动荡的国际形势之下维护上合组织区域稳定与打击“三股势力”更显迫切。

目前，关于恐怖主义和国际恐怖主义的定义已经超过100多种，对恐怖主义的看法与性质理解存在多样性。上合组织于2001年6月15日制定的《打击恐怖主义、分裂主义和极端主义上海公约》使得上合组织在维护地区安全与稳定过程中有了基本的法律基础，所认定的恐

---

① 载 http://kgd. gov. kz/sites/default/files/files_framework/plan. pdf. План действий на 2016－2020 годы по реализации Стратегии развития ШОС до 2025 года ，访问日期：2017年11月25日。

② 上海合作组织各机构的决议以不投票的方式通过，如在协商过程中无任一成员国反对协商一致，决议被视为通过。有两种例外情况，即在通过关于中止成员资格或将其开除组织的决议时，表决方式为该决议按除有关成员国一票外协商一致的原则通过。

③ http://kgd. gov. kz/sites/default/files/files_framework/plan. pdf. План действий на 2016－2020 годы по реализации Стратегии развития ШОС до 2025 года，访问日期：2017年11月25日。

④ *Под редакцией А. В. Лукина* . Шанхайская организация сотрудничества：от становления к всестороннему развитию. Москва МГИМО-Университет2008，с. 104.

怖主义行为的范围主要指该公约附件条约的内容。[①] 2009 年 6 月 16 日,上海合作组织成员国签署了《上海合作组织反恐怖主义公约》,在《打击恐怖主义、分裂主义和极端主义上海公约》基础上进一步明确了"恐怖主义"和"恐怖主义行为"的内涵和外延,明确了认定"恐怖主义组织"的基本标准。[②] 除此之外,上合组织在其他安全合作领域法律工作成效突出,形成了包括《2011 ~2016 年上海合作组织成员国禁毒战略》《上海合作组织成员国保障国际信息安全政府间合作协定》《上海合作组织成员国关于合作打击非法贩运麻醉药品、精神药物及其前体的协议》《上海合作组织成员国反恐专业人员培训协定》《上海合作组织成员国组织和举行联合反恐演习的程序协定》《上海合作组织成员国关于举行联合军事演习的协定》《关于地区反恐怖机构协定》《上海合作组织关于应对威胁本地区和平、安全与稳定事态的政治外交措施及机制条例》等在内的安全法律体系,构成了上合组织坚实完善的安全合作机制。

上合组织充分加大成员国之间的安全合作和情报交流,尤其是针对"回流"恐怖分子流窜、勾连等情况,共同防范、合作打击,建立与完善了新的警务联络机制,进行联合执法行动,包括进行"团结—2016""和平使命—2016"等系列成员国间的演习行动,进一步深化安全合作的具体措施。[③] 坚决打击与防范恐怖主义的网上传播,完善"网上反恐"的

---

① 公约附件:(1)1970 年 12 月 16 日在海牙签署的《关于制止非法劫持航空器的公约》;(2)1971 年 9 月 23 日在蒙特利尔签署的《关于制止危害民用航空安全的非法行为的公约》;(3)1973 年 12 月 14 日联合国大会通过的《关于防止和惩处侵害应受国际保护人员包括外交代表的罪行的公约》;(4)1979 年 12 月 17 日联合国大会通过的《反对劫持人质国际公约》;(5)1980 年 3 月 3 日在维也纳通过的《核材料实物保护公约》;(6)1988 年 2 月 24 日在蒙特利尔签署的作为对《关于制止危害民用航空安全的非法行为的公约》补充的《制止在为国际民用航空服务的机场上的非法暴力行为的议定书》;(7)1988 年 3 月 10 日在罗马签署的《制止危及海上航行安全非法行为公约》;(8)1988 年 3 月 10 日在罗马签署的《制止危及大陆架固定平台安全非法行为议定书》;(9)1997 年 12 月 15 日联合国大会通过的《制止恐怖主义爆炸事件的国际公约》;(10)1999 年 12 月 9 日联合国大会通过的《制止向恐怖主义提供资助的国际公约》。

② http://www.npc.gov.cn/wxzl/gongbao/2015 - 02/27/content_1932688.htm.,访问日期:2017 年 9 月 28 日。该公约第 2 条规定,"恐怖主义"指通过实施或威胁实施暴力和(或)其他犯罪活动,危害国家、社会与个人利益,影响政权机关或国际组织决策,使人们产生恐惧的暴力意识形态和实践。

③ 参见李进峰:《上海合作组织 15 年:发展形势分析与展望》,社会科学文献出版社 2017 年版,第 2 页。

具体举措,重点在于防范恐怖组织通过网络传播与招募人员。上合组织安全合作进一步深化,合作领域与范围不断扩大,边境地区军事互信到临河反恐军事演习,从打击跨国犯罪到大型安保,从反恐情报互通交流到信息网络安全协作,从恐怖主义事件爆发的事后打击到注重事前预防恐怖主义犯罪发生。通过十几年的反恐合作,上合组织各成员国已经认识到只有进一步实施政治、经济、文化等诸领域的协同与综合治理,才能最终消除恐怖主义。安全问题对于上合组织的团结发展是长久的动力,在俄罗斯、中国以及中亚国家并未失去意义,并且包含了能源、自然资源、水资源、粮食、信息、文化自主性等方面的安全问题。

反恐人权保障机制的完善,有利于增强上合组织反恐活动的正当性与合法性。如何处理好保障国家安全与公民权利自由之间的有机平衡,是衡量反恐是否具有正当性的重要考察点。显然,反恐活动不能突破人权与人道主义的底线,国家反恐应接受人权主义法律的义务限制。“国际反恐运动提出反恐怖主义与国际人权保护的关系问题。应该说,反恐怖主义与人权保护是同一事件的两个面向。”[①]基于平衡打击犯罪与保障人权的考虑,目前全球性反恐公约及区域性反恐条约,均会规定若干人权保障条款,引入人权保护立法原则。1979 年《反对劫持人质国际公约》在第 8 条明确对恐怖犯罪嫌疑人或被告人的人权保护,其他如《东盟反恐公约》等区域性反恐条约基本上也都有人权条款。与全球性及区域性反恐条约普遍重视人权保护相比,上海合作组织区域性安全合作法律关于人权保护的制度或措施较为薄弱。《上海合作组织成员国关于地区反恐怖机构的协定》赋予常设反恐机构各种职能,但未见关于国际反恐的人权保护规定。《上海合作组织成员国关于合作打击非法贩运麻醉药品、精神药物及其前体的协议》共有 17 条,全面规定了成员国在相关领域开展合作的形式、内容、主管机关以及合作程序,但是独缺保护相关主体应有人权的规定。以上现象表明,尽管国际社会高度重视反恐人权保障,但上海合作组织框架下的反恐活动,无论在立法上还是实践中,都应给予人权保护问题更多的关注,避免反恐合作法律机制呈现出“重打击、轻保护”的立法倾向。

---

① 徐爱国:《反恐怖行动中的法律角色》,载《法学杂志》2014 年第 11 期。

(三)经贸合作

上海合作组织发展重点越来越表现在经济领域,这不是巧合,有力建立经济合作是上合组织的未来,只有共同的经济利益才可以促进全面合作。① 经贸合作是推动上海合作组织不断发展的重要内容,是可持续发展的动力。自2001年成立以来,上合组织通过并签署的主要法律基础文件有《上海合作组织成员国多边经贸合作纲要》《上海合作组织成员国政府间关于区域经济合作的基本目标和方向及启动贸易和投资便利化进程的备忘录》《上海合作组织成员国政府间国际道路运输便利化协定》《上海合作组织成员国多边经贸合作纲要落实措施计划》等,确定了组织框架内经济合作的优先方向;批准成立了银行联合体、实业家委员会等。

2016年贸易投资便利化法律机制建设得到进一步推进。各方商定《2017~2021年进一步推动项目合作的措施清单》并提交2016年11月的总理会议批准。② 认识到提供可靠高效国际道路运输服务对发展各国对外贸易联系的重要性,以现有经验和相关国际条约为基础,进一步改善国际道路客货运输的条件。目前上合组织框架下关于交通运输的法典化工作发展较为不足,缺乏关于人员以及货物运输的有关法律、规定。③ 成员国表示积极推动2014年9月12日签订的《上海合作组织成员国政府间国际道路运输便利化协定》尽快生效,制定《上海合作组织公路协调发展规划》草案,开展贸易便利化工作组建章制工作,以此为平台加强海关通关、检验检疫、物流运输、支付结算等多方位便利化措施,提升成员国制度环境和便利化保障水平,按照《2016~2021年上合组织成员国海关合作纲要》的发展要求④,简化海关贸易手续,深化经济合作以及启动上合组织自贸区可行性研究工作,推动上合组织区域一

---

① *Под редакцией А. В. Лукина* . Шанхайская организация сотрудничества: от становления к всестороннему развитию. Москва МГИМО-Университет2008. с. 109.

② http://news. cctv. com/2016/12/09/ARTIhFkX9mE2ba6tZRdXfYqD161209. shtml. 今年上合组织区域经济合作取得五个方面新成果,访问日期:2017年10月12日。

③ См. :*Белых. В. С.* Транспортное законодотельство росии и зарубежных государств, ЕС,ШОС,ЕврАзЭС(сравнительно-прововой анализ)Моска:проспект,2015. с. 98.

④ http://yko. kgd. gov. kz/ru/content/programma-vzaimodeystviya-tamozhennyh-sluzhb-gosudarstv-chlenov-shos-na-2016-2021-gody-1 Программавзаимодействиятаможенныхслужбгосударств-членовШОСна 2016 – 2021 годы,访问日期:2017年10月1日。

体化进程。为落实《上海合作组织至2025年发展战略》,2016年6月24日在塔什干签署《上海合作组织成员国旅游合作发展纲要》,合作方向包括各方将努力扩大和发展平等、互利的双边和多边旅游合作,在现行的文化、历史和经济联系的基础上形成共同旅游空间,加强旅游交流,增加上合组织成员国在该领域的收入,创造新的就业机会,提高居民的生活质量。

(四)人文合作

上合组织成立以来人文合作稳步发展,建立了《上海合作组织成员国政府间科技合作协定》《上海合作组织成员国政府间卫生合作协定》《上海合作组织成员国政府间教育合作协定》《上海合作组织成员国政府间救灾互助协定》《上海合作组织成员国2007—2008年救灾合作行动方案》《上海合作组织成员国政府间文化合作协定》等有关人文发展的法律基础文件。

2016年上合组织人文合作取得了下列显著成果:2016年6月22日,在塔什干举行上合组织成员国文化部长第十三次会议,会议讨论了上合组织框架下文化艺术领域合作的发展情况,就上合组织成员国政府间文化合作协定和15年来历届文化部长会晤达成的共识的执行情况交换了意见,中国提出各成员国应当秉持"上海精神"的基本原则,继续夯实多边合作的基础;开拓创新,丰富充实上合组织多边文化活动;加强与上合组织成员国和对话伙伴国的交流合作。① 2016年7月上合组织教育合作专家北京会议,讨论了《(上海合作组织成员国政府间教育合作协定)2015~2016年活动计划》的实施情况、完善上合组织大学法律基础文件的问题,审议《上海合作组织大学远期构想(至2025年)》需要修改和调整的意见,讨论了《上海合作组织成员国政府间关于建立和运营上海合作组织大学的协定》文本。② 2016年10月20日,第六届上海合作组织成员国教育部长会议在塔吉克斯坦杜尚别举行,讨论了履行关于落实上合组织成员国政府间教育合作协定的措施清单等问题。2016年9月,上合组织成员国科技合作工作组在伊塞克湖州举

① http://book.hexun.com/2016-06-27/184611371.html.上合组织成员国文化部长举行第十三次会晤,访问日期:2018年1月20日。

② 李进峰主编:《上合组织发展报告(2017)》,社会科学文献出版社2017年版,第364页。

行会议,讨论发展上合组织框架内多边科技合作问题事宜。会议讨论了《上海合作组织成员国政府间科技合作协定)落实措施计划(2016~2020)》和《上合组织科技伙伴计划》草案。并得到了2016年成员国政府首脑理事会的会议批准。[①] 2016年年初,上合组织全面推进"绿色丝路使者计划"实施,加强政策对话,探索环境信息共享,促进环保技术和产业交流合作。[②] 上合组织人文合作增进了不同文明、宗教、民族、国家之间的交流沟通,有利于上合区域稳定,为政治、经济、安全合作奠定了坚实的基础,提供了上合组织发展动力,有利于减少各类纠纷,促进地区和谐秩序形成,增强上合组织的软实力。有俄罗斯学者充满乐观地认为,上海合作组织是一个巨大的文化区域,艺术永远是欧亚各国人民文化和传统之间的交流动力。其在当下人文主义合作也已面临一个新的课题目标,亦即文化交流不仅仅是各国间的互动影响,而且要在教育、文化、知识和信息方面形成共同联合体。欧洲联盟、东盟等莫不是如此,上合组织区域建立文化空间基础并不薄弱。[③]

综观上合组织各个领域的实践发展,每个领域中的若干规范性法律文件均是上合组织历年合作成果的重要体现,标志着上合组织合作呈现出制度化、常态化与稳定化的特征,表现出一种内在的发展规律。上海合作组织自成立以来至2016年已经实现了"三个跨越",包括:(1)组织功能跨越,从最初打击"三股势力"逐步到开展政治、安全、经济、人文四大领域合作,实现了功能从单一到综合的飞跃;(2)组织成员跨越,正式成员国从中俄+中亚四国,扩展到南亚、印度洋,并且形成了成员国、观察员国与对话伙伴国的多层次组织成员体系;(3)组织议题跨越,从最初的现实安全问题与中亚及周边议题,发展到国家战略合作与欧亚大陆及周边议题。[④] 上合组织法治建设的不断强化意味着上合组织法律功能的扩大与延伸,极大程度上实现了上合组织法治进程朝

---

① 参见李进峰:《上海合作组织15年:发展形势分析与展望》,社会科学文献出版社2017年版,第15~16页。

② http://news.hsw.cn/system/2016/0512/379984.shtml."上合组织环保信息共享平台与绿色丝路使者计划研讨会",访问日期:2018年1月10日。

③ См:*Кирилл Барский*. Шанхайская Организация Сотрудничества накануне саммита в Бишкеке основные задачи момента. Информационный журнал ШОС Сентября 2013,№6. с. 13.

④ 李进峰:《上海合作组织15年:发展形势分析与展望》,社会科学文献出版社2017年版,第2页。

综合性、全面性、区域性的方向发展。

三、上海合作组织 2017 年法治建设主要内容

2017 年上合组织作为适格的国际法主体[①]，与联合国及其他国际组织深化务实合作，搭建与营造和谐有序的国际交往平台，活动成效显著。

（一）组织建设扩容升级——首增上合组织正式成员国

2004 年塔什干峰会批准《上海合作组织观察员条例》为该组织未来扩员做了初步的法律准备，同时也意味着该组织从专注内部建设朝积极对外交往迈出了尝试性的第一步，对推动上海合作组织的国际合作及其自身的发展壮大具有重要意义。[②] 此后的历次元首峰会和政府首脑会议陆续通过了许多重要国际文件，都不同程度地促进了上海合作组织的健康发展。从法律角度分析，新成员国的加入对上海合作组织的组织结构是一种调整。根据《上海合作组织宪章》第 13 条规定，接纳新成员国的条件有两个：一是实质性条件，即该国必须承诺遵守上海合作组织的宪章宗旨和原则，以及本组织框架内通过的其他国际条约和文件规定；二是地域条件，即上海合作组织只对"本地区其他国家实行开放"，由于本组织成员国除俄罗斯外均为亚洲国家，这就排除了非洲、美洲、大洋洲国家加入本组织的可能性。对新成员进行地域限制充分体现了上海合作组织在吸纳新成员方面地域性原则的特点。

按照中外学者们的认知，接纳成为上海合作组织国家成员的标准可能包括如下 10 个方面："（1）属于上海合作组织地区（在这种情况下，该地区定义称为欧亚空间或欧亚）；（2）与上海合作组织其他成员的存在共同边界；（3）积极打击恐怖主义；（4）遵守国际大规模杀伤性武器不扩散制度；（5）未参加军事集团；（6）在其领土上不存在第三国军事

---

① 《上海合作组织宪章》第 15 条赋予了上合组织的国际法主体资格。指出本组织作为国际法主体，享有国际人格。在各成员国境内，拥有为实现其宗旨和任务所必需的法律行为能力。享有法人权利，可签订条约；获得并处置动产或不动产；起诉和被诉；设立账户并开展资金业务。

② 《上海合作组织宪章》奠定了扩员的基本法律框架，第 13 条规定，"本组织对承诺遵守本宪章宗旨和原则及本组织框架内通过的其他国际条约和文件规定的本地区其他国家实行开放，接纳其为成员国。本组织吸收新成员问题的决定由国家元首会议根据国家外交部长会议按有关国家向外交部长会议现任主席提交的正式申请所写的推荐报告作出"。

基地和军事特遣队(存在与上合组织达成协议的可能);(7)未与另一个国家有军事冲突;(8)未受到自联合国基于违反普遍公认国际规则的制裁;(9)与所有成员国具有外交关系;(10)尊重人权。”①2010 年 6 月上合组织成员国元首理事会批准《上海合作组织接收新成员条例》。2016 年 6 月,上合组织成员国元首峰会正式启动印、巴两国加入上合组织工作,印、巴加入上合组织再次印证了上合组织坚决秉持开放性原则。扩员进程使得上合组织成员国也从中亚拓展到了南亚,体现出“上海精神”一以贯之的价值理念。2017 年 6 月,上海合作组织成员国元首理事会第十七次会议吸纳印度和巴基斯坦成为上合组织正式成员国,至此,上合组织包括八个成员国,人口占全球的 43%,GDP 总和为全球的 24%,成为世界上最大的地区组织。上合组织观察员国(阿富汗、白俄罗斯、伊朗和蒙古国)和六个对话伙伴国(阿塞拜疆、亚美尼亚、柬埔寨、尼泊尔、土耳其和斯里兰卡),这些国家完全同意上合组织的共同观点、宗旨和价值观,未来同样可能存在成为正式成员国的意向与机会。

(二)安全机制夯实深化——签署《上海合作组织反极端主义公约》

当前上合组织区域内“三股势力”活动渐趋频繁、毒品走私犯罪猖獗,受到中东极端思潮泛滥的辐射影响,来自上合组织外部的极端思想与本区域的极端思想互相融合渗透,引发上合组织地区的激进主义向极端主义演化激变,已经构成地区安全的现实威胁,上合组织区域安全合作的需求明显上升。对此,上合组织及各成员国在遵照公认的国际法准则和原则的基础上,加强协作,共同应对安全威胁与挑战,采取政治外交手段解决地区冲突,不以牺牲他国安全为代价维护自身安全,注重双边、多边反恐合作的法律基础的夯实,上合组织各项公约、协定、宣言等规范性法律文件与成员国国内法的衔接协调,逐步解决关于恐怖主义、极端主义等立法、执法活动的认定、尺度、范围等问题。

2001 年上合组织《打击恐怖主义、分裂主义和极端主义上海公约》对于“极端主义”作了简要界定,指在使用暴力夺取政权、执掌政权或改变国家宪法体制,通过暴力手段侵犯公共安全,包括为达到上述目的组

---

① *Под редакцией А. В. Лукина*. Шанхайская организация сотрудничества: от становления к всестороннему развитию. Москва МГИМО-Университет2008, c. 21.

织或参加非法武装团伙，并且依各方国内法应追究刑事责任的任何行为。[①] 2017年6月，阿斯塔纳上合组织成员国元首峰会签署了《上海合作组织反极端主义公约》，在第2条中对反极端主义相关的术语作了详细规定。包括第(1)项"极端主义"指的是通过暴力和其他反宪法行为的破坏政治、社会、种族、民族和引起宗教冲突的倾向的思想和行为。第(2)项"极端行动"指的是2001年6月15日签订的《打击恐怖主义、民族主义和极端主义上海公约》第1条第3项所指的行为：出于极端目的组织武装暴动以及参与活动；组建、领导、参与极端组织；煽动政治的、社会的、种族的、民族和宗教仇恨或者纠纷；宣传政治、社会、种族、民族和宗教属性上人的特殊性、优越性或者劣根性；公开号召实行上述行为；宣传极端主义的极端材料的大量制作、储藏和传播。第(3)项"极端主义的融资"是指有意敛财和(或者)获得资金，或者出于组织、准备、完成该合约中包含的任何一种行为，或者保障极端组织行为的目的而提供融资服务。第(4)项"极端资料"是指任何持有者用于传播含有极端思想，或者号召、说明或证明实施恐怖活动的信息。第(5)项"恐怖组织"是指从事该合约所指的犯罪的组织；依据公约各方的法律制度，已经做出取缔或禁止其从事极端活动的社会或宗教的联合组织或其他组织。第(6)项"反极端主义"是指公约各方基于宪法层面旨在保障个人或公民的人权和自由的活动，保障领土完整和民族安全，对极端主义的警告、查明和镇压，消除其影响，同时查明并排除促使其发生的原因及条件。[②]

上合组织区域极端主义者数量众多，在治理极端主义方面的难度较大，极端主义的危害在不断上升，对"极端主义"与"恐怖主义"的定义进行明确梳理，有利于极端主义问题的有效治理。极端主义与恐怖主义既有联系，也有区别，活动主体并不必然具有同一性，极端思想易成为恐怖组织的思想工具与思想土壤。《上海合作组织反极端主义公约》的签署意味着对"极端主义"与"恐怖主义"问题更加明确地区别对

---

① http://www.npc.gov.cn/wxzl/wxzl/2001-12/12/content_281315.htm，访问日期：2017年11月18日。

② https://tengrinews.kz/zakon/prezident_respubliki_kazahstan/mejdunapodnyie_otnosheniya_respubliki_kazahstan/id-U1700000492/ О подписании Конвенции Шанхайской организации сотрудничества по противодействию экстремизму，访问日期：2017年11月18日。

待。另外,该公约第五条明确了司法权确认问题,为上合组织成员国的司法合作协助提供了基础:(1)公约各国采取必要措施以确立在该公约中所指的犯罪方面的司法权,如果犯罪行为在该国领域内完成,犯罪行为在悬挂该国旗帜的船舶上或者在依据该国法律注册的飞机上完成;犯罪行为由该国公民完成。(2)各方同时也可在该公约所指的犯罪行为方面确立自身司法权,如果犯罪行为的完成与该国公民有关;犯罪行为的完成与该国在国外的财产有关,包括外交代表住所和领馆;犯罪行为的完成带有强迫该国完成或拒绝完成某种行为的目的;犯罪行为由无国籍且常住该国境内的公民完成;犯罪行为发生在由该国经营的船舶或飞机上。(3)如果被指控的罪犯位于该国境内且该国未将其引渡到相关国家时,各国采取确保其在该公约所指的犯罪方面的司法权所需的措施。(4)该公约不排除使用符合该国民族法律制度的刑事司法权。(5)如果超过一国对该公约所指的犯罪声明具有司法权,那么相关国家务必进行协商。[①]《上海合作组织反极端主义公约》进一步彰显了上合组织打击“三股势力”的坚定决心,夯实了上合组织在安全合作方面的法律基础。[②]《关于共同打击国际恐怖主义的声明》提出了在打击恐怖主义和极端主义际合作中国家及其主管机关的决定性作用。[③]

(三)贸易投资便利化持续发展——推进实施多类法律合作模式

2001 年 6 月 15 日,《上海合作组织成立宣言》明确提出开展区域经济合作,启动贸易投资便利化进程。根据宪章第 6 条及相关条例的规定,上海合作组织政府首脑总理会议例会每年举行一次。政府首脑总理会议的职能是批准本组织的年度预算研究,解决上海合作组织框架内发展多边合作的战略、前景和优先方向,探讨各领域特别是经济领域发展合作的原则问题。2001 年 9 月 14 日,上海合作组织成员国总理首次会晤,签署了《上海合作组织成员国政府间关于区域经济合作的基本

---

① https://tengrinews.kz/zakon/prezident_respubliki_kazahstan/mejdunapodnyie_otnosheniya_respubliki_kazahstan/id - U1700000492/ О подписании Конвенции Шанхайской организации сотрудничества по противодействию экстремизму. ,访问日期:2018 年 1 月 3 日。

② http://politics.people.com.cn/n1/2017/0610/c1024 - 29330669.html. 习近平出席上海合作组织成员国元首理事会第十七次会议并发表重要讲话,访问日期:2017 年 12 月 30 日。

③ http://www.fmprc.gov.cn/web/gjhdq_676201/gjhdqzz_681964/lhg_683094/zywj_683106/t1469144.shtml.《上海合作组织成员国元首关于共同打击国际恐怖主义的声明》,访问日期:2018 年 1 月 15 日。

目标和方向及启动贸易和投资便利化进程的备忘录》,确定建立成员国经贸部长会晤机制以落实区域经济合作和启动贸易投资便利化谈判。[①] 2003年9月,上海合作组织成员国总理在北京进行第一次会晤,批准了《上海合作组织多边经贸合作纲要》,进一步明确了区域经济合作的发展目标。2017年2月,世界贸易组织《贸易便利化协定》正式生效为上合组织相关工作提供了动力支持,由于上合组织的大部分成员国均为世界贸易组织成员,该协议可进一步深化上合区域经济一体化进程,上合组织借此机遇推动本区域内的贸易自由化潜力巨大。2017年11月30日,上海合作组织成员国政府首脑(总理)理事会提出了以先易后难、循序渐进作为便利化工作的推进原则,提出加快商签《上合组织贸易便利化协定》与《上合组织成员国服务贸易合作框架》,积极发展电子商务等具体措施。[②]

推进贸易便利化是上海合作组织区域经济合作的重要工作,深入推进贸易便利化对各国自身的经济发展、本区域经济合作长远目标的实现具有重要意义,能让上合组织成员国切实地感受到上合组织区域经济一体化合作功能的发挥,进一步加强政治、安全合作的动力与意愿。由于上合组织各成员国在国内产业结构、市场准入、资本运作、投资壁垒等制度方面存在较大差异,导致上合组织经济合作的法律环境欠缺,存在较多的制度障碍。对此,推进贸易便利化的真正落实显得尤为重要。

(四)协作沟通日益紧密——增强上合组织机制运行软实力

随着"一带一路"倡议的不断推进,上合组织内部的法律服务与机制保障的地位日益重要,各成员国不断提升对于上合组织法治发展的认识水平。2017年上合组织进一步完善部长级会议机制,深化各成员国司法机关专业领域的交流合作,不断开创上合组织框架下法律和司法领域交流合作的新局面,为"丝绸之路经济带"建设提供法律服务保

---

① 该备忘录中的第2条明确规定了贸易和投资便利化将通过以下途径实现:分步骤消除贸易和投资障碍;为实现货物和旅客的运输,包括过境运输,确保法律、经济、组织和其他条件;发展口岸基础设施;协调商品和技术标准;扩大法律法规信息交流;吸引和保护相互投资。各方商定制定区域经济合作研究报告、进行法律法规信息交流和逐步开展投资合作。

② http://epaper.gmw.cn/gmrb/html/2017-12/02/nw.D110000gmrb_20171202_5-03.htm.李克强在上海合作组织成员国政府首脑(总理)理事会第十六次会议上的讲话,访问日期:2018年1月5日。

障,上合组织法律服务建设包括以下几个方面:

第一,加强上合组织法律服务领域的交流合作。2017 年 10 月 20 日,在乌兹别克斯坦首都塔什干举行的第五次上合组织成员国司法部长会议,通过了《上合组织成员国司法部长会议法律服务联合工作组条例》。中国代表着重介绍了中国在律师、公证等法律服务领域的改革发展情况及未来工作方向,建议对成员国间未来的交流合作,可以通过业务培训、举办研讨会、开展互访等方式进行,并且应在司法鉴定、法律服务、司法协助、法治宣传等领域深化合作,切实提高成员国的司法行政工作能力。①

第二,深化上合组织刑事、民事司法协助领域的合作。"一带一路"建设过程中遇到的一些法律问题,对成员国间的司法协作工作提出了新机遇、新课题、新挑战。各成员国间可通过多种形式,共同探讨建立成员国司法协助法律数据库,继续开展法治宣传,加强上合组织司法部长会议机制的行动力,尽快建立"上合组织丝绸之路经济带建设法律服务委员会"。2017 年 10 月 25 ~ 27 日上海合作组织成员国最高法院院长会议第十二次会议在乌兹别克斯坦首都塔什干举行,会议目的在于进一步发展成员国审判机关在加强上合组织地区法治和公正领域的协作。与会代表就完善上海合作组织成员国投资纠纷解决机制、提高成员国间的民事和刑事司法协助等议题达成了广泛共识。②

第三,启动上合组织成员国法律文件清理工作。上海合作组织的法律秩序由组织框架内的各种法律规则组成,形成了一个相对独立的国际法体系,体系内部的规则具有一定的等级性。由于没有规范化的称谓,有的称为宪章、公约、条约,有的称为协定、协议、议定书,还有在不同会议上签署的各种宣言、联合声明、联合公报、纲要、谅解备忘录,以及以条例、决定等形式出现的各类组织决议等,缔结了数量众多的条约性多边文件。这些多边文件有的是因机制化建设需要而制定,有的是出于将安全、经济、教育等领域的合作规范化、制度化的考虑而签署,还有的则是因宪章或条约的修改而产生,组织本身以及成员国在组织

---

① http://www.moj.gov.cn/2017/1020/9185.html. 司法部副部长刘志强出席第五次上合组织成员国司法部长会议,访问日期:2017 年 8 月 24 日。

② http://finance.sina.com.cn/roll/2017-10-25/doc-ifynffnz2376050.shtml. 上合组织成员国最高法院院长会议在塔什干召开,访问日期:2018 年 1 月 31 日。

框架下制定的各种规范的名称种类繁多,性质、效力各不相同,有必要逐一厘清。2017 年 2 月 28 日至 3 月 2 日,上合组织成员国清理条约问题磋商在上合组织秘书处举行。各国代表探讨了上合组织条法库的建设现状,核对了上合组织框架下所通过的规范性文件清单,强调未来有必要就上合组织条法库盘点问题举行定期会晤。[①]

四、上海合作组织未来法治建设展望

实践证明,上合组织已经比较成功地把各个独立的成员国整合为一个紧密一体化的准实体,实行"多元一体"的区域政治、安全、经济、人文综合协调共同治理的区域政治经济实体。上海合作组织的法律秩序由组织框架内的各种法律规则组成,通过业已自成体系的法律秩序,上海合作组织已经能够较为成熟地实施组织管理的职能。同时上合组织法治建设不能忽视国际软法保障层面的建设,"软法的低主权成本有助于提升合作意愿,打破合作僵局,以渐进式的方式开启合作"[②]。上合组织各领域的法律属性得到进一步强化,从一个地区安全组织逐步转变为综合性地区治理组织,成员国之间的多边一体化趋向日益明显,上合组织法律机制发挥了重要作用。可以说,上合组织区域治理在治理主体、治理结构、治理功能、治理体制、治理方式等方面不断建构发展,并已经形成一个基本的体系。2017 年世界政治和经济风云变幻,全球经济虽然呈现复苏迹象但尚不稳定,非传统安全问题日益严重,如何应对上述挑战成为摆在各国面前的任务。"国际法原则、规则和制度的形成,是参与国协商协调的结果,也是国际博弈的结果。随着时代的发展,国际竞争的核心已经从对势力范围的控制转为对国际规则的制定权。"[③]上合组织未来发展仍面临着几个重要机制建设问题需要主动思考与解决。

(一)促进形成上合组织能源合作机制

2002 年《上海合作组织宪章》关于"宗旨与任务"的部分中明确,上

---

① http://mini.eastday.com/a/170303124318686.html. 上合组织成员国清理条约问题磋商在北京举行,访问日期:2017 年 8 月 26 日。

② 石佑启、韩永红、向明华、王燕、杨嵩棱:《"一带一路"法律保障机制研究》,人民出版社 2016 年版,第 110 页。

③ 黄进:《习近平全球治理与国际法治思想研究》,载《中国法学》2017 年第 5 期。

合组织鼓励开展包括能源领域在内各方共同感兴趣领域的有效区域合作,这为上合组织成员国的能源多边合作构筑了基本的条约法基础。①各成员方间能源合作的涉及法律相对较少,且往往是以双边法律模式存在。上合组织层面涉及能源合作往往以倡议、战略、规划、宣言、报告等形式的文件出现,虽然表现了加强能源等领域合作的意向,但是仍然缺乏长期稳定、全面有效的法律机制。对此,2007 年在比什凯克召开的元首峰会关于“能源机制”的正式提出,显示出成员国在能源领域密切协作和制定共同立场的理论重要性,同时强调了能源机制的建立应当符合上合组织的宗旨和任务。

上合组织成员国不同能源禀赋优势和现有的油气合作是建立上合组织能源合作机制的现实基础。目前国际能源合作仍然存在一定的障碍,例如,全球能源交易平台被西方国家垄断,市场短期难以重塑;欧亚经济联盟的经济功能的冲击;上合组织区域缺少多边一体的能源交易范例;能源出口国与消费国、消费国与消费国、出口国之间在能源投资和贸易上的竞争博弈等。中俄、中哈等国的能源安全合作由于各国在政治、经济、尤其是价格方面的考量,导致中俄两国作为需求者与供应者、中印两国作为需求者出现了较多的能源贸易摩擦,不可避免地降低了上合组织在全球能源治理中的整体话语力量与平台发展形象。只有积极将合作平台内容丰富化、类别化与务实化,通过建立能源信息交易共享机制,达成上合组织在能源拥有及消费状况、新能源开发、能源生态环境及相关技术等互通联通,避免虚假与诱导能源信息衍生;建立全球能源市场的预测与分析的常态化工作机制,为上合组织参与全球能源治理的决策提供及时、准确的能源情报分析,形成上合组织在能源领域的合作与竞争并存的良性互动关系,最终增强上合组织参与全球能源治理的话语能力,促进合作透明化与战略化。

上合组织能源合作只有在法律机制的保障下才能够形成约束与激

---

①　除此之外,第 3 条“合作方向”中包括,“支持和鼓励各种形式的区域经济合作,推动贸易和投资便利化,以逐步实现商品、资本、服务和技术的自由流通;有效使用交通运输领域内的现有基础设施,完善成员国的过境潜力,发展能源体系。”2007 年 8 月上合组织成员国签订了《上合组织成员国长期睦邻友好合作条约》,其中第 1 条规定,缔约各方根据公认的国际法原则和规则,在其感兴趣的领域发展长期睦邻、友好和合作关系。第 15 条规定:“缔约各方在工业、农业、金融、能源、交通、科技、新技术、信息、电信、航空航天及其他共同感兴趣的领域开展合作,促进实施各类区域性项目。”

励效应，从而取得在西方主导的能源供需秩序竞争中的话语权可能性，借由上合组织合作规则与制度的制定与推广，参与到全球治理规则的博弈中。从上合组织合作领域与合作议题分析，合作内容已经从最初的确保能源稳定性与可持续性供应安全，支持能源资源供给的多元化和能源过境通道的建立，正在向加强可再生能源开发、利用和信息交流，以及上合组织和平利用核能领域的安全合作内容扩展。上合组织合作声明涉及能源安全、打击恐怖主义、网络信息安全等诸多非传统安全问题。上合组织作为影响全球政治经济秩序发展的重要力量，需要通过法律机制在地区稳定、安全维护、议程设定、经贸交易等方面进一步协调共识，统一未来规则和机制发展目标；通过在推动国际货币体系改革和国际金融监管改革的同时，有意识深化能源金融的规范化管理。上合组织由于地缘经济构建的原因，建立成为传统意义的一体化能源组织的可能性较小，各国均未正式加入《能源宪章条约》，现今参与的国际能源会议、论坛和组织，多为对话型活动，缺乏诸如国际能源机构等同盟型国际能源组织的合理刺激，无法对能源交易进行深度整合和有序安排。推行"上合组织＋"合作模式，建立"上合组织＋G20""上合组织＋国际能源机构""上合组织＋欧佩克"等平台开放合作机制，积极参与建立全球资源市场治理机制，在能源政策、能源信息、能源研发、能源价格等领域展开平台话语合作，以一个统一的声音提出上合组织战略高度的能源治理倡议，强化上合组织参与全球能源治理的行动能力。构建"上合组织＋"的能源平台对话系统，提升上合组织在全球秩序格局的主导地位。逐步通过凝结上合组织各成员国的一系列具体发展需求，不断强化务实合作，形成上合组织统一合作意识，塑造上合组织在全球治理体系中的统一安全观念。

（二）加快完善上合组织贸易便利化机制

上合组织成员国中如俄罗斯、哈萨克斯坦等国均为"一带一路"法治建设推进过程中的重要国家，上合组织法治建设亦不可避免地面临着"多样化的国内法治与国际法治对接的新课题。"[①]上合组织贸易便利化机制建设的滞后对经济合作产生了较大的负面影响，由于上海合

---

① 肖金明、张晓明：《"一带一路"与国际法治：机遇、新课题与互动之策》，载《理论探索》2017 年第 3 期。

作组织还未形成完整配套的多边投资法律规范体系,各国投资法律壁垒尚未拆除,导致投资便利化过程缺乏来自法律的有力支持,这是上合组织框架下投资便利化进程长期裹足不前的重要原因。上海合作组织成员国投资贸易便利化进程中所出现的法律问题,对该组织框架下贸易自由化目标的实现形成了巨大而现实的制度缺失。目前各个成员国间的跨国投资主要依托于各国国内制定的外资法律制度,以及成员国之间自发签订的双边贸易投资协定等,这显然无法应对各个成员国之间因法律体系不同而存在的制度差异与投资壁垒问题,严重制约了区域内各成员国间的相互投资。组织框架下多边投资法律文件的缺失,使得投资便利化缺乏制度化的法律驱动力,投资带动贸易的想法短期内难以实现。从实际状况来看,目前上海合作组织成员国相互间的跨国投资缺乏有效的多边法律合作机制。不仅未制定出多边投资协定,而且组织内部多边经贸合作协议关于国际投资自由化的规定也仅具有框架性质,缺乏实质性内容,对成员国的约束力不强。其中的法律原因在于目前上海合作组织多边经济合作的法律基础相当薄弱,组织框架下的多边经贸协议数量远远不够,而且效力层次不高,约束力不强,可操作性差,实施效果不佳,更重要的是缺乏具有硬约束效果的多边经贸条约。

应当指出,上合组织发挥了巨大作用,保持了较大的发展潜力,未来应当在政治经济领域继续加强合作,提高安全保障水平。[①] 但上合组织框架内的贸易合作总体上处于初步发展阶段,尚未达到该组织政治、安全合作的深度与广度。上合组织应当继续加强与国际组织间的合作,包括与欧亚经济联盟(ЕврАзЭС)在经济领域的互动,以及与集安组织(ОДКБ)在后苏联空间区域组织的安全合作,为区域国家稳固发展创造条件扩大影响。[②] 进一步发挥框架内现有机制,完善磋商及纠纷协调机制。上海合作组织非关税壁垒主要集中在海关程序、标准一致化、商务流动及监管环境方面,相关工作组应加快谈判进程,为贸易自由化清除障碍。中哈霍尔果斯边境贸易的成功推进,将成为中国与中亚自由

---

① *Василенко. В. И. и др.* Шанхайская организация сотрудничества в региональной системе безопасности. Моска проспект, 2014. c. 174.

② *Василенко. В. И. и др.* Шанхайская организация сотрудничества в региональной системе безопасности. Моска: проспект, 2014. c. 173.

贸易区的示范区和带动区。基于上合组织具备了比较完善的区域经济组织构建和工作机制,未来应努力推动上合组织自由贸易区的构成实现。①

(三)重视建立上合组织争端解决机制

争端解决机制是涉及事后救济的重要规范。由于上海合作组织内部各成员国的立场差异,包括对于争端解决机制的重视程度与法律依据问题,导致该组织目前还缺乏有效的争端解决机制。目前上合组织法律体系中涉及争端解决机制的规则较少,各成员国基于国家安全与政治稳定,在面对反恐、生态、个人信息、网络空间等非传统安全问题时,涉及国家主权的让渡情形,故协议签订后的行为可能会与达成协议时的条件状态不符,协议不予履行或出现纠纷无法协商之时如何快速解决将是重要问题。有的国际关系学者同样表达了上合组织建立争端解决机制的考虑,“为应对成员国之间因非传统安全问题出现的突发性冲突,上海合作组织是否应建立组织框架内的冲突调解机制”②。“条约必须遵守”原则是现今国际法框架中的各国法律义务,对于上合组织成员国而言,应当经过本国立法程序通过该国已签署的具有约束力的上合组织法律文件,以实现和成员国国内法相同的效力。显然,国际法的真正落实需要成员国的积极配合。

上合组织设立争端解决机制法律依据不足的主要原因在于各个成员国对上合组织组织的不完全授权,上合组织由于合作类型涉及政治、经济、安全、人文等多个领域,既有成员国双边,也有成员国多边合作,既有上合组织统一行动,也有上合组织与其他国际组织合作,合作的表现形式也复杂多样,目前通过组织内部协商已经难以有效地进行项目推进,具体体现在以下几个方面:(1)在上合组织宪章中没有规定明确的争端解决机构,解决争端的主体,何种问题适用争端解决机制,以致上合组织在解决争议方面主体不明,程序不清,手段不够。宪章仅规定通过“磋商”或“协商”等外交途径解决争议,缺乏仲裁或其他类型的争议解决手段。(2)如何提起磋商,磋商的具体程序,磋商结果的保证和

① 参见徐雅雯:《上海合作组织贸易投资便利化问题研究》,山东大学出版社2015年版,第168~169页。

② 潘光主编:《稳步前进的上海合作组织》,时事出版社2014年版,第32页。

落实未有具体规制。就目前上合组织纠纷化解的实际效果而言,单纯依靠“磋商”“协商”等手段有效化解成员国之间错综复杂的纠纷缺乏保证。(3)由于成员国的国情不同,各自的司法制度和法律体系或存在较大分歧,各成员国在上合组织框架内能否将达成的约束性协定转化为统一的、在各国间普遍适用的国内法尚为未知,即便可由转化的国内法来解决具体法律问题,效率亦难有保障。随着组织本身接纳的新成员越多,组织享有的权利和承担的义务就越多,其带来的直接后果是组织的经费来源和费用会相应地增加,组织决策取得协商一致的机会将更加困难,决策效率可能会降低。上合组织的扩员导致原有组织结构发生变化,因为新成员的到来必须重新调整原有的会费,分摊比例也必须重新计算,为此还要修改相关的专门协定。“新成员国在政治制度、经济发展、安全环境、历史文化等方面同原有成员国差异较大,其对组织建设、作用发挥的诉求必然更加多元。在此情况下,如何确保上合组织的决策效率和行动能力、避免成为清谈俱乐部,成为各成员国必须面对的重大课题。”①有学者提出,有必要在坚持重大问题协商一致原则的同时,对于上合组织决策规则进行改革,采用多数决原则。② 因而,未来十分有必要对于上合组织日常决策机制,尤其是重大问题表决机制进行深入思考,加强上合组织的行动能力,避免扩员产生的消极影响。“为了解决成员国在非传统安全问题上的纠纷和矛盾,上海合作组织可否参照解决边界问题成功经验,制定一些各成员国均认可的原则,并在此基础上通过多边和双边相结合的方式解决争端”③。区域性国际组织争端的一个显著特点是争端的联动性与多边性,某两个成员国或几个成员国之间的纠纷往往会导致组织内所有成员国都深陷其中,未来上海合作组织在完善争端解决机制方面还有很多问题要讨论、克服。

结语

国际社会秩序在不断调整重组,地区格局加速演变,全球多极化趋势进一步升级,新兴市场国家和发展中国家的崛起已经成为不可否认

---

① 贝文力主编:《上海合作组织发展报告(2016)》,时事出版社 2017 年版,第 12 页。

② 同上书,第 17 ~ 18 页。

③ 潘光主编:《稳步前进的上海合作组织》,时事出版社 2014 年版,第 32 页。

的事实。与此同时,由于地区发展不平衡、各国经济发展水平差距加大、生产资源开采与销售市场等因素所引发的矛盾进一步升级,全球区域冲突众多,恐怖主义威胁依然严峻,网络信息技术迅猛发展下的主权、公民隐私权、人格尊严保护等话题面临更加严肃的拷问,多元化的价值冲突与碰撞更加明显。全球化时代非传统安全议程日益复杂,已经绝非某一国家可独自应对,上合组织在全球治理体系形成和机制化方面的作用十分重要,对于保障全球安全意义重大。相关非传统安全的宏观治理问题对上海合作组织提出了新的要求,上合组织必须缔造新的上合组织经济社会环境与地区发展理念,迅速改善贫困、封闭、保守、落后的社会经济环境,彻底消除恐怖主义滋生的土壤与温床,积极推进有关国家经济复苏、提供居民就业保障、促进思想文化交流、完善基础设施建设与凝聚各成员国间的合作共识,从而保证国际社会政治经济的有序发展。随着上海合作组织各项法治建设逐步走向正轨,法律机制的重要性正日益彰显。以上合组织作为载体形成的地区秩序,包含既定的准则和行为规范,国际法治的维护,塑造国际法治良好环境作出积极努力与贡献,未来应积极促进上合组织和周边地区一体化机制形成,加强同联合国、北美自由贸易区、东盟、金砖国家、欧盟等地区组织的合作交流。在此情形下,研究上合组织法律的地位和作用,从中提炼出一些带有普遍性的重要问题进行研究、思考,对于探寻区域合作机制的内在规律,推动上海合作组织不断向纵深发展具有深远的意义。

中国坚定维护联合国主导下的国际社会运作机制,扮演好世界和平的建设者、全球发展的贡献者、国际秩序的维护者的角色,努力推行国际关系法治化的制度实践,积极履行自身的国际义务和责任,积极推动“一带一路”倡议的落实。中国人民愿同各国人民一同开辟人类更加繁荣、更加安宁的美好未来。① 并将致力于构建符合中国国情和需求的思想表达体系,主动掌握国际交流合作的话语权。在洞察国际形势和世界格局演变大趋势的基础上提出了人类命运共同体的理念,构成了习近平时代新型国际关系和世界秩序的理论基石。② 中国在上合组织

① http://www.fmprc.gov.cn/web/ziliao_674904/zyjh_674906/t1522977.shtml. 参见习近平主席 2018 年新年贺词,访问日期:2018 年 1 月 24 日。

② 参见张文显:《法治中国的理论建构》,法律出版社 2016 年版,第 476 页。

发展中倡导构建人类命运共同体,树立合作共赢的新型国际关系,坚持走和平发展道路、维护以联合国宪章宗旨和原则为核心的国际秩序和国际体系、推动国际秩序与全球治理体系朝着更加公正合理的方向发展。当下中国制定了新时代发展的宏伟蓝图和行动纲领,倡导总体国家安全观,将自身发展同地区国家发展对接起来,把自身安全同地区国家安全融合起来。2001 年成立至 2017 年,上海合作组织已经走过了 16 个年头,《上海合作组织宪章》签署也经历了 15 年,上海合作组织及成员国法治领域的建设发展仍然任重而道远,扩员之后的上合组织法治建设不仅应关注战术层面的合作问题解决,同时应更多地考虑宏观战略层面的治理发展,全面提高上合组织区域治理的有效性、深入性与整体性。

The SCO's Process of Legalization and Prospect

Jia Shaoxue

Abstract: With the adjustment of the international political and economic structure, the phenomenon of anti-globalization has emerged, and the problems of non-traditional security are becoming more and more prominent. The risk of regional security is increasing, the regional awareness of each member country is enhanced, and the process of regional governance of the Shanghai cooperation organization has been accelerated. The SCO related legal system under this background is going through a big period of development. The SCO continue to expand in the fields of political cooperation, economic cooperation, security cooperation and cultural cooperation, " the Silk Road Economic Belt and the 21st-Century Maritime Silk Road " initiative for the SCO's cooperation mechanism construction provides an important support. After more than ten years of construction and development, the SCO has achieved remarkable achievements. In 2017, the legalization of the organization developed deeper and faster, especially in the aspects of member expansion, anti-extremism, trade facilitation, legal service guarantee and so on, which provided an important basic for the organization itself. The process of the legalization has entered into a new stage from the concept to the action, from the standard to the practice. In order to make the regional integration cooperation of the SCO more mature, we needs to think deeply about the problems of energy security cooperation, dispute settlement, trade facilitation, and the protection of the rights of counter-terrorism in the future. In order to achieve the ambition of the SCO's transformation from policy oriented to rule-based.

Keywords: Shanghai Cooperation Organization; Rule by Law; Belt and Road Initiative; Regional Governance; Globalization; International Law

二、上海合作组织国别报告

俄罗斯法治报告(2017)

华　莉*

内容摘要:2017 年,俄罗斯努力消除对国家安全和社会稳定形成威胁的内外因素。对外启用一系列反制裁措施与美欧抗衡,对恐怖主义实行军事打击、推动欧亚经济联盟发展;对内努力改变经济结构、发展经济,大力推行电子信息技术,采用风险导向方法提高国家管理效率、持续法治反腐、改善政治环境、提高人民生活质量、推动司法改革以保障司法的独立公正。

关键词:俄罗斯;安全;经济发展;信息技术;司法改革

引言

1991 年苏联解体,作为其继承者的俄罗斯丧失了 500 多万平方公里的疆域与传统势力范围,国家实力跌至谷底,超级大国的地位不复存在。在随后的十年里,俄罗斯经历了漫长的阵痛,经济近乎全面崩溃,政治和社会持续动荡,民族问题尖锐,整个国家处于残破不堪的状态。直到 21 世纪初,随着普京上台,俄罗斯才止住跌势,逐渐企稳。普京 2000 年上台伊始便明确指出,"俄

---

* 作者简介:华莉,女,教授,上海政法学院。

罗斯唯一现实的选择就是选择做强国”。[①] 在普京的领导下,俄罗斯从几乎沦为世界二、三流国家的危机状态重新走上了强国、强军、富民的道路。2014年以来,因克里米亚问题和乌克兰危机的影响,以美国为主导的西方国家对俄罗斯实行严厉的政治经济制裁,俄罗斯经济发展速度大幅下降,加之国际能源价格的大幅下跌,俄罗斯这一能源出口大国的经济重新陷入危机。加之北约不断东扩,美国在俄罗斯周边构建反导体系,以及在全球范围内对俄罗斯的势力进行打压。反制裁、发展经济、保障国家安全、维持社会稳定成了俄罗斯近几年发展的关键词。

2017年对俄罗斯来说是意义重大的一年。这一年俄罗斯走出了因西方制裁造成的经济危机,经济开始进入稳定增长阶段,GDP增长了1.6%,并成为第一大粮食出口国;通货膨胀率创下后苏联时代的历史最低2.5%;完成了在叙利亚的军事行动,击溃了“伊斯兰国”恐怖组织;为迎接2018年世界杯不仅修建了12个比赛场馆,还大规模改善了市政基础设施;联通俄罗斯和克里米亚的跨海大桥修通;俄罗斯人均寿命达到历史最高水平72.6岁;莫斯科启动规模空前的房屋改造计划,动迁约5000栋2500万平方米的莫斯科危旧房,对160万人进行搬迁;启动了人人可以免费领取一公顷土地的“远东一公顷”计划,吸引俄罗斯人参与远东的超越发展;俄罗斯高校获得了俄罗斯评级史上最好的成绩;是俄罗斯提升环境保护的生态年;中俄媒体交流年[②]活动圆满结束;第七届杜马上台,新一任总统选举即将拉开序幕。

俄罗斯在国家社会各领域的发展变化与俄罗斯的法治建设紧密相连。正如普京所言:“法律是由生活本身形成的。”[③]每年针对国家社会的发展变化对现有法律进行修订和出台新的法律法规,是俄罗斯法治建设中最重要的环节。

---

① 何祖德、李鹏飞:《梅普易位对俄罗斯军事战略有何影响》,载《中国青年报》2011年10月14日,第9版,载 http://zqb.cyol.com/html/2011-10/14/nw.D110000zgqnb_20111014_2-09.htm。

② 2016年和2017年为中俄媒体交流年。

③ 2018年1月23日普京在俄罗斯最高法院成立95周年见面会上的致辞,载 http://kremlin.ru/events/president/news/56688。

俄罗斯法律汇编显示,2017 年俄罗斯颁布了 7532 个法律性文件。其中,461 个联邦宪法法律和联邦法律,2801 个俄罗斯议会(联邦会议)文件,565 个总统命令和指令,3670 个政府决议和指令,35 个俄罗斯联邦宪法法院注解。[1] 涉及政治、经济、社会、安全、外交和司法等领域的改革与发展。

一、政治领域的立法变化

普京掌权的十多年来,俄罗斯已经形成较为成熟完整的政治体系和管理机制,在政治领域鲜有大刀阔斧的改革和激变,2017 年更多的是细节上的修订和方法上的完善。

(一)宪政体制的新进展

1. 保障公正透明的总统选举

根据《俄罗斯联邦宪法》第 81 条,俄罗斯联邦总统由有普遍、平等和直接选举权的俄罗斯联邦公民以无记名投票方式选出,任期六年;俄罗斯联邦总统的任期不得超过两届;俄罗斯联邦总统的选举程序由联邦法律确定。

2018 年的俄罗斯总统大举在 3 月 18 日举行。虽然俄各媒体以及社会民意调查显示,普京再次当选几乎没有悬念,但俄罗斯反对派的抗议示威仍不停上演,不断激化与执政当局的矛盾。为了保障总统选举的公正、透明,杜绝选举中的违规行为,2018 年俄总统选举将启用新的投票机制,对投票过程和结果统计增强监管,对选举活动中的违法行为加大处罚力度。

2017 年 12 月 5 日,374 号联邦法律对《俄罗斯联邦总统选举法》进行修订,2018 年的总统选举将取消极易产生违规现象的注销证选举和提前选举,启用新的投票机制。选举日,选民可以在任何城市或者地区,在投票开始 14 小时之前到选举委员进行选民登记。如果公民回到居住地的投票点投票,经选举委员会查实他没有在之前申请的所在地投票,允许其参加投票。为防止虚假申请,启用专门的防伪标记。为了加强对大选的监督,在观察员的设立上更加立体、自由。按照修订案,

---

① Собрание законодательства РФ, http://www. szrf. ru/szrf/oglavlenie. phtml? nb = 100&year = 2017.

俄罗斯联邦公众院(Общественная палата)[①]有权在总统选举委员会设立观察员,同时联邦主体的公众院机构也可在各联邦主体的选举委员会设立观察员。设立观察员的程序更加自由,不要求提前向相应的选举委员会派遣观察员,不要求一个观察员只派遣到一个选举委员会。为了大选的透明化,将在投票地点安装视频监控设施对投票过程和计票过程进行图像声音直播。报道投票过程,除了使用传统的媒体机构,还增加了网络媒体。

此外,还对选举中的违法行为加大了处罚。一个人多次投票、组织违法投票、违规地让人代投票、把填好的选票交给他人或者获取别人填好的选票的,提高罚款额度,破坏防伪标志和使用虚假防伪标志适用行政处罚手段。

2. 保障政党资金来源的透明度

俄罗斯宪法承认政治多元化和多党制,所有党派,无论其意识形态、目标和任务,在法律面前一律平等。政党是国家政治活动的主体,俄罗斯对政党的管理从未松懈过。2017 年 375 号联邦法律对《政党法》第 29 条和第 34 条进行修订,旨在提高政党资金来源的透明度。按照修订法案,一个党员在一个年度所缴纳的入会费和会费不能超过一个自然人捐赠数额的上限——430 万卢布,所有政党在财务总报告和资金进项与花费报告中要阐明有关党员、入会费、会费数额和对政党进行捐赠的自然人的信息,超过中央选举委员会规定的会费和捐赠费需要做出额外说明。

3. 入国籍宣誓仪式

2017 年 9 月 1 日起,获得俄罗斯国籍时需要进行宣誓,并第一次以立法手段固定了誓言文本。宣誓人“发誓遵守俄罗斯联邦宪法和法律以及公民的权利和自由;为保障国家和社会的利益履行俄罗斯联邦公民之义务;保护俄罗斯联邦的自由与独立;忠于俄罗斯,尊重俄罗斯的文化、历史和传统”。[②] 拒绝宣誓可以成为拒绝授予国籍的依据,未成年人、无行为能力人和限制行为能力人,因身体原因不能进行宣誓和(或)

---

① 俄联邦公众院创建于 2005 年,是保护公民权益、保障民众与政权机关沟通对话的机构,http://www.oprf.ru/。

② Госдума утвердила текст присяги при приеме в гражданство РФ, https://rg.ru/2017/07/12/gosduma-utverdila-tekst-prisiagi-pri-prieme-v-grazhdanstvo-rossii.html.

签署誓言的,以及其他总统批准不参加的人除外。被批准加入俄罗斯国籍的外国人在俄罗斯国旗前宣誓,宣誓仪式由俄罗斯内务部的地方机构、外交代理机构或者领事机构组织,宣誓地点可能是组织机构所在地,历史古迹或者烈士公墓。在俄罗斯这个注重仪式感的国家,宣誓仪式不被视为空洞的形式,而是作为重要的精神文化内容。

此外,乌克兰公民申请俄罗斯国籍走简易程序,但需要提供其放弃乌克兰国籍的证明。法院判决犯有恐怖主义罪行的取消国籍。

(二)国家管理与国家服务的完善

一直以来,俄罗斯行政管理程序繁多、效率低下,各类机构官僚作风严重、办事拖拉、缺乏服务精神,民众对此怨声载道。2017 年起,这一现象有望得到逐渐转变。2017 年 1 月 1 日起,俄罗斯公民不仅可以按照 5 分制评价公共服务的质量,还可以写下自己的评价意见,地区当局在 10 天之内必须做出回应。为了方便民众,2018 年 1 月 1 日起,公民在俄罗斯境内享受国家机关和市政机关提供的服务时,不再受到居住地和所在地的限制。近几年,俄在国家管理和服务效率改善方面最大的亮点,是引入风险导向的国家监督、实行统一国家信息登记和推广电子信息技术。

1. 风险导向的国家监督

2015 年 7 月 13 日第 246 号联邦法律,《有关国家检查和市政检查时保护法人和个体工商者的权利的联邦法律修订案》规定,2018 年 1 月 1 日起,国家监督机关在组织某类国家检查时采用风险导向的方式。2016 年 8 月 17 日 806 号政府决议批准把法人和个体经营者的活动和(或)其生产对象归入相应的风险类别或危险类别。按照 2017 年 3 月 2 日 245 号政府决议,消防、卫生、流行病、移民、道路安全、生态、土地、检疫、交通、住房等领域的监督检查都将采用风险导向。

风险导向原是审计专业术语,风险导向的方法(Рискориентированный подход)在俄罗斯国家监督领域逐渐推行,被视为国家监督领域的一场革命。① 该方法的推行是为了把国家有限的行政监督资源集中在高风险领域,及时采取预防措施,识别和消除薄弱环节,从而避免风

① Марина Блудян, Переход на риск-ориентированный подход — это революция в контрольно-надзорной деятельности, http://open.gov.ru/blogs/5515407/.

险发生带来的负面影响,提高检查和监督活动的有效性,并减少良性经济实体的行政负担。

245 号政府决议规定,国家生态监控可采用风险定级。决议确定了对环境有负面影响的法人和个体工商者进行危害等级登记,按照所登记级别对它们进行计划检查的周期性为:高危害 2 年 1 次,较高危害 3 年 1 次,中等危害 4 年 1 次,温和危害 5 年 1 次,低危害不检查。

风险导向的检查体现在清单式检查,即检查仅限于清单中列举的问题。清单只涉及那些最有可能伤害公民的生命健康、动植物、环境、历史文化古迹,以及对国家安全造成威胁和有自然和技术紧急事故隐患的必要检查项。

6 月 29 日政府决议规定,2017 年 10 月 1 日起按照检查清单对公寓楼、商业机构和公共餐饮场所进行定期消防检查,2018 年 7 月 1 日起所有设施的检查都将按照检查清单进行定期消防检查。

2. 国家统一登记

俄罗斯逐渐在各个领域建立统一的国家信息系统,对各类信息进行整合,以便于国家对各类问题进行有效管理,也便于公民获取各类国家服务。

给俄罗斯人生活带来最大便利的就是不动产的国家统一登记。根据 2015 年 218 号《不动产国家登记法》,2017 年 1 月 1 日起,俄罗斯出现了一个新的信息采集机构“不动产统一国家登记”(ЕГРН),该机构囊括了原有的房地产产权、交易登记(ЕГПР)和国家不动产地籍登记(ГКН)两个机构的职能,把地籍登记和房地产产权登记的信息纳入统一的信息系统中。统一登记的国家服务没有地域原则,无论房地产位于何处,申请人都可以前往国内任何一个多功能中心(МФЦ)进行房地产登记,而且地籍登记和产权登记可同时进行,为公民提供了方便。俄不再颁发房产所有权证,产权信息在不动产统一国家登记网上可以查询到,如有需要,可以下载登记信息作为凭证。

此外,俄罗斯还实行了残疾人、艾滋病患者、肺结核患者统一信息登记。登记的不仅是其姓名、住址等信息,还详细登记医疗护理资料、配药资料、已经进行的恢复和康复活动和社会保护措施等信息。被登记人可通过其在国家和市政服务统一门户网站上的个人账号查看信息。目前,联邦税务机关正在建立公民状况国家统一登记,这将成为俄罗斯人口信息联邦统一信息资源的组成部分。俄罗斯甚至对所有葡萄园进行电子登记,每个葡萄园都将被自动分配一个不能更改的唯一的登记号,这样的清单将有助于打击伪造的葡萄酒。信息的统一登记与电子信息技术的推广密不可分。

3. 电子信息技术推广

电子信息化是俄罗斯社会生活的大趋势。目前,约有3000万俄罗斯人通过电子方式获得国家公共服务,为推广电子信息技术的使用,2017年1月1日起,国家向通过国家和市政统一门户网站缴纳国家费用的用户提供30%的折扣。

从2017年开始,俄罗斯的汽车强制保险过渡到电子保单(Электронный полис ОСАГО)。所有保险公司都有义务给客户提供电子的汽车强制责任保单。如果保险公司不在网页上在线制作保单,将被罚款30万卢布。

1月25日俄罗斯外交部指令,俄罗斯公民可以在以前的出国护照还在有效期内再申请十年期新一代有电子信息的出国护照,这样俄罗斯公民可能会有两本出国护照。

3月28日40号联邦法律,全俄人口普查新规定,在统一国家服务门户上注册的人员可以通过互联网进行普查。

2018年1月1日开始生效的242号联邦法律把远程医疗和电子药方带入俄罗斯人的生活。法律规定可以通过远程咨询和对患者的状况进行远程医疗监控的方式来提供医疗服务,还可以开电子药方,2019年1月1日起,包含麻醉类或精神类物质的药物也可以使用电子药方,电子药方将直接发送到药店。一些医疗文件可以使用电子形式,如治疗同意书、医生证明、病例等。

法律规定在医疗卫生领域建立统一的国家信息系统,它将包含每个人的医疗保险信息、联邦医疗登记信息、医疗组织和医疗文件信息、高科技医疗服务机构信息、享受医疗补贴的信息等。统一的医疗信息系统将通过统一的国家服务门户用电子形式向公民提供医疗领域的服务,例如,公民可以通过统一的国家服务门户进行电子预约挂号,预约医生上门服务,从电子病历获取医疗服务内容,选择医疗机构等。

在俄罗斯,住房公共服务收费(ЖКХ)乱象一直是一个个包受诟病的社会问题。现在电子的住房公共服务国家信息系统可以让消费者看到一个可理解和透明的公共服务收费模式。2017 年 1 月 1 日起,如果住房公共服务国家信息系统中没有提供关于缴纳金额的全面信息,则俄罗斯人有权不支付住房公共服务费。

可以预测不久的将来,俄罗斯将进入全面的电子信息化时代,这将大大减少其因地域辽阔带来的管理成本和时间投入。

(三)持续的法治反腐

在俄罗斯,腐败是一个常见的社会现象,已经严重威胁到法治建设、民主进程、经济发展和公民对政权的信任,在 2009 年颁布的《2020 年前俄罗斯联邦的国家安全战略》中,腐败和恐怖主义、跨国犯罪一起被视为国家安全的主要威胁。

为了有效打击腐败,俄罗斯出台了一系列法律法规、国家政策和国家计划。2008 年 815 号总统法令颁布《打击腐败的措施》,俄罗斯开始设立反腐败组织体系,组建反腐败委员会(Национальный Антикоррупционный СоветРФ),由总统直接负责。2008 年 12 月 25 日颁布的《反腐败法》明确了俄罗斯反腐的基本原则:承认和保护公民权利自由;法治;国家机关事务公开;腐败必究;综合使用政治、组织、信息宣传、社会经济、法律和其他手段;优先预防腐败;国家与社会机构、国际组织、公民合作的原则。[①] 2010 年 4 月 13 日颁布的《2010～2011 年国家反腐败战略和国家反腐败计划》,该计划呼吁“联合国家机关、俄罗斯联邦主体、地方政府、民间团体、组织和个人的力量打击腐败”,被视为系统解决腐败问题的指南。该战略认为解决腐败需要从三个领域着手:改变公职人员、商人、公民的意识,在社会上对腐败形成一种贬斥的态度,正如俄罗斯总理梅德韦杰夫所言,“腐败不仅应该是违法的,还应该是丢人的”[②];利用执法、行政和社会制度惩罚腐败;形成防止腐败的条件,促进官员、商人和公民不进入腐败关系、不容忍腐败现象。2013 年 12 月 3 日,普京命令在总统办公厅设立反腐事务局,专门负责审查俄官员的财产申报资料,监督反腐法律的执行,保障各反腐机关之间的协作。2016 年 4 月 1 日,普京总统批准了《2016～2017 年国家反腐败

---

① Антикоррупционная политика в РФ, http://mirznanii. com/a/44497 - 8/antikorruptsionnaya-politika-v-rf.

② Коррупция должна быть не только незаконной. Она должны быть неприличной, http://www. korupcii. net/index. php? s = 12&id = 4.

计划》,规定各政府机关领导提交部门整改计划,让反腐败委员会提交一份反腐败情况综合报告。①

2017 年,俄罗斯在反腐领域制定了一系列具体、可操作的法律规范。5 月 1 日 98 号联邦法律,要求不仅地区高级公职人员需要申报收入、财产、债务等信息,该职务的临时代理人也需要进行申报。联邦的安全执行机构附属大学的工作人员也需要申报收入、财产和债务信息。7 月 24 日 227 号联邦法律,规定地区的最高官员(联邦主体的最高行政机构负责人)有义务检查市政公职人员提交的收入、财产和债务的申报信息。如果检查发现有腐败违法行为,地区最高长官有权申请提前终止其职务,或者向地方自治机关或者法院申请对其适用纪律责任。7 月 1 日 132 号联邦法律,俄罗斯自 2018 年 1 月 1 日起,统一编制因腐败被解雇的国家公务员信息。凡因腐败问题被解职的联邦国家公务员和执法人员,都会"榜上有名",信息将保留 5 年。今后,俄罗斯在国家公务员的人事招考与任用中,可通过查阅这份名单,了解官员信息,"上榜"官员将不得进入国家公务员系统。9 月 19 日 431 号总统令加强预防腐败的监督,对申请入职、在任和离职公务员申报信息的准确性和完整性进行检查,细化国家各反腐败部门在信息分析中的职能。10 月 13 日的 2239 号政府决议通过法案,保护腐败举报人的合法利益不受侵犯,在举报之日起的两年内对其实行国家保护,如果参加刑事诉讼,根据"关于对法官、执法和监管部门公职人员的国家保护"和"关于对受害人、证人和其他刑事诉讼参与人的国家保护"的联邦法律对其适用保护措施。

俄罗斯近 10 年来构筑的反腐法律体系传达出的反腐思路是:腐败是一个普遍性、系统性的社会问题,需要动员全社会的力量采取综合手段整治;要有效打击腐败,不仅需要重刑治腐,更需要预防腐败,要从观念上改变对腐败的态度,建立有效的预防机制,阻止腐败关系的形成。

二、经济领域的立法变化

2014 年乌克兰危机爆发,以美国为首的西方国家开始对俄罗斯施行多轮经济制裁,在美欧严厉的制裁之下,外资纷纷撤离、国际油价异常暴跌、卢布急剧贬值,俄罗斯经济遭受了巨大损失。此后俄采取了一

---

① 倪正茂等编著:《走向法治的俄罗斯》,法律出版社 2017 年版,第 264~266 页。

系列应对危机的政策,包括扶持农业和出口替代等措施,经济略有起色,2016 年年底俄经济呈现出初步复苏迹象,2017 年经济开始进入稳步增长阶段,GDP 增长达到 1.6%。发展经济、保障经济安全不仅是这几年,也将是未来几年俄罗斯的发展重心。2017 年俄不仅制定了顶层的经济安全战略,对国家总体收入预算做了宏观调整,推行加大远东发展的“一公顷土地法”,还加强了税收的监控、调解手段,颁布提高俄罗斯民众金融素养的战略计划,进一步加大欧亚经济联盟框架内的经济一体化。

(一)经济安全战略

2015 年 12 月 31 日,俄总统签署《俄罗斯联邦国家安全战略》,对俄罗斯内政外交政策方针做出六年一次的重大调整。该战略称国家安全包括国防、社会、信息、生态、经济、运输、能源以及人身等安全。国家安全战略需要通过实现多个国家战略优先方向来确保俄罗斯的国家利益。经济安全是俄罗斯国家安全的优先方向之一。

2017 年 5 月 13 日,俄罗斯总统普京签署命令,批准了“2030 年前俄罗斯联邦经济安全战略”,这一战略的目的是应对经济安全面临的挑战和威胁,防止资源、工业、科技和金融领域出现危机现象,防止人民生活质量下降。

这份战略指出了俄罗斯经济安全面临的主要挑战和威胁。其中发达国家利用经济发展水平和高科技方面的优势参与全球竞争,对俄罗斯经济的关键部门使用歧视性措施,增加俄罗斯联邦经济利益区及其边界附近的冲突,是俄罗斯经济发展的主要外部威胁。俄罗斯国内的安全威胁表现在经济创新能力不足、新技术研发和推行滞后、国家管理效率低下、行政壁垒过大、经济领域的犯罪化和腐败程度高、“影子经济”的比重大、劳动力资源不足,以及俄罗斯联邦空间发展的不平衡,环境安全领域过多的要求增加了生产和消费成本等。该战略称,全球商品和金融市场行情波动性增强、全球能源需求结构和消费结构发生变化、依赖原料出口的经济发展模式完结,燃料资源枯竭也是俄罗斯经济安全的主要威胁。

该战略确定了保障经济安全的政策目标,制定了应对经济安全威胁的主要任务。未来为了平衡地区发展,俄罗斯将优先发展东西伯利亚、极北、远东、北高加索、克里米亚和加里宁格勒州等区域,以期形成统一的经济空间。为了提高对外经济合作效率和实现出口导向型经济的竞争优势,俄将在独联体、欧亚经济联盟、金砖五国、上海合作组织和其他政府间组织的框架内扩大伙伴关系和一体化联系,并根据国家利益实行区域和跨区域的一体化。为了减少国家货币信贷体系对国际金融和商品市场连续波动的依赖性,俄罗斯将在管辖范围内进行经济活动时减少外币使用。为了优化经济结构,俄将激励创新,支持高科技企业的发展,扩大非能源产品的出口种类和出口量,确保战略性国防工业的可持续发展,加大在民用产品生产中国防工业技术和创新潜力的利用。为了保障经济活动安全,俄将加强打击滥用和挪用公款,打击腐败、影子经济和经济犯罪,制定措施防止企业人员和国家机关代表利益勾结,包括外国企业代表参与的腐败形式。

该战略的实施分两个阶段进行:第一阶段(2019 年前)主要是制定确保经济安全的方法、法规和机制等;第二阶段(2030 年前)为各项措施的实施阶段。

(二)国家预算调整

2017 年 12 月 5 日,俄罗斯《2018 年和计划 2019 年和 2020 年的联邦预算》正式通过。该法令预测 2018 年国内生产总值将为 97 万 4620 亿卢布,通货膨胀率不超过 4%。计划联邦预算总收入为 15 万 2578 亿卢布(比 2017 年的 14 万 7200 亿卢布的收入多 5370 亿卢布),总开支为 16 万 5292 亿卢布(略少于 2017 年的开支 16 万 7280 亿卢布),赤字为 1 万 2714 亿卢布。2019 年 1 月,俄罗斯联邦内债上限为 10 万 5018 亿卢布,外债上限为 716 亿美元或者 597 亿欧元。

计划 2019～2020 年总收入逐渐增加,分别为 15 万 5546 亿卢布和 16 万 2854 亿卢布,开支分别为 16 万 3737 亿卢布和 17 万 1553 亿卢布,赤字分别为 8191 亿卢布和 8698 亿卢布。

预算资金优先用于发展经济、保障国家安全和支付社会保障。其中,2018 年母亲(家庭)基金保持原有水平,为 45 万 3026 卢布。退休人员的最低生活保障金 2017 年为 8540 卢布,2018 年增加到 8726 卢布。

(三)保护竞争

2017 年 12 月 21 日,俄罗斯总统签发"发展竞争的国家政策的基本方向"的总统令,确定了 2018～2020 年俄罗斯发展竞争的国家计划。

规定每一个行业至少应该有 3 种经济主体,其中之一应该是小企业(自然垄断和国防工业除外)。要求在2020年之前,权力机关违反垄断的数量和2017年相比要降低50%,从小企业和社会非商业组织的国家采购数量要增长一倍,国营企业从中小企业采购的数量要增加18%。

该计划要求制定法律限制在竞争市场建立单一制的企业,限制国家参与企业经营,限制竞争行业的经济主体成为自然垄断的主体,逐步限制国家对竞争领域的价格调解,计划让消费者协会对自然垄断和国家企业的价格实行社会监督。

(四)远东发展

在2017年颁布的《2030年前俄罗斯联邦经济安全战略》中指出,远东是俄罗斯需要优先发展的区域之一。早在2012年,俄罗斯政府就成立了专门的"远东发展部",负责远东发展,还要求俄罗斯国家和联邦的专项计划中都必须制定远东超越发展的章节,除了那些和远东没有领土联系或在远东联邦区不能实现的项目。远东发展最引人关注的是2016年5月2日普京总统签署《远东一公顷土地法》,该法案的实行旨在吸引俄人力资源到远东地区,以促进远东开发。

按照此法律,俄罗斯公民可以在远东联邦区一次性无偿获得不超过1公顷土地的使用权,这1公顷的土地可以用来修建住房、开办农场或从事企业经营活动。俄公民可获得土地的5年无偿使用权,从第6年可以签订土地租约,10年后可以办理土地产权,如果土地5年内没有开发使用,将需要归还。远东发展部制定了专门的网络资源让民众挑选土地,每个人申请不超过一公顷的土地,申请人没有年龄限制,甚至连婴儿也可以申请,如果一个家庭有2~3人,则相应地可以申请2~3公顷土地。

据公众院统计,俄在远东联邦区有可以免费分配给200万人的农用土地和3600万人的森林面积。①

2016年6月1日起,远东居民开始提交申请获得土地,2017年2月1日起全俄公民,包括在国外的俄罗斯人,开始提交土地申请。该法律不适用于外国公民,外国公民或外国公民参与的法人组织甚至不能租用该土地。

---

① Госдума разрешила продать леса получателям бесплатного гектара, https://www.rbc.ru/economics/23/04/2016/571a88b79a7947e4e01a9971.

2017 年 5 月社会民意调查显示,有四分之一的远东居民和十分之一的俄罗斯居民对这一项目感兴趣,截至 8 月相关部门已经收到了 10 万份土地申请。①

(五)现代税收控制系统

2016 年 7 月 3 日普京总统签署 54 号联邦法律,要求从 2017 年开始俄罗斯所有贸易商家要逐渐过渡到使用新一代的收银控制设备(ККТ),即收款机、计算机和财政记忆程序的综合设备,公众把其称为"在线收银机"(онлайн-касса)。这一设备主要有五大功能:记录和保存财务数据、财政存储记忆、形成财务文件(收银票和严格的报表)、将这些财政文件通过财政数据运营商(ОФД)在线转交到税务机关、必要时打印纸质财政文件。财政存储记忆是其最关键的功能,没有网络时设备也能存储所有的结算数据。这种现代化的收银控制系统能有效减少财政机构文件传递的工作量,使贸易活动更加透明,利于国家完整、及时地监控资金周转和企业现金收益,杜绝逃税偷税,改善税收。

法律规定从 2018 年 7 月 1 日起,以前没有使用收银设备的组织和个体经营者也必须配备新一代收银控制设备。

(六)个人税收调控

2000 年俄罗斯实行单一税制改革,其中居民纳税人的工资、薪金按照 13% 的税率征税②,这大大提升了国家的税收收入,推动了经济的发展。但低收入者明显感觉到税负的压力,俄罗斯政府时常利用税收优惠政策减免低收入者的负担,鼓励某类经济或社会活动。

2017～2018 年,非个体经营者、不雇佣员工的自然人为个人、家庭和其他类似需求提供服务的,如照看儿童、病人、80 岁以上老人,以及其他医疗组织鉴定需要不间断的外部照顾的人员,家教,保洁和其他家政服务的,将免征个人所得税。

2018 年 12 月 31 日前,与国际足联及其附属机构,或俄罗斯 2018 年世界杯组委会签订民事合同的志愿者因履合同义务所获得的实物收入和报销费用免征个人所得税。

俄罗斯实行的是个人报税制度,为了打击偷税漏税,出台了一系列

---

① Открытая Россия, https://www.openrussia.org/notes/712795/.

② 某些特别收入还设置了 30% 和 35% 两档补充税率。

相关法律,包括使用刑法处罚手段。2015 年开始,俄罗斯公民需要独立向税务机关报告他们没有纳税的房地产和车辆。从 2017 年 1 月 1 日开始对没有报告的处以罚款,他们不仅要缴纳过去三年的税款,还将缴纳未缴纳税款 20% 的罚款。

(七)提高民众的金融素养

经济发展不仅是一个宏观命题,还是涉及每一个公民经济状况改善的微观任务。为了提高俄罗斯民众的金融知识与素养,9 月 25 日政府指令批准了《2017 ~ 2023 年提高俄罗斯金融素养的战略》,并把该战略视为制订联邦和地区发展计划的基础。

该战略指出,具备金融知识的公民至少能够规划自己的收支,进行长期储蓄和形成金融"安全气囊",理性地选择金融服务,避免与收益不相称的债务,能够维护自己的合法权利,能够识别金融诈骗,为退休生活进行财物准备。该战略的任务是提升公众的金融知识和为公众提供信息保障,在提高金融素养方面建立国家与社会的合作机制。呼吁继续制定和实施互动式金融知识培训、研发金融知识网络游戏、组织中小学生网上金融知识奥林匹克竞赛,号召在俄罗斯各地区举办"全俄儿童金融扫盲周""全俄储蓄周"和"金融知识周"等活动。

俄罗斯财政部,俄罗斯联邦中央银行和其他有关的行政机构和组织,包括俄罗斯教育科学部和俄罗斯消费监督机构将参与该战略的实施。

(八)欧亚经济联盟框架内的经济一体化新进展

欧亚经济联盟近年来在经济领域的合作成果斐然,已经成为欧亚地区的重要经济组织,也是我国建设"丝绸之路经济带"需要进行有效对接的地区组织。2017 年,该组织在经济一体化领域又向前跨了一大步。

按照联盟成员签署的协议,2017 年 1 月 1 日起,在欧亚经济联盟成员国境内生产或销售的所有新车必须安装俄罗斯研发的交通事故应急响应系统(ЭРА-ГЛОНАСС)。

根据俄交通部的说法,汽车上的应急传感装置可以把事故发生时的救援时间缩减 30%。发生碰撞时,传感器会立即向调度员发送报警信号,并接收到汽车位置、乘客是否系安全带、碰撞前的速度和车辆数据的信息。信号发出后,呼叫中心人员通过装置联系汽车,如果没有收到答复,呼叫中心会向出事地点派出医生、道路巡逻警察和紧急救援人员。[①]

2017 年 12 月 1 日至 2019 年 12 月 1 日,俄罗斯国家采购进口家具和木材加工行业的某些类型商品,要求其生产货物使用的原料或半成品的产地需是俄罗斯或欧亚经济联盟国家。

2017 年 9 月 1 日起,对食用鱼类和鱼类产品实施欧亚经济联盟安全要求。2019 年 1 月 1 日起,施行欧亚经济联盟瓶装饮用水的安全要求。2020 年 1 月起,在消防安全和消防设备方面实施欧亚经济联盟技术要求。

2017 年 11 月 8 日,俄罗斯联邦委员会颁布了《欧亚经济联盟海关法典》,该法典于 2018 年 1 月 1 日正式生效,同时废止原《关税同盟海关法典》。新法典在保障欧亚经济联盟成员国方面实施统一的海关监管,简化通关程序。新法典的主要创新之处在于,完全实现了电子化海关报关,采用"单一窗口制",提高了通关效率。另外一个新变化是提高了"经认证经营者(AEO)"的地位,给予"经认证经营者"相应的通关优惠便利措施,例如可以先放行后报关,预报关,甚至货物在仓库即可完成全套的报关手续。新法典还涉及国外网购居民。根据新法典,欧亚经济委员会将对邮政包裹免税额设定上限,新法典生效一年后免税额开始逐步降低。预测,2018 年可以购买 500 欧元的免税商品,超出限额将缴纳 30% 的税费,且每千克不少于 4 欧元。生效两年后,可以购买 200 欧元的免税商品,超出限额缴纳的税费降低 15%,但每千克不少于 2 欧元。[②]

三、社会领域的立法变化

保护生态环境、解决住房问题、延续母亲基金以及保障游客权益是 2017 年俄罗斯社会发展的关键事件。

(一)生态环保

俄罗斯在环境保护方面的立法非常积极,甚至不少企业抱怨过高的生态保护要求和环境费征收限制了俄经济的发展,但是俄罗斯并未

---

① Эра-Глонасс, http://ru-wiki.org/wiki/ЭРА-ГЛОНАСС.

② 《大变天! 2018 年欧亚经济联盟海关法典即将生效,关系到每一个人!》,载 http://www.sohu.com/a/209724056_788453。

在生态立法上停下脚步。2017 年被确定为俄罗斯的生态年,再次加强了生态环保方面的立法活动。

按照 2016 年 353 号环境保护法修订案,2017 年 1 月 1 日俄罗斯开始出现“森林公园绿化带”(лесопарковые зеленые пояса)。这些区域的自然使用和其他经济活动受到限制,违反限令将追究行政责任。环境保护法引入了“累积伤害环境”和“环境累积伤害对象”的新概念。制定了发现和评估这些对象物体的程序,并将创建一个累积伤害对象的统一登记表。

3 月 2 日政府决议,规定对国家生态采用风险定级监控,就对环境有负面影响的法人和个体工商者进行危害等级登记,对危害等级高的企业加大检查治理。

3 月 3 日政府决议,决定向法人和个体经营者征收对环境有负面影响的费用。固定污染源向空气排放污染物、向水体排放污染物以及堆放废物都对环境有负面影响。在俄罗斯境内、大陆架和俄罗斯专属经济区从事经济活动或其他活动的法人和个体经营者,如果其活动对环境产生负面影响,都需缴纳费用。

俄罗斯还发动全民监管环境污染现象。9 月 8 日 1082 号政府决议,建立了“我们的大自然”的公众监督网站(www. priroda-ok. ru),公民和社会组织可以通过该网站举报违法倾倒垃圾、水体污染、非法砍伐森林以及其他破坏环境的行为,信息可以附上佐证的图像视频资料,指出违规的确切位置或坐标。该监督网站属于国家信息系统,举报人会被告知对举报内容的检查情况和采取的措施。

另外大力推行节能概念。3 月 7 日的政府决议,要求各类新修建筑物和大修建筑(住宅建筑除外)安装热量消耗自动调解设备,以便根据外界温度自动调节取暖和通风系统,并保持热水供应系统中热水的设定温度。此外,还要求在新建和改建的行政大楼中配备自动恒温器,以调节房间的温度。还计划在这些建筑物中安装使用至少 95 流明/瓦特的公共照明节能系统。

(二)有关住房问题

住房问题一直是现代俄罗斯最严重的社会经济问题之一。在很大程度上,住房问题是俄罗斯家庭矛盾、生育问题和一系列社会问题的根源,影响着国家与社会的发展。2005 年 9 月,普京总统就提出了“给俄罗斯公民提供负担得起的舒适住宅”的项目,并在 2010 年形成了国家计划。但因国家经济形势的不乐观,这一计划并未得到很好的执行,2010 年计划修建的 8000 万平方米的住房只完成了 5810 万平方米,破旧房屋的比例没有得到有效改善。截至 2013 年年初,全国 160 万栋公寓楼中 65% 有不同程度的破旧,需要大修,而危房拆迁安置更是迫在眉睫,全国的危房面积达到 1100 万平方米,需要安置 77.7 万人。① 2017 年,俄罗斯在住房领域最有影响的法律法规涉及集资修建和莫斯科住房改造。

1. 集资修建

20 世纪 90 年代俄罗斯开始启动集资建房的模式,2008 ~ 2009 年“上当的集资者”在俄罗斯成了一个流行词汇,当时仅在莫斯科郊区就有 400 多栋集资修建的房子无法完工。2015 ~ 2016 年国家出台对抵押贷款进行支持的方案,要求新建房屋贷款利率不超过 12%,这些措施使集资修建的问题得到了改善。但据俄罗斯建设部的数据统计,目前全国有 86000 名集资者上当,72 个地区的 1592 栋楼成了烂尾楼。2016 年春俄罗斯最大的建筑商之一的“苏 – 155”公司宣告破产,14 个地区的 145 栋楼无法完成修建,数千名集资者无法拿到房屋,导致了新一轮社会问题。②

2017 年 7 月 29 日 218 号《关于建筑商破产情况下保护集资修建参与公民的权利的公法公司的成立和俄罗斯联邦单个法律文件的修订》(补偿集资者的基金法)的联邦法律通过。

新的联邦法律提高了对建筑商的要求,规定一个建筑商只能有一张修建许可证。建筑商不能用几张修建许可证同时修建公寓楼房和(或者)其他不动产项目,只能在修建一张许可证上的公寓楼房时才能吸取集资者的资金。这条新规定从 2018 年 7 月 1 日开始起效。

对有权吸取资金的建筑商改变了要求,不对其注册资金有要求,而是要求建筑商必须把不少于建筑总价 10% 的资金存放到银行的“补偿基金”里。按照此法律,将专门成立一个保护集资修建公民权益的公法

---

① Жилищная проблема России, https://topwar.ru/79450-zhilischnaya-problema-rossii-otsutstvie-dostoynogo-zhilya-ugrozhaet-socialnoy-i-demograficheskoy-bezopasnosti-strany.html.

② 《再没有上当的集资者》,载《共青团真理报》,2017 年 11 月 27 日版。

公司,来负责管理这个补偿基金。

法律规定所有的建筑参与方,包括建筑商、技术发包人和总承包人,都必须要在同一家专门银行开立银行账户,他们相互间的结算只能通过这个账户。

此法律出台将为俄罗斯的房地产市场带来什么样的冲击,目前还无法判断,但有一点是肯定的,小的建筑商将会被淘汰掉,市场上将只剩下大中型有足够资金来应对这一变化的建筑商,而对集资者来说,对其资金的使用将更加透明,加之“补偿基金”的组建,将有助于保护其权益。

2. 莫斯科住房改造

7 月 1 日,总统签署批准了莫斯科房屋改造的联邦法律。这一改造项目大约要持续 20 年,涉及莫斯科大约 5000 栋赫鲁晓夫时代修建的五层高的危旧楼房,需要搬迁 160 万人。[①] 按照法律,公民将被安置在首都同一地区同等条件的住房中,业主有权获得价值相等的住房或货币补偿。新的公寓将提供更好的装修,居住面积和房间数量不少于原改造房屋,而总面积将超过原有住房。

实施房屋改造的退出机制。有三分之一的业主投票就可以退出,既可以在改革方案的制定和批准阶段,也可以在执行过程中决定退出。莫斯科政府负责组织难以自行搬离的公民搬家。只有在提供了新住房或现金补偿后才能让居民迁出房子,只有在所有住户迁出之后才能停止房屋的公共服务。

按照 352 号联邦法律,莫斯科住房改造计划中获得的住房(其中的份额)和货币补偿免征个人所得税。此外,原改造房产权达到 3 年,通过继承或者赠予所得,或是私有化或是签订终身赡养合同所得,房屋销售收入不缴纳个人所得税。住房改造计划中所得住房享受国家免费注册。

可以说,莫斯科住房改造的法规是非常诱人的,但社会上仍然有各种质疑之声,担心难以满足 100 多万人无数个性化的需求,例如,新房楼层的高低,绿化面积的多少,离地铁的远近等,以及会出现和房屋改

① Какие дома будут строить на месте снесенных пятиэтажек в Москве, https://renovar.ru/renovatsiya/chto-budut-stroit-na-meste-snesennyh-pyatietazhek-v-moskve.

造相关的新的诈骗形式。可以预测,俄罗斯政府必将进一步完善相关的法律法规。

(三)有关人口问题

人口问题一直是困扰俄政府的难题之一。为了鼓励生育,俄政府从2007年开始设立"母亲基金",从生第二个小孩开始可以领取国家资助(2015~2018年的额度为45万3026卢布)来改善居住条件、支付孩子的教育费用和增加母亲的退休金。除了全国性的"母亲基金"项目,自2011年起,各地方政府也设立了"母亲基金"。2017年12月28日432号联邦法律决定把"母亲(家庭)基金"延长到2021年年底。

这一刺激生育的措施对俄罗斯人口增长起到了至关重要的作用。截至2017年1月1日,俄罗斯人口数量为1.46亿人,比上一年增加了26.73万人,有超过140万个家庭有3个以上的子女。[①]

为了保持积极的人口趋势,2017年12月28日418号联邦法律规定了从2018年1月1日起国家向出生或收养第一和第二个孩子的家庭每月支付相当于地区最低生活水平的金额,直到孩子满一岁半。

(四)有关旅游

俄罗斯不仅是一个旅游资源大国,也是一个游客输出大国。喜欢休假、喜欢旅游,是很多人对俄罗斯人的定位。2017年俄罗斯经济状况稍有好转,其出境旅游的人次就比2016年增加了19.8%,达到3700万人次。[②] 1996年11月24日颁布的《有关俄罗斯旅游活动基础》的旅游法案一直随着社会经济的发展和旅游市场的变化而进行修订。

2017年1月1日开始生效的49号旅游法案的修订案,增加了"儿童旅游""休闲中心""电子旅游"等新概念,对一些概念,如"紧急援助",进行了新的解释。该法律要求2017年1月31日前建立一个旅游经营者出境游个人责任基金(фонд персональной ответственности туроператора)。这一基金是用于补偿由于旅游经营者不履行旅游产品合同的义务而给旅游者造成的损失。每年缴纳的基金费用为前一年出境旅游产品总价格的1%。还规定建立一个出境游经营者的储备基

---

① Демографическая и семейная политика: некоторые важные результаты и показатели 2016 года, http://government.ru/info/27185/.

② Российские туристы стали больше отдыхать за рубежом, http://ria.ru/tourism/20180116/1512725983.html.

金(резервный фонд туроператоров),规定了相应的缴费规则,例如,每年游客人数不超过1万人次,旅游产品总价格不超过4000万卢布的旅游经营者,每年向基金缴纳5万卢布。向境外游客提供紧急援助,包括组织游客从临时居住国撤离的活动,经费从旅游经营者的储备基金中支出。此外,还加大了对旅游领域违法行为的行政处罚力度。

2018年1月1日开始实施旅游活动国家统一登记制度(электронная путевка),旅行社必须把所有旅行合同的信息上报登记,以便于国家对旅游市场进行监管。

3月3日政府决议,为保障游客安全,规定前往地形复杂地区、水体、山地、洞穴等有较高风险的地方进行自助旅游的游客和游客团(包括未成年人旅游团体),以及组织这样旅游的组织和个体经营者需要在旅行开始前10天向当地的紧急救援部通报自己的旅行计划。

(五)涉及外国人的某些法律变化

随着俄罗斯经济发展和社会稳定,到俄罗斯旅游、学习、工作、定居的外国人逐年增多。2012年签署的《中俄人文合作行动计划》,计划在2020年前把两国留学交流人员规模扩大到10万人次。前往俄罗斯的外国公民有必要首先了解以下几项法律变化。

1.有关出入境

2017年3月7日,符拉迪沃斯托克启动签证简易程序。某些国家的公民(包括中国)可以通过电子签证在符拉迪沃斯托克入境俄罗斯。至少在入境4天前在俄罗斯外交部专门的网页上提交电子签证申请,可申请一次性的普通商务、个人、旅游、交流访问电子签证,签证期限为30天,可在俄罗斯境内停留8天。

6月7日,对出入境规定进行修订,有俄罗斯临时居住证的外国公民,其入境签证的有效期和临时居住证相同。避免了外国公民临时居住证在有效期内,而出入境签证过期的行政违法情况。

11月9日内务部签发846号命令,批准了"给外国人和无国籍人员办理长期居住证"(вид на жительство)。

对于有意在俄罗斯长期居住的外国人取消临时居住证,对这部分人只办理长期居住证。长期居住证有效期为5年,到期还可以延长同样的期限,外国人凭借本国护照和长期居住证就可以进入俄罗斯,对无国籍人员,长期居住证作为其居民身份证件。2016年4月5日156号总统令,废除了俄罗斯联邦移民局,其功能和权限转交给了内务部,长期居住证由内务部地区机构的移民处办理。

7 月 29 日,出入境法律修订案。俄宪法法院认为,限制危险的传染疾病已经治愈的外国人(无国籍人士)进入俄罗斯境内的法律条款违背宪法。为执行宪法法院指令将会取消该禁令,并且有可能不再拒绝外国人来俄罗斯治病或者离开俄罗斯前往其他国家治病。

2. 离境退税政策

2017 年 11 月 16 日,俄罗斯联邦税法典增加了第 169 条"外国公民—自然人把商品带离欧亚经济联盟领域的税额补偿程序和条件"。此法条规定,外国公民在俄罗斯境内购买商品,离境时在满足以下条件时可申请退税:出示外国政府机构(欧亚经济联盟成员国除外)签发的护照;外国公民以自然人身份把商品从俄罗斯边境站带离欧亚经济联盟成员国以外的领域(从欧亚经济联盟国家中转的除外),有零售商家出具的退税单据(发票)和海关检验章。

外国公民在购买商品一年内并在 3 个月内把商品带离欧亚经济联盟境内可申请退税,退税商品的价值(含税)不低于 1 万卢布。

按照《俄罗斯税法典》第 181 条规定,外国公民所购买的商品被认定为应该缴纳消费税的不在退税行列。外国公民所获得的补偿税额,为购买商品时零售商家在销售该商品时扣除的税额减去退税服务费用。

3. 论文外语答辩

学生交流是中俄两国人文交流的重要内容,俄罗斯较优秀的教学资源和低廉的留学费用对很多中国学生都有着很强的吸引力,但需要精通俄语才能完成高层次的留学任务——写论文和论文答辩,这又让很多人望而却步。俄罗斯计划逐步改变这一现状。5 月 29 日政府决议,赋予攻读(副)博士学位的外国人用外语进行论文答辩的权利,前提条件是由当地的论文答辩委员会同意。

论文和论文摘要需要用俄语和外语两种语言提交。答辩人提交给答辩委员会的文件的翻译和答辩会议翻译的费用由承办答辩的组织承担,或者按照答辩人和答辩组织之间的协议由答辩人承担。如答辩委员会成员或者论文正式评阅人要求,则答辩组织方需要提供论文公开答辩活动的同声传译。

四、安全领域的法治建设

安全是俄罗斯最具战略地位的主题,从国家安全构想(1997 年)到国家安全战略(2015 年)再到信息安全学说(2000 年,2016 年)和网络安全战略(2014 年)①,认真研讨俄罗斯面对的各种安全威胁以及计划实施的相关应对措施。在网络时代,电子媒体、信息系统、社交网络已成为俄罗斯人日常生活的一部分,2016 年俄罗斯互联网用户超过 8000 万人,信息安全保护刻不容缓。

(一)信息安全

1. 信息战略设计

1997 年,俄联邦政府就在颁布的《俄罗斯国家安全构想》中指出,信息安全是保障国家安全的重中之重。在之后的十年内,又相继制定了一系列有关安全的纲领性文件和政策法规,基本形成了一个"多层级"的信息安全法律体系。2017 年 5 月 9 日普京签署命令,批准《2017~2030 年俄罗斯联邦信息社会发展战略》,该战略的目标是保障在俄罗斯形成一个知识社会。其中重点是形成能获得高质量和可靠信息的信息空间;创造和应用俄罗斯的信息和通信技术,确保其国际竞争力;确保俄罗斯在数字经济领域的国家利益。在国际上,有必要建立新的合作机制,建立互联网信任体系,保护用户的机密和人身安全,避免用户匿名和不负责任的情况,让违法者不得逃脱惩罚。该战略呼吁保证俄罗斯信息通信技术的出口,规范引进外国技术,在全球数字经济中为俄罗斯企业的商业模式创造技术优势。

2. 信息设施安全

187 号联邦法律《俄罗斯联邦关键信息基础设施安全法》于 2018 年 1 月 1 日开始生效。在该法律草案的解释性说明中指出,"俄罗斯联邦社会和经济发展的稳定与安全,直接取决于信息电信网络和信息系统运行的可靠性和安全性。此法案将为安全系统的有效运行创造法律和组织基础,并将大大减少计算机攻击对俄罗斯联邦造成的社会、政

---

① 《保障俄联邦国家信息安全的战略升级——俄新版"信息安全学说"解读》,载 http://www.cebnet.com.cn/20170331/102378777.html。

治、经济和其他不利后果"①。

关键信息基础设施(критическая информационная инфраструктура)是指国家机关的信息系统、信息电信网络,以及国防工业、医疗保健、交通运输、通信、信贷金融、能源、燃料工业、核工业、火箭航天工业和化学工业等领域的信息系统、信息电信网络和自动化控制系统和用于所有这些领域的系统相互协作的电子通信网络。

法律规定在关键信息基础设施和电子通信网络上需要设置国家检测、预防和消除计算机攻击后果的技术手段。法律要求所有关键信息基础设施都进行统一登记,其中包括设施的软件信息、确保设施安全的措施和手段等。登记主体必须确保"联邦执行机构公职人员能不受阻碍地进入关键信息基础设施的重要目标"。

所有关键信息基础设施按照其重要性分为高、中、低三个类别。每个类别都有相应的安全要求。

从法律上明确了"计算机攻击"(компьютерная атака)的概念,这是"利用软件对信息系统、信息电信网络、通信设施和自动控制系统进行的有目的的影响,旨在破坏其功能和(或)破坏其信息处理的安全"。

为了有效保障关键信息基础设施的安全,6月27日193号联邦法律扩大了国家机密的范围,国家机密不仅包括情报、反间谍和侦查活动信息,还包括反恐信息和受国家护卫的人员安全保障的信息,以及关键信息基础设施的安全保护措施和防止计算机攻击的安全状态。

破坏关键信息基础设施安全的行为相应地承担刑事、行政、民事和纪律责任。194号联邦法律,建议俄刑法典增加第274.1条"给俄罗斯联邦关键信息基础设施造成不当影响"的内容,按照该法条,制造、散播或者使用明知会对关键信息设施产生违法影响的电脑软件或者其他电脑信息,违法获得关键信息设施中法律所保护的电脑信息,破坏这些信息的保存、加工和传递手段要承担相应的刑事责任。条款包括加重刑罚的情节(团伙、有预谋、有组织的犯罪或者利用职务地位犯罪),考虑到这些情节,对这些犯罪行为可以处以罚金、强制劳动和限制/剥夺自由(剥夺担任某种职务和从事某种活动的权利)。

---

① Закон о критической информационной инфраструктуре, 载 http://smartbabr.com/?doc=1092。

3. 网络信息监管

327 号联邦法律规定,检察长或副检察长可直接要求联邦通信、信息技术和大众传播监督局阻止传播在俄罗斯被认定为不受欢迎的外国或国际非政府组织在互联网上发布的信息材料和这些信息资源的索引。

联邦通信、信息技术和大众传播监督局建议互联网提供商和提供互联网接入服务的通信运营商限制访问互联网上俄罗斯禁止传播的信息和包含这些信息的互联网资源和网站。

限制访问的信息来自统一自动化信息系统创建的"包含俄罗斯禁止传播信息的网站,和这些网站的域名、网页索引和网络地址的统一登记",这个登记信息每天在莫斯科时间 9 点和 21 点更新。互联网提供商在收到限制通知之后 24 小时之内采取限制访问的措施。

7 月 29 日通过的"信息、信息技术和信息保护法"修订案,要求从 2018 年 1 月 1 日起,即时通信服务商和移动通信服务商签订协议,即时通信用户必须用其手机号码进行识别。即时通信服务商必须提供能让用户拒绝接收其他用户电子信息和群发国家机构电子信息的技术,在收到相关机构要求时,即时通信服务商必须在 24 小时内限制传送含有违反俄罗斯法规要求的信息。

(二) 国防安全

7 月 20 日,普京签署命令批准了"2030 年前海军活动领域的国家政策基础"。该政策提出了俄罗斯海军的建设目标:不允许其他任何国家的海上力量相对俄罗斯海军具有显著优势,且在作战能力上居世界第二位。①

该政策基础认为,俄罗斯面临的海上安全威胁主要是美国及其盟国企图主宰包括北极在内的世界海洋,试图限制俄罗斯获得世界海洋资源和封锁俄罗斯的海上战略通道,其中企图减弱俄罗斯对北海航线——这一自古以来俄罗斯的交通要道的控制。

面对危险,主要目标是维持海军实力,制止来自海洋方向上对俄罗斯的侵略,采用包括使用海军力量来维护世界海洋的战略稳定和国际

---

① 《俄罗斯海军建设目标——世界第二》,载《中青在线》2017 年 8 月 31 日版。http://zqb.cyol.com/html/2017-08/31/nw.D110000zgqnb_20170831_3-11.htm。

法治,为开发利用世界海洋资源提供有利的条件。

为了提高国防能力,2017 年俄罗斯还加强了与周边国家的军事合作,特别是加强了在叙利亚的军事存在。

7 月 26 日,批准了 2016 年 11 月 30 日在莫斯科签署的关于组建俄罗斯和亚美尼亚联合部队的协议案,以保障高加索集体安全地区的军事安全,及时发现和消除针对俄罗斯和亚美尼亚的武装进攻。联合部队将在两国指定的边境地区进行联合巡逻,参加两国的国土防空任务,为两国在该地区的军队和重要目标提供空中保护等。独立后的亚美尼亚一直与俄罗斯在军事上保持着紧密的合作关系。

10 月 30 日,批准了俄罗斯和白俄罗斯 2016 年 11 月 2 日在明斯克签署的建立统一的区域防空体系的协议,以及两国部队进行共同技术支援的协议,来共同防御对俄罗斯和白俄罗斯可能的侵略。

12 月 29 日,批准了俄罗斯与叙利亚 2017 年 1 月 18 日在大马士革签署的协议,扩大俄罗斯海军在塔尔图斯港口的物质技术保障区域,以及俄罗斯军舰进入叙利亚领海、内陆水域和港口。

五、外交领域的法律保障

2000 年 6 月 28 日,普京签署批准的《俄罗斯联邦对外政策构想》排列了俄罗斯对外活动的主要顺序:首先重点发展与独联体国家的睦邻关系和战略伙伴关系;其次优先发展与欧洲国家关系,重点发展与欧盟的合作,与北约保持建设性合作关系;再次实现与美国关系的正常化;最后是加强与亚洲国家的关系。① 近几年,俄罗斯的外交图景显示,其当初的《构想》并未实现。

(一)当前的俄美关系

由于追求的战略目标相左,近年来俄美的关系不断恶化。美国对实力已遭削弱的俄罗斯坚持实施“压俄”“弱俄”的方针,在国际事务中处处遏制俄罗斯,压缩其战略空间,贬低其国际地位。俄罗斯从普京上台后开始推行重建世界大国的战略,近年来俄罗斯趁乌克兰危机之时收复克里米亚,趁美国身陷中东乱局军事,介入叙利亚就是推行其大国

---

① 倪正茂等编著:《走向法治的俄罗斯》,法律出版社 2017 年版,第 52 ~ 53 页。

战略的步骤。[①] 2014 年的乌克兰危机使俄美的关系急转直下,美国联合其盟国对俄罗斯施行严厉的政治经济制裁,使俄罗斯经济陷入危机。在美国的主导下,北约多次东扩,2017 年其成员国已经扩大到 29 个,北约与俄罗斯直接接壤。2016 年年底,俄罗斯总理梅德韦杰夫在慕尼黑安全会议上宣称:俄罗斯与西方的关系已经滑向"一场新的冷战"。[②] 2017 年,美国总统特朗普上台未能改善两国关系,美欧加大对俄制裁,俄也强硬地制定了一系列反制裁措施与之抗衡。2017 年 6 月 30 日,普京签署命令,决定把反制裁的经济措施延长到 2018 年 12 月 31 日,禁止从美国和欧盟国家进口某些农产品、原材料和食品。2017 年俄美相互驱逐对方外交官、把对方媒体视为外国代理人,双方博弈进一步激化。

(二)当前的俄欧关系

俄罗斯与欧盟在现实利益与价值观念上一直存在冲突,欧洲力求圆"大欧洲"之梦,自己主导欧洲事务,而一个在政治、军事上强大的俄罗斯让欧盟忌惮、戒备。北约的东扩和加大北约在中东欧的军事存在也是欧盟企图遏制俄罗斯的鲜明表现。俄欧关系还反映在一种矛盾的经济关系上。俄罗斯是欧盟的第三大贸易伙伴,欧盟是俄罗斯的第一大贸易伙伴,俄罗斯是欧盟重要的能源供应国,也是欧盟机械设备的主要出口市场。作为欧亚大陆两个重要的经济体,二者存在很大程度上的相互依赖,但是因为乌克兰危机,俄欧相互经济制裁,两年多来,俄欧的贸易额减少了 37%。同时,欧盟内部对俄经济制裁一直存在分歧,也有反对制裁和支持与俄和解的声音存在。[③]

(三)当前的中俄关系

中俄关系处于前所未有的友好阶段,近年来中俄两国每年都有大量的交流合作。2017 年中俄两国关系中的重要成就体现在太空领域的合作和签署《进一步全面深化战略协作伙伴关系的联合申明》。

2017 年 12 月 5 日,367 号联邦法律批准了《中俄政府关于在和平研究与利用外层空间领域建造和使用运载工具及地面基础设施合作的技术保护措施协定》,2016 年 6 月 25 日中俄政府签署的这一协议标志

① 倪正茂等编著:《走向法治的俄罗斯》,法律出版社 2017 年版,第 62 页。
② 凤凰网资讯,载 http://news.ifeng.com/a/20171119/53394631_0.shtml。
③ 倪正茂等编著:《走向法治的俄罗斯》,法律出版社 2017 年版,第 64~65 页。

着中俄又一大项目合作——运载火箭领域合作的启动。

中俄的航天合作开始于1992年12月18日中俄政府在北京签署《中俄政府关于和平探索和利用外层空间的合作协定》,2001年以来,中俄双方已多次更新中俄航天合作大纲,在其框架下已完成100多个合作项目,中国国家航天局副局长吴艳华认为,中俄航天合作已从基础技术合作转入重大战略合作阶段。[①] 2017年11月,俄罗斯总理梅德韦杰夫访华期间两国签署《2018～2022年太空领域合作发展计划》,涉及火箭发动机、对地观测、探月与深空探测、空间碎片监测等重点项目的合作。

2017年7月4日,中俄政府在莫斯科签署了《中俄关于进一步深化全面战略协作伙伴关系的联合声明》,申明确定了中俄两国为进一步加深政治互信、务实合作、安全合作、人文交流和国际协作将具体开展的活动内容,包括"一带一路"建设与欧亚经济联盟对接,交通和基础设施项目合作,进一步加强航天领域、军事和军技领域、金融市场、环境保护、信息网络空间、执法安全、打击"三股势力"等领域的合作,还将落实《中俄人文合作行动计划》,其中致力于在2020年前将两国留学交流人员规模扩大到10万人。

(四)当前的俄中亚关系

俄与中亚的关系主要体现在"集体安全条约组织""欧亚经济联盟""上海合作组织"等地区组织框架内的双边和多边合作关系。依托这些地区组织,俄与中亚近年来在政治、经济、军事、安全、人文等领域展开了富有成效的合作。

2017年186号俄联邦法律批准的杜尚别议定书,延长《集安组织铁路技术统一协议》的有效期,以确保货物、军事物资和人道主义物资通过铁路的顺利运输,减少所谓敌人对铁路和铁路设施的影响,以及在和平时期和战时尽快恢复中断的列车交通。如前所述,2017年欧亚经济联盟在经济一体化领域又向前迈进了一大步,最显著的成就是11月8日俄罗斯联邦委员会颁布的《欧亚经济联盟海关法典》。2017年6月在阿斯塔纳的上合组织元首理事会上,其成员国再次表示在国际和地

---

① 《中方:中俄航天合作已经进入重大战略合作阶段》,载《华讯网》,https://www.toutiao.com/i6327023887095693825/。

区形势深刻复杂的今天,需要同舟共济应对各种威胁与挑战。

(五)当前的俄土关系

近年来,俄土关系在俄的对外关系中占据着重要地位。2015 年 11 月 24 日,土耳其空军击落俄罗斯一架苏－24 战机致使两国关系陷入紧张局面,2014 年俄土签署的天然气管道修建计划被迫暂停,俄罗斯对土耳其启动一系列经济限令。2016 年两国关系回暖,2016 年 10 月 10 日俄罗斯和土耳其政府在伊斯坦布尔签署"土耳其溪流"天然气管道项目,2017 年 2 月 7 日俄罗斯第 4 号联邦法律批准了该协议。"土耳其溪流"项目的签订标志着俄土关系走向正常化。

协议中的天然气输送管线有 2 条,将从克拉斯诺达尔地区的压缩机站通过黑海到达土耳其的终端站,管线每年天然气的最大运输能力为 315 亿立方米,第一条线将通往土耳其市场,第二条通过土耳其流向邻国。管线的海段长度约 920 公里,陆地长度约 200 公里。这两条管线将于 2019 年 12 月 30 日前投入运行。"土耳其溪流"管道建成后,俄罗斯的天然气将不需要通过现有的东欧管道即可到达欧洲市场。

六、司法领域法治建设新内容

2017 年,俄罗斯法治建设的重要内容还体现在对法律内容的修订以及司法(法院)体系的改革上。

(一)法律概念的新内容

2017 年 1 月 1 日起,俄罗斯刑法开始引入新的刑罚种类——强制劳动(принудительныеработы)。因不严重或者中等严重犯罪或者首次严重犯罪被判处剥夺自由刑 2 个月至 5 年的刑罚可以用强制劳动代替。强制劳动与强制性公益劳动(обязательные работы)[①]和劳动改造(исправительные работы)不同(被判刑人员在居住区服刑)[②],强制劳动人员需要在一个专门的改造中心服刑。俄罗斯联邦刑罚执行局

① 也有的翻译为"强制性义务劳动",如倪正茂等编著的《走向法治的俄罗斯》,法律出版社 2017 年版,第 221 页。

② 劳动改造是在不与社会隔离的情况下,在其熟悉的环境中通过有报酬的劳动方式达到改造的目的。被判刑人员有工作单位的,在原工作单位劳动改造,没有工作地点的,由相关机关在被判刑人居住地安排劳动地点。被判处劳动改造的人的工资 5% ~20% 收归国家所有。http://juresovet.ru/ispravitelnye-raboty-kak-vid-ugolovnogo-nakazaniya/。

(ФСИН)根据强制劳动人员的专业或资质为其分配工作,可以领工资,工资的5%～20%收归国有。

据俄罗斯联邦刑罚执行局副局长瓦列里·马克西缅科所说,俄罗斯四个改造中心分别位于秋明州、坦波夫州、斯塔夫罗波尔边疆区和滨海边疆区。此外,在巴什基利亚、卡累利阿、外贝加尔湖边疆区、萨马拉州、斯摩棱斯克州,阿尔汉格尔州和新西伯利亚州正在开设强制劳动服刑地。[①]

刑法将增加"**刑事过错**"(уголовный проступок)的概念。[②] 俄罗斯著名的法学家、最高法院院长维亚切斯拉夫·列别杰夫提议将轻罪非刑事化。他指出,2000年以来,俄罗斯杀人和杀人未遂案件减少了3/4,未成年人犯罪减少了5/6,经济类犯罪减少了3/4,严重犯罪和特别严重犯罪的数量减少了一半,现在法院每年审理的刑事案件涉及100万人,其中一半以上都是轻罪案件,国家应该在这方面做出改变。他认为,刑法典引入刑事过错的概念有助于细化刑法的处罚措施,免除因实施不判处剥夺自由刑的行为而带来的前科。每年俄罗斯大约对4万名被告适用的是剥夺自由以下的刑罚。刑事过错将不留下前科,例如,犯有轻微的盗窃、诽谤、破坏行为以及某些类型的欺诈和侵犯版权的人可以不在自己的履历中留下前科的污点。[③]

此外,250号联邦法律还增加了新的免除刑事责任的依据。除了因积极悔过、与被害人和解、失效期届满可以免除刑事责任,某些经济类案件、适用罚款的也将免除刑事责任。33号联邦法律,为完善延期服刑制度对刑法典第82条进行修订,明确关于延期服刑的决定不是法院在执行判决时下达,而是在判决起草时确定。2月7日通过对刑法法典第116条的修订案,殴打家属和其他亲人从刑事犯罪变成为行政违法,但实施殴打的人员如果之前因类似行为接受过行政处罚的,则对其提起刑事立案。

---

① С 2017 года в России будет применяться новый вид уголовного наказания, https://cont. ws/@ bereg3163/389971.

② 由最高法院院长在2016年12月第九届全俄法官大会上提出,载 http://www. garant. ru/news/1096080/。

③ Верховный суд будет работать по-новому, https://www. 1tv. ru/news/2018 - 01 - 23/339912 - verhovnyy_sud_budet_rabotat_po_novomu_vazhnye_zayavleniya_vladimira_putina.

(二)刑法规制和加重刑罚的行为

近年来,兴奋剂丑闻、网络直播虐杀小动物、飞机上乘客殴打机组人员、网络死亡社团诱使青少年自杀、欠费和伪造证据等事件经各大媒体发酵传播,引起社会的广泛关注。2017 年,这些问题的处理在俄罗斯有了更完备的法律依据。

1. 滥用兴奋剂

2015 年 11 月,俄罗斯田径运动员因被世界反兴奋剂机构曝光涉嫌"系统性"使用兴奋剂而被国际田联全面禁赛,俄罗斯田径队被禁止参加 2016 年 8 月的里约奥运会和 2017 年 8 月在伦敦举办的田径世锦赛等一系列国际重大赛事。俄罗斯国内加大了对兴奋剂的监管,并用刑法来规制滥用兴奋剂的行为。

3 月 28 日 339 号政府决议规定,引诱运动员使用兴奋剂将按照刑法典第 230.1 条和第 230.2 条的规定追究刑事责任。

法律确定了运动领域禁用的物质和(或)方法,教练、运动医学专家、体育运动专家等人员引诱运动员使用这些禁止物质和方法的,无论运动员是否采用,相关人员都将被追究刑事责任。禁用物质包括合成代谢剂、肽类激素、生长因子、模拟因子、激素和代谢调节剂等。被禁止的方法包括血液及血液成分作假、一些化学和物理操作作假、使用基因兴奋剂等。

此外,12 月 5 日 373 号联邦法律还要求地区权力机关为地区的国家队运动员组织医疗生物保障。医疗生物保障包括系统监测运动员的健康状况、恢复运动能力、健康医疗干预、精神和身体状况、运动员使用的药物、医疗用品和专门的食品,开展体育领域的医学研究。体育运动联邦机构要及时向有关机构通报禁止用于体育运动的物质和(或)方法。

2. 虐待动物

刑法典和刑事诉讼法典修订案加大了对虐待动物的处罚力度。出于自私目的或者流氓行为,以给动物造成痛苦为目的,造成动物死亡或者伤残的,最高可以判处剥夺自由 3 年。

如果虐待行为是有预谋、有组织的集体行为,有年幼儿童在场,使用暴虐手段,并进行公开播放(通过多媒体和互联网),动物的数量超过一只的,则处以 10 万 ~30 万卢布或者相当于被告人 1 ~ 2 年工资(收入)的罚金,或者2年以下的劳动改造,或者5年以下的强制劳动,或者判处3~5年剥夺自由刑。

3. 组织“死亡社团”

根据120号联邦法律[①],煽动或者协助他人自杀,促成他人自杀或者自杀未遂的从以前剥夺自由5年以下的刑罚变更为5~10年。

如果唆使自杀(自杀未遂)的对象为未成年人、怀孕妇女或者依附于唆使人的,将被判处6~12年剥夺自由的刑罚(以前是6年以下)。如果死亡的人数是2个或者以上的,刑罚为8~15年。组织“死亡社团”的刑罚变更为剥夺自由5~10年(以前是4年以下),利用多媒体或者互联网组织“死亡社团”的将被剥夺5~15年的自由(以前是6年以下)。导致他人自杀,有加重情节的,刑罚从5~8年变更到8~15年。

在俄罗斯,青少年被网络诱导自杀成为一个大众十分关注的社会问题。109号联邦法律,要求建立诱导青少年自杀的预防机制。《信息,信息技术和信息保护法》规定,“联邦通信、信息技术和大众传播监督局和网络运营商必须向内务机构报告传播违禁信息的事实,以便于内务机构能迅速作出反应和进行必要的程序检查”。

4. 交通工具上的流氓行为

《刑事诉讼法典》第151条修订案规定,威胁到交通工具运行安全的流氓行为将要承担刑事责任,对这类行为处以罚金15万~30万卢布,或者相当于两年工资收入的数额,或者两年以下的限制自由或者剥夺自由。在火车、船舶、飞机或者任何一种公共交通上的流氓行为将会受到更严厉的处罚,将被处以罚金30万~50万卢布或者相当于2~3年工资收入的数额,或者480小时的强制性公益劳动,或者1~2年的劳动改造,或者5年以下的强制劳动或者剥夺自由。

5. 欠费

根据250号联邦法律,加大对欠缴国家税费的处罚。因瞒报和虚报而逃避缴纳税费、社会保险金数额巨大和特别巨大的需要承担刑事责任。因降低计算缴费基础(或者其他不正确的计算方式)欠缴强制生产事故和职业病保险金的需要承担刑事责任。企业隐瞒需要征收税费的资金或者财产需要承担刑事责任。

---

① 文中没有标注年代的编号都是指2017年颁布的法律。

6. 制造伪证

《刑法典》第 303 条规定民事案件、刑事案件中制造伪证和对刑事侦查活动结果造假的要承担刑事责任。2017 年 4 月 17 日通过对其的修订案,目前该条款增加内容,规定在行政案件和行政违法案件中制造伪证也需要承担刑事责任。这涉及行政案件参与者(代理人),行政违法诉讼参与者(代理人),有权做记录和审理行政违法案件的职能人员。

(三)某些犯罪概念的新解释

在新的经济社会条件下,一些犯罪概念内涵发生了变化。2017 年 11 月,俄最高法院在 3048 号决议中详细区分出不同类型的诈骗:造成公民失去住房的诈骗;有意不履行经营合同义务的诈骗;收款诈骗;贷款类诈骗;使用支付卡的诈骗;保险类诈骗;电脑信息类诈骗。

该决议强调,在盗取非现金财产时,从银行账户或者电子钱包盗取资金,如造成其所有者损失的,盗取的那一刻,就视为犯罪完成。该决议还区分了重要的一点,在什么情况下是盗窃,而不是诈骗。比如,支付卡的持有者被欺骗或者因轻信自己把账户信息告知嫌疑人,使其盗取了账户上的资金是盗窃。

4 月 27 日,俄罗斯联邦最高法院大会对走私案件的细节做出解释。物品所有者利用没有意识到走私事实的人把物品非法带过境的,物品所有者为犯罪实施人,而被利用的人不承担刑事责任。如果走私物品的国际邮件接收人自己挑选、订购、付款,并提供个人信息、地址,并规定所订购商品的隐瞒方式和收货方式,则国际邮件接收人被视为走私的实施人。此外,还宣布 1978 年苏联最高法院有关走私案的决议在俄罗斯境内失效。

(四)违宪检查传达的立法原则

俄宪法法院的违宪检查是促使俄罗斯法治完善的重要举措。2017 年宪法法院的违宪检查传达出两个重要的立法原则:刑事司法的平等原则和保护公民财产权的原则。

1. 刑事司法的平等原则

宪法法院对《刑事诉讼法典》第 31 条第 3 部分第 1 款是否违宪进行检查,认为按照刑事被告人性别划分审判权限违背宪法原则。这涉及量刑为终身监禁和死刑(在俄罗斯不采用)的刑事案件,在司法实践中,年龄超过 18 岁的妇女被指控生产、销售和运送毒品、精神类药品以及它们的半成品、类似物品数量巨大的案件不能由陪审团参与审理,不能由州一级的法院受理,原因是这类案件的量刑可能是终身监禁,但按照刑法典总则规定,不能对妇女适用这样的刑罚。但受到同样指控的男性的案件却可以由陪审团参与审理,可以由州一级法院受理,这违背了宪法平等的原则。宪法法院要求立法者应该对此进行修订,保障妇女有同样的受审权利。

宪法法院对刑事诉讼法典第 30 条第 2 部分第 2 款和第 31 条第 3 部分第 1 款和刑法法典第 57 条第 2 部分和第 59 条第 2 部分进行违宪检查,认为按照刑事被告人年龄划分审判权限违背宪法原则。刑事诉讼法规定杀人并且有加重处罚情节的案件属于联邦主体最高法院审判,但有可能被判处终身剥夺自由和死刑的案件除外。刑法典规定年满 65 岁的男子不得被判处终身剥夺自由和死刑,因此年满 65 岁因被指控的罪行可能会被判处终身剥夺自由和死刑的案件不由联邦主体最高法院 1 名法官和 12 名陪审员组成的法院审判,而年龄 18 ~65 岁的男子犯有类似罪行的却可以由这样的法院审判。俄宪法法院的违宪检查强调了刑事司法的平等原则,要让妇女和 65 岁以上男性在犯同等罪行情况下有和其他人同等的受审权利。

2. 保护公民财产权

宪法法院强调在国家机关公法组织不作为或者有过错的情况下,保护公民的财产权。宪法法院对《行政诉讼法典》第 111 条、第 247 条第 5 部分、第 248 条第 1 部分第 2 款和《仲裁诉讼法典》第 110 条第 1、2 部分进行违宪检查,在阐释两个具体的案情时强调:公民对国家机关地籍价值的评估向法庭提出质疑,要求更正错误,由此产生的诉讼费用不应该由公民承担。宪法法院责成立法者就此类案件的诉讼费用如何分摊制定规则。宪法法院对《民法典》第 302 条第 1 款进行违宪检查。宪法法院认为,该法条中规定的财产所有人如是因其意志之外的方式丧失财产所有权可以向善意取得人要求返还财产不违背宪法,但此法条允许把被冻结的住房视为他人非法占有财产而要求善意取得人返还就违背宪法。涉及的案情是,善意取得人依据国家不动产统一登记信息判断,有偿获得房产并进行了所有权登记,而没有及时进行所有权登记的公法组织提起诉讼要求返还。宪法法院认为是公法组织的不作为成了丧失财产的前提,对冻结财产的监管不力不应该影响到包括房产善意取得人在内的公民的财产和非财产权,在处理返还请求的纠纷时,应该考虑到所有权登记事实,对不动产进行统一登记实质上是公法组织把不动产从自己的占有中除名的许可行为。9 月 21 日,宪法法院在对《森林法典》第 7 条进行解释时指出,公民合法所得并在国家统一房地产登记注册了所有权的土地,即使是位于森林公园或者林业区域,公法机关也没有权利索取要回土地,要求国家森林登记在划分林地等级前应回避这一矛盾。

(五)国际法领域的新发展

国际法是俄罗斯的法律渊源之一。依据《俄罗斯联邦宪法》第 15 条第 4 款,国际法公认的原则以及对俄罗斯有约束力的国际条约也是俄罗斯法律制度的组成部分。2017 年俄罗斯增加了引渡条约国,批准了改革欧洲人权法院活动的议定书和欧洲委员会关于洗钱、搜查、扣押和没收犯罪所得和资助恐怖主义的公约。

1. 引渡条约

2017 年批准了俄罗斯与巴林王国、朝鲜人民共和国、摩洛哥、阿布哈兹共和国、土耳其共和国分别签订的双边引渡条约。截至目前,俄罗斯已经和 65 个国家签订了引渡协议,其中包括中国。

按照引渡协议,双方在一定条件下按照相应的请求把正处在自己领土之内的违反了另一国需要引渡的罪行的人员移交给另一国接受刑事调查或者执行判决。处 1 年以上剥夺自由的刑罚或者其他更重刑罚的属于可引渡的犯罪。

在引渡条约中指出,如果被要求引渡的人因所犯罪行在请求国会被判处死刑的,不予引渡(请求国提供足够保障不会判处死刑的除外)。如果有充分证据认为请求引渡的是因为种族、宗教信仰、民族和政治信念而遭受通缉和判刑的人,则不予引渡。

2. 欧洲人权法院

5 月 1 日批准了 2016 年 9 月 19 日俄罗斯在法国斯特拉斯堡签订的改革欧洲人权法院活动的议定书。该议定书规定,欧洲人权法院对国内法律体系起到一个补充作用,其成员国有权自己斟酌在本国适用人权和自由保护公约。欧洲人权法院的补充作用体现在遵守有关用尽国内的法律保护手段的原则,向欧洲人权法院提起诉讼是保护人权和自由的一个辅助补充手段,是在国内法律体系无法保护其权利与自由时采用的手段。

1月19日,俄宪法法院应俄罗斯司法部的问询,认为可以不执行欧洲人权法院的一项判决。俄宪法法院认为2014年7月31日欧洲人权法院就尤科斯石油公司一案所做出的判决是不可执行的。欧洲人权法院认为是俄罗斯侵犯了公司的权利造成其损失,判俄罗斯向该组织的股东、继承人和法定继承人赔偿18亿欧元。俄宪法法院强调公司恶意逃税,欠下巨额债务,是公司自己的行为造成的损失,而且国家财政长期没有从该公司收到过大笔的税费,让国家财政支付这样大笔的赔偿金有违税务关系中的平等和公平原则。

3. 欧洲委员会关于洗钱、搜查、扣押和没收犯罪所得和资助恐怖主义的公约

7月26日批准了2005年5月16日欧洲委员会《关于洗钱、搜查、扣押和没收犯罪所得和资助恐怖主义的公约》。

俄罗斯于2009年1月26日在斯特拉斯堡签署该公约。公约的一些条款规定了参与国家履行义务的行为的多元性,俄罗斯将考虑到本国立法的要求来适用该公约。例如,俄罗斯不采用公约第3条第4款,有关按照国内法没收严重犯罪人员的财产的,有义务按照国内法的要求公开被没收收入的来源。

俄罗斯对有关调查和监控银行账户的请求,相关请求文书的送达,请求形式和语言,以及金融情报机构之间的合作、信息和证据的使用限制等问题做出了申明。其中要求向俄罗斯送达的请求文书和资料除了原件还要有俄语翻译件。还规定了由俄罗斯金融监督联邦机构来实行公约规定的金融情报的职能。

(六)司法改革

近几年来,俄罗斯司法体系中的一个重大变化,是最高仲裁法院和最高法院的合并。2014年6月28日,183号联邦法律《俄罗斯联邦仲裁程序法典修订案》废除了最高仲裁法院,最高法院同时成为俄罗斯普通法院体系和仲裁法院体系的最高司法机关。2018年1月23日,普京在最高法院成立95周年的庆祝大会上指出,这两个最高司法机关的合并,能够排除在一些重大问题上的法律立场的分歧,因为最高法院和最

高仲裁法院曾经就同一问题持有完全相反的观点。[①]

2017 年 7 月 13 日,最高法院全体大会通过决议,该决议被视为普通法院体系大规模改革的开始。此次司法改革的主要目的是加强法官的独立性,优化司法程序,减少法官不合理的工作量。

1. 司法独立性改革

改革中最核心的部分是最高法院全体大会提议组建单独的重审上诉法院(апелляционные суды)和复核上诉法院(кассационные суды)[②],在治外法权的基础上来保障司法程序的客观性和独立性。

目前普通法院体系是在同一个主体(地区、州、共和国等)的同一个法院来重审和复核法院的裁判,同一个法院联合了几种权限,而且经常这些法院就位于同一栋大楼中,严重影响到了司法的公正独立。

最高法院提议按照仲裁法院的成功模式组建 5 个重审上诉法院和 9 个复核上诉法院。目前俄罗斯全境内有 21 个重审上诉仲裁法院和 10 个大区复核上诉仲裁法院,这些上诉仲裁法院的管辖边界和行政区域的划分不同,有效地提升了仲裁法院与法官的独立性。为了提升社会对司法体系独立性的信任,新建普通上诉法院在结构设置中将采用仲裁法院的原则,即错开司法管辖和行政管辖范围。这些新成立的普通上诉法院不一定位于联邦区的中心,而是按照司法工作量和民众可接近的原则来部署,在必要的情况下可在一些居民点长期设置其"据点"。

新成立的重审上诉法院将审理州法院或者和它同级的法院在一审做出的裁判,由此将可以避免在同一法院一审和重审同一案件的情况[③]。

部分重审上诉任务将从最高法院转入新的法院,对下级法院没有

---

① Президент выступил на торжественном собрании, посвященном 95 – летию Верховного суда, http://kremlin.ru/events/president/news/56688.

② 黄道秀在《俄罗斯刑事诉讼教程》中把这两个层级的上诉分别翻译为第一审上诉和第二审上诉,还有文献翻译为上诉审和监督审。鉴于在俄罗斯司法体系中,апелляционная инстанция 是依据事实对法院判决进行重审,实质上是上级法院对下级法院的案件的重新审理,而 кассационная инстанция 更多是形式化的,不对案件事实进行审查,主要是检查所适用的法律规范是否正确,所以本文采用重审上诉和复核上诉的表述。

③ 目前州(共和国、边疆区、联邦直辖市、自治区和自治州)法院的审判委员会和最高法院的审判委员会是重审上诉机构。

发生法律效力的司法判决的重审将不再纳入最高法院的职权范围。最高法院应该专注在其最主要的工作上:阐释法律立场,对司法实践进行总结以及领导整个司法体系。"最高法院介入纠纷解决具有非常性质,只有在其他层级的司法手段用完的情况下才可以"。①

复核上诉法院将完全替代目前州以及和它同级法院的主席团作为复核上诉机构的职能,复核上诉将统一化,新的法院还将是区法院和治安法官统一的复核上诉机构。州一级法院的主席团只保留其组织职能和对司法实践的信息解释工作。②

2. 信息技术引入司法活动的改革

电子信息技术在俄罗斯司法体系中推广是一个大趋势。2008 年俄仲裁法院开始推行案件自动分配系统(Автоматизированное распределение дел),在保障法官的独立公正,预防腐败方面深得民众的好评。2017 年 1 月 1 日,按照程序法的新规定,公民可以向普通法院和仲裁法院提交电子起诉书。电子文档在法院的官网上填写提交,并附上公民的电子签名。在法庭上可以使用电子文件作为证据,法院的裁定和判决也可以用电子文档。

为了使司法活动更加透明、公开,刑事诉讼法典修订案规定可以通过广播、电视或者互联网直播刑事案件的公开庭审。按照修订法案,对公开庭审的直播需要得到庭审主席的同意,禁止对诉讼前的活动进行直播。直播不得破坏庭审秩序,必须保障司法利益和司法参与人员的安全,不公开涉密信息。不公开的庭审和某些类别的案件(包括涉及国家安全、家庭法律关系、性侵犯和无民事行为能力的案件)不能转播。直播需要在庭审记录上进行标记,并且要写明参与的媒体名称或者进行直播的网页。

9 月 27 日,最高法院主席团决议对网上登载的法庭文书做出新规定,网上发布的最高法院、普通法院和仲裁法院的法庭文书除了一些例外情况,不需要隐去法官、检察官、律师、被判刑人员和被判无罪人员的姓名,民事原告和被告的某些信息,以及民事判决的数目。法庭的判

---

① Леонид Смирнов,《ВС утвердил концепцию реформы судов общей юрисдикции》, https://legal.report/article/13072017/vs-utverdil-koncepciyu-reformy-sudov-obcshej-yuri.

② 只有最高法院的司法解释才对其他法院有强制执行的效力。

决、裁决文书在生效之后一个月内公布在网上,仲裁决议在通过的第二日公布在网上。涉及国家机密和其他受保护的秘密的判决和裁决不在公开之列。

3. 降低法官工作负荷的改革

据统计,俄法院体系每年要审理数百万起案件。① 法官承受着超强的工作负荷,巨大的工作量不可避免地会对案件的审理质量有所影响。为了降低法院的工作负荷,简化和加快法院的审理进度,10 月 3 日最高法院全体大会通过一项程序法的修订案,要求简化大部分司法裁决书的表述,裁决书将只包括引言和裁决本身,而不再有论据说明。有论据的完整司法裁决书将根据双方的申请、法庭的倡议或者涉及某些类型的案件(如儿童、退休人员权益保护、让居民迁出住所而不提供其他住所的、破产等案件)才提供。与此同时,提高了对司法裁决书论据的表述要求,按照民事诉讼法典修订案,需要法庭论证采纳或者拒绝不仅是某种证据,还有采纳或者拒绝庭审参与人说辞的理由,以及适用某一法律规范的原因。在论据部分可以援引最高法院主席团和全体大会的决议和它的司法实践总结,即必须采用的司法实践。这一要求明确了判例的司法地位。

为了减少法官的工作负荷,总统普京认为有必要免除法官受到日常工作的烦扰,把法院的组织、运营工作交给专门的行政人员,让法官专注于案件的研究处理,提高审案质量。此外,普京还提议正式把法院判决文书的起草工作分配给法官助理,因为法官的工作负荷过大,实践中早就是如此操作的。

在法院的人事政策方面,普京建议增加新的纪律责任——降低专业资格(понижение квалификации)。他说,法官像所有人一样也会犯错误,需要明确区分司法错误与违纪行为。同时提议应该完善司法职位候选人收入申报等反腐措施。②

4. 代理人资格改革

另一个引起广泛关注的是民事和仲裁程序法典的修订案禁止非专

---

① Президент выступил на торжественном собрании, посвященном 95 - летию Верховного суда, http://kremlin.ru/events/president/news/56688.

② Президент выступил на торжественном собрании, посвященном 95 - летию Верховного суда, http://kremlin.ru/events/president/news/56688.

业人士在法庭上为公民辩护,只有具有法律高等教育文凭的人才能成为代理人。最高法院副主席涅恰耶夫认为这一修订是参照国际司法实践,有助于保护被代理人的权益。[①] 与此同时,引入代表人制度,代表人可以在代理人的要求下出庭,代表人可以没有法律教育背景,只能就某一问题向法庭做出书面或者口头解释或者收取案件文书的权利,如会计、工程师等,也可以作为案件的证人或者专家出庭。

据预测,涉及司法改革的法律修订案将在一年后的2018 年7 月生效,但期限也有可能延后。俄联邦司法部副部长奥哈诺夫和副总检察长科尔仁涅科认为这次司法改革需要大笔资金支持和大量的组织人事工作,不能忽视俄罗斯领土辽阔和交通花费给改革带来的困难。但总体来说,俄罗斯法律界对这一法律修订案的评价是正面的,国家建设和立法委员会主席科拉申尼科夫把成立单独的复核法院的建议称为“反腐败的大举措”。[②]

结语

《俄罗斯联邦宪法》第1 条开篇明义,俄罗斯是一个“民主法治的国家”。2017 年俄罗斯的立法活动让我们看到了其在民主法治建设方面的成绩。在这一年,俄罗斯努力保障有一个公平民主的总统大选,用法律规制一些对社会造成恶劣影响的行为,追求司法平等,保障公民的私有财产不受侵犯,组建一个独立、公开、高效的司法体系,以及推广电子信息技术和国家统一信息进行高效的国家管理和提供便捷的国家服务,发展经济、保护生态、提升人民福祉,保障国家安全,在国际上加深与友邻伙伴的关系,同时用强硬手段回应俄罗斯国家安全的外来威胁和制裁其经济发展的因素。

法治建设是一项长期的系统工程,2017 年是俄罗斯法治建设中承上启下的一年。2018 年开年不久,媒体上各种重磅消息便接踵而至:1 月26 日美国宣布新一轮制裁措施,继续对俄施压;2 月3 日俄罗斯的苏-25 战机在叙利亚被击落,飞行员阵亡;2 月6 日俄罗斯达吉斯坦共

---

① Евгения Ефименко,《Процессуальная революция: Пленум Верховного суда предлагает поменять АПК и ГПК》,https://pravo.ru/court_report/view/144824/.

② http://book.hexun.com/2016-06-27/184611371.html,上合组织成员国文化部长举行第十三次会晤。访问日期:2018 年1 月20 日。

和国临时总理和两名副总理因涉嫌贪污被拘留,达吉斯坦共和国开启了大规模的反腐运动;2 月 9 日萨哈林州州长因受贿被判处 13 年监禁;2 月 7 日中俄两国副总理宣布 2018 ~ 2019 年为中俄地方合作交流年;因兴奋剂问题持续发酵,国际奥委会批准俄罗斯运动员只能以中立身份参加 2 月 9 日的平昌冬奥会……①

俄罗斯,一个不平凡的 2018 年开启了。

Annual Report on the Rule of Law in Russia(2017)

Hua Li

Abstract: In 2017, Russia worked hard to eliminate internal and external factors that pose a threat to national security and social stability. To launch a series of anti-sanction measures against the United States and Europe; to launch a military strike against terrorism and promote the development of the Eurasian economic union; to work hard to change the economic structure and develop the economy; to vigorously promote electronic information technology; To continue the rule of law against corruption, improve the political environment, improve the quality of life of the people, and promote judicial reform to safeguard the independence and justice of the judiciary.

Keywords: Russia; Security; Economic Development; Information Technology; Judicial Reform

① 参见俄罗斯"第一频道"官网信息,载 https://www.1tv.ru/news。

哈萨克斯坦法治报告(2017)

杨　丹*

内容摘要:2017 年,哈萨克斯坦在全球治理和区域一体化进程中发挥重要的作用,启动了第三次现代化建设。哈萨克斯坦通过宪法改革,进行三权再平衡,推动政治现代化。哈萨克斯坦推动财税改革,提高经济开放度、推进贸易投资便利化和数字化,加强社会文化教育立法,提升司法体制,以适应全球第四次工业革命带来的挑战和机遇。

关键词:哈萨克斯坦;多元外交;宪法改革;数字化;哈语拉丁化

引言

哈萨克斯坦作为中亚的内陆国家,地域广阔,连接西欧、南亚以及俄罗斯和中国,具有重要的战略位置。

2017 年,哈萨克斯坦的政局稳定,安全形势可控,经济回升,在国际舞台上的表现可圈可点。对外,哈萨克斯坦继续奉行独立多元外交,在欧亚经济联盟和上海合作组织等框架下展开区域合作,通过 WTO 以及双边合作发展本国经济,通过阿斯塔纳世界博览会提升国际影响力;对内,哈萨克斯坦继续推行宪法改革,完善经济

---

* 作者简介:杨丹,副教授,南京师范大学。

社会立法,提高政府效率和司法公正公开,促进社会和经济全面发展。

未来,哈萨克斯坦政局平稳,经济稳定增长和民生发展,仰赖于民主法治的发展、市场经济法制的进一步完善。

一、对外政策:推进国家利益,巩固地区和全球安全

自独立以来,哈萨克斯坦坚持多元、平衡、务实、互利、坚决维护国家利益的外交政策原则,以"推进国家利益,巩固地区和全球安全"为宗旨。[①] 2017年,哈萨克斯坦启动第三个现代化建设,[②]积极提升全球竞争力,全面发展多元务实外交,加强欧亚经济一体化,优先发展与邻国和大国的伙伴关系,开展经济和贸易外交,维护和推进国家利益。

(一)全球治理体系中的活跃身影

哈萨克斯坦是联合国、欧亚经济联盟、独联体、亚洲互动和建立信任措施会议、集体安全条约组织、上海合作组织、欧洲安全与合作组织、伊斯兰合作组织等国际组织成员国,国际影响力逐年上升。出于经济考虑,哈萨克斯坦采取真正的多元外交政策,以获得国际认可,而不是牺牲与其他国家的关系来提升与某些国家的联系。[③]

1. 全球政治治理

尽管全球治理的概念出现较晚,但联合国自成立以来,就一直承担着全球治理的职责,是全球治理中最重要的国际多边组织。[④] 哈萨克斯坦在以联合国为核心的全球治理框架中发挥了日渐重要的作用。

2017年1月1日,哈萨克斯坦正式成为新一届(2017~2018年)联合国安理会非常任理事国。这也是中亚地区国家首次成为安理会成

---

① 纳扎尔巴耶夫:《哈萨克斯坦—2050:健全国家的新政治方针》,国情咨文,2012年12月20日,载 http://www. akorda. kz/ru/page/page _ poslanie-prezidenta-respubliki-kazakhstan-lidera-nat-sii-nursultana-nazarbaeva-narodu-kazakhstana-.,访问日期:2018年2月11日。

② 纳扎尔巴耶夫:《哈萨克斯坦第三个现代化建设:全球竞争力》,国情咨文,2017年1月31日,载 http://www. mfa. gov. kz/zh/beijing/content-view/2017nian-guo-qing-zi-wenha-sa-ke-si-tan-di-san-ge-xian-dai-hua-jian-she-quan-qiu-jing-zheng-li.,访问日期:2018年2月11日。

③ Artem Patalakh, Economic or Geopolitical? Explaining the Motives and Expectations of the Eurasian Economic Union's Member States, Fudan Journal of the Humanities and Social Sciences (2018) 11:31, DOI 10.1007/s40647-017-0191-x.

④ 中国现代国际关系研究院课题组:《联合国改革与全球治理的未来》,载《现代国际关系》2015年第9期。

员。纳扎尔巴耶夫总统在政治讲话中确定了七个优先事项。具体包括:(1)实现世界无核化;(2)消除全球战争威胁,解决地区冲突;(3)加强区域安全与合作,促进中亚利益;(4)打击恐怖主义;(5)非洲和平与安全;(6)保持安全与可持续发展之间不可分割的联系;(7)促使安全理事会和联合国体制适应21世纪的威胁和挑战。①

在此期间,哈萨克斯坦主持了阿富汗与"塔利班"委员会、达伊什组织、"基地组织"委员会以及索马里和厄立特里亚制裁委员会。2017年,哈萨克斯坦协助安理会通过了61项决议,其中包括11项共同决议草案和27项声明。哈萨克斯坦秉持中立、公开和透明的原则,努力推动联合国安理会取得实际成果,做出了建设性的贡献。

2. 全球经济治理

哈萨克斯坦以资源大国和中亚大国的定位,积极融入多边经济合作平台、推动欧亚经济一体化,参与全球经济治理。

作为WTO第162个成员方,哈萨克斯坦成为WTO《政府采购协议》的观察员国(2016年10月19日),也批准了《贸易便利化协定》(2016年5月26日)。

2017年4月3日,WTO与国际商业大学(University of International Business)和哈萨克斯坦贸易政策发展中心(Kazakhstan's Centre for Trade Policy Development)一起,在阿拉木图为中东欧、中亚和高加索成员方(Central Eastern European, Central Asian and Caucasus, CEECAC)和WTO观察员,共同开展了2017年首次区域贸易政策课程(Regional Trade Policy Course)。

2017年9月19日,乌克兰就哈萨克斯坦对乌克兰钢管采取的反倾销措施,提出磋商请求。② 哈萨克斯坦尚未作为申诉方提起WTO争端解决程序。

3. 全球安全治理

全球安全治理是一种多边、多层次、多行为体的综合性解决安全问

① 纳扎尔巴耶夫:《哈萨克斯坦维护全球伙伴关系、促进安全、公正和繁荣世界的构想和愿景》,载https://astanatimes.com/2017/12/kazakhstan-set-to-assume-unsc-presidency-jan-1/.,访问日期:2018年2月11日。

② See Kazakhstan — Anti-dumping Measures on Steel Pipes, Communication from Ukraine, WT/DS530/4, 23 October 2017.

题的合作方式。[①] 哈萨克斯坦积极参加全球安全治理,在地区和全球范围内建立合作、和解、和谐的安全合作关系。1990 年以来,哈议会共通过了 1237 个国际条约和协议,其中包括关于加入《联合国打击有组织犯罪和非法移民公约》、在哈境内设立低浓缩铀银行等国际组织的相关法律,还有关于哈维和行动和对外发展援助等法律法规。[②] 2017 年 10 月,哈萨克斯坦批准加入了《武器贸易条约》。

近年来,哈萨克斯坦坚持无核化道路,为叙利亚和平会谈提供平台,在国际反恐合作和国际人道主义援助方面也发挥着越来越大的作用。

无核化是哈萨克斯坦始终坚持的发展方向。2009 年,纳扎尔巴耶夫总统提出在哈设立国际核燃料银行。2015 年 8 月,国际原子能机构与哈方签署建设低浓缩铀银行的协议。2017 年 8 月 29 日,国际原子能机构低浓缩铀银行在哈萨克斯坦启动,以备成员国在无法在商业市场上购买到本国核能所需的低浓缩铀时,也能得到供应。该银行未使用国际原子能机构的拨款,靠"减少核威胁倡议"基金、美国、欧盟、阿拉伯联合酋长国、科威特和挪威等国捐款建成。

在叙利亚冲突解决方面,哈萨克斯坦作为中立的调解方,在阿斯纳塔主办了多次和平谈判。由俄罗斯、土耳其和伊朗三国召集的阿斯塔纳和谈进程已经成为解决叙利亚危机的主要途径之一。

在打击恐怖主义方面,哈萨克斯坦位处中亚,南邻阿富汗,地区经济发展不平衡,社会、历史、文化和宗教因素错综复杂,一直面临着较大的反恐压力。哈萨克斯坦不断完善本国通信、金融以及刑事立法,与国际刑警组织合作,参与联合国安全理事会、独联体、上合组织和集体安全组织等框架下的反恐行动,严控恐怖主义活动。

在人道主义援助方面,哈萨克斯坦也已从净受援者转变为对外捐助国。在过去的几年里,哈萨克斯坦向联合国会员国提供了各种形式

---

① 李东燕:《全球安全治理与中国的选择》,载《世界经济与政治》2013 年第 4 期。

② 中国驻哈萨克斯坦大使馆经济商务参赞处:《哈萨克斯坦对外人道主义援助超 100 亿坚戈》,2017 年 3 月 14 日。

的援助,提供了超过3亿美元的人道主义援助。[①]

4. 全球环境治理

在可持续发展方面,哈萨克斯坦于2017年6月10日至9月10日在阿斯塔纳举办了主题为“未来能源”的世界博览会。在独联体和东欧国家中,哈萨克斯坦首次举办世界专项博览会,共吸引了115个国家和22个国际组织参与。哈萨克斯坦将继续利用世博会的基础设施,建立“未来能源”国际绿色技术和投资中心以及阿斯塔纳国际金融中心,倡导可再生能源和智能技术,建设智能城市。

此外,在文化体育方面,2017年阿拉木图世界大学生冬季运动会暨第28届世界大学生冬季运动会于2017年1月29日至2月8日在哈萨克斯坦的阿拉木图市举行。阿拉木图大冬会设12个大项85个小项的比赛,共有来自57个国家的2000多名运动员和代表团成员参加。

(二)区域一体化的中坚力量

作为中亚大国,哈萨克斯坦着力推动区域一体化,发展与中亚邻国的伙伴合作关系,更连通中国和欧洲,成为“一带一路”倡议的积极践行者。

1. 欧亚经济联盟层面

哈萨克斯坦立国之初,即主张欧亚主义,积极推动欧亚经济一体化。哈萨克斯坦秉持独立多元的外交立场,坚持富有成效的市场化经济改革,在欧亚一体化进程中发挥着日渐重要的作用。2017年8月24日,俄罗斯第一副总理舒瓦洛夫在参加欧亚经济联盟国际论坛时表示,在建设欧亚经济联盟问题上俄罗斯有自己的看法和既定目标,但俄罗斯承认哈萨克斯坦在联盟中的领导角色。[②]

欧亚经济联盟自2015年1月1日启动以来,不断深化和扩大内部统一大市场,发展对外关税同盟。《欧亚经济联盟海关法典》完成成员国内的批准程序,2018年1月1日起正式生效。2017年,哈萨克斯坦修订相关立法,以适应一体化的发展。12月3日,总统签署了《关于批

---

① Kairat Abdrakhmanov,《哈萨克斯坦与全球旋涡——寻求和平与安全》(Kazakhstan and the Global Vortex-A Quest for Peace and Security),载 https://www.cirsd.org/en/horizons/horizons-autumn-2017-issue-no-9/kazakhstan-and-the-global-vortex,访问日期:2018年2月10日。

② 新华社:《俄希望哈萨克斯坦在欧亚经济联盟中任领导角色》,载 http://news.xinhuanet.com/world/2017-08/25/c_1121541286.htm,访问日期:2018年2月10日。

准欧亚经济联盟海关法典协议》的法律,推动通关自动化和电子化申报,为“单一窗口”奠定了基础。

2. 伊斯兰会议合作组织

在伊斯兰会议组织方面,总统签署《关于批准伊斯兰会议组织成员国经济、技术和贸易合作总协定的法案》(6 月 1 日)。哈萨克斯坦将以该协议为契机,密切与伊斯兰国家的伙伴关系,获得伊斯兰开发银行提供的资金发展农业,加强贸易、投资和科技合作。

3. 上海合作组织

上合组织维护本组织各国所在地区的安全和稳定,共同应对新威胁和新挑战,加强经贸、人文合作,挖掘各国及各国人民睦邻合作的巨大潜力,已成为公认的权威多边组织。①

2017 年,作为上合组织轮值主席国,哈萨克斯坦先后举办了安全会议秘书会议(4 月 5 ~ 6 日,阿斯塔纳)、禁毒部门领导人会议(4 月 14 日,阿斯塔纳)、第十一届教育周(4 月 25 ~ 27 日,阿斯塔纳)、上合组织论坛(5 月 11 ~ 12 日,塔什干)、文化部长会议(6 月 2 日,阿斯塔纳)、成员国领军学者研讨会(6 月 6 日,阿斯塔纳)、国防部长会议(6 月 7 日,阿斯塔纳)、以“发展绿色经济、旅游与体育”为主题的上合组织青年论坛(6 月 7 ~ 11 日,阿斯塔纳)、银行联合体理事会会议(6 月 8 日,阿斯塔纳)、银联体和实业家委员会联合商务论坛(6 月8 日,阿斯塔纳)及其他各层次活动。

特别是哈萨克斯坦于2017 年6 月9 日主办了成员国元首理事会第十七次会议。在此次会议上,上合组织接收印度共和国和巴基斯坦、伊斯兰共和国作为成员国,签署了《上合组织反极端主义公约》。纳扎尔巴耶夫总统更是提出上合组织应进一步加强经济合作,未来可逐步推进建立上合组织自贸区。

(三)务实灵活的双边外交

哈萨克斯坦连接欧亚大陆,战略位置重要,坐拥丰富的油气矿产资源,在与大国交往中有着较强的话语权。总统纳扎尔巴耶夫具有高超的外交手段,精准把握与美国、欧盟、中国以及日本等国家和地区的利

---

①　上合组织:《上海合作组织成员国元首阿斯塔纳宣言》,2017 年 6 月 9 日,哈萨克斯坦阿斯塔纳。

益契合点,扩大在东南亚以及非洲的国际影响力,为哈萨克斯坦的发展赢得了广阔的国际空间。

1. 提升欧美大国外交

出于经济考虑,哈萨克斯采取真正的多元外交政策,努力获得国际社会的认可,而非牺牲与其他国家的关系去加强与某些国家的纽带联系。[①] 为此,哈萨克斯坦既保持与俄罗斯以及中亚其他国家的紧密纽带,也避免与俄罗斯外交绑定,而是立足本国利益、独立发展与欧美大国的合作关系。

哈萨克斯坦不断加强与美国的战略伙伴关系,发展政治、贸易和经济、投资、能源、科学和技术以及人道主义合作,解决国际议程上的紧迫问题。2018 年 1 月 16 ~ 18 日,纳扎尔巴耶夫作为中亚国家元首,首次访美。此举是哈萨克斯坦多元外交的重大成果,很可能开启哈萨克斯坦调停俄美关系、发挥中亚大国领导力的新篇章。

欧盟是哈萨克斯坦最大的贸易伙伴和投资来源国。在《加强伙伴关系和合作协定》[②]和《能源合作谅解备忘录》[③]的框架下,哈萨克斯坦积极发展与欧盟在经贸、能源以及反恐、打击走私与非法移民等方面的合作。

2. 对接中国"一带一路"倡议

中国提出"一带一路"倡议以来,哈萨克斯坦坚持全面发展战略伙伴关系,积极调整贸易、投资、物流以及金融等各方面政策,促成"光明之路"新经济政策和"一带一路"建设的对接合作。[④] 两国建设新亚欧大陆桥、中国—中亚—西亚经济走廊以及"双西公路",努力打造国际物流大通道。未来,哈萨克斯坦将推动加快工业化进程与中国产能转移

---

① Engvall, Johan, Svante E. Cornell. 2015. Asserting Statehood: Kazakhstan's Role in International Organizations. Washington: Central Asia-Caucasus Institute & Silk Road Studies Program, pp. 67 - 72.

② COUNCIL DECISION(EU)2016/123 of 26 October 2015 on the signing, on behalf of the European Union, and provisional application of the Enhanced Partnership and Cooperation Agreement between the European Union and its Member States, of the one part, and the Republic of Kazakhstan, of the other part.

③ Memorandum of Understanding on Co-operation in the Field of Energy between the European Union and the Republic of Kazakhstan.

④ 《中华人民共和国和哈萨克斯坦共和国联合声明》(2017 年 6 月 8 日), http://www.fmprc.gov.cn/web/zyxw/t1468844.shtml,访问日期:2018 年 2 月 10 日。

的对接、东向海运需求与中国陆海联运优势的对接,以及“数字哈萨克斯坦”战略与中国“数字丝绸之路”倡议的对接。哈萨克斯坦投资和发展部于2017年2月发布《2016—2017年依照OECD标准改善投资环境详细计划》修订版,特别列出中哈投资项目等内容,凸显出哈萨克斯坦同中国保持深入合作的战略方向。此外,哈萨克斯坦更积极推动欧亚经济联盟与“丝绸之路经济带”的对接谈判。

近年来,哈萨克斯坦已经成为中国在中亚地区的第一大贸易伙伴和“一带一路”沿线的第一大投资对象国。2017年,中哈双边贸易额达到180亿美元,比上年增长37.4%,中国是哈萨克斯坦第二大贸易伙伴国。[①]

3. 优先发展中亚邻国外交

(1)俄罗斯

除了在国际组织和区域性组织框架下的合作以外,哈萨克斯坦还继续在《二十一世纪睦邻友好合作条约》的基础上,加强与俄罗斯在政治、经济、贸易和文化合作等领域的双边合作。

在军事上,总统纳扎尔巴耶夫于2017年4月5日签署法令,批准哈萨克斯坦和俄罗斯签署的关于俄向哈归还恩巴军事基地的议定书。哈萨克斯坦将收回俄罗斯租借的恩巴军事基地,不再用于军事目的,而用于农业开发或采矿;在航空方面,6月20日总统签署法令,批准俄哈关于航空搜救领域合作的协定。

11月9日,俄罗斯总统普京与哈萨克斯坦总统纳扎尔巴耶夫在俄罗斯车里雅宾斯克市举行会谈,讨论了双边合作的关键问题。当天,两国相关部门签署了10份合作协议。

(2)吉尔吉斯斯坦

与吉尔吉斯斯坦关系交恶又改善,是哈萨克斯坦2017年对外关系浓墨重彩的一笔。

吉国10月举行的总统选举是哈吉两国外交紧张的导火索。选举之前,纳扎尔巴耶夫会见了吉反对派总统候选人奥穆尔别克·巴巴

---

① 中国驻哈萨克斯坦使馆经济商务参赞王健:《参赞致辞》,2018年2月5日,http://kz.mofcom.gov.cn/article/about/greeting/201802/20180202708989.shtml.,访问日期:2018年2月10日。

诺夫。时任总统的阿坦巴耶夫支持热恩别科夫,指责哈萨克斯坦干涉吉内政。哈萨克斯坦否认该指控,但实施了严格的边界管制,导致大量车辆、人员拥堵,几乎断绝了吉国的对外出口。吉国宣布终止接受哈萨克斯坦援款1亿美元的协议,向欧亚经济联盟和世界贸易组织提出控诉。

在热恩别科夫当选吉国总统后,哈吉两国之间的紧张局势开始缓和。2017年12月2日,吉尔吉斯共和国政府代表团访问阿斯塔纳,哈、吉两国副总理签署了双边经济合作路线图,确保两国在边界、运输、植物检疫和兽医管制、海关和税务管理等领域加强双边合作,推动吉尔吉斯斯坦商品进入欧亚经济联盟市场。12月3日起,哈萨克斯坦对吉国的边防警卫从加强边境管制过渡到常规边界保护模式。

12月25日,纳扎尔巴耶夫总统与到访哈萨克斯坦的热恩别科夫总统签署两国边界线划界协议,全面解决苏联解体后遗留的哈吉段未定国界问题。

(3)其他中亚伙伴国

加强同周边友邻国家的合作,一直都是哈萨克斯坦重要的外交优先方向。2017年4月18日,哈萨克斯坦与土库曼斯坦签署有关战略合作伙伴关系和国土勘界的一系列双边合作文件。这些文件特别是勘界协定,在法律层面解决了两国关系存在的所有问题,在中亚地区尚属首例。两国未来将在交通和能源领域展开战略合作。

哈萨克斯坦是乌兹别克斯坦最重要的贸易和经济伙伴之一。2016年年底,执政乌兹别克斯坦多年的老总统卡里莫夫去世。2017年3月22日、23日,其继任者沙夫卡特·米尔济约耶夫正式访问哈萨克斯坦。两国总统签署了《关于进一步深化两国战略伙伴关系和加强睦邻友好》的联合宣言。政府代表团签署了地区间合作协议、2017~2019年经济合作战略、避免双重征税协定协议的修改和补充议定书等一系列文件。两国国防长签署了国家间军事技术合作协议。9月16日,纳扎尔巴耶夫访乌。两国决定进一步深化乌哈务实合作,签署了水利、军事和铁路等领域的合作文件。双方同意2018年在哈萨克斯坦举办乌兹别克斯坦年,2019年在乌兹别克斯坦举办哈萨克斯坦年。

此外,哈萨克斯坦还与尼日尔建立外交关系。尼日尔成为与哈萨克斯坦建立外交关系的第 183 个国家。

二、2017 年宪法改革:推动本国政治现代化

哈萨克斯坦独立以来,纳扎尔巴耶夫总统遵循“先经济后政治”的发展战略,谋求市场经济转型和改善民生,积极探索适合本国的政治民主化道路。

(一)宪法改革的背景

哈萨克斯坦宪法是苏联模式与西方宪政共同影响下的混合宪法,形成了“总统威权 + 可控民主”的政治体系。自 1995 年宪法施行以来,宪法体系的关键因素被保留下来。总统的权力得到加强,选举规则根据不断变化的背景进行调整。①

在该体系下,自 20 世纪 90 年代后期起,哈萨克斯坦没有出现过重大的政治动荡和民族冲突,有效应对了“西方民主化”和恐怖主义的压力,推动国家实力不断增强,成为中亚国家的重要力量。该体系的运行也伴随着威权政治日渐严重的固有矛盾,如政治腐败、裙带关系、部落意识、宗法观念等。更严峻的事实是:哈萨克斯坦难以再出现纳扎尔巴耶夫式的“强人”领袖。未来继任者缺乏他本人的威望和领导力,无法延续总统全权控制国家的政体,改革势在必行。

早在 2011 年,纳扎尔巴耶夫总统就有意部署权力交接,但是因为当时哈正面临经济二次探底的巨大风险,需要强有力的领导和行之有效的改革,因此纳扎尔巴耶夫暂缓了政体变革和权力交接。② 时至 2017 年,纳扎尔巴耶夫总统年事渐高,预先安排未来的总统更迭刻不容缓。

(二)宪法改革的内容

绝大多数宪法修订调整国家权力机关的地位、重塑他们在政治体

---

① Dmitry Nurumov and Vasil Vashchanka, Constitutional Development of Independent Kazakhstan, Semi-Presidentalism in the Caucasus and Central Asia, edited by R. Elgie, S. Moestrup (eds.) Chapter6, DOI 10.1057/978 - 1 - 137 - 38781 - 3_6.

② 王聪:《哈萨克斯坦的政治、经济、安全形势及对外关系》,载《中亚国家发展报告》(2017 年),社会科学文献出版社 2017 年版,第 298 页。

制当中的相互关系和角色。[①] 哈萨克斯坦宪法改革也不例外。2017年,哈萨克斯坦修订1995年宪法,调整总统、议会和政府之间的权力分配,以实现"强大的总统""有权威的议会""负责任的政府"。纳扎尔巴耶夫总统指出"宪法改革使权力分配的平衡更加精确",认为政治现代化是哈萨克斯坦现代化的三元体系之一。[②]

1. 改革之核心:总统放权

纳扎尔巴耶夫在总统总体控权的前提下,适度和渐进放权,寻求三权之间的再平衡。

(1)维持首任总统的至高地位

在哈萨克斯坦,尽管宪法宣布实行分权和制衡制度,但宪法在国家权力结构的实际设计中,确立了总统权力至高无上。总统几乎可以不受限制地行使权力。[③]《哈萨克斯坦共和国首任总统宪法法案》授予纳扎尔巴耶夫总统哈萨克斯坦共和国首任总统和国家领袖的地位。总统及其财产获得完全的豁免权。2000年宪法修订授予纳扎尔巴耶夫及其家庭大量的特权,如国家安全、免费医疗、月津贴等。[④]

2017年宪法修正案仍保留首任总统纳扎尔巴耶夫的特殊地位,将1995年宪法第91条第2款修订为"哈萨克斯坦共和国首任总统、独立哈萨克斯坦的创立者规定的国家独立、共和国国家统一和领土完整、政体以及共和国基本原则,及其由宪法确立的地位,不得改变",从而将纳扎尔巴耶夫作为首任总统和国家独立奠基人的地位写入宪法,固化了他至高的地位及其确立的治国原则。

就继任总统的任职资格,此次修订案修订了第41条第2款,规定为"出生于共和国的公民,不低于40岁,良好掌握国语,居住在哈萨克

① K. Czerewacz-Filipowicz, A. Konopelko, Regional Integration Processes in the Commonwealth of Independent States, Directions of Constitutional Changes in the Context of Relations Between State Authorities, Chapter 10, p. 216, DOI 10.1007/978-3-319-47563-9_10.

② 纳扎尔巴耶夫:《第四次工业革命背景下新的发展机遇》,国情咨文,2018年1月10日。

③ W. Yilamu, Political Liberalization in Post-Soviet Uzbekistan and Kazakhstan: The Influence of Neoliberalism, Neoliberalism and Post-Soviet Transition, Chapter 3, p. 64. https://doi.org/10.1007/978-3-319-69221-0_3.

④ K. Czerewacz-Filipowicz, A. Konopelko, Regional Integration Processes in the Commonwealth of Independent States, Directions of Constitutional Changes in the Context of Relations Between State Authorities, Chapter 10, p. 216, DOI 10.1007/978-3-319-47563-9_10.

斯坦不少于15年,受过高等教育”,删除了之前“不低于35岁”和“不高于65岁”的年龄要求,增加了“接受高等教育”的任职条件。

就总统的军事警察权,修正案修订了第44条第18款,将“总统组建隶属于总统的共和国总统卫队和共和国近卫军的权力”改为“组成从属于他的国家安全局”。

(2)限制总统的修宪权

总统威权的建立和强化,离不开纳扎尔巴耶夫主导下的历次宪法修订。纳扎尔巴耶夫总统通过全民公决或操控议会进行合法修宪,来延长总统任期、扩大总统权力,最终全权掌控国家治理。哈萨克斯坦的修宪权①和立法合宪性审查权,实际上掌控在总统手里。

此次宪法修订提高了宪法委员会相对于总统的权力对比,在全民公决、修订宪法和立法合宪性审查方面将总统的权力置于宪法委员会之下。

在立法合宪性审查方面,修正案增补了第72条第2款和第44条第10款,除“法院在宪法第78条规定的情况下提出的请求”外,还规定“宪法委员会应考虑共和国总统在宪法第44条第10款第1节规定的情况下提出的请求”。也就是说,总统对现行法规进行合宪性审查,要向宪法委员会提出申请。

在修宪权方面,总统根据第91条第1款,拥有修宪的动议权,有权决定提交全民公决或议会审议。此次修订案增补了第91条第3款,规定“如果宪法委员会认为其符合本条第2款的要求,应提交共和国投票或共和国议会审查宪法的增补和修订”。也就是说,在总统动议、议会或政府建议之下,宪法委员会先进行审查,确认未改变国家单一制、领土完整和政体后,有权决定提交全民公决会议会审查。由此,在法律上,总统只有修宪的动议权,决定权转交给宪法委员会。

在最终决定权方面,之前总统可全部或部分反对宪法委员会的裁决,但宪法委员会可以其2/3以上多数票数否决总统的反对意见。如果宪法委员会未能否决总统的反对意见,其裁决就未获得通过。② 此次

---

① 修宪权,是指在宪法实施的过程中,遵循宪法的根本精神和基本原则,按照宪法规定的程序、方式和限制等要求,全面修改宪法或废除、变更或增补宪法部分条款的权力。参见薛江武、豆星星:《制宪权与修宪权的区别及其宪政价值》,载《政治与法律》2010年第6期。

② 1995年哈萨克斯坦宪法。

宪法修订案删除了这一规定,摒弃了总统对宪法委员会裁决的否决权,在法律上将宪法委员会置于总统职权之上。

2. 改革之关键:议会享有最高立法权

2017 年宪法修订将原属于总统的部分立法权移交给了议会,通过第 49 条第 1 款确立"哈萨克斯坦共和国议会是共和国履行立法职能的最高代表机关"。

修正案删除了宪法第 45 条第 2 款,削减了总统的立法权。此前,总统根据第 53 条第 4 款,提议并经议会两院联席会议通过,既可取得不超过一年期限的立法权。总统根据第 61 条第 2 款,有权决定审议法律草案的优先顺序,有权宣布对法律草案进行紧急审议。如果议会未在该草案提交后的一个月内加以审议,总统有权颁布具有法律效力的法令,直到议会按宪法规定的程序通过新的法律。

未来,议会能否真正获得立法的主导权,还要拭目以待。在某些情况下,我们可以看到议会地位和权力的加强并不意味着降低总统的权力。①

3. 改革之重点:负责任的政府

修订之前,政府执行哈萨克斯坦的行政权,在对总统和宪法规定的情况下对议会承担双重责任。② 宪法修正案摒弃政府只对总统负责的做法,要求政府同时对总统和议会报告与负责,并将权力交给新当选的议会而非新当选的总统。

在政府官员任免方面,宪法修订案修订了第 44 条第 3 款,限制了总统的任免权。在内阁成员任命方面,总理应同议会协商候选人名单,得到议会同意后,再提交总统批准。此前,总理直接向总统提交候选人名单,经总统批准即可;在地方政府官员任免方面,总统不再根据总理提名任命州、直辖市和首都的长官,无权再解除其职务。其他行政长官不再由上级长官任命。此次还修订了第 87 条第 4 款第 2 节,规定依法

① K. Czerewacz-Filipowicz, A. Konopelko, Directions of Constitutional Changes in the Context of Relations Between State Authorities, Regional Integration Processes in the Commonwealth of Independent States, Chapter 10, p. 226, DOI 10.1007/978 – 3 – 319 – 47563 – 9_10.

② K. Czerewacz-Filipowicz, A. Konopelko, Directions of Constitutional Changes in the Context of Relations Between State Authorities, Regional Integration Processes in the Commonwealth of Independent States, Chapter 10, p. 216, DOI 10.1007/978 – 3 – 319 – 47563 – 9_10.

任免行政官员。

在财政权方面,修订案删除了第44条第8款和第9款。总统不再有权批准共和国国家纲要,以及根据共和国总理的呈报、确定机构的财政拨款和工作人员的劳动报酬。

4. 改革之归宿:民权民生

在公民权利方面,此次修订了宪法第10条第2款,强调公民身份不可剥夺,规定"共和国公民不得被剥夺公民身份、改变其公民身份的权利,不得被放逐哈萨克斯坦领土",但同时设置了例外——"剥夺公民身份只能由法院根据恐怖主义罪行作出决定,以及对哈萨克斯坦共和国的重大利益造成其他严重损害的决定"。与之相适应,第39条第3款删除了任何情况下、不得限制第10条公民权利的规定。

为确保宗教和谐,此次修订在宪法第39条第2款加上了"和宗教间"字样,规定"任何破坏族裔间和宗教间和谐的行为都被认为是违宪的"。

在民生方面,宪法第2条第3款增补了第1节"可根据宪法规定在阿斯塔纳市设立金融领域的特别法律制度",为阿斯塔纳国际金融中心颁发宪法通行证。

2017年,议会先后出台有关司法体制、宪法委员会和阿斯塔纳国际金融中心等配套立法,来落实和完善宪法修正案。未来十年内,哈萨克斯坦政权平稳过渡,延续总统为核心的威权体制,才能避免"颜色革命"和恐怖主义侵入,保持政治经济向好的局面。

三、政府职能转变:服务于第三个现代化建设

自建国以来,纳扎尔巴耶夫总统以一系列战略发展计划来推动哈萨克斯坦的现代化进程。对他而言,国家的繁荣和独立是建立在市场经济和民主的基础之上的。①

(一)政府改革方向:建立新的国家管理模式

哈萨克斯坦在纳扎尔巴耶夫总统的战略领导下,取得了长足的进

① W. Yilamu, Political Liberalization in Post-Soviet Uzbekistan and Kazakhstan: The Influence of Neoliberalism, Neoliberalism and Post-Soviet Transition, Chapter 3, https://doi.org/10.1007/978-3-319-69221-0_3.

步。独立后不久,纳扎尔巴耶夫总统出版了《作为主权国家的哈萨克斯坦的形成和发展战略》(1992 年 5 月 6 日),明确了国家未来的发展战略。

1997 年 10 月 10 日,纳扎尔巴耶夫总统以题为《哈萨克斯坦—2030:所有哈萨克斯坦人民的繁荣、安全和改善福利》的国情咨文,提出了哈萨克斯坦的发展方向与任务。[①] "哈萨克斯坦—2030"战略列出了国家安全、政治稳定与社会融合、经济增长、卫生教育福利、电力能源、基础设施以及就业七个优先事项。

2012 年 12 月 14 日,总统发表了题为《哈萨克斯坦—2050:健全国家的新政治方针》的国情咨文,提出了新的发展战略。2014 年 1 月,总统发表题为《哈萨克斯坦之路—2050:共同的目标、共同的利益、共同的未来》的国情咨文,指出哈萨克斯坦 2030 战略基本完成,就 2050 年国家发展战略的实现途径与具体任务进行了全面阐释。为落实 2050 战略,哈萨克斯坦于 2014 年开始推行中长期战略规划——"光明大道"新经济政策。

2015 年 5 月 20 日,《主权哈萨克斯坦报》公布国家建设"百步计划",列举了建设专业化的国家机关、加强法制建设、落实工业化和保障经济增长、统一与团结、建立责任型政府等具体行动计划。[②] 2017 年年初,纳扎尔巴耶夫总统发表国情咨文《哈萨克斯坦第三个现代化建设:全球竞争力》,指出要在"百步计划"的基础上建设第三个现代化,并列举了五个优先发展方向。

"哈萨克斯坦—2050"战略提出要建立新的国家管理模式,以服务社会和巩固国体。"百步计划"要求建设专业化的国家机关。在此框架下,哈萨克斯坦政府受 2017 年宪法改革的推动,在完善国家规划体系、合理有序放权、提高行政专业化、政府职能转换以及反腐败等方面有了长足的发展。

在完善国家规划体系方面,2017 年哈萨克斯坦修订了宪法第 64 条

---

① "The Strategy for Development of the Republic of Kazakstan," http://www.akorda.kz/en/official_documents/strategies_and_programs.,访问日期:2018 年 2 月 26 日。

② "100 Precise Steps towards Realization of the Five Institutional Reforms," Kazakhstan Institute for Strategic Studies under the President of the Republic of Kazakhstan, February 6, 2017, http://kisi.kz/en/pages/national-plan-%E2%80%9C100-precise-teps%E2%80%9D.

第2款、第66条、第67条和第70条,确认政府对总统和议会报告和负责,要求政府“与共和国总统协商、批准国家规划并确保其实施”“与共和国总统协商、批准所有受共和国国家预算资助的机构的财政和劳务支付制度”。

(二)地方自治:权力去中心化

在哈萨克斯坦法律中,地方自治的定位和机构设立都存在模糊空白之处。宪法第89条规定“哈萨克斯坦共和国承认地方自治,以保障居民独立解决地方性问题”,授予地方政府做出独立决定的权力,但没有明确省、区和市级代表机构(马斯里哈特)和地方行政机构的管辖范围。[①] 甚至可以说,哈萨克斯坦法律虽然承认地方自治,并给予了地方自治政府的名称,但其实质是不存在地方自治的,即名不副实。[②]

近年来,去中心化(Decentralization)是公共行政改革的重要优先方向之一。国家机构改革计划非常关心去中心化和提高地方政府的自主能力和公民的代表性。[③] 然而,哈萨克斯坦仍未能建立公共问责机制,保留了中央对地方和地区当局的直接控制机制。[④]

2017年7月11日,纳扎尔巴耶夫总统签署《关于修改和增补哈萨克斯坦共和国地方自治发展立法的法案》[⑤],推动合理有序放权,以完善地方自治制度。

(三)行政专业化:政府职能与公务员管理

哈萨克斯坦剥离政府部门职能之外的任务,提高公共服务的质量,扩大其自主权。2017年9月,哈萨克斯坦修订和增补了“关于哈萨克斯坦共和国关于将国家职能移交给竞争环境”的某些立法法案,以落实“百步计划”的第九十七步。该法案将国家机关职能转移到竞争环境,

---

① Makhmutova M. Local government in Kazakhstan. In: Munteanu I and Popa V, editors. Developing new rules in the old environment: local governments in Eastern Europe, in the Caucasus and Central Asia. 2001. pp. 408 – 68. Local Government and Public Service.

② 徐博:《哈萨克斯坦地方自治问题透视》,载《理论观察》2015年第12期。

③ OECD, Decentralisation and Multi-level Governance in Kazakhstan, OECD Public Governance Reviews, OECD Publishing, Paris, 19 Dec 2017, http://dx. doi. org/10. 1787/9789264280700 – en.

④ Bhuiyan SH. Decentralization and local governance in Kazakhstan. International Journal of Public Administration. 2010;33(12 – 13):658 – 72.

⑤ О внесении изменений и дополнений в некоторые законодательные акты Республики Казахстан по вопросам развития местного самоуправления, 11. 07. 2017.

规定了具体的目标、原则和方法。

为建立稳定和专业的文官队伍、推动社会阶层之间的合理流动,哈萨克斯坦继续加强国家公务员选拔和管理机制。根据“哈萨克斯坦—2050”战略,哈萨克斯坦创建了国家人事政策委员会,选拔公共行政储备人才。12 月,哈萨克斯坦通过了对行政权利法的修订案,加强行政管理的法治化。

在反腐败方面,哈萨克斯坦国家公务员事务部负责公共服务和反贪污腐败,依法调查和预防政府、企业中的贪污腐败行为。在过去的三年里,包括高级官员和国有企业高管在内的 2500 多人被判贪污罪。[①]

(四)数字哈萨克斯坦(Digital Kazakhstan)

与中亚其他国家相比,哈萨克斯坦电子政务发展最好,经济实力也更强。哈萨克斯坦可以自主支付许多电子政务发展举措,而吉尔吉斯斯坦和塔吉克斯坦则依赖国际组织的援助。

哈萨克斯坦利用信息和通信技术,提高政府服务。在 2016 年联合国电子政务调查中,在 32 个经济体中,哈萨克斯坦在网络服务指数上的得分很高。一方面,政府优先加强财产登记和土地管理。哈萨克斯坦自 2004 年启动电子政务以来,利用信息通信技术进行了大多数财产登记工作。正如阿拉木图市所呈现的,哈萨克斯坦在 2017 年营商环境报告所涵盖的 190 个经济体当中,在财产登记难易度方面名列全球前 20。另一方面,哈萨克斯坦借鉴国际先进经验,利用信息通信技术,简化程序来提高效率,提高透明度以减少腐败,加强记录保留以确保政府信息的可靠性。2017 年 12 月 28 日,哈萨克斯坦批准了信息通信法律修订案,推动信息、通信和信息化三个部门的系统变革。信息和通信部制订“智慧城市”(smart cities)计划,在五大城市建立智慧城市,提高城市服务的绩效。

哈萨克斯坦用电子政务推动经济增长,实现“2030 战略”。哈萨克斯坦自 2016 年秋开始实施“数字哈萨克斯坦—2020”规划,以提高国家机关工作效率,发展商业,创造更多的就业岗位。主要内容包括:光纤铺设和发展国家边远地区数字通信;建立现代化数据处理中心;发展电

---

① 纳扎尔巴耶夫:《第四次工业革命背景下新的发展机遇》,国情咨文,2018 年 1 月 10 日。

子政务;在阿斯塔纳、阿拉木图和奇姆肯特市打造“智慧城市”平台,为教育、医疗卫生等领域引进新信息技术等。纳扎尔巴耶夫总统在2017年的国情咨文中强调加速发展经济技术现代化,鼓励采用数字技术发展新兴产业。

四、经济立法:建立全面务实主义经济

1991年以来,哈萨克斯坦取得了很大的发展,成为区域性经济大国。2000~2014年,国内生产总值平均每年实际增长7.7%,创造了超过200万个就业岗位。[①] 在过去的十年中,哈萨克斯坦加强了公共管理,改善了商业环境,并将资源转向关键的基础设施。[②] 近年来,哈萨克斯坦受国际油价下跌和俄罗斯经济低迷等因素的影响,经济持续走低。

“哈萨克斯坦—2050战略”要求“建立在赢利、投资回报和竞争力原则基础上的全面务实主义经济”,启动经济改革,以适应第四次工业革命。按照经济合作与发展组织(OECD)的评估,哈萨克斯坦完全有能力实现哈萨克斯坦2050年战略的目标,并在2050年之前赶上经合组织的收入水平。[③]

(一)财税改革

2017年7月,国际评级机构穆迪将哈萨克斯坦长期主权评级展望由“负面”调整为“稳定”。穆迪认为哈经济、预算和银行体系正在逐步适应油价结构性下跌的状况。

1. 国家预算调整

2016年11月28日,纳扎尔巴耶夫总统签署了《2017~2019年国家预算法》。2017年年初,哈萨克斯坦《2017~2019年国家预算法》正式生效。根据该法律,2017年,国家预算赤字将达到5781亿坚戈,占GDP的1.2%。2017年国家预算收入(除汇划外)和支出将分别为

---

① OECD, Multi-dimensional Review of Kazakhstan, vol. 2, In-depth Analysis and Recommendations, Paris: OECD Publishing, 2017.

② World Bank. 2017. Doing Business in Kazakhstan 2017. Washington, DC: World Bank. License: Creative Commons Attribution CC BY 3.0 IGO, P1.

③ OECD, Multi-dimensional Review of Kazakhstan, vol. 2, In-depth Analysis and Recommendations, Paris: OECD Publishing, 2017.

4.338万亿坚戈和8.563 万亿坚戈。

2017 年上半年,国际石油价格和坚戈兑美元的汇率都高于政府制订预算时的预期。为此,纳扎尔巴耶夫总统于 2 月签署了《关于修改和补充 2017 ~ 2019 年国家预算的法案》,重新预测了 2017 年若干宏观经济指标。修订案将预算赤字在 GDP 的占比由 3.1% 缩减至 2.9%。国家预算收入(不计入国家基金划拨和私有化收入)增加 1.2%,总额4.953万亿坚戈(约合 148 亿美元),支出减少 10 亿坚戈,总额 11.177 万亿坚戈(约合 333 亿美元)。

到 11 月,纳扎尔巴耶夫总统签署《2017 ~ 2019 年国家预算法》修正案,将预算赤字在 GDP 的占比由 3.1% 缩减至 2.9%。国家预算收入(不计入国家基金划拨和私有化收入)增加 1.2%,总额4.953万亿坚戈(约合 148 亿美元),支出减少 10 亿坚戈,总额 11.177 万亿坚戈(约合 333 亿美元)。国家基金的保障性和专项划拨保持不变,分别为 2.88 万亿坚戈(约合 86 亿美元)和 1.535 万亿坚戈(约合 46 亿美元)。[①]

就国家基金而言,议会于 11 月通过《哈萨克斯坦共和国国家基金 2018 ~ 2020 年度担保转让法》,批准 2018 ~ 2020 年国家基金向国家预算担保转移的数额,以改善国家预算开支、确保财政收支平衡。12 月 8 日,总统颁布法令《哈萨克斯坦共和国国家基金构成和使用》,规定从 2020 年开始,确保固定资产在 2 万亿坚戈绝对值,从国家基金传输到国家预算的金额将逐渐减少。

2. 税法改革

2017 年,哈萨克斯坦按照既定的税制改革目标,配合即将生效的欧亚经济联盟海关法典,修订了税法。2016 年年末,纳扎尔巴耶夫总统签署了《关于对部分税收和海关行政法进行修订和补充的法律》,逐步降低增值税、提高烟酒消费税,进一步完善税收政策和海关税收管理体制。

从税收理念来看,新税法旨在保护纳税人、刺激中小企业的增长、简化行政管理。从改革方向来看,新税法要完善增值税征收,简化税收管理体制。具体内容包括:第一,优化现行税收机制,引导经济从“灰色”领域转入合法流通,减少非正规就业率;第二,完善矿产资源使用征

① 中国驻哈萨克斯坦大使馆经济商务参赞处:《哈总统签署〈2017 ~ 2019 年国家预算法〉修正案》,2017 年 11 月 14 日。

税体制,取消部分矿业领域的商业开发红利,提高开采新矿区的投资比例;第三,取消无效税收优惠,包括不符合 WTO 规则的税收优惠政策;第四,完善税收监管,采取 2020 年起启用统一申报制度、实施监控系统自动化、开展信息交换国际合作、使用电子审计系统等系列举措。

在税务合作方面,哈萨克斯坦通过了《关于批准哈萨克斯坦共和国政府和爱尔兰政府关于避免双重征税和防止所得税逃税的公约及其议定书的法案》,划分了缔约国之间的征税权、避免双重征税,也创造有利的投资条件、以加强和扩大哈萨克斯坦与爱尔兰之间的经济合作。同时,两国交换税务信息,以防止逃税行为。12 月,哈萨克斯坦议会也批准了哈萨克斯坦与印度关于避免双重征税和防止所得税与资本税逃税的议定书修正案和补充议定书。此外,哈萨克斯坦还批准了与美国有关海关联盟程序规则的协定(12 月 15 日)。

(二)所有制改革

为了达到 2050 年跻身于 30 个最发达经济体的目标,哈萨克斯坦要转变成为由私营部门驱动的、多元化与知识型的经济体。[①] 在“百步计划”中,49 个旨在促进经济增长和多样化,包括创造有利的投资环境。在“光明之路”新经济政策的基础上,纳扎尔巴耶夫总统提出“第三次现代化”计划,强调所有制改革、经济结构多元化、产业数字化、发展欧亚跨境物流,推动社会全面进步。

1. 私有化改革

哈萨克斯坦推进私有化进程,优化所有制成分和结构,吸引外国投资者或售卖给私人,以提高管理效率、进行知识和新技术的转化。

纳扎尔巴耶夫总统在 2017 年的国情咨文中,要求“将国家在经济中所占的比例减少到国民生产总值的 15%,即经合组织国家水平”,以便为经济增长提供新的动力。在私有化进程中,应确保私有化的透明性和有效性,确保将自然垄断和实施重要战略的项目留给国家。

2017 年,哈政府修改了 2016～2020 年 Samruk-Kazyna 国家基金私有化项目清单,增加了 4 项资产和 1 家合资公司 51% 的股份,同时删掉了 7 个项目,以确保国家保留参与战略、具有社会经济意义的项目以及

---

① World Bank. 2017. Doing Business in Kazakhstan 2017. Washington, DC: World Bank. License: Creative Commons Attribution CC BY 3.0 IGO, p. 2.

项目本身具有私有化的前景。

2. 公私伙伴关系发展

在哈萨克斯坦,政治和行政的高度集中导致了 PPP 法律框架内的矛盾,特别是国家立法和区域立法之间的矛盾。[①] 2016 年以前,哈萨克斯坦尚未就公私伙伴关系(Public-Private Partnerships, PPP)的定义、法律地位和法律原则作出规定。2006 年国家通过特许权法部分弥补了法律空白。2016 年出台的《公私伙伴关系法》(*On Public-Private Partnerships*)并不完整,缺乏与其他国内法的协调。预算法允许政府将支付担保期限延长至三年,特许权法与之相冲突。该 PPP 法未能解决这一问题。[②]

2017 年年末,哈萨克斯坦议会批准关于进一步改进和简化 PPP 机制的法案。该法案旨在精简程序,消除发展和核准项目的若干阶段,将 PPP 项目核准和审查期从 7 个月缩短至 3 个月。除以前制定的 10 个项目以外,法案还增加了道路维修、医疗设备租赁、诊所管理和学校维护等 4 个项目。法案允许设立更短的规划周期,优化了 PPP 项目的程序。

(三) 产业结构多元化

哈萨克斯坦的经济发展已经处于结构转型期,由以前单纯依靠能源产业拉动经济增长模式转向能源与非能源行业并重的模式。哈萨克斯坦因为高度依赖自然资源——采掘业占 GDP 的 16%,仍然容易受到外部冲击。[③] 近年来,哈萨克斯坦因石油价格下降和俄罗斯遭受经济制裁,经济陷于困境,GDP 增长从 2014 年的 4.1% 下降到 2015 年的1.2% 和 2016 年的 0.9%。[④]

---

① Mouraviev, N., and N. Kakabadse, Legal and Regulatory Barriers to Effective PPP Governance in Kazakhstan: Findings from the Field, Public-Private Partnerships, DOI 10.1057/978-1-137-56952-3_8, p. 137.

② Mouraviev, N., and N. Kakabadse, Legal and Regulatory Barriers to Effective PPP Governance in Kazakhstan: Findings from the Field, Public-Private Partnerships, DOI 10.1057/978-1-137-56952-3_8, p. 137.

③ OECD, Multi-dimensional Review of Kazakhstan, vol. 2, In-depth Analysis and Recommendations; Paris: OECD Publishing, 2017.

④ Dorsati H. Madani and Ilyas Sarsenov, "A Long Road to Recovery," KazakhstanEconomic Update 3, World Bank Group, Washington, D. C., 2016.

哈萨克斯坦希望突破能源大国的局限,进行非能源产业的发展。为此,政府当局计划加快实施结构改革,促进多样化经济发展、提高生产力和提高政府机构效率。2017年,哈萨克斯坦通过了未来五年的国家投资战略和国家出口战略,提出大力吸引非能源领域外国投资、发展以出口为导向的非能源产业。

1. 开发能源、矿产、土地资源

哈萨克斯坦政府主导自然资源的管理。公众对自然资源问题的讨论大多是由政府推动的。大多数政府行为都是被社会默认的。[①] 只要自然资源管理在经济和社会方面看起来是有效的,就会得到更广泛公众的支持。这就更强调稳定。[②]

在油气产业领域,哈萨克斯坦注重自然资源的保护和科学技术的提升。政府在石油工业中实施数字化计划,广泛引进第四次工业革命的要素——自动化、机器人自动化、人工智能和"大数据"交换,重新装备石油天然气产业,提高了整个行业的劳动生产率和竞争力。哈萨克斯坦借2017年世博会的契机,建立工作组,选定100多项"绿色"技术用于能源产业。

在电力产业方面,哈萨克斯坦修订了电力立法,发展地方电网公司,促进电力工业的发展。哈萨克斯坦积极建立混合型电力生产体系,在发展传统电力生产的同时,大力推进可再生能源建设。纳扎尔巴耶夫总统在出席外国投资商理事会第30次会议时表示,到2020年年底,哈计划建成使用超过50个可再生能源项目,发电能力达2000兆瓦;到2050年前,可替代能源的比重应提高至能源总量的50%。[③]

在矿产资源方面,哈萨克斯坦为落实"百步计划"第74条[④]和第75条[⑤],通过了《哈萨克斯坦共和国关于底土和底土使用的法典》及其附

---

① Roman Vakulchuk, Indra Overland, Kazakhstan: Civil Society and Natural Resource Policy in Kazakhstan, Public Brainpower, Chapter 9, p. 156. https://doi.org/10.1007/978-3-319-60627-9_9.

② Ibid.

③ 中国驻哈萨克斯坦大使馆经济商务参赞处:《哈总统纳扎尔巴耶夫表示到2020年将建成使用超过50个可再生能源项目》,2017年6月2日。

④ 第74条规定:通过实行矿产评估的国际标准体系CRIRSCO,提高矿产利用的透明度和可预见性。

⑤ 第75条规定:应用国际惯例,简化所有矿产的合同签订程序。

带法律,推动哈萨克斯坦进入全球采矿市场、吸引现代勘探和生产技术以及在偏远地区创造新的就业机会。法典的主要内容包括:第一,办理许可证时,采用简化程序,根据“第一次申请”原则给予底土使用权,并每年增加租金;第二,开放底土使用者信息、底土使用条件和最终受益者的信息,为企业获得地质信息和资料提供更便捷的渠道;第三,引入金融支持工具(银行担保、保险、质押等);第四,仅在碳氢化合物和铀战略储备上,保留国家的优先权利。在固体矿物方面,设立限制交易的制度,以确保国家安全。

在土地资源方面,总统签署了《牧场管理法》以及《关于对牧场使用的部分法规进行修改和补充》的法令,以确保合理使用牧场,改善牧场状况及基础设施建设,防止草场退化。

2. 发展农工业

“为给提高哈萨克斯坦农业综合企业的竞争力创造条件”,哈萨克斯坦继提出“哈萨克斯坦—2050 战略”后,于 2013 年 2 月通过了《哈萨克斯坦共和国 2013 ~ 2020 年农业工业综合体发展方案》。[①]

2016 年 11 月 29 日,哈萨克斯坦政府全体会议审议了《2017 ~ 2021 年农工业综合国家发展规划》,将其定位为国家级规划,提出农工业综合发展将成为未来国家经济发展的主要推动力。

实施新农业规划主要从三个方面入手:一是引导中小经济实体加入农业合作社。2017 年初以来,截至 8 月 1 日,已设立了 517 家合作社,涵盖了 53500 名个人附属机构、小型、中型农场和家庭合作社。[②] 农业合作社的资金来源包括:一是农业财政扶持基金的优惠贷款和专门划拨补贴资金;二是实现以本国产品供应国内市场,大力发展出口业务;三是国家施行扶持政策。为此,农业部与各地方政府紧密合作。实施该规划有助于新增就业岗位,发展商业物流基础设施,促进乡村居民积极参与商品生产,从而提高乡村人口的收入。

---

① Martin Petrick, Dauren Oshakbaev, and Jürgen Wandel, More Than Pouring Money Into an Ailing Sector? Farm-level Financial Constraints and Kazakhstan's "Agribusiness 2020" Strategy, The Eurasian Wheat Belt and Food Security, P. 104, DOI 10.1007/978-3-319-33239-0_7, p. 104.

② 参见哈萨克斯坦政府官网,载 http://www.government.kz/en/novosti/1011249-ministry-of-agriculture-implementation-of-the-aic-development-state-program-allowed-creating-more-than-500-agricultural-cooperatives-in-kazakhstan.html,2017 年 8 月 16 日,访问日期:2018 年 2 月 11 日。

政府未来优先考虑的领域包括:提高农民的专业知识,解除土地获取限制,提高私人储存粮食的能力,改善公共牧场的地方管理,逐步实行更严格的畜牧生产质量标准,鼓励商业银行从事农村银行业务,引入评估公共资助项目的有效机制。①

为促进农产品出口,哈萨克斯坦在哈食品公司下成立工农产品出口中心,搭建出口渠道,制定开拓具体销售市场的“路线图”、提供出口咨询服务等。此外,哈萨克斯坦积极与中国、中东和欧洲国家协调双方的动植物卫生检验检疫法规,打通农产品运输和贸易通道。2017 年 3 月 8 日,哈萨克斯坦首批 720 吨小麦成果经由中国连云港、通过哈—中—越运输走廊抵达越南,实现了哈、越两国交通运输合作领域零的突破,中、哈两国于 2017 年 3 月 31 日签订哈麦麸对华出口卫生检疫要求议定书,拓展哈萨克斯坦农产品对华出口。5 月 14 日,中哈在北京签署哈对华出口蜂蜜所需的卫生要求、检验和检疫相关议定书。

2017 年 7 月,亚洲开发银行和哈萨克斯坦农业集团共同讨论了哈农业发展及农业领域融资等问题,将共同研究制订支持和发展农业企业规划、共同对哈大型投资和基础设施项目进行融资、促进哈粮食带发展、开拓哈农产品销售市场等。

3. 加强建筑业监管

随着全球油价下跌,建筑业一直是哈萨克斯坦国内生产总值增长的主要推动力,2016 年增长了 7.5% 。② 这一增长主要是私营部门主导的,过去几年政府在建投资所占份额大幅下降,从 2012 年的 39% 下降到 2016 年的 25% 。③

然而,建筑安全问题不容忽视。2016 年 11 月,阿斯塔纳一幢新建

---

① Martin Petrick, Dauren Oshakbaev, and Jürgen Wandel, More Than Pouring Money Into an Ailing Sector? Farm-level Financial Constraints and Kazakhstan's "Agribusiness 2020" Strategy, The Eurasian Wheat Belt and Food Security, p. 104, DOI 10.1007/978-3-319-33239-0_7, p. 116.

② Main Drivers of the GDP Growth from January-November 2016, Ministry of National Economy of Kazakhstan, accessed February 6, 2017, http://economy.gov.kz/ru/press-sluzhba/infografika/.

③ "The Expenses of Construction and Installation Work by Sources of Financing," Statistics Agency of the Republic of Kazakhstan, accessed February 6, 2017, http://stat.gov.kz.

的大楼倒塌。[1] 2017 年 1 月,哈萨克斯坦中部 Shakhan 一幢多层住宅倒塌,至少造成 9 人死亡。对新建筑进行有力监管,有助于保护公众免受不安全建筑物的伤害。[2]

哈萨克斯坦《建筑、城市规划和建筑活动法》确立了全国建筑业监管体系。城市和地区当局在批准建筑计划和监督施工过程中也发挥着重要的作用。"百步计划"提出简化建筑许可和土地利用程序。良好的建筑许可和检查制度也强化了产权,有助于资本的形成。[3]

4. 物流运输业领域

在物流业方面,哈萨克斯坦加强基础设施建设,积极发展欧亚大陆过境运输,以突破内陆国家的局限、融入全球经济体系。

(1)基础设施建设

总统签署法案,批准哈萨克斯坦与亚洲发展银行于 2015 年 9 月 8 日签订的重建"Aktobe-Makat"高速公路的贷款协定(6 月 13 日)。11 月 13 日,总统批准哈萨克斯坦与亚洲发展银行修订第 2967 - KAZ 号贷款协定的法案。11 月 22 日,议会批准哈萨克斯坦与国际复兴开发银行有关双西公路建设的贷款协议。

(2)国内交通运输立法

总统签署《关于修改和补充部分国家交通领域法律的修正案》,进一步优化政府对水路、公路、铁路、城市轨道交通的管理,加大对海水资源的环保力度,提高航运的安全性。修正案依照国际准则,新增关于禁止向海水中排放石油和含石油的物质、液体状和罐装垃圾和所有塑料制品等条款,修改他国船只污染里海的问责条款。政府管理方面,修正案将进一步简化政府主管部门的登记注册流程,优化小型船只的检查及登记手续等。5 月 10 日,总统签署有关空域使用和航空活动的修订案,按照国际民用航空组织的标准修订本国立法,提高航空安全与效

---

① "One of EXPO 2017 Constructions Collapsed (Updated)," Kazinform International News Agency, November 16, 2016, http://www.inform.kz/en/one-of-expo-2017-constructions-collapsed-updated_a2970201.

② World Bank, Doing Business in Kazakhstan 2017. Washington, DC: World Bank. License: Creative Commons Attribution CC BY 3.0 IGO, p. 31.

③ World Bank Group, Investment Climate Department, Good Practices for Construction Regulation and Enforcement Reform: Guidelines for Reformers, Washington, DC: World Bank Group, 2013.

率。7 月 4 日,总统签署公路交通法修订案,进一步提高公路交通法律规制。

通过“交通监管—保障本国运输者权益”专项行动,哈萨克斯坦交通监管部门检查了 2.6 万辆外国车辆,处罚了其中 1950 辆违反哈萨克斯坦道路交通法规和国际运输协议的外国车辆。2017 年总计有 4649 名外国运输业从业者因违规被处理,其中 1674 人被处以罚款。①

(3)国际运输合作

哈萨克斯坦在铁路运输、公路运输、航空运输等方面批准相关国际条约。

铁路运输国际合作,总统于 6 月 13 日批准修订《关于对哈萨克斯坦共和国政府和俄罗斯联邦政府间立法监管铁路交通企业、机关和机构工作法案进行补充修改》的法案,该协议签订于 1996 年 10 月 18 日。

在公路方面,总统于 5 月 5 日签署法令,批准哈萨克斯坦与塞尔维亚之间的国际公路运输协定。10 月 30 日,总统签署法案,批准哈萨克斯坦与挪威有关国际公路运输的协定。该协定规定根据许可证进行过境运输以及进出第三国的运输。2017 年 10 月 12 日,哈萨克斯坦议会通过了“关于批准哈萨克斯坦共和国政府和乌兹别克斯坦共和国政府 2006 年 3 月 20 日关于国际公路服务协定修正案和补充议定书”的法律。2017 年年底之前,哈萨克斯坦和乌兹别克斯坦主要城市之间将建立定期公共汽车服务。这将提高人口流动,加强双边经济联系。两国通过公路运输委员会确定运输路线和时间表,解决争议。2017 年 12 月 20 日,议会核准了“关于批准哈萨克斯坦共和国政府和阿塞拜疆共和国政府关于国际公路运输协定”的法案。该协定确立了两国之间公路运输的法律规范,规范了公路运输类型以及建立许可证形式配额的程序。2018 年 2 月 7 日,纳扎尔巴耶夫签署了批准法案。

在航空方面,经过长期艰难谈判,哈、俄两国于 2017 年 3 月就使用俄民航空域一事达成一致。哈航空公司获准使用俄罗斯跨西伯利亚空中走廊,有望开通到乌兰巴托、东京等地的新航线。俄方还同意将阿斯塔纳—拜科努尔和阿拉木图—拜科努尔开航频率增至每日一班。

---

① 哈通社:《去年共有四千余外国运输业者因违反我国法律而受到处罚》,载 http://www.inform.kz/cn/article_a3131084,访问日期:2018 年 1 月 26 日。

(四)货币金融改革

哈萨克斯坦央行制订了银行业振兴计划,通过向大型银行提供国家扶持,强化自身管理职能。央行为参与计划的银行设定了非常严格的限制条件,以降低银行业系统风险,实现无障碍的银行服务。

阿斯塔纳国际金融中心(Astana International Financial Center,AIFC)的建成,是哈萨克斯坦金融现代化和国际化的重要举措。2015年12月,纳扎尔巴耶夫总统签署《关于建立阿斯塔纳国际金融中心》的法律,规定该中心享有特殊的税收、货币、签证政策,以及吸引外国劳动力和中心成员的专门制度。从2017年宪法修正案到接下来的系列法案出台,哈萨克斯坦为该金融中心及其下设的司法机构铺平了法律道路。3月13日,纳扎尔巴耶夫总统签署《关于对哈萨克斯坦最高法院理事会和阿斯塔纳金融中心相关法规进行修改补充》的法案,进一步完善法院体系和阿斯塔纳金融中心法规。

2017年4月,根据哈政府总理萨金塔耶夫的命令,财政部牵头成立了阿斯塔纳国际金融中心委员会。作为直属政府的磋商机构,委员会可对金融中心业务及其发展提出意见和建议,但最终决定则由纳扎尔巴耶夫总统做出。国际金融中心法律协调委员会借鉴英国的法律和世界其他主要金融中心的经验,制定金融中心相关制度。国际金融中心管理局与中国上海交易所合作,共同投资建设阿斯塔纳国际交易所。

阿斯塔纳国际金融中心已加入世界金融中心(Vantage Financial Centres,VFC)组织,提升了金融中心的全球信任度和知名度。2018年1月1日,国际金融中心启动金融中心的独立法庭(参照英国法律设立)、国际投资仲裁庭、金融服务监管委员会(AIFC Financial Service Regulation Committee)等机制,开始股票交易。

在金融立法方面,哈萨克斯坦还修订了银行业法案,出台了2018年至2020年国家银行转移担保法案,完善了保险业法案。2017年9月,政府会议审议了"关于哈萨克斯坦共和国关于保险和保险活动的某些立法法案的修正和增补"的法案。该法案要求引入在线保险,对海外旅游者提供强制性报销保险,提高消费者权益保护,确保保险市场的金融稳定。

(五)贸易投资便利化

哈萨克斯坦不断改革国内经济管理体制,努力突破内陆国家和资源国家的局限,积极融入全球市场,纳入全球经济治理体系当中。

1. 提升贸易便利化

哈萨克斯坦推动贸易便利化,逐步实行单一窗口制度。哈萨克斯坦自2017年7月1日起开始试行新的电子申报系统。该系统包括自行注册、预先申报、转关过境、货物清关、风险管理和个人账户等部分,跟踪企业从货物申报到放行和后续稽查的全过程。从2018年1月1日开始,哈萨克斯坦全面采用阿斯塔纳-1海关申报信息系统。该信息新系统利用电子申报制度,减少进出口文件的数量及其处理时间,引进先进的风险防范技术,优化海关政策和程序,以符合世贸组织标准和国际先进做法。

12月末,议会通过关于"哈萨克斯坦共和国关于海关条例的某些立法法案的修正和增补"的法案,实现海关业务流程自动化,将通关时间限定在4个工作小时,简化多式联运货物的通关手续,将过境货物海关检查限定在5天,通过优化海关业务从而更有效地利用过境和出口潜力。

2. 提高营商环境

在投资便利化方面,哈萨克斯坦以世界银行和OECD排名为衡量标准和努力方向,积极提高营商环境,大力吸引外国直接投资。根据世界经济论坛发布的《2017~2018年全球竞争力报告》,哈萨克斯坦总平均得分为4.3,位居第57位,较2016年下滑5个名次。对哈而言,制约营商环境的最突出问题集中在融资、腐败和较低的劳动力职业培训能力等方面。①

2016年2月24日,哈萨克斯坦投资和发展部发布《2016~2017年依照OECD标准改善投资环境详细计划》。2017年2月27日,哈萨克斯坦发布修订版。本次修订由原来的30条增加到43条,重点修订了公私合营、贸易政策自由化、减少行政干预、保障企业有序参与市场竞争等方面内容。其中有两条专门针对中国:一是在工业投资合作框架下实施中哈投资项目;二是研究在中国设立签证中心。

2017年3月27日,纳扎尔巴耶夫总统签署《关于对民事行为、银行

① World Economic Forum:The Global Competitiveness Report 2017-2018,World Economic Forum,Geneva,p.163.

业相关法律及改善营商环境等哈萨克斯坦共和国部分法律法规进行补充修改》的法案。该法案旨在完善民事及银行业相关法律,优化投资环境,提高政策透明度和可预见性,在优化签证和移民管理、吸引外籍劳动力、完善税收和海关法律等方面提升哈在世界银行经商环境报告的排名。

2017 年 10 月 3 日,政府会议审议了“关于哈萨克斯坦共和国关于改进企业活动条例的某些立法法案的修正和增补”的法案。该法案引入预防性控制,减少对商业实体的检查,优化和简化业务许可证制度,降低商业成本。法案提出要对七项商业评级指标进行改革,以改善该国营商环境,提高哈萨克斯坦在世界银行的商业评级。

2017 年 8 月,政府批准《哈萨克斯坦 2018 ~ 2022 年国家投资战略》,旨在构建良好投资环境,吸引投资,着重推动加工制造业发展。目前,哈萨克斯坦建设 10 个经济特区,共启动项目约 150 个,总投资额达 6000 亿坚戈。① 哈政府发布第 100 号政府令,将国家出口和投资局 Kaznex Invest 更名为 Kazakh Invest 股份公司,由其作为代表政府的唯一谈判方,负责与有关跨国公司和大型投资商接洽,以加强吸引外国外资的工作。

在 2017 年 11 月发布的世界银行和国际金融公司 Doing Business 报告中,哈萨克斯坦位列第 36 位,较上年下降一个名次。其中,保护中小投资者、开办企业、获得电力、财产登记、执行合同 5 项标准有所提高,在获得贷款和跨国贸易方面保持不变,而在办理施工许可、纳税、解决破产方面出现下降。② 可以看出,哈萨克斯坦营商环境改善仍然任重道远。

五、社会教育立法:确保社会安定和国民安康

(一)社会立法

在就业保障方面,哈萨克斯坦自 2017 年开始实施《有效保障就业

---

① 中国驻哈萨克斯坦大使馆经济商务参赞处:《哈 10 个经济特区共启动项目约 150 个、总投资额达 6000 亿坚戈》,2017 年 4 月 2 日。

② World Bank. 2017. Doing Business 2018: reforming to create jobs-Kazakhstan(English). Doing Business 2018. Washington, D. C.: World Bank Group. http://documents.worldbank.org/curated/en/304441509961890685/Doing-Business-2018-reforming-to-create-jobs-Kazakhstan.

和促进创业发展》规划。共有57.3万人成功实现就业,其中约14.9万人(占26%)为自雇人士。[①] 哈萨克斯坦也按照总统的指示,建立电子就业市场,将公共和私营就业中心的信息结合起来,为公民和雇主、私营就业机构和互联网网站提供免费的信息服务。

在社会保障方面,自2017年1月1日起哈萨克斯坦提高最低工资标准和养老补助金:最低工资标准为24459坚戈(当前汇率1美元/333.29坚戈),最低退休金为28148坚戈。[②] 总统于6月20日签署修订案,修订哈萨克斯坦社会保障立法,以提升社会保障系统。2017年12月20日,政府会议批准"哈萨克斯坦共和国关于社会保障的某些立法行为的修正和增补"的法律草案,采用PPP机制和税收鼓励,引入多种形式和类型的社会服务,强化了强制性社会保险制度的规定。哈萨克斯坦还修订了《慈善法》。2017年,近77.2万哈萨克斯坦公民获得国家社会保险基金补贴,补贴费用达到1570亿坚戈。[③]

在医疗服务方面,总统于5月30日签署了法案,批准哈萨克斯坦和国际复兴与开发银行之间的贷款协议(社会健康保险项目)。哈萨克斯坦贷款8000万美元并融资1000万美元,用于开发医疗保险项目,以提高卫生服务质量,提升经济效益,降低居民因健康问题引发的风险。6月30日,总统签署法案,修订卫生保健立法,以完善强制性社会医疗保险立法。在"医疗体系现代化"的框架下,哈萨克斯坦启动了卫生保健数字化,提高人民对医疗服务的满意度。

(二)文化教育立法

1.意识形态方面

纳扎尔巴耶夫提出了社会思维现代化的理念,并通过机构设置和制度建设加以落实。2017年4月12日,总统发表题为《着眼未来:社会思维现代化》的文章,提出除已启动的政治改革和经济现代化外,还需要进行社会思维现代化。他强调,社会思维现代化不仅仅是政治改革

---

① 哈通社:《2017年我国57.3万人得到就业保障》,载http://www.inform.kz/cn/2017-57-3_a3123069,访问日期:2018年2月11日。

② 中国驻哈萨克斯坦大使馆经济商务参赞处:《哈萨克斯坦将提高最低工资和养老金标准》,2017年1月1日。

③ 哈通社:《2017年我国发放各类社会补贴1570亿坚戈》,2018年1月30日消息,http://www.inform.kz/cn/2017-1570_a3138246,访问日期:2018年2月14日。

和经济现代化的补充,更应是两者的核心内容。具体而言,社会思维现代化主要包括提高竞争力、合理利用资源、维护国家统一、崇尚知识、渐进式发展和思维开放等方面。继而,总统签署命令,成立实施社会思维现代化计划国家委员会。该委员会直属总统管理,成员包括总统事务管理局局长、副局长、政府总理办公室副主任、各部部长、市州负责人、议会议员、社会机构、有关国家机关负责人等。

2. 教育立法方面

独立以来,哈萨克斯坦的高等教育发生了诸多重大变化。政府实施高等教育改革的两大动力是提供优质教育和创造具有竞争力和创新力的劳动力、提升经济发展。①

"法治化、国际化"是哈萨克斯坦高等教育改革的重点。② 哈萨克斯坦有关教育的政策和立法主要有《教育法》(2011 年)、《科学法》(2011 年)和《2011 ~ 2020 年国家教育发展计划》(*State Program of the Education Development for* 2011 - 2020)。这些文件对当前教育状况进行评估,并设定具体的目标和指标。《2011 ~ 2020 年国家教育发展计划》高等教育章节提出目标,强调了三个优先领域:(1)促进"工业创新发展";(2)允许大学和学术人员参与"知识产权、产品和技术的商业化";(3)积极参与"欧洲高等教育空间"。③ 2017 年 7 月 5 日,总统签订了国家教育收费制度的修订案,完善国家教育收费制度。

哈萨克斯坦于 2010 年正式加入"欧洲高等教育区",拓宽其高等教育国际化空间。哈萨克斯坦加入"博洛尼亚进程"既是出于其地缘政治的需要,也是出于其经济转型发展对人才培养的需要。④

在文化方面,总统于 5 月 5 日签署了文化立法修订案,保护历史和文化遗迹,发展剧场文艺、图书馆和博物馆,提升文化事业。5 月 11 日,总统签署了体育运动立法的修订案,完善体育融资体系。

---

① Lyudmila Kovaleva, Jack T. Lee, Higher Education in Kazakhstan, The Palgrave Handbook of Asia Pacific Higher Education, Chapter43, DOI 10. 1057/978 - 1 - 137 - 48739 - 1_43, p. 662.

② 陈举:《"一带一路"战略下中国与哈萨克斯坦高等教育合作空间探究》,载《教育探索》2017 年第 1 期。

③ Lyudmila Kovaleva, Jack T. Lee, Higher Education in Kazakhstan, The Palgrave Handbook of Asia Pacific Higher Education, Chapter43, DOI 10. 1057/978 - 1 - 137 - 48739 - 1_43, p. 656.

④ 陈举:《"一带一路"战略下中国与哈萨克斯坦高等教育合作空间探究》,载《教育探索》2017 年第 1 期。

(三)宗教立法

哈萨克斯坦秉持国家世俗主义原则，在宗教立法方面努力保护平衡——既要保障公民权利，也尽量避免宗教成为极端主义和其他破坏性目的的工具。1992年，哈萨克斯坦颁布《信仰自由和宗教组织自由法》，实行宽松的宗教政策。

近年来，哈萨克斯坦在宗教管理方面，重视防止宗教极端主义和恐怖主义带来的危害。2005年，哈萨克斯坦颁布了《反极端主义法》，将极端主义分为民族极端主义、政治极端主义和宗教极端主义三种。哈萨克斯坦通过修订后的《恐怖主义法》(2013年1月)和《打击宗教极端主义和恐怖主义国家纲要(2013~2017年)》(2013年10月2日)，构建了新的反恐安全体制。

2011年，哈萨克斯坦颁布《宗教活动和宗教组织法》，对宗教机构设置、书籍监管、传教活动和宗教团体注册等做了详细规定，要求对宗教组织进行再注册。截至2012年10月25日，经过再注册后的全国宗教派别从46个减至17个，宗教团体从4551个减至3088个。① 2014年，哈萨克斯坦宗教事务委员会特设进口宗教书籍审查中心，由30名宗教领域专家专门审查经哈萨克斯坦海关进入境内的宗教书籍，并不定期在宗教事务局网站上公布黑/白名单。2016年6月的阿克托别恐怖事件发生后，哈萨克斯坦参议院通过了《关于打击极端主义和恐怖主义对哈萨克斯坦共和国部分法律条款进行补充修改》法案。2016年1月实施的新刑法加大了对极端主义和恐怖主义的打击力度。②

2017年，哈萨克斯坦按照“2017~2020宗教事务国家政策”，实施了一系列立法变革。哈萨克斯坦穆斯林精神理事会制定和实施了统一的清真寺行为规则。8月，宗教事务和民间社会部会议讨论了《关于哈萨克斯坦共和国关于宗教活动和宗教社团的某些立法法案的修正案和

---

① 商务部国际贸易经济合作研究院、商务部投资促进事务局、中国驻哈萨克斯坦大使馆经济商务参赞处合编:《对外投资合作国别(地区)指南——哈萨克斯坦》,2014年版。

② 《刑法》第405条规定:“组织或参加被法院判定其活动为极端主义或恐怖主义性质的社会或宗教组织或其他组织者,对于组织者,判处罚款或最高六年有期徒刑;对于参与者,罚款或判处最高两年的有期徒刑。”

补充法案》。[①] 该法案规范哈萨克斯坦公民赴境外接受宗教教育、公务员参与宗教活动以及宗教婚姻仪式等,禁止公民在公共场合穿着遮掩脸部的衣饰,保护儿童免受破坏性的宗教思想影响。2017 年 7 月,哈萨克斯坦法院下令禁止耶和华见证人在阿拉木图的分支机构运营三个月,并处以罚款,以限制其煽动宗教仇恨的行为。

2017 年 9 月,哈萨克斯坦宗教事务和民间社会部与吉尔吉斯斯坦宗教事务委员会签署合作备忘录,加强两国间人民宗教教育和宗教间协作,消除宗教极端主义的影响。

不能忽视的是,哈萨克斯坦乃至中亚地区的恐怖主义有网络化的趋势,即通过网络传播、发展信徒,并实施恐怖袭击,因此,哈萨克斯坦当局也着力进行国家电子安全的建设,这其中无疑包括宗教安全。[②]

(四)哈语拉丁化

哈萨克斯坦在语言方面存在两种冲突:一是主体民族哈萨克人和以俄罗斯人为主的俄语居民之间的族际冲突;二是在哈萨克民族文字中,是保留以基里尔字母为基础的文字还是转用以拉丁字母为基础的文字。

1. 语言政策变革

哈萨克斯坦对语言政策的态度比较谨慎,在哈萨克语和俄语之间寻求一种平衡。[③] 在苏联体系之下,1989 年 9 月 22 日,哈萨克斯坦通过《哈萨克苏维埃社会主义共和国语言法》。该法规定哈萨克语(以下简称哈语)为国语,俄罗斯语(以下简称俄语)为族际交际语,并保证俄语与哈语同等自由使用。[④]

哈萨克斯坦独立以来,实行的是俄语和哈语并行的语言政策。

最初,哈萨克斯坦通过语言改革,提升哈语的社会功能。1993 年宪

---

① 哈萨克斯坦宗教事务和民间社会事务部新闻处:《哈萨克斯坦修订宗教立法》,2017 年 8 月 21 日,http://www.government.kz/en/novosti/1011294-kazakhstan-amends-legislation-on-religion.html,访问日期:2018 年 2 月 11 日。

② 杨莉:《"一带一路"战略实施中的哈萨克斯坦宗教风险研究》,载《世界宗教文化》2017 年第 2 期。

③ 王辉:《哈萨克斯坦》,载《"一带一路"国家语言状况与语言政策》(第二卷),社会科学文献出版社 2017 年版,第 36 页。

④ 海力古丽·尼牙孜、田成鹏:《哈萨克斯坦国语文字拉丁化改革规划:动因与影响》,载《新疆大学学报》2017 年第 2 期。

法首次提出哈萨克语是哈萨克斯坦共和国国语,俄语是族际交际语。1993 年《哈萨克斯坦共和国社会文化发展构想》要求强化哈萨克语的国语地位。

随着民族矛盾尖锐化及大量俄语人才外流,哈萨克斯坦不得不反思语言政策,加以调整。1995 年宪法第 7 条第 2 款规定“在国家机关和地方自治机构中,俄语和哈萨克语同等地正式使用”。宪法尽管未确认俄语为“第二国语”,实际上承认了俄语的官方语言地位。1997 年7 月 11 日,哈萨克斯坦颁布新的《哈萨克斯坦共和国语言法》。该法第 1 章第 4 条申明哈萨克语的国语地位,第 5 条则规定“在国家机关和地方自治机构内同等使用哈萨克语和俄语”。至此,哈萨克斯坦已经基本形成语言建设的法治基础。

2006 年 10 月,哈萨克斯坦总统纳扎尔巴耶夫首次正式提议实施“三语政策”,即哈语(国语)、俄语(族际交际语)和英语(顺利融入全球经济的语言),提出要大力发展哈语、支持俄语、学习英语。[①]

2. 字母变革

哈萨克语的文字变革与俄语的影响紧密相连。19 世纪 60 年代,哈萨克语在口语的基础上,受阿拉伯语和鞑靼语的影响,形成标准语言。1929 年以前,哈萨克人曾长期使用以阿拉伯字母为基础的文字。1929 年 8 月 7 日,苏联中央执行委员会主席团和苏联人民委员会通过了关于使用新拉丁文字的决议,苏联境内开始了文字拉丁化改革。哈萨克斯坦在中小学和教育机构全面使用以拉丁字母为基础的哈语,并对成年人开展了普及活动。

很快,苏联语言政策发生急剧的变化。1935 年6 月 1 日,苏联中央执行委员会主席团通过《关于北方民族语言文字转用基里尔字母的决议》,推动苏联境内各民族语言从拉丁字母转用基里尔字母的急剧变化。1940 年 11 月 10 日,哈萨克苏维埃社会主义共和国最高委员会第五次会议通过决议,将哈语文字从新拉丁字母转为与俄文相同的基里尔字母,并迅速完成变革。

哈萨克斯坦拟进行国语文字拉丁化改革受其政治、经济、社会、语

---

① 海力古丽·尼牙孜、田成鹏:《哈萨克斯坦国语文字拉丁化改革规划:动因与影响》,载《新疆大学学报》2017 年第 2 期。

言、文化等各方面因素的综合影响。[①] 哈萨克斯坦自独立以来,就哈语文字改革提出过三种方案:转用拉丁字母、恢复使用阿拉伯字母和继续使用基里尔字母。2007 年 7 月 19 日,哈萨克斯坦教育和科学部科学委员会提交《关于哈语文字转用拉丁字母初步分析报告》,建议逐步实现哈语文字拉丁化。纳扎尔巴耶夫总统在"哈萨克斯坦—2050"战略中将哈萨克语称为哈萨克斯坦的精神核心,指出"为了孩子们的未来,我们必须进行文字拉丁化改革,这将为我们实现国际化、掌握英语及计算机语言创造条件,最重要的是这将促进哈语的现代化",要求"到 2020 年 95% 的哈萨克斯坦人将掌握哈语"。

2017 年哈萨克斯坦设立全国委员会,启动哈萨克字母拉丁化进程,分三个阶段(2018 ~ 2020 年、2021 ~ 2023 年、2024 ~ 2025 年)将哈萨克语字母转换为拉丁文字。按照教育和科学部副部长 Askhat 的说法,引入新字母表将是分阶段和循序渐进的。在使用俄语教学的学校中,除哈萨克语之外,所有科目都将使用其里尔字母授课。也就是说,拉丁语只会影响哈萨克语和所有以哈萨克语授课的科目。[②]

可以想见,哈语拉丁化和哈语地位提升,对俄语、俄语人群乃至俄罗斯会造成一定的冲击。俄某些时事分析人士认为,放弃哈文中的俄文字母是哈萨克斯坦在社会文化生活中实施"去俄罗斯化"运动的一个重要环节,俄罗斯对哈萨克斯坦的影响力将随之下降,俄罗斯文化圈持续萎缩的状况将会更加严重。[③]

六、司法体制改革:执法人性化

(一)国际司法合作

2017 年,在涉外民商事法律方面,哈萨克斯坦批准了海牙国际私法会议宪章。哈萨克斯坦还加强与他国的司法合作,批准了引渡等方面

---

① 海力古丽·尼牙孜、田成鹏:《哈萨克斯坦国语文字拉丁化改革规划:动因与影响》,载《新疆大学学报》2017 年第 2 期。

② 哈通社:《教育和科学部:引入新字母表将是分阶段、有计划的和系统的》,2017 年 9 月 11 日,http://www.government.kz/en/novosti/1011522-ministry-of-education-and-science-the-introduction-of-the-new-alphabet-will-be-phased-systemic-and-systematic.html,访问日期:2018 年 2 月 11 日。

③ 汪嘉波:《哈萨克斯坦文字改革拉开序幕》,载《光明日报》2017 年 4 月 26 日,第 10 版。

的国际协定。

在罪犯移交和引渡方面,总统先后批准哈萨克斯坦与伊朗(1 月 11 日)、塞尔维亚(10 月 18 日)以及沙特阿拉伯(11 月 10 日)有关移交罪犯的协定。哈萨克斯坦批准了《引渡公约》(11 月 10 日)。总统签署了哈萨克斯坦与塞尔维亚(10 月 18 日)和沙特阿拉伯(11 月 10 日)的引渡条约。

在共同打击犯罪方面,哈萨克斯坦与捷克于 11 月 23 日签订共同打击犯罪方面的协议,涵盖有组织犯罪、恐怖主义、极端主义、药品和武器的非法贸易、非法移民、人口贩卖和网络犯罪等方面的司法合作。12 月初,议会批准了哈萨克斯坦与独联体国家共同打击盗窃车辆和确保车辆返回的合作协定。哈萨克斯坦与塞尔维亚签订了有关刑事司法合作的协定。

(二)加强司法体系改革

在"百步计划"框架下,哈萨克斯坦不断推进司法体制改革、确保国家法制建设。

1. 法院

就最高法院的地位,宪法第 81 条修订后确立为"地方或其他法院在法定情况下所审理的民事、形式和其他案件的最高审判机构,应在其管辖权限下审理法律案件、就司法实践提供解释"。

在法院体系方面,2017 年 3 月 13 日,总统签署《关于对哈萨克斯坦最高法院理事会和阿斯塔纳金融中心相关法规进行修改补充》的法案,进一步完善法院体系和阿斯塔纳金融中心法规。8 月 28 日,纳扎尔巴耶夫总统签署 2017 年第 535 号总统令,批准对法院体系和法官职务相关法律进行补充修改。该法案即日起生效。2018 年 1 月 10 日,纳扎尔巴耶夫总统签署了第 620 号总统令《关于成立哈萨克斯坦共和国专门调查法庭及法院部分人事问题》,成立专门调查法庭。

哈萨克斯坦区际经济专门法院可以在一年内解决土地纠纷。2017 年年初,地籍信息系统中心在网站上增加新网页,提供 2016 年土地纠纷的信息,从而改变了这些法院没有系统公开土地纠纷初审案件信息的历史。①

① 哈萨克斯坦地籍信息系统中心网站,www. aisgzk. kz。

在法官任职资格方面,2017 年宪法修订案将第 79 条第 3 款改为"适用于共和国法院法官的标准应由宪法决定"。

2. 检察院

就检察官办公室的权限,宪法第 83 条第 1 款修订后,规定"检察官办公室在法律规定的范围和形式范围内,代表国家,对哈萨克斯坦共和国境内法律的遵守行使最高监督权,在法庭上代表国家利益,代表国家提起刑事诉讼"。

2017 年 7 月 30 日,总统签署《关于哈萨克斯坦共和国检察官法》法案,以确定检察机关的地位、职权和工作规范。

3. 执法

哈萨克斯坦根据许多欧洲国家的经验,采取了新的刑事、刑事诉讼、刑事纠正法典、缓刑法以及其他一些规章和法律行为,提升刑事立法的人性化倾向。

12 月 7 日,哈萨克斯坦议会通过《关于为推进执法程序现代化而对哈萨克斯坦部分法律条款进行补充修改法案》,对执法机构的责任提出更严格的要求。根据新法案,警方有权对未经批捕的犯罪嫌疑人实施为期 48 小时的人身自由限制(之前是 72 小时)。若嫌疑人未满 18 周岁,则限制时限将进一步缩短至 24 小时。新法案将改进执法机构相关程序的效率。执法机关人员需在 48 小时内完成证据收集和提交至检察官的程序,并由检察官决定是否提交法院立案审理。若 48 小时内无法完成相应程序,则必须释放嫌疑人,违反规定者将被问责。

在争议解决机制方面,哈萨克斯坦于 1958 年加入《关于承认和执行外国仲裁裁决公约》(以下简称《纽约公约》),接受通过国际仲裁法庭解决投资争议。例如,投资法第 9 条规定"投资者与哈萨克斯坦共和国国家机关产生的与投资有关的争议,通过谈判或协商无法解决的,可以通过国际仲裁机构解决"。

结语

2017 年,哈萨克斯坦积极参与全球治理,在区域一体化中发挥着日益重要的作用,在威权政治体制下推行渐进式民主改革,依照国际经贸规则和市场经济理念推进经济多样化,在政治民主化、经济现代化和文化多元性方面取得了长足的进步。

未来,哈萨克斯坦如能继续与美、欧、俄、中保持灵活中立务实的外交关系,维持国内政局稳定和经济增长,有效平衡地区差异、民族分歧乃至宗教冲突,必将成为全球第四次工业革命中的新赢家,成长为国际舞台和中亚地区不可或缺的重要力量。

Annual Report on the Rule of Law in Kazakhstan (2017)

Yang Dan

In 2017, Kazakhstan played an important role in the process of global governance and regional integration, launched its third modernization. Kazakhstan carried out a constitutional reform to rebalance the three powers and promote political modernization. Kazakhstan deepens fiscal and taxation reforms, improves economic openness and digitization, facilitates trade and investment, strengthens social and cultural legislation, and enhances the judicial system, to meet the challenges and opportunities brought about by the global fourth industrial revolution.

Keywords: Kazakhstan; Diversified Diplomacy; Constitutional Reform; Digitalization; Kazakh Latinization

吉尔吉斯斯坦法治报告(2017)

王　娜　杨诏斌　赫　潇*

内容摘要:2017 年是吉尔吉斯共和国非常重要的年度,吉尔吉斯斯坦借助于总统大选的社会变动契机,围绕"权利""分权""制衡""安全""国家利益""民生"等主题,在政治民主、安全治理、经济建设、社会发展、国际合作等领域广泛开展法治化建设,法律变动数量和频率都很高,凸显出吉尔吉斯斯坦 2017 年度法治化在政治、经济、社会发展、国际合作等方面同步进展。总统选举顺利进行,摆脱街头革命的动荡局势,在一定程度上凸显了吉尔吉斯斯坦法治化建设的明显效益。鉴于吉尔吉斯斯坦急于塑造自己的国家面相,如何在移植西方制度和接受俄罗斯影响之间做好平衡,服务于国计民生,未来的法治发展动向对此会有所反映,仍然值得继续关注。

关键词:法治化;政治民主;安全治理;经济建设;社会发展;国际合作

《吉尔吉斯共和国宪法典》的序言里有这样一段话——"为了保障全体人民之自由,铭记因此而牺牲之先烈;为了建设自由民主之国家,更加尊重和保护人权;为了维护国家主权之独立与统一,建设更加繁荣昌盛之

* 作者简介:王娜,女,副教授,上海政法学院。杨诏斌,男,武汉大学法学院刑法学博士研究生,武汉大学刑事法研究中心人员。赫潇,女,讲师,上海政法学院。

人民民主共和国;为了确保国家之法治与公平正义,实现人民之全面发展。根据我们祖辈与自然达成之神圣契约,我们制定本宪法,并接受它作为我们真正之宪法,以实现和平、安宁与和谐。”由此可以看出,走向法治,是吉尔吉斯斯坦国家的基本目标。[①]

2017 年度,面对复杂的国际国内政治、经济、安全局势,吉尔吉斯斯坦在其法治化道路上不断前进,法治化建设取得了明显的进展。本报告结合吉尔吉斯斯坦 2017 年度的政治经济局势,从“政治民主法治化”“安全治理法治化”“经济建设法治化”“社会发展法治化”和“国际合作法治化”五个方面,对吉尔吉斯斯坦本年度的法治成就作具体论述。

一、政治民主法治化

2017 年,是吉尔吉斯斯坦总统大选年。在此次大选前,吉尔吉斯斯坦自独立以来的 26 年里,尚未实现过总统权力的和平交接。[②] 相对于其他中亚国家,吉尔吉斯斯坦的政治氛围较为宽松、活跃,因此此次大选的激烈程度颇高。参与此次总统选举的几位候选人,多为吉尔吉斯斯坦的前任总理,所以此次大选也被称为“前总理们的较量”。[③] 经过一番激烈的角逐,2017 年 10 月 15 日,吉尔吉斯斯坦总统大选在一片平静中落下帷幕,原总理热恩别科夫当选下一任总统。[④] 这也是吉尔吉斯斯坦自独立以来的 26 年里首次实现总统权力的和平交接。与此同时,近些年来动荡不安的吉尔吉斯斯坦政局也渐趋稳定,学界普遍认为这与 2015 年吉尔吉斯斯坦议会选举[⑤]和 2016 年的修宪公投[⑥]密切相关。由此可见,2016 ~ 2017 年度,吉尔吉斯斯坦政治民主法治化确实卓有成效。

(一)宪政法律制度的新动态

2016 ~ 2017 年度,为了配合修宪公投与总统大选,吉尔吉斯斯坦频繁出台和修正相应的宪法性法律文件,完善其宪政法律制度,重点对宪

---

① 王娜、杨诏斌等:《走向法治的吉尔吉斯斯坦》,法律出版社 2017 年版,第 1 页。

② 《选前“寂静日”能否寂静需拭目以待》,载《文汇报》2017 年 10 月 14 日,第 4 版。

③ 《吉总统选举成为前总理们的“较量”》,载《文汇报》2017 年 8 月 22 日,第 6 版。

④ 《吉尔吉斯斯坦大选平静落幕》,载《文汇报》2017 年 10 月 17 日,第 6 版。

⑤ 王林兵、雷琳:《2015 年吉尔吉斯斯坦议会选举及政党政治发展态势》,载《新疆社会科学》2016 年第 4 期。

⑥ 曲鸿渤:《简析近年吉尔吉斯斯坦政府频繁更迭》,载《俄罗斯学刊》2017 年第 1 期。

法中有关总统选举法律制度和议员选举的法律制度进行了完善,完善违宪审查制度,以保证总统大选和议员选举顺利进行。除此之外,对国防安全制度、国家荣誉制度和宪法法院制度等宪政法律也进行了修正。突出的有第96号法律(关于宪法)即《关于吉尔吉斯共和国总统选举法及吉尔吉斯共和国议员选举法的修订》①、第151号法律即《关于设立吉尔吉斯共和国国家奖法律修订》②、第42号法律即《关于吉尔吉斯共和国若干法律修订》(法律包括《吉尔吉斯共和国动员准备和动员法》《吉尔吉斯共和国议会条例》《吉尔吉斯共和国国防委员会法》)③、第46号法律即《关于国防和安全领域的若干法律修订案》④和第136号法律(关于宪法)即《关于吉尔吉斯共和国最高法院宪法法院的宪法修订案》⑤。

1. 涉及选举的法律制度新动态

2017年6月5日,吉尔吉斯共和国通过第96号法律(关于宪法)即《关于吉尔吉斯共和国总统选举法及吉尔吉斯共和国议员选举法的修

① Конституционный Закон КР от 5 июня 2017 года № 96 "О внесении изменений в конституционный Закон Кыргызской Республики" О выборах Президента Кыргызской Республики и депутатов Жогорку Кенеша Кыргызской Республики" http://cbd. minjust. gov. kg/act/view/ru-ru/111583.

② Закон КР от 28 июля 2017 года № 151 "О внесении изменений в Закон Кыргызской Республики "Об учреждении государственных наград Кыргызской Республики" http://cbd. minjust. gov. kg/act/view/ru-ru/111658.

③ Закон КР от 15 апреля 2016 года № 42 "О внесении изменений в некоторые законодательные акты Кыргызской Республики (в законы Кыргызской Республики "О мобилизационной подготовке и мобилизации в Кыргызской Республике", "О Регламенте Жогорку Кенеша Кыргызской Республики", "О Совете обороны Кыргызской Республики")" http://cbd. minjust. gov. kg/act/view/ru-ru/111321.

④ Закон КР от 18 марта 2017 года № 46 "О внесении изменений в некоторые законодательные акты в сфере обороны и безопасности" http://cbd. minjust. gov. kg/act/view/ru-ru/111553.

⑤ Закон КР от 20 июля 2017 года № 136 "О внесении изменений в конституционный Закон Кыргызской Республики "О Конституционной палате Верховного суда Кыргызской Республики" http://cbd. minjust. gov. kg/act/view/ru-ru/111643.

订》[1],对宪法中有关总统选举和议员选举的法律规定进行了修正。此次法律修正是出于避免反对派以“选举舞弊”为借口,发动第三次“颜色革命”。早在2014年,吉尔吉斯斯坦就改革了人口登记制度,以公民生物特征数据为基础,实现对公民身份的识别。在2015年10月的议会选举中,首次采用生物识别技术对选民进行识别登记,并用自动计票系统对选票进行自动化统计。修订这一法律,有利于国家平稳度过总统选举和议会选举这些政治易动荡期。[2]

2. 违宪审查制度的完善

2017年7月20日,吉尔吉斯共和国通过第136号法律(关于宪法)即《关于吉尔吉斯共和国最高法院宪法法院的宪法修订案》[3],对吉尔吉斯斯坦宪法法院相关法律制度进行了修正,修正后的法律核心内容如下:(1)明确指出违宪审查制度的确立与完善,是为了避免行政权的滥用侵犯公民利益,立法目的是“为了保护宪法法院的尊严,确保正确的宪法职能,保护公众免遭行政侵权”;(2)对于规范性法律行为的违宪审查,该法指出,对众议院的决定和决议、国家机关、机构、地方政府和官员的规范性法律行为,在其发表在正式出版物(国家权力机关、地方政府和司法机关的公报,吉尔吉斯共和国众议院官方网站)之前,都应该由吉尔吉斯共和国最高法院宪法法院进行合宪性审查;(3)如果吉尔吉斯共和国众议院通过的法律违反宪法,必须无条件服从宪法的法律规制,消除抵触之处,政府应该在众议院公布相关法律法规的四个月内将其重新提交议会进行审议;(4)国家权力机关和地方政府应该根据法律,制定新的规范性法律或者对违宪部分进行修改,并在三个月内将众议院的决定公布在官方媒体上;(5)不履行或者以职权干预宪法法院违宪审查的,应当负法定责任;(6)吉尔吉斯共和国政府有责任在三个月

---

[1] Конституционный Закон КР от 5 июня 2017 года № 96 " О внесении изменений в конституционный Закон Кыргызской Республики " О выборах Президента Кыргызской Республики и депутатов Жогорку Кенеша Кыргызской Республики" http://cbd. minjust. gov. kg/act/view/ru-ru/111583.

[2] 中国社会科学院俄罗斯东欧中亚研究所:《中亚国家发展报告(2016)》,社会科学文献出版社2016年版,第311页。

[3] Закон КР от 20 июля 2017 года № 136 " О внесении изменений в конституционный Закон Кыргызской Республики " О Конституционной палате Верховного суда Кыргызской Республики.

内使其法律法规和监管行为符合宪法。

此次吉尔吉斯斯坦对违宪审查制度的完善,既是对违宪审查制度的总结,也是对2017大选年的保障。吉尔吉斯斯坦自2010年实行议会制以来,逐渐形成了有别于其他中亚国家的政体特色:众多政党组合成不同的联盟和党团,分别代表不同的利益集团,并且这些党派联盟经常分化重组;由于吉尔吉斯斯坦无政府出资资助的政党,绝大部分党派仍代表着富人阶层的利益;诸多政治分歧与利益角斗被纳入议会,议会往往也被利用为打击政敌的工具。[①] 由此可见,议会制并非完美,在其运行过程中也会出现各种各样的问题。鉴于此,吉尔吉斯斯坦通过违宪审查制度改革,将"众议院的决定和决议和通过的宪法与法律"纳入违宪审查的范围,在一定程度上可以避免议会沦为部族政治斗争的工具,使宪法得到尊崇,促进法秩序的相对稳定。2015年在吉尔吉斯斯坦举行的议会选举活动中第一次没有发生抗议示威活动,2017年的总统大选也平稳顺利进行,包括反对派在内的各方政治力量对议会选举结果均表示满意,这显示出吉尔吉斯斯坦选举制度和违宪审查制度改革的实际作用。

3. 其他国家基本制度的新动态

2017年3月18日,吉尔吉斯共和国通过第46号法律即《关于国防和安全领域的若干法律修订案》[②](于2017年6月17日正式生效),对国防和安全领域的若干法律进行了修正:(1)将《吉尔吉斯共和国国家安全法》第2章第10条"国防委员会"的表述改为"在不同情形下相应的安全机构";(2)将《吉尔吉斯共和国国家安全战略》第2章第3段话中"国防委员会"的表述改为"安全委员会";(3)将《吉尔吉斯共和国在外公民保护法》第3章第5条中"国防委员会"的表述改为"在不同情形下相应的安全机构";(4)将《吉尔吉斯共和国的国防和武装力量法》中"国防委员会"的表述改为"安全委员会";(5)本法自正式发布之日起开始施行。

---

① 中国社会科学院俄罗斯东欧中亚研究所:《中亚国家发展报告(2016)》,社会科学文献出版社2016年版,第4页。

② Закон КР от 18 марта 2017 года № 46 " О внесении изменений в некоторые законодательные акты в сфере обороны и безопасности" http://cbd.minjust.gov.kg/act/view/ru-ru/111553.

2016 年 4 月 15 日,吉尔吉斯共和国通过第 42 号法律,即《关于吉尔吉斯共和国若干法律修订》(包括《吉尔吉斯共和国动员准备和动员法》《吉尔吉斯共和国议会条例》《吉尔吉斯共和国国防委员会法》)①,对国家的国防、动员法律制度和议会法律制度进行了修正:(1)为了适应国务秘书制度,吉尔吉斯共和国对其《吉尔吉斯共和国动员准备和动员法》《吉尔吉斯共和国议会条例》《吉尔吉斯共和国国防委员会法》中涉及国务秘书制度的各处表述进行了修改;(2)将《吉尔吉斯共和国动员准备和动员法》第 2 章第 11 条"首席"的表述改为"国务秘书";(3)将《吉尔吉斯共和国议会条例》第 6 章第 121 条的"主席"一词替换为"秘书";(4)本法自正式发布十日起开始施行。

2016 年 5 月 18 日,吉尔吉斯共和国议会通过第 524 - VI 号决议,即《关于 2015 年 6 月 29 日吉尔吉斯共和国议会批准的第 5408 - V 号决议修订即吉尔吉斯共和国 2015 ~ 2017 年国有财产私有化计划的修订案》②,进一步推进国有财产私有化的所有制改革(具体情况见下文"经济建设法治化"部分)。2017 年 5 月 24 日,吉尔吉斯共和国通过第 88 号法律,即《关于吉尔吉斯共和国若干法律失去法律效力的确认》③。2017 年 6 月 7 日,吉尔吉斯共和国总统签署第 109 号命令,即《关于吉尔吉斯共和国总统若干决定的修订和增订》。2017 年 7 月 13 日,吉尔吉斯共和国通过第 124 号法律(关于宪法),即《关于吉尔吉斯共和国宪

① Закон КР от 15 апреля 2016 года № 42 " О внесении изменений в некоторые законодательные акты Кыргызской Республики (в законы Кыргызской Республики " О мобилизационной подготовке и мобилизации в Кыргызской Республике", " О Регламенте Жогорку Кенеша Кыргызской Республики", " О Совете обороны Кыргызской Республики")" http://cbd. minjust. gov. kg/act/view/ru-ru/111321.

② Постановление Жогорку Кенеша КР от 18 мая 2016 года № 524 - VI " О внесении изменения в Программу приватизации государственной собственности в Кыргызской Республике на 2015 - 2017 годы, утвержденную постановлением Жогорку Кенеша Кыргызской Республики от 29 июня 2015 года № 5408 - V" http://cbd. minjust. gov. kg/act/view/ru-ru/77978.

③ Закон КР от 24 мая 2017 года № 88 " О признании утратившими силу некоторых законодательных актов Кыргызской Республики" http://cbd. minjust. gov. kg/act/view/ru-ru/111596.

法确定检察机关的独立权力》[1],对检察机关的独立权力从宪法层面上加以确认。2017年7月20日,吉尔吉斯共和国通过第135号法律,即《关于对吉尔吉斯共和国个别边界地区及其发展赋予特殊地位法律的修订案》[2],对个别边界地区特殊地位相关法律制度进行了修正。2017年7月20日,吉尔吉斯共和国通过第137号法律,即《关于吉尔吉斯共和国若干法律修订案(关于吉尔吉斯共和国议会条例)》[3],对议会法律制度进行了修正。2017年7月28日,吉尔吉斯共和国通过第157号法律,即《关于吉尔吉斯共和国国家奖励和荣誉称号法律》[4],建立了国家奖励和国家授予荣誉称号相关的法律制度:(1)修改了吉尔吉斯共和国国家奖法律的相关列表;(2)补充了"篮球运动""慈善人物""劳动健将"等可以授予吉尔吉斯共和国国家奖的情形;(3)删除原法第4条和第5条;(4)本法自发布之日十日起正式生效。2017年7月28日,吉尔吉斯共和国通过第163号法律,即《关于吉尔吉斯共和国的国家利益》[5],明确了"国家利益"的法律含义。2017年8月10日,吉尔吉斯共和国政府通过第470号决议,即《关于吉尔吉斯共和国政府2013年5月8日第258号决议修订即关于吉尔吉斯共和国政府地区自治事宜和民族关系问题国家机构问题的修订》[6],对民族自治相关法律制度进行了修正。

---

① Закон КР от 13 июля 2017 года № 124 "Об отдельных полномочиях прокуратуры, установленных Конституцией Кыргызской Республики" http://cbd. minjust. gov. kg/act/view/ru-ru/111631.

② Закон КР от 20 июля 2017 года № 135 "О внесении изменения в Закон Кыргызской Республики "О придании особого статуса отдельным приграничным территориям Кыргызской Республики и их развитии" http://cbd. minjust. gov. kg/act/view/ru-ru/111642.

③ Закон КР от 20 июля 2017 года № 137 "О внесении изменений в некоторые законодательные акты Кыргызской Республики (в законы Кыргызской Республики "О нормативных правовых актах Кыргызской Республики", "О Регламенте Жогорку Кенеша Кыргызской Республики") http://cbd. minjust. gov. kg/act/view/ru-ru/111644.

④ Закон КР от 28 июля 2017 года № 157 "О государственных наградах и почетных званиях Кыргызской Республики" http://cbd. minjust. gov. kg/act/view/ru-ru/111664.

⑤ Закон КР от 28 июля 2017 года № 163 "О государственных пособиях в Кыргызской Республике" http://cbd. minjust. gov. kg/act/view/ru-ru/111670.

⑥ Постановление Правительства КР от 10 августа 2017 года № 470 "О внесении изменений в постановление Правительства Кыргызской Республики "О вопросах Государственного агентства по делам местного самоуправления и межэтнических отношений при Правительстве Кыргызской Республики" от 8 мая 2013 года № 258" http://cbd. minjust. gov. kg/act/view/ru-ru/100190.

(二)行政法律制度的新动态

2016~2017年度,吉尔吉斯斯坦政府面对着复杂的政治、经济和外交形势:政治形势方面,2016年4月,原总理萨里耶夫宣布辞职,内阁重组,自2011年12月阿塔姆巴耶夫就任总统以来,基本保持了每年更换一位总理的频率,这对政府执政能力和政策连续性都带来挑战;经济形势方面,经济增长呈现复苏迹象,但是政府财政预算收支失衡,对外经济呈下降趋势;对外关系方面,也面临和哈萨克斯坦、乌兹别克斯坦、塔吉克斯坦因选举和边界问题造成的局部紧张局面。①

2017年度,吉尔吉斯斯坦在行政法律制度建设方面,主要对其行政诉讼法律制度和行政授权法律制度进行了完善,突出的有第13号法律即新修订的《行政诉讼法典》②和政府通过的第322号决议即《关于吉尔吉斯共和国政府2014年9月15日第530号决议的增订即授予吉尔吉斯共和国的若干国家执行机构独立制定法律权限》③。

2017年1月25日,吉尔吉斯共和国通过第13号法律即新修订的《行政诉讼法典》④(于2017年7月28日正式生效),完善其行政诉讼法律制度。

2017年6月1日,吉尔吉斯共和国政府通过第322号决议即《关于吉尔吉斯共和国政府2014年9月15日第530号决议的增订即授予吉尔吉斯共和国的若干国家执行机构独立制定法律权限》⑤。

---

① 中国社会科学院俄罗斯东欧中亚研究所:《中亚国家发展报告(2017)"中国与中亚国家建交25周年"专辑》,社会科学文献出版社2017年版,第315~328页。

② Кодекс КР от 25 января 2017 года № 13 "Административно-процессуальный кодекс Кыргызской Республики" http://cbd. minjust. gov. kg/act/view/ru-ru/111520.

③ Постановление Правительства КР от 1 июня 2017 года № 322 " О внесении изменения в постановление Правительства Кыргызской Республики " О делегировании отдельных нормотворческих полномочий Правительства Кыргызской Республики ряду государственных органов исполнительной власти" от 15 сентября 2014 года № 530" http://cbd. minjust. gov. kg/act/view/ru-ru/100016.

④ Кодекс КР от 25 января 2017 года № 13 "Административно-процессуальный кодекс Кыргызской Республики" http://cbd. minjust. gov. kg/act/view/ru-ru/111520.

⑤ Постановление Правительства КР от 1 июня 2017 года № 322 " О внесении изменения в постановление Правительства Кыргызской Республики " О делегировании отдельных нормотворческих полномочий Правительства Кыргызской Республики ряду государственных органов исполнительной власти" от 15 сентября 2014 года № 530" http://cbd. minjust. gov. kg/act/view/ru-ru/100016.

2016～2017年度,除了对其行政诉讼法律制度和行政授权法律制度进行完善,吉尔吉斯斯坦政府和所属各国家行政机关,还从行政机构内部建设、公务员管理、授权立法、行政责任和行政程序等方面出发,出台了一系列法律法规,对行政法律制度加以完善:2016年9月27日,吉尔吉斯共和国政府通过第515号决议即《关于对吉尔吉斯共和国政府若干决定进行修订和增订》。2016年11月11日,吉尔吉斯共和国政府通过第576号决议即《关于吉尔吉斯共和国农业、食品工业和土地开垦部》①(于2017年7月4日正式生效),对吉尔吉斯共和国农业、食品工业和土地开垦部的机构设置和行为规范作出规定。2016年12月14日,吉尔吉斯共和国政府通过第674号决议即《关于遵守国家公务员制度和市政服务法规的问题》②(于2017年6月8日正式生效),强调了公务员遵守国家公务员制度和市政服务法规这一重要议题。2016年12月27日,吉尔吉斯共和国政府通过第704号决议即《关于对吉尔吉斯共和国政府的若干决定作出修订和增订》③(于2017年6月23日正式生效。2016年12月29日,吉尔吉斯共和国政府通过第706号决议即《关于国家公务员制度和市政服务的组织问题》④(于2017年6月8日正式生效)。2016年12月29日,吉尔吉斯共和国政府通过第707号决议即《关于批准吉尔吉斯共和国国务秘书条例》⑤(于2017年6月8日正式生效,主要内容包括:国务秘书的任职,由国家行政机关根据吉尔吉斯共和国相关法律进行批准;国务秘书的空缺,由国家公务员、国家

---

① Постановление Правительства КР от 11 ноября 2016 года № 576 "О Министерстве сельского хозяйства, пищевой промышленности и мелиорации Кыргызской Республики" http://cbd.minjust.gov.kg/act/view/ru-ru/99509.

② Постановление Правительства КР от 14 декабря 2016 года № 674 "О вопросах обеспечения соблюдения законодательства в сфере государственной гражданской службы и муниципальной службы" http://cbd.minjust.gov.kg/act/view/ru-ru/99664.

③ Постановление Правительства КР от 27 декабря 2016 года № 704 "О внесении изменений и дополнений в некоторые решения Правительства Кыргызской Республики" http://cbd.minjust.gov.kg/act/view/ru-ru/99757.

④ Постановление Правительства КР от 29 декабря 2016 года № 706 "О вопросах организации государственной гражданской службы и муниципальной службы" http://cbd.minjust.gov.kg/act/view/ru-ru/99690.

⑤ Постановление Правительства КР от 29 декабря 2016 года № 707 "Об утверждении Положения о статс-секретаре государственного органа Кыргызской Республики" http://cbd.minjust.gov.kg/act/view/ru-ru/99688.

储备干部和吉尔吉斯共和国社会公共服务人员竞争填补;纳入吉尔吉斯共和国统一公共人事服务的管理)。2016 年 12 月 30 日,吉尔吉斯共和国总统签署第 308 号法令即《关于授予吉尔吉斯共和国公务员和市政人员官员等级问题》①(于 2017 年 6 月 7 日正式生效),对公务员和市政人员官员等级问题作出相应的法律规定。2017 年 1 月 6 日,吉尔吉斯共和国政府通过第 8 号决议即《关于批准根据工作年限发放国家公务员和市政人员工资津贴规定》②,对国家公务员和市政人员工资津贴问题作出相应的法律规定(于 2017 年 6 月 8 日正式生效)。2017 年 3 月 1 日,吉尔吉斯共和国政府通过第 131 号决议即《关于吉尔吉斯共和国国家公务员和市政人员的活动和付款条件的评估》③(于 2017 年 6 月 8 日正式生效)。2017 年 4 月 28 日,吉尔吉斯共和国通过第 69 号法律即《关于吉尔吉斯共和国行政责任修订案》④,对《吉尔吉斯共和国行政责任法》进行了修正。2017 年 5 月 4 日,吉尔吉斯共和国政府通过第 250 号决议即《关于承认吉尔吉斯共和国政府若干决定无效》⑤。2017 年 5 月 10 日,吉尔吉斯共和国政府通过第 258 号决议即《关于对吉尔吉斯共和国政府 2012 年 2 月 10 日第 85 号决议即批准国家机关、分支

---

① Указ Президента КР от 30 декабря 2016 года УП № 308 " О некоторых вопросах в сфере государственной и муниципальной службы" http://cbd. minjust. gov. kg/act/view/ru-ru/69263.

② Постановление Правительства КР от 6 января 2017 года № 10 " О внесении дополнений и изменений в некоторые решения Правительства Кыргызской Республики" http://cbd. minjust. gov. kg/act/view/ru-ru/99718.

③ Постановление Правительства КР от 1 марта 2017 года № 131 " Об оценке деятельности и условиях оплаты труда государственных гражданских служащих и муниципальных служащих Кыргызской Республики" http://cbd. minjust. gov. kg/act/view/ru-ru/99829.

④ Закон КР от 28 апреля 2017 года № 69 " О внесении изменений в Кодекс Кыргызской Республики об административной ответственности" http://cbd. minjust. gov. kg/act/view/ru-ru/111576.

⑤ Постановление Правительства КР от 4 мая 2017 года № 250 " О признании утратившими силу некоторых решений Правительства Кыргызской Республики" http://cbd. minjust. gov. kg/act/view/ru-ru/99995.

机构及下属机构提供公共服务的统一登记(表)的增订案》[1]。2017年5月12日,吉尔吉斯共和国政府通过第268号决议即《关于对吉尔吉斯共和国政府2014年9月15日第530号决议即授权给若干国家执行机构独立制定吉尔吉斯共和国法律规范权利的修订案》[2],对向若干国家执行机构授权立法的问题作出法律规定。2017年5月15日,吉尔吉斯共和国政府通过第279号决议即《关于对吉尔吉斯共和国政府2012年2月10日第85号决议即批准国家机关、分支机构及下属机构提供公共服务的统一登记(表)的修订案》[3]。2017年5月16日,吉尔吉斯共和国政府通过第285号决议即《关于吉尔吉斯共和国政府2012年2月20日第113号决议即吉尔吉斯共和国外交部的修订案》[4],对外交部的机构设置和职权法律规定进行了修正。2017年5月24日,吉尔吉斯共和国通过第89号法律即《关于吉尔吉斯共和国若干法律的修订案(吉尔吉斯共和国行政职责法典、兽医法)》[5],对行政责任法律制度和兽医管

① Постановление Правительства КР от 10 мая 2017 года № 258 " О внесении дополнений в постановление Правительства Кыргызской Республики " Об утверждении Единого реестра (перечня) государственных услуг, оказываемых государственными органами, их структурными подразделениями и подведомственными учреждениями" от 10 февраля 2012 года № 85" http://cbd. minjust. gov. kg/act/view/ru-ru/99969.

② Постановление Правительства КР от 12 мая 2017 года № 268 " О внесении изменений в постановление Правительства Кыргызской Республики " О делегировании отдельных нормотворческих полномочий Правительства Кыргызской Республики ряду государственных органов исполнительной власти" от 15 сентября 2014 года № 530" http://cbd. minjust. gov. kg/act/view/ru-ru/99972.

③ Постановление Правительства КР от 15 мая 2017 года № 279 " О внесении изменений и дополнений в постановление Правительства Кыргызской Республики " Об утверждении Единого реестра (перечня) государственных услуг, оказываемых государственными органами, их структурными подразделениями и подведомственными учреждениями" от 10 февраля 2012 года № 85" http://cbd. minjust. gov. kg/act/view/ru-ru/99981.

④ Постановление Правительства КР от 16 мая 2017 года № 285 " О внесении изменения в постановление Правительства Кыргызской Республики " О Министерстве иностранных дел Кыргызской Республики" от 20 февраля 2012 года № 113" http://cbd. minjust. gov. kg/act/view/ru-ru/99983

⑤ Закон КР от 24 мая 2017 года № 89 " О внесении изменений в некоторые законодательные акты Кыргызской Республики (в Кодекс Кыргызской Республики об административной ответственности, Закон Кыргызской Республики " О ветеринарии") http://cbd. minjust. gov. kg/act/view/ru-ru/111597.

理法律制度进行了修正。2017年6月1日,吉尔吉斯共和国政府通过第329号决议即《关于批准市政部独立行政职务特别晋升(非竞争)的示范规则》①,对市政部独立行政职务特别晋升(非竞争)的示范规则加以明确。2017年6月2日,吉尔吉斯共和国政府通过第335号决议即《关于吉尔吉斯共和国政府2015年4月2日第180号决议的增订和修订即吉尔吉斯共和国紧急情况部下的水文气象厅不属于公务员类雇员工资规定的增订和修订案》②。2017年6月2日,吉尔吉斯共和国政府通过第340号决议即《关于吉尔吉斯共和国政府的若干决定的增订和修订》③。2017年6月7日,吉尔吉斯共和国政府通过第346号决议即《关于吉尔吉斯共和国国家动植物检查检疫局若干问题》④,对吉尔吉斯共和国国家动植物检查检疫局的机构设置和行为规范作出规定。2017年6月8日,吉尔吉斯共和国政府通过第357号决议即《吉尔吉斯共和国政府2017年3月1日第131号决议的增订和修订即关于吉尔吉斯共和国国家公务员和市政雇员工作和工资评估的修订和增订》⑤。2017年6月8日,吉尔吉斯共和国政府通过第358号决议即《关于吉尔

---

① Постановление Правительства КР от 1 июня 2017 года № 329 " Об утверждении Типовых правил поступления в особом (внеконкурсном) порядке на отдельные административные должности муниципальной службы" токтому http://cbd.minjust.gov.kg/act/view/ru-ru/100031.

② Постановление Правительства КР от 2 июня 2017 года № 335 " О внесении изменений и дополнений в постановление Правительства Кыргызской Республики " Об условиях оплаты труда работников Агентства по гидрометеорологии при Министерстве чрезвычайных ситуаций Кыргызской Республики, не относящихся к категории государственных служащих" от 2 апреля 2015 года № 180" http://cbd.minjust.gov.kg/act/view/ru-ru/100035.

③ Постановление Правительства КР от 2 июня 2017 года № 340 " О внесении изменений и дополнения в некоторые решения Правительства Кыргызской Республики" http://cbd.minjust.gov.kg/act/view/ru-ru/100042.

④ Постановление Правительства КР от 7 июня 2017 года № 346 " О некоторых вопросах Государственной инспекции по ветеринарной и фитосанитарной безопасности при Правительстве Кыргызской Республики" http://cbd.minjust.gov.kg/act/view/ru-ru/100087.

⑤ Постановление Правительства КР от 8 июня 2017 года № 357 " О внесении дополнений и изменений в постановление Правительства Кыргызской Республики " Об оценке деятельности и условиях оплаты труда государственных гражданских служащих и муниципальных служащих Кыргызской Республики" от 1 марта 2017 года № 131" http://cbd.minjust.gov.kg/act/view/ru-ru/100056.

吉斯共和国政府若干决定的增订和修订案》。[①] 2017 年 6 月 13 日,吉尔吉斯共和国政府通过第 362 号决议即《关于吉尔吉斯共和国政府若干决定的修订和增订》[②]。2017 年 6 月 14 日,吉尔吉斯共和国政府通过第 374 号决议即《关于吉尔吉斯共和国政府若干决定的修订》[③]。2017 年 6 月 16 日,吉尔吉斯共和国政府通过第 379 号决议即《关于吉尔吉斯共和国政府若干决定修正案》[④]。2017 年 6 月 17 日,吉尔吉斯共和国通过第 105 号法律即《关于吉尔吉斯共和国若干法律修订案(关于乙醇和酒精制品生产和营业的国家规定,吉尔吉斯共和国行政法典)》[⑤],对酒精管理法律制度和《吉尔吉斯共和国行政法典》进行了修正(主要是补充了特殊用途饮料、含咖啡因的能量饮料以及其他软饮料须保证符合人体健康标准的相关规定)。2017 年 6 月 22 日,吉尔吉斯共和国政府通过第 398 号决议即《关于吉尔吉斯共和国政府若干决定修正案》[⑥]。2017 年 6 月 23 日,吉尔吉斯共和国政府通过第 406 号决议即《关于吉尔吉斯共和国政府若干决定的修订》[⑦]。2017 年 6 月 28 日,

---

① Постановление Правительтсва КР от 8 июня 2017 года № 358 " О внесении изменений и дополнений в некоторые решения Правительства Кыргызской Республики" http://cbd. minjust. gov. kg/act/view/ru-ru/11632.

② Постановление Правительства КР от 13 июня 2017 года № 362 " О внесении изменений и дополнений в некоторые решения Правительства Кыргызской Республики" http://cbd. minjust. gov. kg/act/view/ru-ru/100060.

③ Постановление Правительства КР от 14 июня 2017 года № 374 " О внесении изменений в некоторые решения Правительства Кыргызской Республики" http://cbd. minjust. gov. kg/act/view/ru-ru/100070.

④ Постановление Правительства КР от 16 июня 2017 года № 379 " О внесении изменений в некоторые решения Правительства Кыргызской Республики" http://cbd. minjust. gov. kg/act/view/ru-ru/100091.

⑤ Закон КР от 17 июня 2017 года № 105 " О внесении изменений в некоторые законодательные акты Кыргызской Республики (в Закон Кыргызской Республики " О государственном регулировании производства и оборота этилового спирта и алкогольной продукции", Кодекс Кыргызской Республики об административной ответственности)" http://cbd. minjust. gov. kg/act/view/ru-ru/111616.

⑥ Постановление Правительства КР от 22 июня 2017 года № 398 " О внесении изменений в некоторые решения Правительства Кыргызской Республики"。

⑦ Постановление Правительства КР от 23 июня 2017 года № 406 " О внесении изменений в некоторые решения Правительства Кыргызской Республики" http://cbd. minjust. gov. kg/act/view/ru-ru/100138.

吉尔吉斯共和国通过第 111 号法律即《关于吉尔吉斯共和国若干法律修订案(吉尔吉斯共和国行政责任法、吉尔吉斯共和国公民吸烟有害健康保护法)》[①],对烟草管理法律制度和《吉尔吉斯共和国行政责任法》进行了修正。2017 年 6 月 28 日,吉尔吉斯共和国政府通过第 411 号决议即《关于吉尔吉斯共和国政府若干决定的修订和增订》[②](放宽了政府对创业活动的监管,以确保执法的透明度,促进创业)。2017 年6 月29 日,吉尔吉斯共和国通过第 115 号法律即《关于吉尔吉斯共和国行政责任法典修订》[③],对《吉尔吉斯共和国行政责任法》进行了修正。2017 年 7 月 4 日,吉尔吉斯共和国政府通过第 415 号决议即《关于吉尔吉斯共和国政府若干决定的修订》[④]。2017 年 7 月 4 日,吉尔吉斯共和国政府通过第 416 号决议即《关于吉尔吉斯共和国政府若干决定的修订》[⑤](对吉尔吉斯斯坦与欧亚经济联盟文物、古董、艺术品的进出口关税进行了调整)。2017 年 7 月 4 日,吉尔吉斯共和国政府通过第 420 号决议即《关于批准吉尔吉斯共和国农业、食品工业和农业改革部条例和农业

---

① Закон КР от 28 июня 2017 года № 111 " О внесении изменений в некоторые законодательные акты Кыргызской Республики (в Кодекс Кыргызской Республики об административной ответственности, Закон Кыргызской Республики " О защите здоровья граждан Кыргызской Республики от вредного воздействия табака") http://cbd. minjust. gov. kg/act/view/ru-ru/111615.

② Постановление Правительства КР от 28 июня 2017 года № 411 " О внесении изменений и дополнения в некоторые решения Правительства Кыргызской Республики" http://cbd. minjust. gov. kg/act/view/ru-ru/100126.

③ Закон КР от 29 июня 2017 года № 115 " О внесении изменения в Кодекс Кыргызской Республики об административной ответственности" http://cbd. minjust. gov. kg/act/view/ru-ru/111622.

④ Постановление Правительства КР от 4 июля 2017 года № 415 " О внесении изhttp://cbd. minjust. gov. kg/act/view/ru-ru/100155менений в некоторые решения Правительства Кыргызской Республики".

⑤ Постановление Правительства КР от 4 июля 2017 года № 416 " О внесении изменений в некоторые решения Правительства Кыргызской Республики" http://cbd. minjust. gov. kg/act/view/ru-ru/100128.

机械化和能源供应部条例及吉尔吉斯共和国政府若干决定的修订和增订》①。2017 年 7 月 6 日,吉尔吉斯共和国政府通过第 426 号决议即《关于批准制定吉尔吉斯共和国国家行政机关统一系统登记程序的条例》②,对国家行政机关统一系统登记事宜作出了相应的程序性规定。2017 年 7 月 13 日,吉尔吉斯共和国政府通过第 430 号决议即《关于掌握"吉尔吉斯语"国家语言水平确定体系条例及从事国家公务员和市政职务人员强制性掌握国家语言范围和水平的条例》③,强调了国家公职人员对"吉尔吉斯语"的学习(与前述选举制度部分相关)。2017 年 7 月 14 日,吉尔吉斯共和国政府通过第 432 号决议即《关于设立吉尔吉斯共和国政府法医专家服务法》④,建立了法医专家服务法律制度。2017 年 7 月 25 日,吉尔吉斯共和国通过第 138 号法律即《关于吉尔吉斯共和国行政责任法典修正案》⑤,对《吉尔吉斯共和国行政责任法典》进行了修正(对于公民和法人的行政违法行为同时触犯行政责任法典的多个条款的,适用处罚最严厉的条款)。2017 年 7 月 28 日,吉尔吉斯

---

① Постановление Правительства КР от 4 июля 2017 года № 420 " Об утверждении Положения о Департаменте механизации и энергообеспечения сельского хозяйства Министерства сельского хозяйства, пищевой промышленности и мелиорации Кыргызской Республики и о внесении изменений и дополнений в некоторые решения Правительства Кыргызской Республики" http://cbd. minjust. gov. kg/act/view/ru-ru/100135.

② Постановление Правительства КР от 6 июля 2017 года № 426 " Об утверждении Положения о порядке формирования единого систематизированного реестра функций государственных органов исполнительной власти Кыргызской Республики " http://cbd. minjust. gov. kg/act/view/ru-ru/100131.

③ Постановление Правительства КР от 13 июля 2017 года № 430 " Об утверждении Положения о системе определения уровня владения государственным языком " Кыргызтест" и Положения об уровнях и объеме обязательного владения государственным языком для лиц, претендующих и занимающих государственные и муниципальные должности" http:// cbd. minjust. gov. kg/act/view/ru-ru/100141.

④ ПОЛОЖЕНИЕ " о Государственной судебно-экспертной службе при Правительстве Кыргызской Республики " (Утверждено постановлением Правительства Кыргызской Республики от 14 июля 2017 года № 432) http://cbd. minjust. gov. kg/act/view/ru-ru/100159.

⑤ Закон КР от 25 июля 2017 года № 138 " О внесении изменения в Кодекс Кыргызской Республики об административной ответственности" http://cbd. minjust. gov. kg/act/view/ru-ru/111645.

共和国通过第 156 号法律即《关于吉尔吉斯共和国行政责任法典修订案》[①],对《吉尔吉斯共和国行政责任法典》进行了修正(放宽了主观授权的国家机关对涉及贵金属和宝石业务的批准权限)。2017 年 8 月 1 日,吉尔吉斯共和国政府发布第 456 号法令即《关于吉尔吉斯共和国政府 2012 年 8 月 1 日第 525 号决议修正案,即提交保险(再保险)组织官员资格要求条例的修订案》[②],提交保险(再保险)组织官员资格要求相关法律制度进行了修正[对保险(再保险)组织官员的任职资格由接受"金融和信用卡领域的有关教育"改为"金融和信用卡领域的高等教育"]。

(三)司法制度的新动态

与宪政、立法和行政改革相协调,2016 ~ 2017 年度,吉尔吉斯斯坦的司法改革也在不断推进,尤其是加强了法官地位与法官责任制度的建设,突出的有第 124 号法律(关于宪法)即《关于吉尔吉斯共和国宪法确定检察机关的独立权力》[③]、第 148 号宪法性法律即《关于吉尔吉斯共和国法官地位法律修订》[④]和第 149 号法律即《由于通过吉尔吉斯共和国法官委员会下属纪律委员会法律对若干法律修订》[⑤]。

2017 年 7 月 13 日,吉尔吉斯共和国通过第 124 号法律(关于宪法)

---

① Закон КР от 28 июля 2017 года № 156 " О внесении изменений в Кодекс Кыргызской Республики об административной ответственности" http://cbd. minjust. gov. kg/act/view/ru-ru/111663.

② Постановление Правительства КР от 1 августа 2017 года № 456 " О внесении изменений в постановление Правительства Кыргызской Республики " Об утверждении Положения о квалификационных требованиях, предъявляемых к должностным лицам страховой (перестраховочной) организации" от 1 августа 2012 года № 525" http://cbd. minjust. gov. kg/act/view/ru-ru/100176.

③ Закон КР от 13 июля 2017 года № 124 "Об отдельных полномочиях прокуратуры, установленных Конституцией Кыргызской Республики" http://cbd. minjust. gov. kg/act/view/ru-ru/111631.

④ Конституционный Закон КР от 28 июля 2017 года № 148 " О внесении изменений в конституционный Закон Кыргызской Республики " О статусе судей Кыргызской Республики" http://cbd. minjust. gov. kg/act/view/ru-ru/111655.

⑤ Закон КР от 28 июля 2017 года № 149 " О внесении изменений в некоторые законодательные акты в связи с принятием Закона Кыргызской Республики " О Дисциплинарной комиссии при Совете судей Кыргызской Республики" http://cbd. minjust. gov. kg/act/view/ru-ru/111656.

即《关于吉尔吉斯共和国宪法确定检察机关的独立权力》[1],对检察机关的独立权力从宪法层面上加以确认。

2017年7月28日,吉尔吉斯共和国通过第148号宪法性法律即《关于吉尔吉斯共和国法官地位法律修订》[2],对法官地位相关法律制度进行了修正:(1)禁止法官在其他社会团体和其他组织兼职,例外情况是从事教育、科学、专业和创造性的活动,收取法律未禁止的酬劳以及协调有关法院的活动,但是从事这些活动不得影响法官的本职工作。(2)明确实行法官选任委员会和法官惩戒委员会制度。(3)初任法官职位须经过高等教育法学专业学习,应聘法官的人员必须经过培训,培训期为一年,期间可以享受无薪休假,培训结束后须进行法官资格考试。(4)高级法官(最高法院的法官和法官选任委员会的法官)的选任应该依照一定的顺序从合格申请人中选择确定。(5)法官具有渎职犯罪等显著不当行为的,不得出任高等级的法官。(6)严格禁止法官在执行司法职责时干预其他司法人员的活动,此前运用的是"不得向其他司法人员施加影响力"的表述等。

2017年7月28日,吉尔吉斯共和国通过第149号法律即《由于通过吉尔吉斯共和国法官委员会下属纪律委员会法律对若干法律修订》[3],为衔接新设立的法官委员会下属之纪律委员会,而对相关法律进行了修正,进一步强调法官责任:(1)将《吉尔吉斯共和国行政诉讼法》中的"由有权决策的法官决定"改为"由法官惩戒委员会决定",将第204条内的"由有权决策的法官决定"改为"由法官惩戒委员会会同国务院有关部门决定",将第205条内的"司法委员会"改为"由法官惩戒委员会向议会提出";(2)将《吉尔吉斯共和国刑事诉讼法》

---

① Закон КР от 13 июля 2017 года № 124 "Об отдельных полномочиях прокуратуры, установленных Конституцией Кыргызской Республики" http://cbd. minjust. gov. kg/act/view/ru-ru/111631.

② Конституционный Закон КР от 28 июля 2017 года № 148 "О внесении изменений в конституционный Закон Кыргызской Республики "О статусе судей Кыргызской Республики" http://cbd. minjust. gov. kg/act/view/ru-ru/111655.

③ Закон КР от 28 июля 2017 года № 149 "О внесении изменений в некоторые законодательные акты в связи с принятием Закона Кыргызской Республики "О Дисциплинарной комиссии при Совете судей Кыргызской Республики" http://cbd. minjust. gov. kg/act/view/ru-ru/111656.

第四章中“上级法院”和“或下级法院审理案件的”表述删除;(3)总统可以提出提前终止法官职务;(4)法官不得利用其职权干预总统、议会议员、总理和政府成员,上级司法、执法、监察人员的司法活动和其他执行法律的活动;(5)在没有法律规定的情况下,不得干预吉尔吉斯共和国总检察长及其机构的办公,也不得干预其他的政府官员、国家机关和地方机关;(6)法官可以根据许可获得荣誉奖项以及科学、体育类的奖金,也可以获得外国国家和政党授予的奖项和勋章;(7)将吉尔吉斯共和国法官选任委员会的组成由“二十四名成员”改为“九名成员”等。

2016~2017年度,吉尔吉斯斯坦除加强法官地位与法官责任制度的建设,还从法律援助、司法执行、调解和检察机关职权等多个方面完善司法制度:2017年1月28日,吉尔吉斯共和国通过第15号法律即《关于法院执行员和执行程序的地位》①,充分显示了对司法执行工作的重视;2017年5月31日,吉尔吉斯共和国政府通过第314号决议即《关于设立吉尔吉斯共和国司法部国家保障法律援助协调中心》②,有利于法律援助事业的进一步推进;2017年7月28日,吉尔吉斯共和国通过第167号法律即《关于调解》③,建立了调解法律制度。

综上所述,吉尔吉斯斯坦2017年度政治法治化依赖于宪政制度、行政法律制度、司法制度的全面频繁修正予以推进,一方面满足大选的临时需要,另一方面构筑宪法框架中的基本政治制度,基本呈现出如下特征:第一,总统选举法修正在前,2017年吉尔吉斯斯坦总统大选举在后,前者为后者设立了基本运作规则,后者是对前者的践行,事实表明,基本上符合吉尔吉斯斯坦的政治预期效果。据吉中央选举委员会通报,本次选举设有2375个投票站,由来自58个国家和46个国际组织的

---

① Закон КР от 28 января 2017 года № 15 " О статусе судебных исполнителей и об исполнительном производстве" http://cbd.minjust.gov.kg/act/view/ru-ru/111522.

② ПОЛОЖЕНИЕ " о Центре по координации гарантированной государством юридической помощи при Министерстве юстиции Кыргызской Республики" (Утверждено постановлением Правительства Кыргызской Республики от 31 мая 2017 года № 314) http://cbd.minjust.gov.kg/act/view/ru-ru/100014.

③ Закон КР от 28 июля 2017 года № 161 " О медиации" http://cbd.minjust.gov.kg/act/view/ru-ru/111668.

约800名观察员监督选举。[①] 鉴于吉尔吉斯斯坦曾于2005年和2010年发生两次街头革命导致政权更迭,吉官方"表现得较为紧张",吉总统甚至为此取消了访俄行程以"亲自确保国家的秩序与安全",但是,"有惊无险",本次大选平稳进行,执政党推举的候选人热恩别科夫在第一轮获得超过50%的选票,如愿赢得选举。欧盟、欧安组织等国际观察员都认为"选举有序进行"。[②] 第二,一方面,通过授权部分行政机关制定法律法规,拓展、确立行政机关权力;另一方面,强化宪法法院违宪审查机制,并通过行政诉讼法与行政责任法的同步完善,全方位推进行政机制法治化。第三,在司法制度方面,强化检察机关的独立性、法官的地位和责任。吉尔吉斯斯坦在政治民主法治化方面,凸显出向三权分立局面贴近的趋势。

二、安全治理法治化

有分析认为,[③]2016~2017年度,吉尔吉斯斯坦面临的国内安全威胁持续上升,突出问题有以下三个方面:首先,伊斯兰极端主义和恐怖主义是国家安全面临的最大威胁;其次,跨国毒品犯罪形势越发严峻;最后,国边境安全存在隐患,非法越界时常发生。

面对国内安全形势日趋严峻的现实局面,2016~2017年度,吉尔吉斯斯坦当局出台了一系列旨在促进安全治理法治化的法律法规,涵盖了国家安全、刑事法治、反恐法治、公共安全、信息安全等多个领域,以回应各类安全威胁。

(一)国家安全法律制度的重大进展

2017年3月18日,吉尔吉斯共和国通过第46号法律即《关于国防和安全领域的若干法律修订案》[④](于2017年6月17日正式生效)。2017年6月17日,吉尔吉斯共和国通过第107号法律即《关于吉尔吉

---

① 文龙杰:《吉尔吉斯斯坦平静度过"寂静日"今迎总统大选》,中新社,2017-10-15。

② 乐明:《吉尔吉斯斯坦总统选举:谁才是赢家》,南风窗,2017-11-06。

③ 张维维、陆珊:《"丝绸之路经济带"建设与吉尔吉斯斯坦政治和安全形势》,载《战略决策研究》2017年第4期。

④ ЗаконКРот 18 марта 2017 года№ 46 " Овнесении изменений в некоторые законодательные акты в сфере обороны и безопасности" http://cbd. minjust. gov. kg/act/view/ru-ru/111553.

斯共和国安全委员会》[①],该法确定了吉尔吉斯共和国安全委员会(以下简称安全委员会)的法律地位、任务、职能和权力,以及其活动的组织原则。这部法律是近年来吉尔吉斯斯坦国家安全法律制度建设中一部极为重要的法律,是吉尔吉斯斯坦国家安全法律制度完善中的重大进展。

(二)刑事法律制度的新动态

2017 年 6 月 14 日,吉尔吉斯共和国通过第 102 号法律即《关于吉尔吉斯共和国若干法律修订(吉尔吉斯共和国刑法典、吉尔吉斯共和国刑法执行典)》[②],对《吉尔吉斯共和国刑法典》(现行法典是 1998 年通过的)和《吉尔吉斯共和国刑法执行典》(现行法典是 2000 年通过的)进行了部分修正,主要是对假释制度的修正,体现在刑事实体法和刑事程序法方面:

在刑法实体法方面的修正内容包括:(1)对于特别严重的犯罪,假释时至少需要执行四分之三以上的刑罚;(2)对于需要进行医疗的已被定罪处刑的人,可以考虑假释,对于进行结核病治疗的人,应当假释;(3)对于造成物质损害并全部赔偿的已被定罪处刑的人,可以考虑假释;(4)对于因犯新罪被判刑和法院撤销假释的已被定罪处刑的人,不再适用假释,包括终身监禁的情形。

在刑事程序法方面的修正内容包括:在"一般规定"章内,在可能不适用假释的范围里加上了"有组织的犯罪团伙成员""武装犯罪集团成员""曾经逃出拘留或离开羁押"和"对社区有重大危害"等几种情形。

(三)公共安全法律制度的新动态

2017 年 5 月 18 日,吉尔吉斯共和国通过第 83 号法律即《关于吉尔吉斯共和国消防安全法修订案》[③],对《吉尔吉斯共和国消防安全法》进行了修正,加强了消防安全管理:(1)确认《吉尔吉斯共和国消防安全

---

① Закон КР от 17 июня 2017 года № 107 " О Совете безопасности Кыргызской-Республики" http://cbd.minjust.gov.kg/act/view/ru-ru/111608.

② Закон КР от 14 июня 2017 года № 102 " О внесении изменений в некоторые законодательные акты Кыргызской Республики (в Уголовный кодекс Кыргызской Республики, Уголовно-исполнительный кодекс Кыргызской Республики)" http://cbd.minjust.gov.kg/act/view/ru-ru/111611.

③ Закон КР от 18 мая 2017 года № 83 " О внесении изменений в Закон Кыргызской Республики " О пожарной безопасности" http://cbd.minjust.gov.kg/act/view/ru-ru/111591.

法》原序言失效;(2)将原"第1章第1节"改为"第1章";(3)将第1条"防火安全"的表述改为"预防、扑救火灾的应急救援工作和参考";(4)在第2节中补充"由授权国家机关监督和控制相关领域的消防安全";(5)将第4条"消防安全领域"改为"在预防领域的参考、灭火和应急救援工作,在国务院授权机关的监督和控制领域的消防安全";(6)在第4条中补充"由吉尔吉斯共和国政府批准,对在吉尔吉斯共和国的领土上所有的法人和自然人,积极开展活动,执行防火安全领域的强制性规则"等。

鉴于吉尔吉斯斯坦的公共安全形势,2016~2017年度,吉尔吉斯斯坦除对消防安全法律制度进行完善外,针对交通安全、出入境管理、治安管理等方面的突出问题,也出台了一系列法律法规,以完善其公共安全法律制度,改善其日益严峻的公共安全形势:2017年5月15日,吉尔吉斯共和国政府通过第278号决议,即关于对吉尔吉斯共和国政府2016年11月15日第587号决议即对运营中交通工具改变设计进行改装审批规定的修订和增订案,对交通工具的改装进行了规制,既有利于保护运营安全,也有利于加强交通工具的识别,避免其改装后用于违法犯罪活动[①]。2017年5月17日,吉尔吉斯共和国政府通过第294号决议即《关于国家户籍登记申请表格形式、户籍登记形式和填写程序、国家户籍登记证书形式(说明和样本)及其完成程序及确认国家户籍登记事实的文件形式的审批》[②],对国家户籍登记相关法律制度进行了完善。2017年5月22日,吉尔吉斯共和国政府通过第299号决议即《关于吉尔吉斯共和国政府2008年6月30日第407号决议即关于返回吉尔吉

---

① Постановление Правительства КР от 15 мая 2017 года № 278 " О внесении изменений и дополнений в постановление Правительства Кыргызской Республики " Об утверждении Правил проведения переоборудования транспортных средств, находящихся в эксплуатации, в случае внесения изменений в их конструкцию" от 15 ноября 2016 года № 587" http://cbd.minjust.gov.kg/act/view/ru-ru/99996.

② Постановление Правительства КР от 17 мая 2017 года № 294 " Об утверждении форм бланков заявлений о государственной регистрации актов гражданского состояния, форм бланков записей актов гражданского состояния и порядок их заполнения, форм (описания и образцов) бланков свидетельств о государственной регистрации актов гражданского состояния и порядок их заполнения и форм бланков документов, подтверждающих факты государственной регистрации актов гражданского состояния" http://cbd.minjust.gov.kg/act/view/ru-ru/100006.

斯共和国证明的模板、说明及规定的审批的修订和增订案》①,加强了出入境管理。2017 年 6 月 1 日,吉尔吉斯共和国政府通过第 324 号决议即《关于吉尔吉斯共和国政府 2011 年 10 月 6 日第 618 号决议的增订即关于在吉尔吉斯共和国紧急情况部危机管理中心的基础上,建立国家统一管理和调度业务服务呼叫系统的概念——112、吉尔吉斯共和国的紧急业务服务清单、"统一热线"永久服务条例的增订案》②,对紧急情况部的危机管理工作作出了具体规定。2017 年 6 月 8 日,吉尔吉斯共和国政府通过第 347 号决议即《关于吉尔吉斯共和国政府 2007 年 11 月 19 日第 556 号决议修订和增订即关于简化通过吉尔吉斯共和国国境的国际公路、航空和铁路运输检查站运作,及吉尔吉斯共和国国内高速公路通行的措施》③,完善了出入境管理。2017 年 6 月 23 日,吉尔吉斯共和国政府通过第 407 号决议即《车辆、装置和设备登记问题》④,加强了交通工具的登记管理。2017 年 7 月 27 日,吉尔吉斯共和国政府通过第 453 号决议即《关于批准具有照片和拍摄、录像功能的特殊检测测

---

① Постановление Правительства КР от 22 мая 2017 года № 299 " О внесении дополнений и изменений в постановление Правительства Кыргызской Республики " Об утверждении Положения, описания и образца свидетельства на возвращение в Кыргызскую Республику" от 30 июля 2008 года № 407" http://cbd. minjust. gov. kg/act/view/ru-ru/98810.

② Постановление Правительства КР от 1 июня 2017 года № 324 " О внесении дополнений в постановление Правительства Кыргызской Республики " Об утверждении Положения о постоянно действующей службе " Единая горячая линия", Перечня экстренных оперативных служб Кыргызской Республики и одобрении Концепции создания системы обеспечения вызова оперативных служб единой государственной дежурно-диспетчерской службы- 112 на базе Центра управления в кризисных ситуациях при Министерстве чрезвычайных ситуаций Кыргызской Республики" от 6 октября 2011 года № 618" http://cbd. minjust. gov. kg/act/view/ru-ru/100025.

③ Постановление Правительства КР от 8 июня 2017 года № 347 " О внесении изменений и дополнения в постановление Правительства Кыргызской Республики " О мерах по упорядочению функционирования пунктов пропуска через государственную границу Кыргызской Республики, предназначенных для международного автомобильного, воздушного и железнодорожного сообщения, и внутренних стационарных постов на автомобильных дорогах Кыргызской Республики" от 19 ноября 2007 года № 556" http://cbd. minjust. gov. kg/act/view/ru-ru/98818.

④ Постановление Правительства КР от 23 июня 2017 года № 407 " О вопросах регистрации транспортных средств, установок и оборудования" http://cbd. minjust. gov. kg/act/view/ru-ru/100148.

量设备自动记录行政犯罪行为,收取其犯罪行政罚款数额及程序》①,对视频监控系统记录违法犯罪行为及其相应的处罚等程序性规定加以完善。

(四)反对极端主义和恐怖主义法律制度的新动态

从当前的形势不难看出,伊斯兰极端主义和恐怖主义是威胁吉尔吉斯斯坦安全的主要因素,鉴于此,吉尔吉斯斯坦当局除了完善其国家安全、公共安全等综合性的安全法律制度,还制定了一系列直接针对极端主义和恐怖主义的法律法规。2016~2017 年度内制定的《关于批准根据伊斯兰融资原则发行的伊斯兰证券进行发行、流通和赎回的条例》和《关于批准吉尔吉斯共和国政府 2017~2022 年反对极端主义和恐怖主义的计划》这两部法律法规就是典型。

2017 年 6 月 1 日,吉尔吉斯共和国政府通过第 323 号决议即《关于批准根据伊斯兰融资原则发行的伊斯兰证券进行发行、流通和赎回的条例》②,主要内容如下:规范吉尔吉斯共和国伊斯兰证券的发行、流通和赎回,即根据该法附件内的法律法规,批准按照伊斯兰融资原则发行的伊斯兰证券的发行、流通和赎回规定;本决定的通过,有利于切断极端主义和恐怖主义势力通过证券进行融资的部分途径,有利于动摇极端主义和恐怖主义的经济基础,是吉尔吉斯斯坦运用多重手段反对极端主义和反恐怖主义的具体表现。

2017 年 6 月 21 日,吉尔吉斯共和国政府通过第 394 号决议即《关于批准吉尔吉斯共和国政府 2017~2022 年反对极端主义和恐怖主义的计划》③,主要内容如下:(1)根据条例,批准吉尔吉斯共和国政府

---

① Постановление Правительства КР от 27 июля 2017 года № 453 "Об утверждении порядка формирования и использования сумм административных штрафов, взысканных за совершение административных правонарушений, зафиксированных с применением работающих в автоматическом режиме сертифицированных специальных контрольно-измерительных технических средств, имеющих функции фото-и киносъемки, видеозаписи" http://cbd. minjust. gov. kg/act/view/ru-ru/100183.

② Постановление Правительства КР от 1 июня 2017 года № 323 "Об утверждении Положения об эмиссии, обращении и погашении исламских ценных бумаг, выпускаемых по исламским принципам финансирования" http://cbd. minjust. gov. kg/act/view/ru-ru/100023.

③ Постановление Правительства КР от 21 июня 2017 года № 394 "Об утверждении Программы Правительства Кыргызской Республики по противодействию экстремизму и терроризму на 2017–2022 годы" http://cbd. minjust. gov. kg/act/view/ru-ru/100103.

2017~2022年反对极端主义和恐怖主义计划(以下简称“计划”);(2)吉尔吉斯共和国国家安全委员会应在一个月内向吉尔吉斯共和国政府办公室提交实施计划的执行方案;(3)确定方案执行是在相应年度共和国为各部委、国家委员会和行政部门的财政预算规定的资金限度内,以及吉尔吉斯共和国立法准许的预算外资金;(4)本决定自官方公布之日起十五日内生效。本决定是吉尔吉斯共和国政府制订的反对极端主义和恐怖主义的五年规划,将对未来五年该国的反对极端主义和反对恐怖主义工作起到规划和指导的作用。

(五)信息安全法律制度的新动态

随着移动互联网时代的到来,各国面临的信息安全威胁也日益凸显,吉尔吉斯斯坦概莫能外。2016~2017年度,吉尔吉斯斯坦在信息安全领域接连推出多部法律法规,主要涉及新兴的电子信息安全,同时也有与传统的大众传媒和无线电安全相关的,具体情况如下:

2016年7月22日,吉尔吉斯共和国通过第130号法律即《关于吉尔吉斯共和国信息化法修订案》①(于2017年8月5日正式生效),对《吉尔吉斯共和国信息化法》进行了修正:(1)确认原序言失效;(2)本法是调整吉尔吉斯共和国经济和社会组织发展所需的信息化和电子政务的发展过程的法律关系的基本法律;(3)本法的目的是创造有利条件,保证电子政务的建立和运行信息的需求,满足公民对公共管理机构、社会组织形成基于现代信息基础设施的国际信息网络和集成系统的需求;(4)本法的任务是创造条件,提高活动的效率,开放所有政府机构和地方自治机构,保护执行活动的单位和个人建立的积累、储存、转让和传播信息的手段和现代信息技术发展的合法权益;(5)国家应基于自动化管理的流程,组织公共管理的电子政务系统,向法人和自然人提供信息技术的公共和市政服务;(6)国家应当扩大公共管理与信息化和电子政务的调整范围,使得公共政策的实施实现信息化;(7)吉尔吉斯共和国政府的咨询机构,可以形成协调和监测公共政策实现信息化以促进电子政务的咨询意见;(8)国家机关和地方政府有义务规定核定成本估算的现金资源回报,政府信息系统的设计和运行控制的使用,按照

① Закон КР от 22 июля 2016 года № 130 "О внесении изменений в Закон Кыргызской Республики "Об информатизации" http://cbd.minjust.gov.kg/act/view/ru-ru/111409.

他们的计划和方案,促进电子政务领域的信息化,协调和授权有关机关实现电子政务领域的公共政策的监测;(9)提供资料义务不适用于吉尔吉斯共和国国家安全机构;(10)本法自正式发布之日十日起开始施行。

2017 年 5 月 4 日,吉尔吉斯共和国通过第 75 号法律即《关于吉尔吉斯共和国若干法律修订案》[①](吉尔吉斯共和国“关于电气和邮政通信”“吉尔吉斯共和国许可证和许可证制度”“电视和无线电广播”等法律),对电气、邮政通信、电视、无线电广播等传统的信息安全领域的法律制度进行了修正;2017 年 5 月 30 日,吉尔吉斯共和国通过第 94 号法律即《关于吉尔吉斯共和国大众媒体法的修订》[②],对《吉尔吉斯共和国大众媒体法》进行了修正;2017 年 6 月 13 日,吉尔吉斯共和国政府通过第 363 号决议即《关于吉尔吉斯共和国无线电频率国家委员会条例及吉尔吉斯斯坦共和国国家电台频率组委会成员的审核》[③],审核通过了《吉尔吉斯共和国无线电频率国家委员会条例》和国家电台频率组委会组成人员的名单;2017 年 7 月 19 日,吉尔吉斯共和国通过第 127 号法律即《关于电子管理法》[④],初步建立了电子信息管理相关法律制度;2017 年 7 月 19 日,吉尔吉斯共和国通过第 128 号法律即《关于电子签名法》[⑤],初步建立了电子签名管理相关法律制度;2017 年 7 月 20 日,吉尔吉斯共和国通过第 129 号法律即《关于吉尔吉斯共和国个人信息

---

① Закон КР от 4 мая 2017 года № 75 " О внесении изменений в некоторые законодательные акты Кыргызской Республики (в законы Кыргызской Республики " Об электрической и почтовой связи" , " О лицензионно-разрешительной системе в Кыргызской Республике" , " О телевидении и радиовещании") " http://cbd. minjust. gov. kg/act/view/ru-ru/111582.

② Закон КР от 30 мая 2017 года № 94 " О внесении изменений в Закон Кыргызской Республики " О средствах массовой информации" .

③ Постановление Правительства КР от 13 июня 2017 года № 363 " Об утверждении Положения о Государственной комиссии Кыргызской Республики по радиочастотам и состава Государственной комиссии Кыргызской Республики по радиочастотам" http://cbd. minjust. gov. kg/act/view/ru-ru/100065.

④ Закон КР от 19 июля 2017 года № 127 " Об электронном управлении" http://cbd. minjust. gov. kg/act/view/ru-ru/111634.

⑤ Закон КР от 19 июля 2017 года № 128 " Об электронной подписи" http://cbd. minjust. gov. kg/act/view/ru-ru/111635.

法律修订案》[1],对《吉尔吉斯共和国个人信息法》进行了修正,加大了对个人信息保护的力度;2017 年 7 月 20 日,吉尔吉斯共和国通过第 130 号法律即《关于吉尔吉斯共和国若干法律修订案(国家和市政服务法、吉尔吉斯共和国国家机关及地方自治机关获取信息法)》[2],规定了吉尔吉斯共和国国家机关及地方自治机关获取信息的程序,使得国家对个人信息的获取与适用有法可依、有据可循。

综上所述,吉尔吉斯斯坦安全治理法治化基本上全面推进,通过国家安全委员会的设立,重构国家权力机构,并在公共安全管理等方面,根据具体情况,作出相应的调整和完善,基本特征表现为:第一,重塑全面的安全观,设立国家安全委员会,在国家基本法律中,用国家安全委员会取代国防安全委员会,标志着吉尔吉斯斯坦安全观的全面转型。第二,深化构建预防型的国家安全体系,一方面,以预防为主,调整原来的法律制度,包括刑事法主要聚焦于假释制度的完善,核心点是以危险性作为基本点,提升假释适用条件,缩小假释制度适用范围,公共安全法律制度如消防安全更加强调"预防""服务",交通安全、出入境管理、治安管理等方面聚焦于预防性管理措施的完善;另一方面,针对极端主义、信息化的发展态势,确立新的法律制度和规则,将"安全"内化至管理制度和基本法律制度中。另外,吉尔吉斯斯坦《2017 ~ 2022 年反对极端主义和恐怖主义的计划》得以确立,这是吉尔吉斯斯坦未来 5 年反极端主义和打击恐怖主义的基本国家战略和纲领。

三、经济建设法治化

根据吉尔吉斯斯坦国家统计委员会公布的数据,2016 年 1 ~ 10 月,吉尔吉斯斯坦国内生产总值(GDP)约为 3600 亿索姆(约合 51.43 亿美元),与上年同期相比增长 2.7%。若不计库姆托尔金矿产值,则吉尔吉

---

① Закон КР от 20 июля 2017 года № 129 "О внесении изменений в Закон Кыргызской Республики "Об информации персонального характера" http://cbd.minjust.gov.kg/act/view/ru-ru/111636.

② Закон КР от 20 июля 2017 года № 130 "О внесении изменений в некоторые законодательные акты Кыргызской Республики (в законы Кыргызской Республики "О государственных и муниципальных услугах", "О доступе к информации, находящейся в ведении государственных органов и органов местного самоуправления Кыргызской Республики") http://cbd.minjust.gov.kg/act/view/ru-ru/111637.

斯斯坦国内生产总值为 3260 亿索姆(约合 46.57 亿美元),同比增长 3.3%。数据显示,农业、投资以及建筑业增长是推动吉尔吉斯斯坦国内生产总值增长的重要因素。具体来看,2016 年前 10 个月,其工业产值同比下降 0.6%,农业产值同比增长 2.2%,固定资产投资和建筑业分别增长7.9%、7.69%。①

根据吉尔吉斯斯坦国家统计委员会公布的最新数据,2017 年 1 ~ 6 月,吉尔吉斯斯坦国内生产总值(GDP)约为 1939 亿索姆(约合28.32亿美元),与上年同期相比增长 6.4%。若不计库姆托尔金矿产值,则吉尔吉斯斯坦国内生产总值为 1727 亿索姆(约合 25.23 亿美元),同比增长 3.1%。数据显示,上半年工业产值为 1046 亿索姆,增速高达 31.6%,成为推动吉尔吉斯斯坦国内生产总值增长的重要因素。此外,农业、林业和渔业产值同比增长 1.2%,固定资产投资和建筑业增速分别为 4.15% 和 4.85%。②

由此不难看出,吉尔吉斯斯坦的国民经济主要靠农业、投资以及建筑业增长来推动,工业化水平较低。从 2016 ~ 2017 年度吉尔吉斯斯坦推动经济建设法治化的努力也能看出,吉尔吉斯斯坦正在加强经济改革,加速国有资产私有化进程,采取了一系列保护商业和企业家的措施,以促进市场经济进一步发展。同时,对具体经济领域的法律制度如银行、税收、财政领域,吉尔吉斯斯坦也加大了完善力度,不断修正其法律法规。

(一)基本经济制度的新动态

经济建设法治化,充分体现在吉尔吉斯斯坦由计划经济向市场经济转变的过程中。2016 ~ 2017 年度,吉尔吉斯斯坦出台多项法律措施,促进其国有财产私有化,突出的有议会通过的第 524 – VI 号决议《关于 2015 年 6 月 29 日吉尔吉斯共和国议会批准的第 5408 – V 号决议修订

① 参见《吉尔吉斯斯坦 GDP 增长 2.7%》,载《经济日报》2016 年 12 月 2 日,第 4 版。

② 参见《上半年吉尔吉斯斯坦 GDP 增长 6.4%》,载《经济日报》2017 年 7 月 27 日,第 10 版。

即吉尔吉斯共和国2015~2017年国有财产私有化计划的修订案》[1]和政府通过的第462号决议《关于吉尔吉斯共和国政府2003年3月26日第168号决议修订即国家财产私有化的规定修订》[2],具体情况如下:

2016年5月18日,吉尔吉斯共和国议会通过第524-VI号决议《关于2015年6月29日吉尔吉斯共和国议会批准的第5408-V号决议修订即吉尔吉斯共和国2015~2017年国有财产私有化计划的修订案》,对此前的国有财产私有化计划进行了部分修正,继续推进国有财产私有化:(1)对吉尔吉斯共和国2015~2017年国有财产私有化计划的执行对象进行了补充,通过私有化的国有股份制进行注册资本股权改造,转变为向社会开放的"国家能源控股公司",简称ASD的"国家控股公司";(2)这些ASD的"国家控股公司"的股权不可出售、抵押和用于偿还外债,也不可进行信托投资;(3)议会建议政府考虑:将吉尔吉斯共和国国家能源股份公司的开放控股公司"卡拉库水电站"和"奈曼旗水电站"重建为由公共机构和吉尔吉斯共和国能源部制定政策的共和国重要的战略经济产业公司,并逐步通过存量控制和资产重估改造为完全开放的股份制公司,组成ASD"国家能源控股公司";(4)本决议和方案的执行监督,由吉尔吉斯共和国议会委托吉尔吉斯共和国议会经济和财政政策委员会和吉尔吉斯共和国议会能源土地委员会负责。

---

① Постановление Жогорку Кенеша КР от 18 мая 2016 года № 524 - VI "О внесении изменения в Программу приватизации государственной собственности в Кыргызской Республике на 2015 - 2017 годы, утвержденную постановлением Жогорку Кенеша Кыргызской Республики от 29 июня 2015 года № 5408 - V" http://cbd.minjust.gov.kg/act/view/ru-ru/77978.

② Постановление Правительства КР от 7 августа 2017 года № 462 "О внесении изменений в постановление Правительства Кыргызской Республики "Об утверждении положений, регламентирующих приватизацию государственной собственности" от 26 марта 2003 года № 168" http://cbd.minjust.gov.kg/act/view/ru-ru/100188.

附表　2015～2017 年吉尔吉斯共和国国有产权私有化计划对象清单

№п/п	Наименование объекта 对象的名称	Уставный капитал, (тыс. сом.) 注册资本(万)	Государственная доля, (%) 国有比例	Государственная доля, подлежаща яприватизации, (%) 私有化的国有比例
1	Открытое акционерное общество “Электрические станции”	4428282.9	80.49	80.49
2	Открытое акционерное общество “Национальная электрическая сеть Кыргызстана”	1597377.3	80.49	80.49
3	Открытое акционерное общество “Северэлектро”	454574.6	80.49	80.49
4	Открытое акционерное общество “Востокэлектро”	186499.9	80.49	80.49
5	Открытое акционерное общество “Ошэлектро”	169816.0	80.49	80.49
6	Открытое акционерное общество “Жалалабатэлектро”	212618.1	80.49	80.49
7	Открытое акционерное общество “Бишкектеплосеть”	366841.8	80.49	80.49
8	Открытое акционерное общество “ЧаканГЭС”	274724.2	100.0	100.0
9	Открытое акционерное общество “Кыргызский энергетический расчетныйц ентр”	100.0	100.0	100.0

2017 年 8 月 7 日,吉尔吉斯共和国政府通过第 462 号决议《关于吉尔吉斯共和国政府 2003 年 3 月 26 日第 462 号决议修订即国家财产私有化的规定修订》,对此前的国有财产私有化规定进行了部分修正,加快推进国有财产私有化:(1)宗旨是"为了提高国有资产私有化过程的效率",规范国有产权私有化。(2)立法依据是《吉尔吉斯共和国宪法》第 10 条和第 17 条。(3)国有资产私有化可以向确定的投资者采取直接销售的方法,直接销售应用在特殊情况下,即已经进行不少于三次常规方法私有化仍未达成目标。(4)直接销售的方法有:在拍卖会上出售;竞争性磋商;分期付款融资租赁;在证券交易所进行股票交易。(5)私有化的对象可以是:股权注册资本制的国有经济形态;集生产和非生产性单位于一体的可私有化的国有企业;在法律没有禁止私有化的行业内的其他国有财产。(6)如果是国有财产卖方发起私有化的主张,则应当把消息发布在其官方网站等媒体上,以接纳潜在的买家。(7)一次性付款购买国有资产的买家在买卖合同签订之日起的一个月内付清相关款项等。

除了推进国有财产私有化,2016 ~ 2017 年度,吉尔吉斯斯坦还从商业活动、企业家保护和国有资产管理创新等多个方面,对基本经济制度进行完善,具体表现如下:

2017 年 5 月 16 日,吉尔吉斯共和国政府通过第 287 号决议《关于吉尔吉斯共和国工业、能源和矿业国家委员会下属"吉尔吉斯住宅公用设施管理联盟"国有企业重组》①,对国有企业吉尔吉斯住宅公用设施管理联盟进行重组;2017 年 5 月 19 日,吉尔吉斯共和国政府通过第 297 号决议《关于吉尔吉斯共和国政府的"塔萨库姆"项目执行委员会》②,对吉尔吉斯共和国政府下属的"塔萨库姆"项目执行委员会的机构设置和行为规范作出了规定;2017 年 5 月 31 日,吉尔吉斯共和国政府通过第 315 号决议即《关于吉尔吉斯共和国政府 2005 年 5 月 6 日第 177 号

---

① Постановление Правительства КР от 16 мая 2017 года № 287 " О реорганизации государственного предприятия " Кыргызжилкоммунсоюз" при Государственном комитете промышленности, энергетики и недропользования Кыргызской Республики" http://cbd.minjust.gov.kg/act/view/ru-ru/99997.

② Постановление Правительства КР от 19 мая 2017 года № 297 " О Совете по реализации Проекта " Таза Коом" при Правительстве Кыргызской Республики" http://cbd.minjust.gov.kg/act/view/ru-ru/100002.

决议即关于吉尔吉斯共和国个人住房建设征地程序条例的修订》①,对《吉尔吉斯共和国个人住房建设征地程序条例》进行了修正;2017 年 6 月1 日,吉尔吉斯共和国通过第 95 号法律即《关于吉尔吉斯共和国土地使用若干法律的修订》②,对土地使用领域的若干法律进行了修正;2017 年 6 月 6 日,吉尔吉斯共和国通过第 98 号法律《关于保护商业活动若干法律的修订案》③,对保护商业活动的若干法律进行了修正,加大了对商业活动的保护力度,推进私有化进程;2017 年 6 月 8 日,吉尔吉斯共和国政府通过第 348 号决议《关于将国有企业"骑士"管辖权转交吉尔吉斯共和国文化、信息和旅游部》④,对国有企业"骑士"的管辖权做了调整;2017 年 6 月 23 日,吉尔吉斯共和国政府通过第 402 号决议《关于批准吉尔吉斯共和国运输和道路部下属国有企业伊斯克库尔航运公司章程》⑤,制定了国有企业伊斯克库尔航运公司的章程;2017 年 7 月 24 日,吉尔吉斯共和国政府通过第 450 号决议《关于吉尔吉斯共和国运输和公路部下属国有企业吉尔吉斯航空公司章程》⑥,制定了国有企业吉尔吉斯航空公司的章程;2017 年 7 月 28 日,吉尔吉斯共和国通

---

① Постановление Правительства КР от 31 мая 2017 года № 315 " О внесении изменения в постановление Правительства Кыргызской Республики " Об утверждении Положения о порядке предоставления земельных участков под индивидуальное жилищное строительство" от 6 мая 2005 года № 177" http://cbd.minjust.gov.kg/act/view/ru-ru/100015.

② Закон КР от 1 июня 2017 года № 95 " О внесении изменений в некоторые законодательные акты в сфере землепользования" http://cbd.minjust.gov.kg/act/view/ru-ru/111605.

③ Закон КР от 6 июня 2017 года № 98 " О внесении изменений в некоторые законодательные акты по вопросам защиты предпринимательской деятельности" http://cbd.minjust.gov.kg/act/view/ru-ru/111609.

④ Постановление Правительства КР от 8 июня 2017 года № 348 " О передаче государственного предприятия " Витязь" в ведение Министерства культуры, информации и туризма Кыргызской Республики" http://cbd.minjust.gov.kg/act/view/ru-ru/100088.

⑤ Постановление Правительства КР от 23 июня 2017 года № 402 " Об утверждении Устава государственного предприятия " Иссык-Кульское пароходство" при Министерстве транспорта и дорог Кыргызской Республики" http://cbd.minjust.gov.kg/act/view/ru-ru/100110.

⑥ Постановление Правительства КР от 24 июля 2017 года № 450 " Об утверждении Устава государственного предприятия " Кыргызаэронавигация" при Министерстве транспорта и дорог Кыргызской Республики" http://cbd.minjust.gov.kg/act/view/ru-ru/100181.

过第152号法律《关于吉尔吉斯共和国保护企业家权利法律修订案》①,与保护商业活动法律相配套,通过法律修正,加强了对企业家权利的法律保护。

(二)民事法律基本制度的新动态

在民事法律基本制度方面,吉尔吉斯斯坦在2016~2017年度主要对其民事诉讼法典进行了修正。此外,2017年5月24日,吉尔吉斯共和国政府还通过第303号决议即《关于履行义务(根据合同)进行动产登记的设立费用》②,对履行义务条件下的动产登记制度及进行登记的费用问题作出了规定,使民事基本法律制度更加完善。

2017年1月25日,吉尔吉斯共和国通过了新的民事诉讼法典③(于2017年7月25日正式生效),对民事诉讼法律制度进行了系统、全面的修正。

(三)产业经济法律制度的新动态

在产业经济发展方面,吉尔吉斯斯坦在2016~2017年度主要对工业领域中危险工业设施登记和农业领域中的灌溉问题作出了相关规定,以保障工农业经济健康发展。

2017年6月8日,吉尔吉斯共和国政府通过第356号决议即《关于国家危险工业设施登记和记录条例的审核》④,对国家危险工业设施的登记制度作出了相关规定。2017年6月27日,吉尔吉斯共和国通过第109号法律即《关于吉尔吉斯共和国的巴特肯、贾拉拉巴德和奥什州的

① Закон КР от 28 июля 2017 года № 152 "О внесении изменения в Закон Кыргызской Республики "О защите прав предпринимателей" http://cbd.minjust.gov.kg/act/view/ru-ru/111659.

② Постановление Правительства КР от 24 мая 2017 года № 303 "Об установлении платы за регистрацию права требования по исполнению обязательств (по договору) в отношении движимого имущества" http://cbd.minjust.gov.kg/act/view/ru-ru/100001.

③ Кодекс КР от 25 января 2017 года № 13 "Административно-процессуальный кодекс Кыргызской Республики" http://cbd.minjust.gov.kg/act/view/ru-ru/111520.

④ Постановление Правительства КР от 8 июня 2017 года № 356 "Об утверждении Положения о регистрации объектов в государственном реестре опасных производственных объектов и ведении государственного реестра" http://cbd.minjust.gov.kg/act/view/ru-ru/100055.

若干居民点归为农村类别》[1],将部分地区的居民点通过法律明确为农村类别,这也表明该国城乡差距依然很大,城乡统筹、工农统筹发展尚有待进步。2017 年 7 月 21 日,吉尔吉斯共和国政府通过第 440 号决议《关于批准吉尔吉斯共和国 2017 ~ 2026 年灌溉国家方案》[2]。作为内陆干旱国家,吉尔吉斯斯坦通过出台国家层面的灌溉方案,充分显示了对农业发展的重视。

(四)竞争法律制度的新动态

竞争法律制度,主要是指反垄断、反不正当竞争、计量监督和广告等领域的法律制度。2016 ~ 2017 年度,吉尔吉斯斯坦对这些领域的法律制度进一步完善,有利于在经济领域形成公平、高效的竞争氛围,促进资源优化配置和市场经济的进一步发展。

2017 年 5 月 16 日,吉尔吉斯共和国政府通过第 289 号决议即《关于吉尔吉斯共和国政府 2012 年 6 月 11 日第 391 号决议即吉尔吉斯共和国强制分割的经济实体审批规定的增订案》[3],对《吉尔吉斯共和国强制分割的经济实体审批规定》进行了修正。2017 年 5 月 16 日,吉尔吉斯共和国政府通过第 286 号决议即《关于吉尔吉斯共和国政府 2012 年 5 月 31 日第 350 号决议即吉尔吉斯共和国国家计量监督程序条例的修订案》[4],对《吉尔吉斯共和国国家计量监督程序条例》进行了修正。2017 年 6 月 2 日,吉尔吉斯共和国国家反垄断局通过第 21 号命令即

---

① Закон КР от 27 июня 2017 года № 109 " Об отнесении некоторых населенных пунктов Баткенской, Джалал-Абадской и Ошской областей Кыргызской Республики к категории айыла(села)" http://cbd.minjust.gov.kg/act/view/ru-ru/111619.

② Постановление Правительства КР от 21 июля 2017 года № 440 " Об утверждении Государственной программы развития ирригации Кыргызской Республики на 2017 – 2026 годы" http://cbd.minjust.gov.kg/act/view/ru-ru/100162.

③ Постанвовление Правительства КР от 16 мая 2017 года № 289 " О внесении дополнения в постановление Правительства Кыргызской Республики " Об утверждении Правил о принудительном разделении(выделении) хозяйствующих субъектов" от 11 июня 2012 года № 391" http://cbd.minjust.gov.kg/act/view/ru-ru/99988.

④ Постановление Правительства КР от 16 мая 2017 года № 286 " О внесении изменений в постановление Правительства Кыргызской Республики " Об утверждении Положения о порядке проведения государственного метрологического надзора" от 31 мая 2012 года № 350" http://cbd.minjust.gov.kg/act/view/ru-ru/99999.

《关于设定最低管制价格货物清单的修订》[①],根据实际情况调整了最低管制价格货物清单。2017年7月15日,吉尔吉斯共和国通过第126号法律即《关于吉尔吉斯共和国自然垄断法律修订案》[②],对自然垄断行业相关法律制度进行了修正。2017年7月28日,吉尔吉斯共和国通过第153号法律即《关于吉尔吉斯共和国若干法律修订(吉尔吉斯共和国广告法、竞争法)》[③],对《吉尔吉斯共和国广告法》和《吉尔吉斯共和国竞争法》进行了修正。

(五)金融法律制度的新动态

在金融法律制度方面,吉尔吉斯斯坦在2016~2017年度出台了一系列的法律法规,同时担负金融监管职责的吉尔吉斯共和国国家银行也通过了一系列决议,对银行业、证券业和精算行业的法律规范作了进一步完善。

2016年2月24日,吉尔吉斯共和国国家银行董事会通过第10/8号决议即关于批准《关于吉尔吉斯共和国国家银行与付款系统运营商/支付组织之间争议的庭前调解条例》[④]的决议,针对国家银行与付款系统运营商和支付组织之间争议的庭前调解措施作出了相应规定。2016年12月16日,吉尔吉斯共和国通过第206号法律[⑤]和第

---

① 02. 06. 2017Приказ Государственного агентства антимонопольного регулирования при Правительстве Кыргызской Республики от 2 июня 2017 года №21 " О внесении изменений в Перечень товаров, для которых устанавливается минимальный уровень контрольных цен" бесплатный.

② Закон КР от 15 июля 2017 года № 126 " О внесении изменений в Закон Кыргызской Республики " О естественных монополиях в Кыргызской Республике" http://cbd. minjust. gov. kg/act/view/ru-ru/111633.

③ Закон КР от 28 июля 2017 года № 153 " О внесении изменений в некоторые законодательные акты Кыргызской Республики (в законы Кыргызской Республики " О рекламе", " О конкуренции") http://cbd. minjust. gov. kg/act/view/ru-ru/111660.

④ Постановление Правления Национального банка Кыргызской Республики от 24 февраля 2016 года №10/8 " Об утверждении Положения " О досудебном регулировании споров между Национальным банком Кыргызской Республики и операторами платежных систем/платежными организациями".

⑤ Закон КР от 16 декабря 2016 года № 206 " О Национальном банке Кыргызской Республики, банках и банковской деятельности" http://cbd. minjust. gov. kg/act/view/ru-ru/111486.

207 号法律[①],对银行业法律制度进行了全面、系统的完善。2016 年 12 月 16 日、2017 年 4 月 12 日,吉尔吉斯共和国国家银行董事会通过第 15/5 号决议即《关于吉尔吉斯共和国国家银行若干规范性法律文件修订案》[②],对国家银行若干规范性法律文件进行了修正。2017 年 4 月 26 日,吉尔吉斯共和国国家银行董事会通过第 17/8 号决议即《关于吉尔吉斯共和国国家银行董事会 2007 年 12 月 21 日第 55/3 号决议即批准国家商业银行和金融机构现金服务细则修订案》[③],明确了国家商业银行和金融机构现金服务方面的一些具体规定。2017 年 5 月 17 日,吉尔吉斯共和国国家银行董事会通过第 19/13 号决议即《关于审批吉尔吉斯共和国国家银行与商业银行、进行银行类业务的组织、其创立者(参加者)、法人、个人产生争议的庭前调解条例》[④],针对国家银行与商业银行、进行银行类业务的组织、其创立者(参加者)、法人、个人产生争议的庭前调解措施作出了相应规定。2017 年 5 月 17 日,吉尔吉斯共和国国家银行董事会通过第 19/12 号决议即《关于吉尔吉斯共和国商业银行公司管理条例的审批》[⑤],明确了商业银行公司管理的若干法律措施。2017 年 6 月 1 日,吉尔吉斯共和国政府通过第 321 号决议即《关于吉尔

---

① Закон КР от 16 декабря 2016 года № 207 " О введении в действие Закона Кыргызской Республики " О Национальном банке Кыргызской Республики, банках и банковской деятельности" http://cbd. minjust. gov. kg/act/view/ru-ru/111487.

② Закон Кыргызской Республики от 16 декабря 2016 года №207 " О введении в действие Закона Кыргызской Республики " О Национальном банке Кыргызской Республики, банках и банковской деятельности".

③ Постановление Правления Национального банка Кыргызской Республики от 26 апреля 2017 года №17/8 " О внесении изменений в постановление Правления Национального банка Кыргызской Республики " Об утверждении инструкции " О кассовом обслуживании в Национальном банке коммерческих банков и финансово-кредитных учреждений" от 21 декабря 2007 года №55/3".

④ Постановление Правления Национального банка Кыргызской Республики от 17 мая 2017 года №19/13 " Об утверждении Положения " О досудебном регулировании споров между Национальным банком Кыргызской Республики и коммерческими банками, организациями, осуществляющими отдельные виды банковских операций, и их учредителями(участниками), юридическими и физическими лицами"。

⑤ 17. 05. 2017Постановление Правления Национального банка Кыргызской Республики от 17 мая 2017 года №19/12 " Об утверждении Положения " О корпоративном управлении в коммерческих банках Кыргызской Республики".

吉斯共和国精算师活动问题》[①],对精算行业和精算师活动作出了规定。2017 年 5 月 29 日,吉尔吉斯共和国国家银行董事会通过第 20/2 号决议即《关于吉尔吉斯共和国国家银行贴现率》[②],调整了国家银行贴现率。2017 年 5 月 31 日,吉尔吉斯共和国政府通过第 21/17 号决议即《关于确定商业银行贷款期限》[③],对商业银行贷款期限这一问题作出了具体规定。

(六)税法法律制度的新动态

2016～2017 年度,吉尔吉斯斯坦税收法律法规变动比较多,变动的频率也比较高,主要是对税率和征收范围的调整,同时也涉及税收管理程序的变更,具体情况如下:

2016 年 4 月 11 日,吉尔吉斯共和国政府通过第 206 号决议即《关于执行吉尔吉斯共和国税法第 189 条和第 253 条规定的措施》[④]的法令(以 2017 年 6 月 8 日为准);2017 年 5 月 4 日,吉尔吉斯共和国政府通过第 249 号决议即《关于对吉尔吉斯共和国政府 2011 年 4 月 7 日第 144 号决议即关于批准税收管理条例和程序的修订和增订》[⑤],对税收管理条例和程序进行了修正;2017 年 5 月 24 日,吉尔吉斯共和国通过第 87 号法律即《关于吉尔吉斯共和国税法修订案》[⑥],对《吉尔吉斯共和国税法》进行了修正;2017 年 6 月 8 日,吉尔吉斯共和国政府通过第

① Постановление Правительства Кыргызской Республики от 1 июня 2017 года №321 " О вопросах деятельности актуариев в Кыргызской Республике".

② Постановление Правления Национального банка Кыргызской Республики от 29 мая 2017 года №20/2 " О размере учетной ставки Национального банка Кыргызской Республики".

③ Постановление Правления Национального банка Кыргызской Республики от 31 мая 2017 года №21/17 " Об определении сроков, предоставляемых кредитов коммерческим банкам".

④ ПОстановление Правительства КР от 11 апреля 2016 года № 206 " О мерах по реализации требований статей 189 и 253 Налогового кодекса Кыргызской Республики" http://cbd. minjust. gov. kg/act/view/ru-ru/98439.

⑤ Постановление Правительства КР от 4 мая 2017 года № 249 " О внесении изменений и дополнения в постановление Правительства Кыргызской Республики " Об утверждении положений и Порядка по администрированию налогов" от 7 апреля 2011 года № 144" http://cbd. minjust. gov. kg/act/view/ru-ru/99967.

⑥ Закон КР от 24 мая 2017 года № 87 " О внесении изменения в Налоговый кодекс Кыргызской Республики" http://cbd. minjust. gov. kg/act/view/ru-ru/111595.

349 号决议即《关于吉尔吉斯共和国政府 2016 年 4 月 11 日第 206 号决议修订和增订即关于执行吉尔吉斯共和国税法第 189 条和第 253 条要求的措施的增订和修订》[①];2017 年 6 月 29 日,吉尔吉斯共和国通过第 112 号法律即《关于吉尔吉斯共和国国家社会保险费税率的修正案》[②],对国家社会保险费税率进行了调整;2017 年 6 月 29 日,吉尔吉斯共和国通过第 113 号法律即《关于吉尔吉斯共和国若干法律修正案(吉尔吉斯共和国行政责任法、吉尔吉斯共和国税法)》[③],对《吉尔吉斯共和国税法》进行了修正;2017 年 6 月 29 日,吉尔吉斯共和国通过第 114 号法律即《关于吉尔吉斯共和国税法修订案》[④],对《吉尔吉斯共和国税法》进行了修正;2017 年 7 月 12 日,吉尔吉斯共和国通过第 123 号法律即《关于吉尔吉斯共和国税法修订案》[⑤],对《吉尔吉斯共和国税法》进行了修正;2017 年 7 月 15 日,吉尔吉斯共和国通过第 125 号法律即《关于吉尔吉斯共和国若干法律修订案(吉尔吉斯共和国外交使节法、关于国家社会保险费税率法)》[⑥],对国家社会保险费税率进行了调整。

(七)财政法律制度的新动态

在财政法律制度方面,吉尔吉斯斯坦在 2016 ~2017 年度出台了

---

① Постановление Правительства КР от 8 июня 2017 года № 349 " О внесении изменений и дополнения в постановление Правительства Кыргызской Республики " О мерах по реализации требований статей 189 и 253 Налогового кодекса Кыргызской Республики" от 11 апреля 2016 года № 206" http://cbd. minjust. gov. kg/act/view/ru-ru/100047.

② Закон КР от 29 июня 2017 года № 112 " О внесении изменений в Закон Кыргызской Республики " О тарифах страховых взносов по государственному социальному страхованию" http://cbd. minjust. gov. kg/act/view/ru-ru/111613.

③ Закон КР от 29 июня 2017 года № 113 " О внесении изменений в некоторые законодательные акты Кыргызской Республики (в Кодекс Кыргызской Республики об административной ответственности, Налоговый кодекс Кыргызской Республики)" http://cbd. minjust. gov. kg/act/view/ru-ru/111614.

④ Закон КР от 29 июня 2017 года № 114 " О внесении изменений в Налоговый кодекс Кыргызской Республики" http:/cbd. minjust. gov. kg/act/view/ru-ru/111621.

⑤ Закон КР от 12 июля 2017 года № 123 " О внесении изменений в Налоговый кодекс Кыргызской Республики" http://cbd. minjust. gov. kg/act/view/ru-ru/111630.

⑥ Закон КР от 15 июля 2017 года № 125 " О внесении изменений в некоторые законодательные акты Кыргызской Республики (в законы Кыргызской Республики " О дипломатической службе Кыргызской Республики"," О тарифах страховых взносов по государственному социальному страхованию") http://cbd. minjust. gov. kg/act/view/ru-ru/111632.

一系列的法律法规,重点加强了财政预算、政府采购、招投标和会计法律制度的完善,有利于进一步预防和打击腐败,提高社会的廉洁程度。

2017 年 3 月 24 日,吉尔吉斯共和国政府通过第 175 号决议即《关于批准在吉尔吉斯共和国建设小水电站权利的招标条例》[①](于 2017 年 6 月 14 日正式生效),对小水电站的招标规范作出了规定;2017 年 4 月 28 日,吉尔吉斯共和国通过第 70 号法律即《关于国家社会采购法》[②],对国家社会采购的各项具体规范作出了规定;2017 年 5 月 30 日,吉尔吉斯共和国通过第 93 号法律即《关于吉尔吉斯共和国国家采购法的修订》[③],对《吉尔吉斯共和国国家采购法》进行了修正;2017 年 6 月 14 日,吉尔吉斯共和国政府通过第 377 号决议,标志着《关于批准在吉尔吉斯共和国建设小水电站权利的招标条例》的正式生效;2017 年 6 月 17 日,吉尔吉斯共和国通过第 106 号法律即《关于吉尔吉斯共和国预算法典修订案》[④],对《吉尔吉斯共和国预算法典》进行了修正;2017 年 6 月19 日,吉尔吉斯共和国政府通过第 387 号决议即《关于抵押债券存放会计准则和抵押债券登记手续》[⑤],对抵押债券的登记手续和存放会计准则作出了规定,有利于完善会计法律制度。

(八)其他经济法律制度的新动态

其他经济法律制度,主要是指知识产权、企业、破产、能源和博彩等方面的法律制度,2016 ~ 2017 年度,吉尔吉斯斯坦在这些领域也出台了一系列的法律法规。

---

① Постановление Правительства КР от 24 марта 2017 года № 175 "Об утверждении Положения о тендере на право строительства малых гидроэлектростанций в Кыргызской Республике" http://cbd.minjust.gov.kg/act/view/ru-ru/99852.

② Закон КР от 28 апреля 2017 года № 70 "О государственном социальном заказе" http://cbd.minjust.gov.kg/act/view/ru-ru/111577.

③ Закон КР от 30 мая 2017 года № 93 "О внесении изменения в Закон Кыргызской Республики "О государственных закупках" http://cbd.minjust.gov.kg/act/view/ru-ru/111603.

④ Закон КР от 17 июня 2017 года № 106 "О внесении изменений в Бюджетный кодекс Кыргызской Республики" http://cbd.minjust.gov.kg/act/view/ru-ru/111617.

⑤ Постановление Правительства КР от 19 июня 2017 года № 387 "О Правилах депозитарного учета ипотечных закладных и порядке регистрации ипотечных закладных" http://cbd.minjust.gov.kg/act/view/ru-ru/100074.

2017年7月6日,吉尔吉斯共和国政府发布第424号法令即《关于批准吉尔吉斯共和国2017~2021年知识产权发展国家计划》①,对2017~2021年度吉尔吉斯斯坦知识产权发展作出了五年规划,有利于加强对知识产权的保护;2017年5月10日,吉尔吉斯共和国通过第78号法律即《关于彩票》②与第79号法律即《关于有关监管彩票活动的若干法律文件修订案》③,以国家法律的形式,对彩票事业作出了规制,充分显示了该国对博彩行业规范化的重视,值得借鉴;2017年5月12日,吉尔吉斯共和国通过第80号法律即《关于吉尔吉斯共和国破产法的修订案》④,对《吉尔吉斯共和国破产法》进行了修正,以更好地完善破产法律制度;2017年5月24日,吉尔吉斯共和国国家燃料与能源综合管理局发布第1号命令即《关于批准确定单位技术接入电网的费用金额程序》⑤;2017年7月28日,吉尔吉斯共和国通过第154号法律即《关于吉尔吉斯共和国股份公司法修订》⑥,对《吉尔吉斯共和国股份公司法》进行了修正,以更好地完善企业法律制度;2017年7月31日,吉尔吉斯共和国政府通过第454号决议即《关于吉尔吉斯共和国工业、能源和土

---

① Постановление Правительства КР от 6 июля 2017 года № 424 "Об утверждении Государственной программы развития интеллектуальной собственности в Кыргызской Республике на 2017 - 2021 годы" http://cbd.minjust.gov.kg/act/view/ru-ru/100171.

② Закон КР от 10 мая 2017 года № 78 "О лотереях" http://cbd.minjust.gov.kg/act/view/ru-ru/111586.

③ Закон КР от 10 мая 2017 года № 79 "О внесении изменений в некоторые законодательные акты в сфере регулирования лотерейной деятельности" http://cbd.minjust.gov.kg/act/view/ru-ru/111587.

④ Закон КР от 12 мая 2017 года № 80 "О внесении изменений в Закон Кыргызской Республики "О банкротстве(несостоятельности)" http://cbd.minjust.gov.kg/act/view/ru-ru/111588.

⑤ Приказ Государственного агенства по регулированию топливно-энергетического комплекса при Правительстве КР от 24 мая 2017 года № 1 "Об утверждении Порядка определения размера платы за технологическое присоединение объектов к сетям электроснабжающих организаций" http://cbd.minjust.gov.kg/act/view/ru-ru/200135.

⑥ Закон КР от 28 июля 2017 года № 154 "О внесении изменений в Закон Кыргызской Республики "Об акционерных обществах" http://cbd.minjust.gov.kg/act/view/ru-ru/111661.

地使用权委员会特别规则条例的修订》①,明确了吉尔吉斯共和国工业、能源和土地使用权委员会的机构设置和行为规范,有利于保障工业、能源和土地使用事业的规范化。

值得注意的是,在能源法领域,针对中国(主要是新疆地区)与吉尔吉斯斯坦的能源合作的法律应对措施,理论界已经进行了探讨,两国间的实务合作也初见端倪。近年来,吉尔吉斯斯坦水利事业收入增长率均高于同年其国内生产总值的增长幅度,②这说明其水利事业发展还有相当的空间,也有利于我国新疆地区的跨境水资源合作。因此中吉能源合作的法律应对问题值得进一步关注。

吉尔吉斯斯坦经济建设法治化覆盖面广,推进力度比较大。一方面,其确立国有经济私有化发展方向,调整和完善相应的法律,构筑基本制度条件和机会;另一方面,吉尔吉斯斯坦对产业经济制度、金融制度、竞争制度、财税制度等开展全面系统的调整,将"安全""反腐败"等目标追求融入到经济制度建设中。

四、社会发展法治化

社会发展法治化,主要是指科技、教育、文化、卫生、体育等公益事业法治化以及社会保障法治化和环境保护法治化。2016~2017年度,吉尔吉斯斯坦进一步完善其科技、教育、文化、卫生、体育、社会保障和环境保护法律制度,推进社会发展法治化。

(一)科技法律制度的新动态

在科学技术发展方面,吉尔吉斯斯坦在2016~2017年度出台了一系列的法律法规,加强了包含国家基本科技政策、国家科学机构设置、矿产勘探领域、矿产研究领域、水文气象活动领域在内的科技法律制度的完善。

2017年1月30日,吉尔吉斯共和国通过第16号法律即《关于吉尔

---

① Постановление Правительства КР от 31 июля 2017 года № 454 " О внесении изменений в постановление Правительства Кыргызской Республики " Об утверждении Положения о специальном счете Государственного комитета промышленности, энергетики и недропользования Кыргызской Республики" от 29 января 2016 года № 40" http://cbd.minjust.gov.kg/act/view/ru-ru/100178.

② 参见马天等:《中(新疆)吉间水电能源合作的必要性及法律应对》,载《华北电力大学学报》(社会科学版)2017年第2期。

吉斯共和国水文气象活动的吉尔吉斯共和国法律的修订》①,对水文气象活动的有关法律规定进行了修正;2017 年 2 月 27 日,吉尔吉斯共和国政府通过第 123 号决议即《关于加强吉尔吉斯共和国在矿产勘探领域潜力的措施》②,出台了一系列规定以提高该国在矿产勘探领域的潜力;2017 年 4 月 20 日,吉尔吉斯共和国议会通过第 1514 – VI 号决议即《关于加强吉尔吉斯共和国在矿产研究领域潜力的措施》③,出台了一系列规定以提高该国在矿产研究领域的潜力;2017 年 6 月 16 日,吉尔吉斯共和国通过第 103 号法律即《关于科学和国家基本科技政策》④,对国家的基本科技政策作出了规定,同时也是对科学技术发展法律制度的基础的夯实,是该国科学技术法治化的重大进展;2017 年 6 月 28 日,吉尔吉斯共和国通过第 110 号法律即《关于吉尔吉斯共和国国家科学院修正案》⑤,对吉尔吉斯共和国国家科学院的机构设置和行为规范的相关规定进行了修正;2017 年 8 月 14 日,吉尔吉斯共和国政府通过第 478 号决议即《关于建立吉尔吉斯共和国国家拨款的气候中心》⑥,对吉尔吉斯共和国气候中心的机构设置、财政拨款、行为规范等问题作出了相关规定。

(二)文化、教育、体育法律制度的新动态

在文化、教育、体育发展方面,吉尔吉斯斯坦在 2016 ~ 2017 年度出

---

① Закон КР от 30 января 2017 года № 16 " О внесении изменений в Закон Кыргызской Республики " О гидрометеорологической деятельности в Кыргызской Республике" http://cbd. minjust. gov. kg/act/view/ru-ru/111523.

② Постановление Правительства Кыргызской Республики от 27 февраля 2017 года №123 " О мерах по усилению потенциала Кыргызской Республики в сфере изучения полезных ископаемых".

③ Постановление Жогорку Кенеша КР от 20 апреля 2017 года № 1514 – VI " О мерах по усилению потенциала Кыргызской Республики в сфере изучения полезных ископаемых" http://cbd. minjust. gov. kg/act/view/ru-ru/78042.

④ Закон КР от 16 июня 2017 года № 103 " О науке и об основах государственной научно-технической политики" http://cbd. minjust. gov. kg/act/view/ru-ru/111606.

⑤ Закон КР от 28 июня 2017 года № 110 " О внесении изменений в Закон Кыргызской Республики " О Национальной академии наук Кыргызской Республики" http://cbd. minjust. gov. kg/act/view/ru-ru/111620.

⑥ Постановление Правительства КР от 14 августа 2017 года № 478 " Об учреждении Центра по климатическому финансированию Кыргызской Республики" http://cbd. minjust. gov. kg/act/view/ru-ru/100200.

台了一系列的法律法规,加强了青年事业、体育事业、教育认证事业、图书馆事业、文化保护事业等领域在内的文化、教育、体育法律制度的完善。

2017 年 5 月 15 日,吉尔吉斯共和国政府通过第 281 号决议即《关于吉尔吉斯共和国从事青年、体育文化及体育工作的国家机构与地方行政机关的互动(合作)》①,对国家机构和地方行政机关协作促进青年、体育、文化事业发展作出了规定;2017 年 5 月 23 日,吉尔吉斯共和国通过第 84 号法律即《关于吉尔吉斯共和国若干法律文件修订案(关于吉尔吉斯共和国教育的法案,许可证和许可证制度的法案)》②,对基本教育制度进行了修正;2017 年 5 月 25 日,吉尔吉斯共和国通过第 90 号法律即《关于吉尔吉斯共和国图书馆法的修订》③,对吉尔吉斯共和国图书馆的机构设置、财政拨款、服务规范的相关规定进行了修正;2017 年 6 月 16 日,吉尔吉斯共和国政府通过第 381 号决议即《关于关于批准实施基础和普通中等教育计划的教育组织认证程序和实施基本和普通中等教育计划机构的最低要求》④,对基础教育和普通中等教育的认证机构和认证程序作出了规定;2017 年 6 月 23 日,吉尔吉斯共和国政府通过第 405 号决议即《关于批准以卡利・摩尔多瓦萨诺夫命名

---

① Постановление Правительства КР от 15 мая 2017 года № 281 "О взаимодействии Государственного агентства по делам молодежи, физической культуры и спорта при Правительстве Кыргызской Республики с местными государственными администрациями" http://cbd.minjust.gov.kg/act/view/ru-ru/99980.

② Закон КР от 23 мая 2017 года № 84 "О внесении изменений в некоторые законодательные акты Кыргызской Республики (в законы Кыргызской Республики "Об образовании", "О лицензионно-разрешительной системе в Кыргызской Республике") http://cbd.minjust.gov.kg/act/view/ru-ru/111592.

③ Закон КР от 25 мая 2017 года № 90 "О внесении изменений в Закон Кыргызской Республики "О библиотечном деле" http://cbd.minjust.gov.kg/act/view/ru-ru/111598.

④ Постановление Правительства КР от 16 июня 2017 года № 381 "Об утверждении Порядка аккредитации образовательных организаций, реализующих программы основного и/или среднего общего образования, и Минимальных требований, предъявляемых к аккредитуемым образовательным организациям, реализующим программы основного и/или среднего общего образования" http://cbd.minjust.gov.kg/act/view/ru-ru/100083.

吉尔吉斯国家音乐学院规章》[1],对于吉尔吉斯国家音乐学院的命名规范作出了规定;2017 年 7 月 13 日,吉尔吉斯共和国政府通过第 431 号决议即《关于名为库尔曼姜·达特卡的游牧文明中心》[2],将“库尔曼姜·达特卡”确定为游牧文明中心。吉尔吉斯斯坦是一个山地国家,传统的游牧文明对于该国的历史、文化、传统均有深刻的影响,将“库尔曼姜·达特卡”确定为游牧文明中心,有利于该国的传统文化保护,增强民族文化觉醒和文化自信。

(三)卫生法律制度的新动态

在医药卫生和健康事业方面,吉尔吉斯斯坦在 2016 ~ 2017 年度出台了一系列的法律法规,加强了包含卫生改革、艾滋病防治、传染病防治、军队医疗等领域在内的卫生法律制度的完善,突出的是第 74 号法律即《关于对吉尔吉斯共和国的艾滋病毒/艾滋病法的修订》。

2017 年 5 月 4 日,吉尔吉斯共和国第 74 号法律即《关于对吉尔吉斯共和国的艾滋病毒/艾滋病法的修订》[3],对艾滋病防治工作、艾滋病人和艾滋病病毒携带者的保护等有关法律规定进行了修正:(1)确认 2005 年的有关艾滋病防治的报告失效;(2)将立法目的修改为“预防艾滋病在吉尔吉斯共和国的领土上的蔓延,完善人的权利保障系统,减少艾滋病患者和艾滋病病毒携带者,保护吉尔吉斯共和国公民的安全”;(3)将该法律中的“国家授权的卫生机关”改为“吉尔吉斯共和国政府”,提高了对艾滋病防治的重视程度;(4)本修订法案自正式发布十日起生效。

其他卫生法律制度的变化情况包括:2017 年 4 月 11 日,吉尔吉斯共和国卫生部第 302 号命令即《关于审批在吉尔吉斯共和国进行药物

---

① Постановление Правительства КР от 23 июня 2017 года № 405 " Об утверждении Устава Кыргызской национальной консерватории имени Калыя Молдобасанова" http://cbd.minjust.gov.kg/act/view/ru-ru/100113.

② Постановление Правительства КР от 13 июля 2017 года № 431 " О Центре кочевой цивилизации имени Курманжан Датка" http://cbd.minjust.gov.kg/act/view/ru-ru/100140.

③ Закон КР от 4 мая 2017 года № 74 " О внесении изменений в Закон Кыргызской Республики " О ВИЧ/СПИДе в Кыргызской Республике" http://cbd.minjust.gov.kg/act/view/ru-ru/111581.

临床试验的卫生组织资格的条例》[1],对进行药物临床试验的卫生组织的审批权限、从业资格作出了规定;2017年5月11日,吉尔吉斯共和国政府第267号决议即《关于对吉尔吉斯共和国政府2012年5月24日第309号决议即吉尔吉斯共和国2012~2016年“健康”国家卫生改革方案的修订案》[2],对此前通过的《吉尔吉斯共和国2012~2016年“健康”国家卫生改革方案》的部分规定进行了修正;2017年6月28日,吉尔吉斯共和国第111号决议即《关于吉尔吉斯共和国若干法律修订案(吉尔吉斯共和国公民吸烟有害健康保护法)》[3];对公共场所和特殊人群禁烟、烟草相关产业等方面的问题作出了规定;2017年7月5日,吉尔吉斯共和国第119号法律即《关于吉尔吉斯共和国感染性疾病的免疫预防法修订》[4];对传染病防治(免疫预防)工作的相关法律规定作出了修正;2017年7月26日,吉尔吉斯共和国国防委员会下达第2号命令即《吉尔吉斯共和国武装部队医疗条例》[5],对吉尔吉斯共和国武装部队医疗保障事业和广大官兵的卫生权益保障作出了规定。

(四)社会保障法律制度的新动态

吉尔吉斯斯坦是中亚人口最少的国家,根据普查数据,截至2009年,拥有人口527万。以该国最高贫困率(62.9%)计算,曾有约331万

---

① Приказ Министерства здравоохранения Кыргызской Республики от 11 апреля 2017 года №302 "Об утверждении Положения об аккредитации организаций здравоохранения, проводящих клинические исследования лекарственных средств в Кыргызской Республике".

② Постановление Правительства КР 11 мая 2017 года № 267 "О внесении изменений и дополнений в постановление Правительства Кыргызской Республики от 24 мая 2012 года № 309 《О Национальной программе реформирования здравоохранения Кыргызской Республики "Ден соолук" на 2012 – 2016 годы》" http://cbd.minjust.gov.kg/act/view/ru-ru/100017.

③ Закон КР от 28 июня 2017 года № 111 "О внесении изменений в некоторые законодательные акты Кыргызской Республики (в Кодекс Кыргызской Республики об административной ответственности, Закон Кыргызской Республики "О защите здоровья граждан Кыргызской Республики от вредного воздействия табака") http://cbd.minjust.gov.kg/act/view/ru-ru/111615.

④ Закон КР от 5 июля 2017 года № 119 "О внесении изменений в Закон Кыргызской Республики "Об иммунопрофилактике инфекционных болезней" http://cbd.minjust.gov.kg/act/view/ru-ru/111626.

⑤ Приказ Государственного комитета по делам обороны КР от 26 июля 2017 года № 2" Об утверждении Положения о медицинском обеспечении в Вооруженных Силах Кыргызской Республики" http://cbd.minjust.gov.kg/act/view/ru-ru/200143.

人处于贫困状态;以最新贫困率(33%)计算,仍然有174万人处于贫困状态。[①] 由此可见,吉尔吉斯斯坦的社会保障压力颇大。

在社会保障方面,吉尔吉斯斯坦在2016~2017年度出台了一系列的法律法规,加强了社会保险制度、特殊人群权利保障制度等社会保障法律制度的完善。

2017年7月5日,吉尔吉斯共和国通过第118号法律即《关于吉尔吉斯共和国人口社会基本服务法修订》[②](原版本是2002年通过的),对人口社会基本服务的有关规定进行了修正:(1)增加"对向客户提供社会服务的社会服务机构的认可评价证明,由公认的评价组织依照程序,根据提供社会服务的结果,颁发相关的认证证书"的规定;(2)增加"为了保证提供社会服务质量的要求,在吉尔吉斯共和国法律规定的人口社会服务领域,应当由公认的评价组织依照程序认可的组织和社会服务机构来承担的规定";(3)增加了"由公认的评价组织依照程序认可的组织和社会服务机构可以使用公共预算之外的在自愿的基础上的其他资金资助";(4)本修订法案自正式发布十日起施行,同时规定吉尔吉斯共和国政府在本法生效之日起6个月内履行职责,以达到符合本法规定的目标。

2017年5月31日,吉尔吉斯共和国政府通过第320号决议即《关于吉尔吉斯共和国政府2014年7月8日第381号决议即关于在半永久组织和社会服务机构里包括儿童在内的残疾人提供社会服务的国家最低标准》[③],对国家向在半永久组织和社会服务机构里的残疾人(包括儿童在内)提供社会服务的最低标准作出了规定。

其他社会保障法律制度的变化情况包括:2017年5月4日,吉尔吉

---

① 吴宏伟:《中亚安全与稳定研究》,社会科学文献出版社2017年版,第124页。

② Закон КР от 5 июля 2017 года № 118 " О внесении изменений в Закон Кыргызской Республики " Об основах социального обслуживания населения в Кыргызской Республике" http://cbd.minjust.gov.kg/act/view/ru-ru/111625.

③ Постановление Правительства КР от 31 мая 2017 года № 320 " О внесении изменений в постановление Правительства Кыргызской Республики " Об утверждении государственных минимальных социальных стандартов социальных услуг, предоставляемых лицам с ограниченными возможностями здоровья, в том числе детям, в полустационарных организациях и учреждениях социального обслуживания" от 8 июля 2014 года № 381" http://cbd.minjust.gov.kg/act/view/ru-ru/100022.

斯共和国政府通过第251号决议即《关于对吉尔吉斯共和国政府2016年2月1日第43号决议即批准在吉尔吉斯共和国对人道主义援助接收和分配条例的增订和修订》[①],对人道主义援助接收和分配的有关规定进行了修正;2017年5月15日,吉尔吉斯共和国政府通过第272号决议即《关于吉尔吉斯共和国政府2014年11月24日第670号决议即吉尔吉斯共和国的养老保险制度发展理念的修订案》[②],对养老保险制度发展理念的有关规定进行了修正;2017年5月25日,吉尔吉斯共和国政府通过第305号决议即《关于吉尔吉斯共和国政府2013年5月22日第287号决议即关于吉尔吉斯共和国国家社会保险缴款计算和支付程序说明的修订和增订》,[③]对国家社会保险缴款计算和支付程序的有关规定进行了修正;2017年6月8日,吉尔吉斯共和国通过第100号法律即《关于残疾若干问题的修订案》[④],加大了对残疾人特殊权利的保障力度;2017年6月14日,吉尔吉斯共和国通过第101号法律即《关于吉尔吉斯共和国军人养老金修订案》[⑤],对军人养老金制度的有关规定进行了修正,加大了对军人(特别是非现役军人)权利的保护;2017年6月29日,吉尔吉斯共和国通过第112号法律即《关于吉尔吉斯共和

---

① Постановление Правительства КР от 4 мая 2017 года № 251 " О внесении изменения и дополнений в постановление Правительства Кыргызской Республики " Об утверждении Положения о порядке приема и распределения гуманитарной помощи в Кыргызской Республике" от 1 февраля 2016 года № 43" http://cbd.minjust.gov.kg/act/view/ru-ru/99977.

② Постановление Правительства КР от 15 мая 2017 года № 272 " О внесении изменений в постановление Правительства Кыргызской Республики " Об утверждении Концепции развития системы пенсионного обеспечения Кыргызской Республики" от 24 ноября 2014 года № 670" http://cbd.minjust.gov.kg/act/view/ru-ru/99982.

③ Постановление Правительства КР от 25 мая 2017 года № 305 " О внесении изменений и дополнений в постановление Правительства Кыргызской Республики " Об утверждении Инструкции о порядке начисления и уплаты страховых взносов по государственному социальному страхованию" от 22 мая 2013 года № 278" http://cbd.minjust.gov.kg/act/view/ru-ru/98816.

④ Закон КР от 8 июня 2017 года № 100 " О внесении изменений в некоторые законодательные акты по вопросам инвалидности" http://cbd.minjust.gov.kg/act/view/ru-ru/111599.

⑤ Закон КР от 14 июня 2017 года № 101 " О внесении изменений в Закон Кыргызской Республики " О пенсионном обеспечении военнослужащих" http://cbd.minjust.gov.kg/act/view/ru-ru/111612.

国国家社会保险费税率的修正案》[1],对国家社会保险费的税率进行了调整;2017年7月24日,吉尔吉斯共和国政府通过第449号决议《批准儿童事务委员会规范条例》[2],对吉尔吉斯共和国儿童事务委员会的机构设置和行为规范作出了规定;2017年7月28日,吉尔吉斯共和国通过第160号法律[3],对强制性国家社会保险的公民个人登记制度和内部移民(迁徙)问题的有关法律规定进行了修正。

(五)环境保护法律制度的新动态

在环境保护与生态安全方面,吉尔吉斯斯坦2016~2017年度出台了一系列的法律法规。

2017年6月16日,吉尔吉斯共和国政府通过第380号决议即《关于吉尔吉斯共和国政府2015年4月7日第201号决议修订案即国家自然公园、国家自然保护区、林业和狩猎单位人员工资修订案》[4],对于国家自然公园、国家自然保护区、林业和狩猎单位人员的工资福利进行了调整,以便这些从事相关工作的人员更好地投入生态环境保护工作。2017年6月17日,吉尔吉斯共和国通过第108号法律即《关于吉尔吉斯共和国"伊塞克湖"生态经济体系可持续发展》[5],为伊塞克湖地区构建生态经济体系、加快可持续发展提供了法律依据。

---

① Закон КР от 29 июня 2017 года № 112 "О внесении изменений в Закон Кыргызской Республики "О тарифах страховых взносов по государственному социальному страхованию" http://cbd.minjust.gov.kg/act/view/ru-ru/111613.

② Постановление Правительства КР от 24 июля 2017 года № 449 "Об утверждении Типового положения о Комиссии по делам детей" http://cbd.minjust.gov.kg/act/view/ru-ru/100174.

③ Закон КР от 28 июля 2017 года № 160 "О внесении изменений в некоторые законодательные акты Кыргызской Республики [в законы Кыргызской Республики "О персонифицированном (индивидуальном) учете граждан Кыргызской Республики для целей обязательного государственного социального страхования", "О внутренней миграции"] http://cbd.minjust.gov.kg/act/view/ru-ru/111667.

④ Постановление Правительства КР от 16 июня 2017 года № 380 "О внесении изменения в постановление Правительства Кыргызской Республики "Об условиях оплаты труда работников лесного и охотничьего хозяйств, государственных природных заповедников и государственных природных парков" от 7 апреля 2015 года № 201" http://cbd.minjust.gov.kg/act/view/ru-ru/100092.

⑤ Закон КР от 17 июня 2017 года № 108 "О внесении изменений в Закон Кыргызской Республики "Об устойчивом развитии эколого-экономической системы "Иссык-Куль" http://cbd.minjust.gov.kg/act/view/ru-ru/111618.

2017年6月19日,吉尔吉斯共和国政府通过第383号决议即《关于吉尔吉斯共和国政府2015年3月23日第143号决议修订和增订即吉尔吉斯共和国境内狩猎规定的修正增订案》①,对此前出台的《吉尔吉斯共和国境内狩猎规定》进行了修正,以促进狩猎活动有序、规范、可持续进行;2017年7月25日,吉尔吉斯共和国通过第140号法律②,对于核桃和杜松子等高价值珍稀树木的采伐、运输、销售、使用和出口作出了禁止性规定,以保护这些珍稀树木。

吉尔吉斯斯坦在社会发展方面,坚持法治化道路,通过相关法律、规则、制度的确立、调整,实现科技、教育、文化、卫生、体育等公益事业法治化以及社会保障法治化和环境保护法治化。

五、国际合作法治化

根据2016年的数据,吉尔吉斯斯坦拥有人口605.9万,GDP 60.3亿美元,进口额39.2亿美元,出口额15.4亿美元,进出口总额54.6亿美元。③ 吉尔吉斯斯坦是上海合作组织成员国,也是欧亚经济联盟的成员国。吉尔吉斯斯坦在国际组织框架下,广泛参与国际合作。

吉尔吉斯斯坦国际合作法治化,主要体现在两个方面:一方面是上述提到的"国际合作促进吉尔吉斯斯坦向法治化国家转变",就如吉尔吉斯斯坦最高法院代表团访问中国最高人民法院;④而另一方面是吉尔吉斯斯坦出台一系列的法律法规,促进国际合作法律制度和对外贸易法律制度的完善。

---

① Постановление Правительства КР от 19 июня 2017 года № 383 " О внесении изменений и дополнений в постановление Правительства Кыргызской Республики " Об утверждении Правил охоты на территории Кыргызской Республики" от 23 марта 2015 года № 143" http://cbd.minjust.gov.kg/act/view/ru-ru/100097.

② Закон КР от 25 июля 2017 года № 140 " О внесении изменений в Закон Кыргызской Республики " О запрещении рубки, транспортировки, приобретения и сбыта, заготовки и использования, экспорта особо ценных (ореховых и арчовых) древесных пород в Кыргызской Республике" http://cbd.minjust.gov.kg/act/view/ru-ru/111647.

③ 参见"一带一路"贸易合作大数据报告:《2016年"一带一路"沿线国人口、GDP、贸易情况》,载《中国投资》2017年第9期。

④ 参见《刘贵祥会见摩尔多瓦和吉尔吉斯斯坦最高法院代表团》,载《人民法院报》2017年9月27日,第6版。

(一)国际合作法律制度的新动态

2016~2017 年度,吉尔吉斯斯坦从国际援助、外交等多方面出发,加强了国际合作法律制度的完善。

2017 年 6 月 17 日,吉尔吉斯共和国通过第 104 号法律即《国际紧急救济》,[①]对国际紧急救济相关法律问题作出了规定;2017 年 6 月 19 日,吉尔吉斯共和国政府通过第 389 号决议即《关于批准吉尔吉斯共和国吸引和使用国际资助和技术援助程序条例》,[②]对吉尔吉斯斯坦吸引和使用国际资助和技术援助的程序作出了规定,有利于更加有效、有序地利用国际援助发展国民经济;2017 年 7 月 15 日,吉尔吉斯共和国通过第 125 号法律即《关于吉尔吉斯共和国若干法律修订案(吉尔吉斯共和国外交使节法)》;[③]2017 年 8 月 15 日,吉尔吉斯共和国政府根据《维也纳领事关系公约》和《吉尔吉斯共和国宪法》第 10 条、第 17 条的规定,通过第 483 号决议即《关于吉尔吉斯共和国境内外国名誉领事及其领导领事馆活动程序的条例》,[④]从"名誉领事"制度等方面,对外交使节和领事活动的有关法律规定进行了修正,完善了外交法律制度。

(二)对外贸易法律制度的新动态

吉尔吉斯斯坦 2016~2017 年政治上相对稳定,这一年也是其经济上克服危机和扭转颓势的一年。在这一年中,中国与吉尔吉斯斯坦政府及其职能部门共同努力,扭转了 2015 年双边贸易额同比下降

---

① Закон КР от 17 июня 2017 года № 104 "О международной чрезвычайной помощи" http://cbd. minjust. gov. kg/act/view/ru-ru/111607.

② Постанвление Правительства КР от 19 июня 2017 года № 389 "Об утверждении Положения о порядке привлечения и использования международной грантовой и технической помощи в Кыргызской Республике" http://cbd. minjust. gov. kg/act/view/ru-ru/100099.

③ Закон КР от 15 июля 2017 года № 125 "О внесении изменений в некоторые законодательные акты Кыргызской Республики (в законы Кыргызской Республики "О дипломатической службе Кыргызской Республики", "О тарифах страховых взносов по государственному социальному страхованию") http://cbd. minjust. gov. kg/act/view/ru-ru/111632.

④ Постановление Правительства КР от 15 августа 2017 года № 483 "Об утверждении Положения о порядке деятельности почетных консульских должностных лиц иностранных государств в Кыргызской Республике и консульских учреждений, возглавляемых такими должностными лицами" http://cbd. minjust. gov. kg/act/view/ru-ru/100210.

13.7%的趋势,2016年1～10月中吉贸易额增长50%,达到12.89亿美元。中吉贸易额占到了吉对外贸易总额的29.3%,自华进口占吉进口总额的39.2%,中国已是吉尔吉斯斯坦第一大贸易伙伴和第一大进口来源国。同时,中方贷款在吉外债中所占的比例不断上升,到2016年11月底已近40%,中国的经济合作与支持给社会稳定与发展能力相对脆弱的吉尔吉斯斯坦带来了重要的正能量。[①] 当前,中国与吉尔吉斯斯坦等中亚国家在经济领域中的合作还存在一些问题。仍然掣肘中国与中亚国家经济合作的首先还是交通运输等基础设施陈旧落后等问题,尤其是各主要海关过货能力已远远与快速发展的经贸合作水平不符;其次是相关的外贸法律制度、海关法律制度以及金融经济法律制度等保障尚须提速跟进,为快速发展的经济合作提供支持;最后是多数中亚国家贸易手续仍然过于烦琐,导致贸易周期过长。鉴于此,吉尔吉斯斯坦从自身实际情况出发,对以欧亚经济联盟成员国贸易框架为代表的对外贸易法律制度进行完善,以保障国际合作不断推进。

2016～2017年度,吉尔吉斯斯坦从进出口贸易、海关监管、自贸区建设等多方面出发,加强了对外贸易法律制度的完善。

1.2016年10月3日,吉尔吉斯共和国政府通过第524号决议即《关于确保在与欧亚经济联盟成员国贸易框架下经吉尔吉斯共和国境内运输货物盘点的措施》[②](于2017年6月23日正式生效),便利了与欧亚经济联盟成员国之间的货物贸易。

(1)立法目的是确保在与欧亚经济联盟成员国贸易框架下经吉尔吉斯共和国境内运输货物盘点的措施,同时确定吉尔吉斯共和国对这些货物的关税管理;(2)立法依据是《欧亚经济联盟条约》、欧亚经济联盟高等委员会对这一问题的有关决议、吉尔吉斯斯坦共和国税法和相关法律、哈萨克斯坦等欧亚经济联盟成员国加入世界贸易组织的程序

---

① 中国社会科学院俄罗斯东欧中亚研究所:《中亚国家发展报告(2017)"中国与中亚国家建交25周年"专辑》,社会科学文献出版社2017年版,第39～40页。

② Постановление Правительства КР от 3 октября 2016 года № 524 " О мерах по обеспечению учета товаров, перемещаемых через Государственную границу Кыргызской Республики в рамках торговли с государствами-членами Евразийского экономического союза" http://cbd.minjust.gov.kg/act/view/ru-ru/98661.

规定和吉尔吉斯共和国政府的一系列决议;(3)在欧亚经济联盟成员国贸易框架下,经吉尔吉斯共和国境内运输的附件 1 中的货物采取常规盘点措施;(4)在欧亚经济联盟成员国贸易框架下,经吉尔吉斯共和国境内运输的附件 2 中的货物采取特殊盘点措施,需安装产品列表和最小推荐范数执行;(5)对这些规定的执行和相关货物贸易的监管以及相应通行证的发放、货物的检验操作,由吉尔吉斯共和国负责打击经济犯罪的经济金融警察部门会同吉尔吉斯共和国内政部和吉尔吉斯共和国税务机关执行;(6)确认 2015 年 8 月 3 日第 554 号决议《吉尔吉斯共和国政府“确保欧亚经济联盟成员国之间货物贸易”的政府管制措施》、2016 年 1 月 27 日第 38 号决议《吉尔吉斯共和国政府“欧亚经济联盟成员国企业间货物贸易”政府管制的事先核准通知》和 2016 年 3 月 5 日第 113 号决议《吉尔吉斯共和国政府关于暂停审批“欧亚经济联盟成员国企业间货物贸易”政府管制的事先核准的通知》失效;(7)在附件 2 中标注了采取特殊进口货物盘点措施的 200 多种货物,并标出了各种商品的建议最小进口范数,同时指出这些运单仅限欧亚经济联盟的成员国的个人在跨越吉尔吉斯共和国领土进行贸易时使用;(8)本决议自正式发布起 15 日生效;(9)本条例的执行监督工作,由吉尔吉斯共和国政府委托财政部和其他执行政府货币政策的吉尔吉斯共和国相关机构负责。

2. 其他对外贸易法律制度的新动态

2016 年 12 月 16 日,吉尔吉斯共和国政府反垄断监管机构发布第 197 号命令即《关于执行吉尔吉斯共和国政府 2016 年 10 月 12 日第 537 号决议:关于确定、实施和监测从欧亚经济联盟成员国进口到吉尔吉斯共和国领土的商品最低控制价格的批准程序》①(于 2017 年 6 月 6 日正式生效),对从欧亚经济联盟成员国进口到吉尔吉斯共和国领土的商品最低控制价格的设置程序作出了相关规定;2017 年 5 月 15 日,吉尔吉

---

① Приказ Государственного агентства антимонопольного регулирования при Правительстве Кыргызской Республики от 16 декабря 2016 года №197 " О реализации постановления Правительства Кыргызской Республики от 12 октября 2016 года №537 " Об утверждении Порядка определения, применения и контроля минимального уровня контрольных цен на товары, импортируемые на территорию Кыргызской Республики из государств-членов Евразийского экономического союза".

斯共和国政府通过第 276 号决议[①],对海关法律制度进行了修正;2017 年 5 月 16 日,吉尔吉斯共和国政府通过第 282 号决议[②],对海关法律制度进行了修正;2017 年 5 月 22 日,吉尔吉斯共和国政府通过第 300 号决议即《关于吉尔吉斯共和国政府 2016 年 3 月 24 日第 142 号决议修订案即关于适用于与第三国贸易的非关税监管措施的包含统一清单中特定商品的进出口许可证的专门组织和许可人清单的审批及吉尔吉斯共和国政府若干决定的修订和增订案》[③],对特定商品进出口贸易有关法律规定进行了修正;2017 年 6 月 1 日,吉尔吉斯共和国政府通过第 328 号决议即《批准从(向)欧亚经济联盟境内向(从)吉尔吉斯共和国境内(土)临时进口(出口)货物提供通知的程序》[④],便利了与欧亚经济联盟成员国之间的货物贸易;2017 年 6 月 6 日,吉尔吉斯共和国通过第 99 号决议即《关于吉尔吉斯共和国海关法规的修订案》[⑤],对海关法律制度进行了修正;2017 年 6 月 22 日,吉尔吉斯共和国政府通过第 396 号

---

① Постановление Правительства Кыргызской Республики от 15 мая 2017 года №276 " О внесении изменений в постановление Правительства Кыргызской Республики " О мерах по реализации требований статей 95, 101, 102, 105, 128, 135, 148, 153, 157, 158, 163, 176, 180, 213, 229, 232 Закона Кыргызской Республики " О таможенном регулировании в Кыргызской Республике" от 10 августа 2015 года №564".

② Постановление Правительства КР от 16 мая 2017 года № 282 " О внесении изменений и дополнения в постановление Правительства Кыргызской Республики " О мерах по реализации требований статей 95, 101, 102, 105, 128, 135, 148, 153, 157, 158, 163, 176, 180, 213, 229, 232 Закона Кыргызской Республики " О таможенном регулировании в Кыргызской Республике" от 10 августа 2015 года № 564" http://cbd.minjust.gov.kg/act/view/ru-ru/99991.

③ Постановление Правительства КР от 22 мая 2017 года № 300 " О внесении изменений в постановление Правительства Кыргызской Республики " Об утверждении Перечня организаций-экспертов и лицензиаров по лицензированию экспорта и импорта специфических товаров, включенных в Единый перечень товаров, к которым применяются меры нетарифного регулирования в торговле с третьими странами, и внесении дополнений и изменений в некоторые решения Правительства Кыргызской Республики" от 24 марта 2016 года № 142" http://cbd.minjust.gov.kg/act/view/ru-ru/98808.

④ Правительство Кыргызской Республикиот 2017 года от 1 июня № 328 2Об утверждении порядков представления уведомления о временном ввозе (вывозе) товаров на (с) территорию (и) Кыргызской Республики с (на) территории (ю) Евразийского экономического союза" http://cbd.minjust.gov.kg/act/view/ru-ru/100137.

⑤ Закон КР от 6 июня 2017 года № 99 " О внесении изменений в Закон Кыргызской Республики " О таможенном регулировании в Кыргызской Республике" http://cbd.minjust.gov.kg/act/view/ru-ru/111610.

决议即《关于吉尔吉斯共和国政府2014年11月20日第660号决议修订案即关于吉尔吉斯共和国政府2014~2017年电力和热力发电中期关税政策的修正案》①,对电力和热力发电中期关税政策进行了修正;2017年7月18日,吉尔吉斯共和国政府通过第435号决议即《关于吉尔吉斯共和国贸易程序简化(促进)委员会》②,规定了贸易程序简化(促进)委员会的机构设置和行为规范;2017年7月18日,吉尔吉斯共和国政府通过第438号决议即《关于准许进口到吉尔吉斯共和国境内右侧驾驶专用车辆清单》③,对进口的右侧驾驶专用车辆清单作出了规定;2017年7月28日,吉尔吉斯共和国通过第155号法律即《关于吉尔吉斯共和国自由经济区"比什凯克"重组修订》④,加大了比什凯克自由经济区的建设力度,促进自由贸易试验区的发展。

吉尔吉斯斯坦的国际合作法治化会随着吉尔吉斯斯坦在国际舞台上的逐步活跃而得到拓展和深化。

2017年,法治化建设对吉尔吉斯斯坦来说成效显著。未来的法治发展动向,仍然值得继续关注。

---

① Постановление Правительства КР от 22 июня 2017 года № 396 " О внесении изменений в постановление Правительства Кыргызской Республики " Об утверждении Среднесрочной тарифной политики Кыргызской Республики на электрическую и тепловую энергию на 2014 – 2017 годы" от 20 ноября 2014 года № 660" http://cbd. minjust. gov. kg/act/view/ru-ru/100106.

② Постановление Правительства КР от 18 июля 2017 года № 435 " О Совете по упрощению процедур торговли в Кыргызской Республике" http://cbd. minjust. gov. kg/act/view/ru-ru/100151.

③ Постановление Правительства КР от 18 июля 2017 года № 438 " Об утверждении Перечня специальных транспортных средств с правосторонним расположением рулевого управления, разрешенных к ввозу на территорию Кыргызской Республики" http://cbd. minjust. gov. kg/act/view/ru-ru/100160.

④ Закон КР от 28 июля 2017 года № 155 " О внесении изменения в Закон Кыргызской Республики " О реорганизации свободной экономической зоны " Бишкек" http://cbd. minjust. gov. kg/act/view/ru-ru/111662.

Annual Report on the Rule of Law in Kyrgyzstan(2017)

Wang Na Yang Zhaobin He Xiao

Abstract: The presidential election in the Republic of Kyrgyz in 2017 is an opportunity for social change. Legal construction has been carried out widely in the fields of political democracy, security governance, economic construction, social development, international cooperation and so on which revolves around the themes of "rights", "decentralization", "balance", "security", "national interest" and "people's livelihood". The number and frequency of legal changes are very high, which highlights the synchronous progress of the rule of law in 2017 in Kyrgyzstan. The smooth progress of the presidential election and getting rid of the turbulent situation of the street revolution to a certain extent highlight the obvious benefits of the rule of law in Kyrgyzstan. As Kyrgyzstan is eager to shape his own national image, it is worth continuing to pay attention to the future trend of the rule of law which reflects how to balance the influence from the western system and Russia in order to serve the national economy and the people's livelihood.

Keywords: Rule of Law; Political Democracy; Security Governance; Economic Construction; Social Development; International Cooperation

乌兹别克斯坦法治报告(2017)

宫　楠　[俄]O. H. 舍尔斯托巴耶夫*

内容摘要:2017年是乌兹别克斯坦新任总统在政府权力顺利交接的基础上,对国家未来发展战略的开篇布局之年。开放市场、促进投资和经济自由化,成为乌兹别克斯坦定位未来五年发展战略的关键词。经济与政治领域改革也必将为法治建设注入动力,并为其指引发展路径,法治建设同时又为改革提供了依据和制度保障。通过对2017年乌兹别克斯坦法治建设的分析与思考以及立法、行政、司法三个领域的具体考察,能够为审视乌兹别克斯坦政治发展、投资和营商环境建设、法治进程现状,动态预测和思考乌兹别克斯坦未来的法治进程提供若干前提性依据。

关键词:法治建设;信息化;经济自由化;投资便利化;乌兹别克斯坦

引言

在苏联1991年"8·19"事件后,乌兹别克斯坦于1991年8月31日宣布独立,改国名为乌兹别克斯坦共和国。同年12月21日,其签署了《阿拉木图宣言》和《独立国家联合体协议议定书》,加入独联体。由于国

---

* 作者简介:宫楠,男,讲师,黑龙江大学。[俄]O. H. 舍尔斯托巴耶夫,男,副教授,俄罗斯新西伯利亚国立大学。

内政治长期稳定和经济政策得当,乌兹别克斯坦经济发展多年来始终保持着稳定快速增长。乌官方2017年年初公布的2016年经济数据也印证了其经济稳定性:2016年乌兹别克斯坦国内生产总值(GDP)增速为7.8%,工业和农业均同比增长6.6%,建筑、零售和服务业则取得了两位数增长,分别为12.5%、14.4%和12.5%。国家预算执行情况良好,预算盈余占国内生产总值的0.1%,通货膨胀率为5.7%,未超预期范围。与此同时,乌兹别克斯坦官方也给出了2017年经济增长率为7.8%的预期,体现出对自身经济前景的信心。这种信心不仅源于乌兹别克斯坦经济惯有的稳定性,在很大程度还得益于乌兹别克斯坦新任总统米尔济约耶夫上任后实施的一系列举措。其中,最令人瞩目的当属2017年2月7日推出的《2017~2021年乌兹别克斯坦五大优先发展方向行动战略》。该行动战略将经济领域调整的主要目标定位于进一步发展经济自由化,加强宏观经济稳定性以及保持经济的高速增长,提高经济竞争力,实现农业现代化和快速发展,深化制度性和结构性改革并减少国家对经济的干预,进一步强化对私有财产和企业主权益的保护,通过改善投资环境积极吸引外资,刺激小企业和私营部门发展,综合均衡地发展各地经济。[①] 经济和政治领域启动的改革也对法治建设提出了要求,换句话说,经济与政治变革为法治发展注入了动力、指引了路径,法治建设又为改革提供了依据和制度保障。

一、权力交接与法制改革的启动

2016年是乌兹别克斯坦共和国的政府权力交接之年,宪政制度为权力的顺利交接提供了法律保障,也为2017年新总统新一轮施政纲领的提出和法制改革的启动奠定了基础。宪法作为规定社会制度、国家制度和国家政权组织以及公民基本权利义务等内容的根本大法,其修订往往与国家权力体系的变迁紧密联系。1992年12月8日,乌兹别克斯坦第十二届最高苏维埃十一次会议通过了宪法。根据宪法,乌兹别克斯坦实行立法、行政、司法三权分立的国家宪政制度。最高会议作为国家最高代表机关行使立法权,乌兹别克斯坦最高会议为两院制议会,

① 《乌兹别克斯坦经济发展前景看好》,载参考消息:http://www.cankaoxiaoxi.com/china/20170512/1985649.shtml,访问日期:2017年10月10日。

由参议院和立法院组成。总统为国家元首、内阁主席、武装部队最高统帅,每届任期五年,连任不得超过两届。乌兹别克斯坦宪法先后经过1993年、2003年、2007年、2008年、2010年、2011年、2014年等7次修订,其中2014年4月《关于对乌兹别克斯坦宪法部分条款作出修改和补充》的修正案对于乌兹别克斯坦宪政的影响较大,该法令由原总统И. A. 卡里莫夫提出并提交乌兹别克斯坦议会审核。修正案旨在深化宪法改革,进一步扩大议会权力和权限,增强内阁和行政机构责任,加强对国家机关工作的社会监督和议会监督。根据该法令,总统将部分权力移交总理,明确了议会提名和确定总理候选人程序,总理候选人在经议会审核和确认后应当向内阁提交近期和远期工作规划。总统仅可以在法案违背现行法律的情况下终止或者撤销国家管理机关或各地政府机关提出的法案。这大大加强了国家管理机关及其负责人在作出决定时,尤其是关乎人民切身利益的决定时所需承担的行政责任,同时也加强了对中央选举委员会民主形成机制独立性和原则性的措施保障。

乌兹别克斯坦虽然实施宪政制度,但长期以来总统手中握有绝对权力,因而乌兹别克斯坦共和国法律体系的变革,在很多方面都要受到总统制定国家主要政策的左右。

2016年是乌兹别克斯坦总统权力的更迭之年。2016年9月2日И. A. 卡里莫夫去世,9月8日乌兹别克斯坦立法院和参议院作出联合决议,将总统权力临时移交给乌兹别克斯坦总理Ш. M. 米尔济约耶夫,他在乌兹别克斯坦政坛具有丰富的执政经历,拥有极高的声望。2003年他第一次出任总理,2005年、2010年及2015年获得连任,2016年10月19日在第8届企业家和实业界人士运动会议上,Ш. M. 米尔济约耶夫被乌兹别克斯坦自由民主党(由企业家和实业界人士组成)推举为总统候选人,并在12月14日的大选中轻松获胜。乌兹别克斯坦顺利实施政府权力交接,产生了新的国家首脑,并且由于米尔济约耶夫之前长期担任政府总理,由此保证了国家政策的延续性和稳定性。由于权力的移交是在宪法框架内进行的,总统也由此获得了自身权力地位的合法性。

2016年12月14日,乌兹别克斯坦举行了新总统的就职典礼。新任总统Ш. M. 米尔济约耶夫在议会第一次就职演说中,公布了7

项未来施政纲领,[①]并且宣布延续原总统卡里莫夫包括政治和经济在内所有领域的方针政策,这种政策的稳定性也宣示了现行宪法的稳定性。

Ш. М. 米尔济约耶夫的第一次公开演说可以让我们对乌兹别克斯坦未来的国家政策作出初步判断:第一,新总统接受了原总统卡里莫夫的政治遗产,这也意味着乌兹别克斯坦不准备实施大规模的宪法改革;第二,这次演说是对精英阶层和普通民众做出的特别国家政策咨文,此种施政纲领的宣示有助于保证社会的稳定;第三,他提出的一系列政治主张为未来司法改革的展开奠定了基础。未来乌兹别克斯坦的改革被定位于两个维度,旨在一定程度上实现政治经济的自由化:第一,重新调整权力机关与社会民众之间的关系,建立社会监督机制;第二,经济领域自由化,弱化国家经济调控,支持市场竞争和小微企业发展。而为了实现上述政策方针,强化各领域的立法也就成为必由之路,这种必然性已经通过 Ш. М. 米尔济约耶夫任职初期的一系列积极立法活动明显地显现出来。

Ш. М. 米尔济约耶夫的政策主张虽然并未直接向国际社会传递出实施大规模法律修订的信息,但我们不难从他发表的一系列政治观点中发现这一点:其强调加强反恐斗争来应对包括阿富汗在内的相邻地区的恐怖主义威胁,这也必然要求与包括上海合作组织、俄罗斯联邦在内的国际组织和周边国家作为反恐伙伴加强合作,因此 2000 年版《反恐怖主义法》必须进行必要的修订;随着国家反腐行动的深入,需要制定《反腐败法》来提供法律依据;为增强经济竞争能力,提升出口经济水平,也必然要求在所有权保护、投资和经济创新等领域强化立法。2017 年一系列法规的制定和修订在证实上述判断的同时,也预示了一个封闭的国度正在逐步敞开它的大门。

综上所述,乌兹别克斯坦新时期的法治建设,将是在延续卡里莫夫时代政策方针的基础上,为提升政治、经济和社会领域法律调整质量而

---

① Текст на узбекском языке можно посмотреть на официальном портале Национального информационного агентства Узбекистана по ссылке http://www.uza.uz/uz/politics/erkin-va-farovon-demokratik-o-zbekiston-davlatini-mard-va-ol - 14 - 12 - 2016; на русском основные тезисы приведены на Центральноазиатском портале CA-portal // http://www.ca-portal.ru/article:31872,访问日期:2017 年 10 月 13 日。

不断加快法律体系现代化建设的新征程。

二、2017 年乌兹别克斯坦法治建设的目标与任务

为全面深化改革,总统米尔济约耶夫发布了 UP－4947 号法令,批准了《2017～2021 年乌兹别克斯坦共和国五个优先发展方向的行动战略》(以下简称《行动战略》),正式公布了新任总统的施政纲领。行动战略的目标是全面提升改革整体效能,为国家和社会经济加速发展创造条件,实现国家现代化。

战略确定了国家发展的五个具体优先发展方向:(1)完善国家和社会体制;(2)确保法治至上,进一步改革司法和法律制度;(3)促进经济发展及自由化;(4)完善社会服务;(5)确保国家安全、族裔间和谐和宗教宽容,推行审慎、互利和建设性外交政策。对于上述每个优先事项均安排了具体的改革内容。

第一,完善国家和社会体制。

具体措施包括强化议会(ОлийМажлис)和政党在国家政治生活中的作用,提高立法质量;改革国家行政管理体制,完善社会治理;强化对于行政机关的议会监督;加强国家治理;国家机关简政放权,逐步缩小国家对于经济的调整范围,减少国家对经济的干预;引入现代政府与民间资本合作机制;保证国家权力机关和管理机关活动的公开性;开发电子政务系统,提高工作效率;提升政府对民众和企业主体的服务质量和便利性,强化社会监督和大众媒体监督;发展现代形式的互惠型公私伙伴关系。

第二,确保法治至上,持续推进司法和法制变革。

制定包括法院机构改革在内的未来司法改革蓝图;改革起诉制度;完善行政、刑事、民事和经济立法;倡导带有自由主义色彩法律规范的创制;完善预防犯罪和违法行为体系建设;完善法律援助和服务体系。

在具体内容上:确保法治至上以及司法独立,确保法官裁决的独立性;设立最高司法委员会,建立一支专业的法官队伍,完善保护法官的权利和合法利益的保障措施;在经济法院系统内设立行政法院和地区上诉法院,并设立助理法官职务,从而提高法院专业化程度,优化组织结构设置;制订程序法修订计划,扩大上级法院指导下级法院审判工作

的权限,强化其作出最终判决的权能;建立人民与各执法和监督机关、国家和经济管理机关及地方机构负责人之间的直接对话机制,方便公众与上述机构发生直接联系,确保直接快速获取关于个人权利和自由遭到行政机关侵犯的举报和申诉;完善犯罪预防机制;改革内政部组织机构;提高打击违法犯罪、维护法律秩序的力度;起草并制定《2018～2021年进一步完善刑法和刑事诉讼法蓝图》;改善培训、遴选和任命司法、执法和监督机构工作人员制度;关注法律学术动态以及加强法律刊物出版;发展法律教育;改革公证系统和民事登记制度。①

第三,促进经济发展及自由化。

详细审视《行动战略》整个文本,不难发现国家发展战略与经济自由化的紧密联系:经济自由化意味着国家减少对经济领域干预并保障企业自主经营。立法对这一趋势的反映在于显著减少了国家在经济领域的法律调整,并通过立法限制国家监督机关干预市场主体经营活动的权力,降低对经济违法行为承担法律责任的惩罚力度,缩小行政机关对企业经营活动的管理范围,改革民事立法,降低税负,强化企业经营者权利的司法保护。

《行动战略》第三部分中也包含部分适当强化国家调整职能的内容:如调整国家公共支出预算体系,在保留现有社会支出方向基础上平衡国家各领域预算,完善中央与地方财政预算收入关系。应当说,乌兹别克斯坦在政治传统和现实需求相互交织的状态下,很难期望完全排除国家对于经济领域的干预。但是,权力机关的确在试图实施一系列改革措施,以使商业领域摆脱国家具体的监管,并将其作为行动战略的重要目标。这其中也不难发现乌兹别克斯坦未来经济发展与法治建设的自由化倾向:强化外汇领域的市场调整机制;保障银行资本化,扩大未来投资项目的贷款规模;加大对小微企业和私营企业主体的支持力度;扩大保险、长期租赁和其他财政服务种类,发展基金市场;扩大与主要国际金融组织和外国金融机构的联系和对接;扩大经济结构中工业、服务领域、小微企业和私营企业的份额;加大对于生产、公共交通和社

---

① 《乌兹别克斯坦制定优先发展方向行动战略》,载《中国日报》中文网:http://caijing.chinadaily.com.cn/2017-09/07/content_31688872.htm,访问日期:2017年10月10日。

会基础设施建设领域的投资力度;建设加工工业;减少商品和服务市场垄断;开发新产品和新技术;实施促进生产本土化和进口替代战略;生产中引入节能环保技术,扩大可再生能源使用规模;建立自由经济区;建立高新技术产业园、小微工业区;加快旅游业发展;发展交通基础设施建设;经济领域引入信息高速公路;加快农业现代化建设。

毫无疑问,在实现上述目标过程中不可能排除国家的积极参与,而且上述计划的实现也必将促进现代国家法律基础的完善,以保障国家机关活动的透明化和可预测性,改善企业主体的经营环境。因此《行动战略》第3.4款将国家经济政策进一步概括为"民富国强原则",即"以人民富裕带动国家富强",这也必将要求提高市场自由化程度,由此《行动战略》中规定了简化国有财产私有化程序,降低国家对于企业主体注册资本的干预;促进外国投资,推广企业经营国际化标准和方法,强化股东在企业未来发展战略中的角色和作用,并为实现上述目标提出了法律体系完善计划。

第四,完善社会服务。

提高国家机关工作人员待遇,根据通货膨胀指数增加国家机关工作人员的工资、退休金、奖金和专门津贴等;扩大职业培训体系,扩大继续教育和提高劳动就业职业技能;完善社会保障和医疗救助体系;建立经济适用住宅,发展和升级公路运输、通信和社会基础设施;提高向弱势阶层民众提供社会援助的质量,切实保障农村居民洁净饮用水供给;实现日常生活垃圾处理的现代化,强化物质和技术基础,设立高效的垃圾处理系统;更新并实现现有电力能源供应体系的现代化;发展教育和科学体系。

简政放权,优化行政服务体系。2017年第一季度"行政审批"信息体系投入使用,借助"一站式"信息服务保障系统,向企业主体提供行政审批的便利化服务以及远程办理行政许可、获取行政审批程序和期限等相关信息的能力。促进行政管理体系和商业体系中信息技术的发展,加强政府信息服务平台建设。

第五,维护宪法秩序和确保国家安全。

第五部分着重于确保国家安全、族裔间和谐和宗教宽容,推行审慎、互利和建设性的外交政策。这主要涉及保护乌兹别克斯坦宪法秩序、主权和领土完整,升级信息系统,强化网络安全条例立法,建立紧急预警系统,减轻咸海灾难后果,起草族裔间关系蓝图和国家宗教事务政策蓝图。

《行动战略》最后一编确定了为实现上述预期目标以及优化现有工作成果的总体原则:乌兹别克斯坦保障五个未来优先发展方向的基本前提,是必须坚持现有的宪法制度、主权和领土完整,建立完善的信息安全保障体系并及时应对信息领域安全威胁。该编倒数第 2 条第 5 款旨在完善对外政治和经济的法律基础以及国际合作的合同法基础。虽然这一编中并没有完整地提出未来大规模的立法修订计划,但通过分析上述内容不难发现,《行动战略》的施行必将有力推动乌兹别克斯坦各个领域的发展:国家行政体系的改革以及现代化;建立依法治国的民主社会体系,使乌兹别克斯坦拥有现代市场经济和强大的公民社会;确保法治至上以及国家安全,保障法律秩序,确保国家边界不容侵犯、族裔间和谐以及社会内部的宗教宽容。除此之外,乌兹别克斯坦还将计划继续制定未来的改革路线图,进一步发展与伙伴国家在政治和外交领域的合作,全面扩大乌兹别克斯坦在贸易、经济事务、投资、技术和资金方面的国际合作交流。

《行动战略》是面向未来五年政府工作目标的一部纲领性文件,虽然新任国家元首郑重提出并承诺全面遵循并实施这一纲领,但其中大部分内容仍然更多仅具有宣言性质,如何在国家和社会生活各个领域实现上述改革目标,仅能通过发布的一系列总统令对相应具体实施步骤窥见一斑,这也必然包括法律和法律适用体系的现代化,而真正具体解读还有待乌兹别克斯坦未来"一揽子"政策和法律规范的制定及公布。

三、乌兹别克斯坦立法领域的发展变化

乌兹别克斯坦新任政府认识到,为实现营造良好的投资环境和促进经济健康发展的目标,就必须对现有行政效率低下、滥用公共权力、忽视人权保护、干预市场竞争的行政行为进行法律上的规制,其主要具体措施是制定并出台《行政程序法》,对行政主体实施的行政行为方式、过程、步骤、时限进行法律调整,建立调整行政主体与行政相对人在行政管理过程中发生关系的法律规范体系。同时,面对国内腐败的严峻

局势,为根除妨碍经济发展的这一“毒瘤”,新政府致力于全面推进惩治和预防腐败体系建设,加强反腐败国家立法。

(一)起草《乌兹别克斯坦行政程序法草案》(以下简称《行政程序法草案》)

2017 年 9 月 13 日,乌兹别克斯坦制定了《行政程序法草案》,并作为法治建设的首批成果提交民众讨论。2017 年 9 月 28 日草案被提交议会审议,草案中充分考虑了《国家发展纲要》的要求,并在立法中融入新任总统的政治意图,这一文本草案也最终成为未来行政管理活动的法律渊源。行政程序制度是大陆法系国家行政法的重要制度,行政程序观念在世界上早已广泛传播。这一观念是指国家行政管理机关的任何职权都应当借助标准模式阐释,并为所有行政管理活动调整建立共同的法律规范。在这一情况下,行政机关主体和公民(组织)之间的相互关系是预先设定的,也是具有开放性的。

《行政程序法草案》总则部分主要阐释了其基本原则,借助于这些原则可以系统地评价行政管理机关的主体行为是否符合适当的形式。草案在总则之下设计了关于行政规范、行政合同和其他管理形式、法律制度等各分编。司法部作为《行政程序法》草案的制定者,主要依照国家《保障企业活动快速发展的各类措施计划》第 6 条,其制定此法的目的主要在于保护乌兹别克斯坦私有经济和优化商业环境。[①] 因此,国家权力机关将《行政程序法》的颁行视作经济改革的重要部分。通过分析《行政程序法草案》文本,我们可以发现这部未来法律与近十年来许多苏联国家颁布的行政法具有很多共性,原因在于这些苏联国家行政法规范立法很多方面都借鉴了德国的立法和实践。但由于苏联国家基本情况各不相同,也存在许多德国模式无法调整的情况,例如,行政程序原则对于很多欧洲国家而言是宪法规定的一部分,主要通过司法实践对其不断完善。但在新兴国家,依靠法律权威建立的强力法院传统尚未形成,也相应地使得这些国家的立法机关转而试图在法律规范文本

---

① Указ Президента Республики Узбекистан от 5. 10. 2016 года № УП – 4848《О дополнительных мерах по обеспечению ускоренного развития предпринимательской деятельности, всемерной защите частной собственности и качественному улучшению делового климата》// Собрание законодательства Республики Узбекистан, 2016 г., № 40, ст. 467.

中规定所有必要的法律原则。因此,乌兹别克斯坦《行政程序草案》第5~18条全面规定了行政程序的各类原则,其中包括一般性质的与行政活动相关的各类传统原则:合法性原则,权利平等原则,反官僚形式主义原则。除此之外,还包括"行政程序透明、开放和易于理解"的特殊文本表述原则,这主要是指用简单明确的句子来表达法律上的确定性。其中很多原则表达出了建立权力机关和非权力机关互惠互利公私关系模式的现代理念,构建基于法治国家和法律权威学说的宪法理念的构想,并试图通过两种理念的融合加以实现。第一,构建"一站式"行政审批管理流程,合理完善行政审批;第二,保障公民、企业和组织的权利,保障其提出的意见和申诉具有被听证的权利,确保利益相关人权利优先。上述原则是对乌兹别克斯坦行政改革目标的宣示,即试图在经济领域将乌兹别克斯坦建设成为对公民、企业和组织开放和便利的国家,但其中的问题在于权力机关公职人员和法官能够在多大程度上接受上述原则。后苏联时代中亚国家的发展经验已经表明:试图在短时间内彻底重新定位行政管理职能,实现管理客体由国家利益转变为社会利益的转换,这一过程常常是复杂而艰难的。正如德国法学家约格·普德尔卡(Jörg Pudelka)和杰恩·德普(Jens Deppe)在分析中亚国家司法改革时指出的,"2016年和2017年年初的司法改革现实情况,使我们对乌兹别克斯坦行政改革未来前景持十分怀疑的态度。主要问题在于,乌兹别克斯坦除在行政违法行为立法方面做出一些修订外,尚缺少公共行政法领域连续和深入的改革"。

《行政程序法》主要分为两个关键部分:(1)公民和组织在国家行政机关提起申请程序;(2)国家行政管理机关制定行政规范和条例程序。遗憾的是,草案中并没有规定行政合同这一现代行政法上较为新型并且重要的行政管理手段,而是将国家行政机关与公民(组织)间缔结的协议另设专门法律规定。在草案第四章中规定了调整行政活动的形式,具体规定了行政法规的制定方法、内容、依据、步骤、生效方式、生效和终止日期等。大多数学者认为,苏联法学说传统对乌兹别克斯坦行政法的影响极为深刻:学说中未建立起统一调整国家行政机关活动的理念,而是单独制定调整不同国家管理机关行政法规形成程序的独立规范,这些规范之间彼此协调并具有各自的特征。同时还将注意力更多地集中于规范制定和生效的相关程序以及法律形式和内容,而较少关注在当时不规范的行政管理环境下颁布普通规范的合理性,导致很多行政机关根据自行裁量制定的行政规范经常缺少足够的依据,但却很难对其提出申诉。因此,《行政程序法草案》第54条规定了国家机关对其所作出决定承担说明的义务,说明其制定行政规范的事实和法律依据。在行政相对人提出行政申诉的情况下,机关无权援引未经调查或之前未曾公布以及事先未让诉讼参与人了解的行政行为作为诉讼依据。上述规范在公职人员中获得了广泛的认可,并将对增加行政行为透明度发挥了重要作用,而对与政府权力机关具有紧密联系的商业机构也尤为重要。法院在受理行政诉讼案件后,就获得了对行政机关作出决定的合法性进行评价的职权义务。

总之,《行政程序法草案》的制定代表了立法者的愿望,覆盖了行政管理活动的所有阶段。其立法旨趣在于规范行政行为,保护公民、法人和其他组织的合法权益。

(二)编纂《乌兹别克斯坦反腐败法》

乌兹别克斯坦愈演愈烈的行政腐败是未来改革实施的重要威胁。根据国际组织透明国际(Transparency International,TI)每年对世界所有国家作出的腐败指数评价,2016年乌兹别克斯坦在176个国家中排名第156位。[①] 2016年11月,Ш. М. 米尔济约耶夫向议会提交了《反腐败法》草案。[②] 其立法意图在于对反腐败领域的各类关系进行综合性调整,旨在提高国家机关、公民社会组织以及现行制度在反腐败政策实施过程中的效率。该法律于2017年1月3日通过并生效,[③]其中很多条款都有《俄罗斯联邦反腐败法》的影子。

《反腐败法》第3条规定了与反腐败相关的基本概念:腐败是指非法利用职权或工作便利为获得物质利益或者为个人抑或是他人谋取非物质利益,为他人输送利益的行为;腐败违法行为,是指具有腐败特征

① Corruption Perceptions Index 2016 [электронный ресурс] // www. transparency. org/news/feature/corruption_perceptions_index_2016,访问日期:2017年11月3日。

② Законодательная инициатива Президента Республики Узбекистан о внесении проекта За-кона Республики Узбекистан《О противодействии коррупции》[электронный ресурс] // http://uza. uz/ru/documents/zakonodatelnaya-initsiativa-prezidenta-respubliki-uzbekistan,访问日期:2017年11月3日。

③ Закон Республики Узбекистан от 3.01.2017 г. № ЗРУ-419《О противодействии ко-ррупции》// Собрание законодательства Республики Узбекистан. 2017. № 1. Ст. 2.

的犯罪行为,对于已经实施的腐败违法行为,法律规定了违法责任;利益冲突,是指个人利益能够直接或间接地影响或者可能影响公职人员履行相应职权的情况,在这一情况下出现或者可能出现个人利益与公民、组织、社会或者国家权力和合法利益之间的矛盾。上述概念可以说几乎完全借鉴了俄罗斯反腐败法理论中的相应概念,但区别在于,俄罗斯反腐败法中并没有规定腐败违法行为以及利益冲突的法定概念,两国间法律的移植,在于两国法律具有苏联法共同的历史根源和法律学派的传统。通过立法形式对相关概念的内涵和范畴进行准确界定,有利于形成统一的司法实践,这亦反映了苏联国家的立法传统。

反腐败体系最为重要的环节就是建立乌兹别克斯坦跨机构反腐败委员会。《乌兹别克斯坦反腐败法》第7条规定了反腐败领域职权机关清单,其中包括乌兹别克斯坦总检察院,国家安全局,内务部,司法部,以及总检察院下属的反税收、洗钱和外汇犯罪局。这使跨机构反腐败委员会将职能集中于协调各反腐败机关之间的活动,免除了其直接参与反腐败业务的职权,这对乌兹别克斯坦反腐败改革而言具有重要意义。

跨机构反腐败委员会的任务包括:组织制定和实施国家反腐败计划;协调和保障反腐败机关和组织之间的工作;组织制定和开展提高民众法律知识和法律文化水平的一系列政策措施,在社会上形成对于腐败的零容忍态度;提高预防、调查和制止腐败违法行为措施实施的效率;收集并分析腐败趋势和腐败状况信息;对于反腐败措施实施有效监督,评价反腐败领域的政策实施和法律机制运行的效率;提出立法完善的建议,优化法律适用。因此可以得出结论,委员会整体上承担了为反腐败体系运行提供信息支持、协调和监督的职能。反腐败领域的直接管理和监督职能由护法机关承担。乌兹别克斯坦跨机构反腐败委员会的组成和地位由2017年2月2日乌兹别克斯坦ПП-2752号总统令确定。[①]

充分发挥地方机关、非营利组织和公民在反腐败体系中的作用。反腐败工作不能单单依靠国家权力机关完成,否则难以保证反腐败工作的充分开展和效率。应然的结果只能在广泛吸引社会和公民参与的

---

① Приложения 2 и 3 к постановлению Президента Республики Узбекистан от 2. 02. 2017 года № ПП-2752《О мерах по реализации положений Закона Республики Узбекистан О проти-водействии коррупции》// Собрание законодательства Республики Узбекистан. 2017. № 5. Ст. 62. № 27. Ст. 608.

条件下才能实现,为此要求进行广泛的社会监督和实施行政事务公开机制。由于乌兹别克斯坦社会和民众参与反腐监督工作刚刚开展,法律亦刚刚推行,现有改革的注意力更多地集中于加快民事流转,只有到2018年年底第一阶段反腐败工作完成,我们才能对这一工作成效得出初步结论。乌兹别克斯坦反腐败工作大量借鉴了俄罗斯的立法经验,在最大限度上保障国家机关权力运行的透明度,因此,《反腐败法》第5条规定了鼓励大众媒体参与反腐:吸引大众媒体参与国家反腐败领域国家计划的制订和实施工作;公开反腐败政策措施;提高民众法律认识和法律文化水平;在社会中形成对腐败行为的零容忍态度;实现对反腐败法执行的社会监督;保证各职权机关和组织之间相互协调。

《反腐败法》同时规定了一系列对于国家权力机关主体承担义务的要求。除了必须及时向所在机关领导告知职权实施过程中出现的利益冲突情况,还应当向所在单位领导或者护法机关告知所有导致腐败违法行为出现的情况以及其所知晓的所有有关国家机关其他工作人员违法行为的事实。

除《反腐败法》外,未来还将出台一系列反腐败领域的相关法规政策。反腐败机构的组织基础根据总统每年颁布的国家计划确定。第一期2017~2018年国家反腐败计划根据2017年2月2日ПП－2752号总统令确定。[①] 其中包括52款,每一款都规定委托职权机关实施的具体反腐败措施。这些承担义务机关被称作国家元首委托执行责任单位。反腐败计划第一编《进一步完善反腐败领域立法》中,规定了未来的7部立法草案:包括《国家机构法》《国家私人合营法》《国家采购法》《法律信息推广和保障法》《社会监督法》《保护刑事诉讼受害人、证人和其他参与人信息法》《行政程序法》。这些草案的制定过程极为匆忙,仅仅花费数月时间,因此很多乌兹别克斯坦学者对上述法律草案的质量提出怀疑,但是对上述规范只能在其生效后的法律适用过程中逐步完善。

① Приложение 1 к постановлению Президента Республики Узбекистан от 2.02.2017 года № ПП－2752《О мерах по реализации положений Закона Республики Узбекистан О противодей-ствии коррупции》// Собрание законодательства Республики Узбекистан. 2017. № 5. Ст. 62. № 27. Ст. 608.

小结:

国家行政改革的目的是加快民事流转。第一阶段定位于制定乌兹别克斯坦共和国《行政程序法草案》。《行政程序法》旨在规定促进和完善国家机关管理活动的行政程序,保障公职人员和国家机关能够顺畅地行使职权,高效地作出行政决定,保障并保护公民权利和自由,禁止公职人员和国家机关滥用自身权力。法典的通过和实施能够显著改善权力机关主体与公民和组织之间的行政关系。同时,这一法律规范也要求公职人员的思维方式进行根本转变,改变原有公职人员作为实施国家管理工具的职能定位,将其转变为服务功能。其中包括,遵循政策公开性的原则指引,在行政相对人的参与下,以有利于市场主体经营活动为导向制定行政规范。① 除此之外,还需要规定一系列必要的配套措施,旨在完善国家机关组织工作,履行行政程序法规范。通过行政法院法官适用《行政程序法》,评价行政管理机关行为的合法性,来促进法律实施。因此,虽然制定了《行政程序法草案》,但乌兹别克斯坦法律体系中引入行政程序制度的未来仍尚不明朗。新通过的《乌兹别克斯坦反腐败法》也面临类似的困境,还需要制定一系列作为基本规范适用解释的补充规范。例如,设置查明并确定权力机关利益冲突的程序等。还要加强国家行政机关法律培训,使公务人员了解应当被履行规范的内容,特别是所有可能导致其实施腐败违法行为的法律事实。

四、乌兹别克斯坦共和国司法领域的改革推进

2017 年是乌兹别克斯坦司法领域改革的关键一年。这一年集中展现了乌兹别克斯坦司法领域改革的未来图景和已经取得的巨大成果,建立了行政法院,并将部分高等经济法院的职能移交给最高法院。此外,还建立了更加明晰的经济司法审判体系,保留传统的一审、二审和再审审级,监督审的职能由最高法院行使。其具体表现为:

(一)建立最高法院委员会

乌兹别克斯坦政府根据 2017 年 2 月 21 日 УП－4966 号总统令开

---

① Pudelka J. ,Deppe J. Allgemeines Verwaltungsrecht in Zentralasien in der Entwicklung // Ost/Letter. Ein Nachrichtendienst des Ostinstituts Wismar mit Informationen zur Rechtsentwicklung in Russland. 2017. Ausgabe 2. SS. 21 – 22.

启了司法改革进程,[1]改革触及司法权力机关体系的组织基础:法律职业共同体的最高管理机关是乌兹别克斯坦共和国最高法院委员会,其职能包括审批法律协会设立、捍卫法官审判活动的独立和不受干预、对法官实施风纪监察。根据总统令,宪法法院和最高法院的主席、副主席和法官由议会根据总统提名选举产生;军事法院、卡拉卡尔帕克斯坦共和国法院、州和塔什干市法院院长和副院长由总统根据最高法院委员会提名任免;其他法官任免由该委员会与总统协商后确定。

(二)法院组织改革

2017年3月18日ЗРУ－428号《关于乌兹别克斯坦共和国法院组织法、民事诉讼法和商事诉讼法修改和补充》法律确定了司法改革的第二阶段。[2] 这部法律规范首先规定了法院组织结构。根据新版本《法院组织法》第1部分第1条,现行法院体系包括:乌兹别克斯坦宪法法院;最高法院;军事法院;民事法院;卡拉卡尔帕克斯坦共和国法院,州法院和塔什干市民事法院、刑事法院、经济法院和行政法院;跨区法院,州(市)民事法院、刑事法院、经济法院和行政法院。

司法权力机关适用地域管辖原则,即一审法院建立在乌兹别克斯坦市、区一级行政单位,第二审级设立在各州首府、首都和卡拉卡尔帕克斯坦共和国,最高法院作为统一的最高审级,对所有地域不同性质案件拥有管辖权,也作为独立的民事、刑事、行政、商事和军事法院最高审级。撤销乌兹别克斯坦最高商事法院,总统指出:"现有最高法院和最高经济法院两个最高法院并行的体制,导致了司法管理体系职权的重叠,无法保证司法实践的统一",[3]乌兹别克斯坦最高法院作为民事、刑事、经济和行政诉讼领域最高司法权力机关,有权监督下级法院司法活

---

① Указ Президента Республики Узбекистанот 21. 02. 2017 г. № УП－4966《О мерах покоренному совершен ствованию структуры и повышению эффективности деятель ности судебной системы Республики Узбекистан》// Собрание законодательства Республики Узбекистан. 2017. № 8. Ст. 109.

② Закон Республики Узбекистан от 18. 03. 2017 г. № ЗРУ－428《О внесении и зменений идополненийв Закон Республики Узбекистан 〈О судах〉, Гражданский процессуальныйи Хозяйственно процессуальный кодексы Республики Узбекистан》// Собраниез аконодательства Республики Узбекистан. 2017. № 15. Ст. 242.

③ Вводная часть к Указу Президента Республики Узбекистан от 21. 02. 2017 г. № УП－4966.

动(《法院组织法》第1部分和第2部分第13条)。根据《法院组织法》第631条,法官选举第一任期是5年,之后任期可以被延长至10年,两个任期之后允许终身任职。第632条规定,法院院长的任期是5年,但是在一所法院任职不能连续超过两个任期。

(三)行政诉讼改革

《民事诉讼法典》新修订条款规定了行政争议诉讼以及民事法院、商事法院与行政法院的案件管辖范围。行政法院作为新设立的司法机关承担了行政诉讼职能,而改革前行政诉讼只能由民事法院管辖,因此需要重新划分管辖范围,行政法院主要受理由于公共法律关系引起的对国家机关、公民自治机关以及公职人员提起的诉讼和申诉案件。但是,这些机关的活动暂时未受到专门程序法的规制,只能按照《民事诉讼法典》第21条的规定,由法官根据民事诉讼法的规定审理行政争议。企业经营纠纷引起的行政争议仍由商事法院根据《商事诉讼法典》审理解决,司法领域改革过程中这一规定仍然被保留。因此,在某种程度上,乌兹别克斯坦司法领域改革仍然缺乏一定的确定性和计划性,但是专门负责行政诉讼法官的出现,能够对行政案件审判质量的提高产生积极的影响。由于法官尚未获得准确的完全符合行政纠纷审理规律的程序指南,这仍会负面影响法院工作的效率。通常行政法院的创设会伴随行政诉讼法典的编纂,但在特殊情况下,也可能存在虽然未设立行政法院但创制《行政法法典》的情况,并由普通管辖法院适用《行政法法典》解决涉及公共权力机关的案件,例如,俄罗斯便选择了这一模式。显然,乌兹别克斯坦权力机关未来也必将面临行政诉讼模式的选择。司法改革的另一关注点在于改革电子诉讼、上诉审和再审程序。在新的规定中,诉状以及诉讼文件可以通过网络信息系统以电子形式向商事法院提交。商事司法领域继续贯彻传统三级审理体制:一审、二审和再审审级,同时,也保留了传统诉讼参与人权利保障体系。

小结:

乌兹别克斯坦属于大陆法系,在很大程度上继承了苏联的法律框架,其以《俄罗斯民法典》及《独联体示范民法典》为基础,采用法典化的立法模式编纂本国的法律。可以预测的是,在行政诉讼领域乌兹别克斯坦面临着规范行政法院诉讼活动的任务。因此,未来会采取或者制定《行政诉讼法典》,或者扩大《民事诉讼法典》范围的立法方式,通过单独制定保障调整行政争议审理活动的分编调整行政法院的行政诉讼行为。

五、乌兹别克斯坦行政领域的制度建设

新时期乌兹别克斯坦的改革目标定位于发展经济,注意力集中于创造积极良好的投资环境,而预期经济改革效果的实现,必须借助于国家和社会生活所有领域的综合性改革。吸引投资和改善营商环境是乌兹别克斯坦立法者关注的焦点。改革实施过程中,总统更多地借助于原有国家法律体系,将大量注意力集中于为发展自由经济区提供政策支持,包括为入驻企业提供大量税收和海关优惠,以及帮助企业获得国家财政和行政管理机关优惠政策。行政领域制度建设的顺利进行,是实现《2017~2021 年乌兹别克斯坦共和国五个优先发展方向的行动战略》的重要保障。

(一)现代行政制度和理念的塑造

乌兹别克斯坦政府借鉴现代行政权力运行模式和方法进行自上而下的行政制度和理念塑造。内容包括推广现代电子信息技术,实现行政管理信息化,逐渐排除国家行政计划模式。行政信息化与权力机关快速高效的行政决策形成机制具有紧密联系,面对加快行政领域制度建设的现实需要必须及时做出有效应对。2017 年 6 月 24 日,总统令为启动行政改革提供了政策依据,[①]并对原有行政管理模式中存在的一系列问题加以归纳:行动战略计划的制订和实施过程中高质量的组织、监督和协调保障机制的提供能力不足;国家计划实施过程中跟踪反馈能力不足;不合理的财政经费支出,预算中存在滥用职权行为;国家采购中行政机关主体之间的协调程度不足;如何客观分析和评价计划实施的合理性、依据性和利润率,查明价格虚高、滥用职权和怠于履行职权的行为;如何根据商品、劳务和服务分类确定市场的真实价格。

根据 2017 年 9 月 8 日乌兹别克斯坦 УП－5185 号总统令确定了

---

① Указ Президента Республики Узбекистанот 24.07.2017 г. №УП－5120《О мерах по-внедрению системы проект ногоуправления в Республике Узбекистан》// Собрание законодательства Республики Узбекистан. 2017. № 30. Ст. 722.

《乌兹别克斯坦共和国行政改革纲要》(以下简称《改革纲要》)。[①] 这一文件的颁布是为了实现乌兹别克斯坦2017～2021年五项优先发展战略,其中也列举了建立现代国家行政管理体系未来五年应当克服的各种问题,概括起来共包括十一项问题:现有行政机关活动的组织基础不完善,无法保障及时解决经济不发达地区所累积的各类问题;某些承担重要职能的行政机关组织机制不健全,导致了职能重叠和国家调整的冗余,负面影响了行政领域制度建设的效率;行政机关中协调和监督体系不完善;对行政机关活动的评价并没有真实反映出业务运行的实际情况等。

从上述负面清单中可以清楚地发现,乌兹别克斯坦行政管理现代化着眼于三点:第一,国家追求机构内部合理行政程序的建立,重视机关间工作的协调、监督和行政纪律监察(包括财政监督);第二,保障国家和社会生活所有领域,特别是经济领域中国家发展计划的顺利实施;第三,实施合理监督,促进国家计划转化为现实。

为此,《改革纲要》第一编"完善行政机关活动的制度和法律组织基础"着重于下列改革措施:完善行政程序;优化国家行政管理体系;提高行政权力机关及其领导的独立性和责任意识;进一步推广"电子政府"体系;完善国家服务体系,完善依据行政机关以及公民对公职人员决定和作为(不作为)向上级机关申诉的行政司法体系,推广作为审前争议解决方式的自然人和法人申诉的集体听证制度。除此之外,行政领域制度建设的具体目标是:将行政机关职能、运行机制和责任范围具体化,完善协调和协作机制;进一步缩小行政权力对经济领域的影响,扩大市场调整机制;完善行政机关的垂直管理和相互协调体系;在国家管理体系中推广现代战略计划、创新思维和现代技术;形成高效、职业化的国家机构,在国家行政权力机关体系中运用积极有效的反腐败机制。

---

① Приложение № 1 к Указу Президента Республики Узбекистан от 8.09.2017 г. № УП－5185《Об утверждении Концепции административной реформы в Республике Узбекистан》[электронный ресурс] // http://uza.uz/ru/documents/ob-utverzhdenii-kontseptsii-administrativnoy-reformy-v-respu.访问日期:2017年9月9日。

1. 行政管理新模式下的组织协调机构建设

国家行政管理机关的一系列重要改革,都是通过相应领域设立各类管理机构来实现的:

(1)在新的行政管理模式框架内建立"国家统一行政信息协调委员会"。统一信息体系的内容包括:

①建立统一的国家资源清单,清单为每种资源(商品、劳务和服务)订立客观的市场价格,排除模糊的技术标准和预算;

②对资源进行统计,评估未来决策效果,确定准确的资源种类和数量;

③对政府公文的制定和实施过程实施电子监督,制定严格的行政纪律,引入公文处理制度,实行汇报制度;

④建立统一的国家采购自动化系统,保障采购过程的透明性并预防滥用职权行为;

⑤建立行政工作和行政计划执行情况评估机制,建立附带预警系统的计划和电子工作进度表程序;

⑥推广分析监督机制以保障作出合理的行政决定。

(2)总统下设"国家行政计划管理局",基本任务包括:

①建立、推广和运营统一的"乌兹别克斯坦行政计划管理信息体系";

②提高国家预算制定水平,规范国家专用基金合理使用,提高乌兹别克斯坦为支持国家和区域计划获取外国贷款的利用效率和透明度;

③建立统一的国家资源清单,确定商品客观市场价格形成机制,排除模糊的技术标准和预算;

④为实现国家采购建立统一的信息空间;

⑤保障高质量国家预算的制定和实施,合理利用专用基金和乌兹别克斯坦获得的外国贷款,查明低效和获利低的各类国家计划;

⑥制定和全方位实施《保障国家机关现代技术推广纲要》;

⑦对国家计划,特别是存在腐败和其他滥用职权行为现象的国家计划进行综合性技术分析;

⑧为"国家统一行政计划管理信息体系"的推广提供现代通信信息技术保障;

⑨提高行政计划管理领域干部的培养水平和管理技能。

因此,“行政计划管理局”作为国家各领域政策制定的主要机关,承担着国家所有投资以及外国投资计划的监督职能。所有行政机关必须对管理局提供相应协助,内容包括:协助吸引外国投资、国际金融组织贷款和借款,为建立、推广和运营统一行政计划管理国家信息系统提供全方位支持。

(3)根据乌兹别克斯坦2017年3月31日УП-4996号总统令建立了“乌兹别克斯坦国家投资委员会”。[①] 这一机关设立的目的在于:全面开发国家的投资潜能;完善投资环境;制订年度投资计划;为吸引外资提供良好的投资环境;扩大与国际金融组织、外国政府金融组织、重要的外国公司和银行组织的合作;提高吸引外资的效率。从2017年6月1日起,在实现国家投资计划框架内,这一机关还具有对技术装备、配套产品和材料供货招标结果的评估和监督职能。由于国家投资委员会承担了许多重要的公共管理职能,因此其运行效率对乌兹别克斯坦经济发展起到了重要作用。事实上,乌兹别克斯坦所有重大投资项目在某种程度上都属于其职能范围,其中包括建立国家投资清单。

(4)2017年4月13日УП-5012号总统令中,规定了对外贸易领域行政管理机关的法律组织基础。[②] 根据这一法令,原“对外经济交流、投资和贸易部”改组为“对外贸易部”。新机关负责对外贸易领域国家政策的制定和实施,协调对外贸易活动领域国家管理机关的业务关系。其具体职能包括:制定和实施统一的对外贸易政策;对于世界市场实施综合性市场调研,促进《乌兹别克斯坦发展对外出口潜力国家计划》的实施,制定和实施旨在发展和提高乌兹别克斯坦产品竞争力的政策措施;建立产品数据库,支持出口,扩大乌兹别克斯坦与其他国家的贸易合作;为经济主体在寻找和选择合适的外国贸易伙伴时提供帮助,协助国有企业参与招投标,参与国际商业工业展览会和其他在国外举办的类似活动。

① Указом Президента Республики Узбекистана от 31. 03. 2017 г. № УП-4996《Об образовании Государственного комитета Республики Узбекистан по инвестициям》// Собрание законодательства Республики Узбекистан. 2017. № 14. Ст. 215.

② Указ Президента от 13. 04. 2017 г. УП-5012《О мерах по совершенствованию системы управления в сфере внешней торговли》// Собрание законодательства Республики Узбекистан. 2017. № 15. Ст. 246.

2. 行政管理体系信息化建设

(1)建立行政信息化建设协调机构。2017 年 6 月 30 日,乌兹别克斯坦政府颁布了《关于促进行政管理体系和商业体系中的信息技术发展》的总统令。[①] 其中囊括了国家在这一领域已取得的成就,并提出了继续促进相关科研工作发展的长期计划:通过阶段性推动国家在管理和服务领域的公共信息技术革新,利用信息服务、电子政务系统领域已取得的成果,建立有效的政府与民众的对话机制,形成现场解决民众现实迫切问题的有效机制。总统令中强调了国家行政管理机关的信息化建设,计划通过建立支持信息技术研制和推广的技术创新中心"Mirzo Ulugbek Innovation Center"来促进这一目标的实现。这一中心在乌兹别克斯坦具有跨地区性质,下辖协调委员会。中心工作由乌兹别克斯坦"国家通信信息技术发展部"监督,但是其下辖协调委员会具有在职权范围内协调各相关国家机关活动的职权。同时,这一机关有权对技术创新中心配套的外资企业,作出是否许可法人登记或撤销法人资格的决定,保障外资企业的权利和合法利益。事实上该中心管辖的机关已经被赋予了一定的国家行政职能。虽然总统令并没有包含将该中心作为公共权力机关主体的内容,但是分析法令对其地位的阐述则不难发现,这一机关的职能更接近于通常意义上公权机关的职能,兼具私营性质和公共管理职能。

(2)法律信息化改革。2017 年 2 月 8 日的总统令规定了将各类法律信息通过新的信息平台向公民告知的具体程序。[②] 根据该总统令第 8 款,从 2017 年 9 月 25 日开始,乌兹别克斯坦"国家法律信息库"成为公布法律规范的正式来源,其具体运营委托给司法部下属的法律信息中心。国家通信信息技术发展部应当为保障各机关之间的政策协调、为各国家行政机关和组织及时了解最新颁布的法律规范提供可靠信息渠道。另一创新项目则是通过对外贸易部与司法部和其他部委合作,

---

① Указ Президента Республики Узбекистан 30.06.2017 г. № УП – 5099《О мерах по коренному улучшению условий для развития отрасли информационных технологий в республике》// Собрание законодательства Республики Узбекистан. 2017. № 26. Ст. 576.

② Указ Президента Республики Узбекистан 30.06.2017 г. № УП – 5099《О мерах по коренному улучшению условий для развития отрасли информационных технологий в республике》// Собрание законодательства Республики Узбекистан. 2017. № 26. Ст. 576.

共同研究解决新颁布法律规范翻译成英文文本的问题。现有法律文本通过两种官方语言表达:乌兹别克斯坦语和俄语。而英文文本在乌兹别克斯坦政府看来更具有开放性,并能够借此促进法律交流,建立良好的投资环境,扩大与苏联地区之外国家的交流。

(3)统一电子选民名单制度。行政信息化建设的另一举措,是通过2017年8月15日乌兹别克斯坦内阁630号命令①规定了统一电子选民名单制度。这一措施的目的是通过广泛应用信息通信技术来进一步完善乌兹别克斯坦的选举程序,从而促进国家权力机关组织体系的完善。如果说以前只能通过授权机关现场制作选民名单的方式保障选举,那么现在所有年满18岁具有临时或者经常居住地、具有民事行为能力、未遭受过刑事处罚的公民都将被列入统一电子名单。名单每年更新一次,在大选期间根据中央选举委员会的工作计划确定。选民名单制作程序的电子化减少了国家支出,降低了成本,减轻了由于社会公众了解选民名单、提出变更选区申请等工作造成的行政负担。这一电子系统将在2017年12月塔什干市更卡什区人民代表选举中首次投入使用,并在2018年4月1日前完全推广。

3. 加强个人权利保障

(1)增强行政活动的公开性。乌兹别克斯坦新版《自然人和法人申诉法》,旨在强化政府民众对话机制的框架内,增强政府行政机关管理活动的开放性。② 申诉可以口头、书面或者电子形式提出,三种形式具有相同意义并依照相同程序审理。申诉应当使用民族语言,但不禁止使用其他语言。公民和政府组织机构代表之间的主要交流渠道,仍然是依靠行政机关领导亲自受理申诉。各机关中必须设置专门的职能部门,安排专门公职人员负责受理申诉,同时允许公开和现场受理,公开受理可以借助走访居民和单位进行。在受理申诉和通知申诉人过程

---

① Постановление Кабинета Министров Республики Узбекистан от 15. 08. 2017 г. № 630《О мерах по формированию и введению единого электронного списка избирателей Республики Узбекистан》// Собрание законодательства Республики Узбекистан. 2017. № 33. Ст. 859.

② Закон Республики Узбекистан от 15. 08. 2017 № ЗРУ - 445《О внесении изменений и дополнений в Закон Республики Узбекистан《Об обращениях физических и юридических лиц》// Народное слово. 2017. № 182(6846); электронная версия // HTTP://LEX. UZ/PAGES/GETPAGE. ASPX? LACT_ID = 3336171,访问日期:2017年11月4日。

中,鼓励使用电子技术设备,例如,录音、录像或者拍照。口头申诉还可以在正常的工作时间,通过使用通信技术设备进行,其中包括借助国家行政机关热线电话和视频会议系统进行。

(2)建立民众与政府间的直接对话机制。通过受理民众申诉以及借助于各类电子通信设备可以实现这一目标。国家机关和组织可以使用远程通信设备,受理公民和法人的申诉,并解答疑问。总统受理民众申诉时有权要求其他国家机关、组织协同进行,有权向这些机关质询并获得相应的文件和信息;必要的情况下,可以亲自赴现场,监督和调研申诉调查决定的执行情况;向机关和组织提出完善申诉调查程序的建议;对违反程序、申诉调查期限,以及未保障决定合理执行的人员所应承担的责任提出建议。

(3)鼓励公民参与社会共治。为了改善国家行政管理机关与公民、组织之间的相互关系,通过马哈良制度[①]扩大公民对社会事务的参与程序,2017 年 2 月 3 日 УП－4944 号总统令规定了这一制度。[②] 通过政策措施强化地方自治机关的物质和技术基础,加强公民、国家机关与公民社会制度之间的协调互动。除了强调地方居民在解决重大关切问题中的重要角色,还扩大了社区在保障社会秩序和国家安全及预防违法行为中的作用,提高了公民对法律的尊重;建立权利和合法利益的有效保障机制,加强地方自治机关之间活动的协调,保证社区体系法律实践中的统一调整。总体来说,这一改革促进了权力机关的权力下放。除此之外,国家机关还能够依靠社区统一体中居民的帮助,实现其社会治理功能。因此,乌兹别克斯坦领导层认识到,如果对社区制度不给予足够的重视,那么很多社会改革就只能停留在纸面上。

(4)建立新型公民护照登记制度。2017 年颁布了一系列旨在保障乌兹别克斯坦境内公民法律地位、带有一定自由化色彩的法律规定。

---

① 马哈良制度(махалля),是一种地方公社制度或社区制度,伊斯兰国家中马哈良这一术语通常是指城市中实行居民自治的区域。

② Указ Президента Республики Узбекистан от 3.02.2017 г. № УП－4944《О мерах по дальнейшему совершенствованию института махалли》// Собрание законодательства Республики Узбекистан. 2017. № 6. Ст. 69.

2017 年 8 月 16 日总统令确定了新的出境程序。[①] 在此之前,公民出境应当根据审批程序办理两年护照(стикер),也就是公民离境权利登记。因此,有时会发生职权机关拒绝办理护照而限制公民出境自由的情况。2017 年 1 月 1 日建立了新的“乌兹别克斯坦共和国公民个人信息护照登记系统”,撤销了原来办理护照的规定,从 2018 年 12 月 1 日起将运行新的护照登记体系,换发新的公民个人信息护照。乌兹别克斯坦政府认为,护照应当符合现代要求,其中应包含拥有者的必要个人信息,保障公民的出境自由需要,在形式上要符合国际的要求。新的护照将保证足够的有效期,免除公民每两年去职权机关重新办理护照登记的奔波之苦。但是伪造护照和滥用证照颁发职权的问题仍然未得到彻底解决,这只能通过未来对内务部签证护照制作机关纪律作风加以整顿来缓解。

4. 保护鼓励市场竞争与促进就业并举

(1)鼓励和保护经济领域竞争。建立“乌兹别克斯坦国家促进企业私有化和发展竞争委员会”。[②] 主要职能包括:建立实时更新的数据库和各领域、区域的项目私有化清单以及不同私有化模式和国有资产的清单;分析私有化企业经营的财政状况和生产数据,查明空置和未有效运行的项目和地块;建立私有化企业国家地图,为他们获取审批文件提供协助,加强基础设施建设,通过商业银行提供贷款;针对私有化项目,加强企业家项目投资培训;实行破产制度,吸引投资人参与经营经济上无力偿还债务的企业;管理国有资产;实施反垄断政策,促进市场竞争和证券市场发展,保护消费者权益,对资产评估、房地产和证券交易所等行业实施许可证制度,调整广告市场。这一机关承担了反垄断以及管理国有资产的职能。乌兹别克斯坦对国有企业的态度处于转变过程中,国家仍然保留了对私有化企业的适当监管,这反映在国家协助企业

---

① Указ Президента Республики Узбекистан от 16. 08. 2017 г.《О коренных мерах по совершенствованию порядка выезда граждан Республики Узбекистан за границу》[электронный ресурс] // http://uza. uz/ru/documents/o-korennykh-merakh-po-sovershenstvovaniyu-poryadka-vyezda-gr. 访问日期:2017 年 10 月 4 日。

② Указ Президента Республики Узбекистан от 18. 04. 2017 г. № УП – 5016《Об образовании Государственного комитета Республики Узбекистан по содействию приватизированным предприятиям и развитию конкуренции》// Собрание законодательства Республики Узбекистан. 2017. № 16. Ст. 266.

制订发展规划、寻求投资者,并为协调行政管理机关提供帮助和指导。这在一定程度上既对私有化企业投资人提供了政策支持和保障,也可以作为企业发展的制动器,帮助企业的经营行为符合行政机关的相关管理规定。

(2)促进居民就业。2017年乌兹别克斯坦政府的关注要点也包括居民就业问题,重点是提高居民生活水平、发展中小微企业。根据2017年5月24日5052号总统令,①撤销了原劳动部,代之成立了"劳动关系就业部"。其工作职能包括制订地区和行业居民就业计划,提供不同形式的就业方式,制定国家公共事业预算支出,创造工作岗位;促进社会弱势群体就业;鼓励青年企业家创业;加强职业保护。我们不难发现,上述新措施不仅改变了国家劳动部门组织结构,也影响了就业管理体系的权力配置。"劳动关系就业部"转而承担一般国家就业部门承担的传统职权,并将更多的注意力集中于鼓励和支持青年创业,为刚刚走出校园立志于创业的青年提供各类资金和政策支持。

5. 强化国家行政机关监督机制

(1)重塑护法机关形象和职能。传统上乌兹别克斯坦护法机关一直在国家生活中发挥着极为重要的作用,具有极其广泛的职权,已经超出了保证法律秩序安全和社会安全的职权范围。因此,护法机关工作效率的降低,必将影响整个国家社会生活的质量,导致企业经营活动面临较高的行政腐败风险。对于普通民众而言,护法机关工作人员经常是国家权力机关的代名词。2017年8月18~19日,内务部长访问各地区时甚至需要解决普通居民的生活问题。例如,古力斯坦社区的居民在申诉中提出,本区电线杆的安全状况已经不符合安全要求,并导致了电力输送故障;居住在该区的居民姆斯塔力克,还提出了保障清洁饮用水的要求。② 这些都体现出护法机关承担了广泛的社会管理职能,也迫使权力机关花费更多的精力树立护法机关的良好形象,提高其工作效

① Указ Президента Республики Узбекистан 24. 05. 2017 г. № 5052《О мерах по дальнейшему совершенствованию государственной политики в сфере занятости и коренному повышению эффективности деятельности органов по труду》// Собрание законодательства Республики Узбекистан. 2017. № 21. Ст. 379.

② Официальный сайт Министерства внутренних дел Республики Узбекистан [электронный ресурс] // http://www.mvd.uz/ru/lists/view/1090,访问日期:2017年11月3日。

率。因此,2017 年 4 月 10 日 УП – 5005 号总统令,提出旨在解决护法机关问题的一系列措施。[①] 其中强调了内务部职能与社会稳定性和社会经济发展之间的关系。同时暴露的问题包括:不同级别内务部机关之间职权划分不清,基层工作人员工作负担较大,缺乏与普通民众间的对话沟通和有效的汇报机制,议会和社会公众对内务机关的工作缺乏有效监督,未形成违法行为提前预防机制,普通民众对内务部队伍建设中的腐败现象大为不满,总统令中指出"改革应当定位于推进内务部机关活动的议会监督和人民代表监督"。

(2)建立领导定期汇报监督机制。2017 年 10 月 1 日起,内务部部长应当一年向议会汇报两次关于预防违法行为工作的进行情况。塔什干市内务总局、各州内务局和卡拉卡尔帕克斯坦共和国内务部部长应当向地方代表机关定期提交季度报告。负责青少年问题和预防违法行为的法院副院长应当定期向区代表机关提交相关信息的汇报材料,并且每个月在区代表面前进行述职。虽然暂时很难评价这一举措的现实意义,但其更多具有树立护法机关形象的形式意义。在代表仅仅听取内务部领导报告、无权提出意见并实际监督其工作的情况下,显然无法实现汇报制度的预定目标。但这也在一定程度上,通过代表机关的意见促进了警察机关工作人员完善自身职责,规范其职务行为。更为重要的是,吸引了社会代表广泛参与行政监督,这也成为乌兹别克斯坦政治民主化的重要举措。因此,在乌兹别克斯坦《内务部条例》[②]中规定,内务部工作人员应当定期现场对公民和法人的申请做出有效回应,保障社会监督,并定期向社会发布工作报告。

(3)改组审计署。国家试图在行政权力机关组织改革过程中保障对行政权力机关主体活动的社会监督,保护公民、组织的权利和自由,因此,决定改组乌兹别克斯坦审计署。2017 年 8 月 10 日 УП – 5147 号

---

① Указ Президента Республики Узбекистан от 10. 04. 2017 г. № УП – 5005《О мерах по коренному повышению эффективности деятельности органов внутренних дел, усилению их ответственности за обеспечение общественного порядка, надежной защиты прав, свобод и законных интересов граждан》// Собрание законодательства Республики Узбекистан. 2017. № 15. Ст. 243.

② Положение о Министерстве внутренних дел Республики Узбекистан, приложение 1 к постановлению Президента Республики Узбекистан от 12. 04. 2017 г. № ПП – 2883 // Собрание законодательства Республики Узбекистан. 2017. № 15. Ст. 247.

总统令中确定了该机构的《具体完善措施》。[①] 根据该规范第6条,审计署有权进入国家机构和组织信息数据库,向国家行政机关下达强制撤销数据库中不符合事实信息的命令;评价国家预算收入预测的准确性,保障税赋征收和税赋征收对象的完整性;对立法完善提出建议;对地方税务和财政机关领导作出纪律处罚措施的决定。根据2017年5月5日УП-5037号总统令,乌兹别克斯坦总统之下设立保护企业主体权利和合法利益的全权代表。[②] 总统的全权代表可以独立于其他国家机关运行,直接向国家最高权力机关提出申诉。其职责包括分析评价企业经营者和国家权力机关间行政关系中法律调整能力,合理调整护法机关与监督机关之间的关系;对监督企业活动的国家机关实施监察;有权就预防非法干涉企业主体活动的行政行为提出建议;有权询问和获取关于权力机关活动的必要信息;发现国家机关主体存在违法行为后,全权代表有权书面向公职人员作出违法行为警告;向该机关作出要求其在能力范围内消除导致违法行为原因和条件的命令;允许为保护企业利益向法院提起诉讼。

小结:

新时期乌兹别克斯坦经济改革预期效果的实现,必须借助于国家和社会生活所有领域的综合性改革,特别是行政领域的改革。乌兹别克斯坦现行行政改革对提高国家行政管理质量、提升民众对行政机关的信任将会发挥积极作用。同时,这一结果也会对建立良好的经济环境产生积极影响。可以发现,在很多旨在吸引外国投资者的改革措施中,乌兹别克斯坦都强调了对外经济开放的重要性,试图建立新的符合世界标准的规范体系。新的行政管理体系与过去封闭的、带有强烈国家干预色彩的政策体系形成鲜明对照。改革前国家的行政干预涉及社会生活的所有领域,尤其是经济领域;而改革后的行政体系趋向于保护经济自由化和市场自由竞争。除此之外,乌兹别克斯坦还通过出台一

---

① Указ Президента Республики Узбекистан от 10. 04. 2017 г. № УП - 5147《О мерах по коренному совершенствованию деятельности Счетной палаты Республики Узбекистан》// Собрание законодательства Республики Узбекистан. 2017. № 32. Ст. 796.

② Указ Президента Республики Узбекистан от 5. 05. 2017 г. № УП - 5037《Об учреждении института Уполномоченного при Президенте Республики Узбекистан по защите прав и законных интересов субъектов предпринимательства》// Собрание законодательства Республики Узбекистан. 2017. № 19. Ст. 333.

系列旨在保障行政权力机关决策和程序公开的相关条例,建立不同机关间的相互制约机制,吸引民众代表参与行政机关的监督,赋予民众向内务部部长提出申诉的权利等,进一步提升了行政改革的效果。

(二)投资便利化与营商环境的改善

乌兹别克斯坦自独立以来一直实行对外开放的经济政策,并形成了倾向于吸引外资的法律体系,不断改善投资环境。2017 年,乌兹别克斯坦在积极吸引外资、改善营商环境等方面出台了一系列政策措施,制定了一整套外商投资保障及保护措施,同时对法制建设提出了更高的要求,加强了促进外商投资的规范立法和政策实施。为投资企业提供了包括税收优惠、海关优惠,以及帮助企业获取国家财政和行政支持等一系列措施在内的优惠政策,但在一些国家战略领域仍然保留了适当的国家调整。

1. 完善外汇市场环境

国家权力机关的另一首要目标是完善外汇市场环境。需要指出的是,乌兹别克斯坦实行严格的货币政策,限制现金流通,这常常使得未装备银行支付终端的交易场所无法满足居民日常购买大宗商品的需要。这种严格的外汇调整同样使得企业经营活动日益复杂化。2017 年 9 月 2 日 УП－5177 号总统令的出台则表明乌兹别克斯坦金融领域正朝着自由化转型。[①] 总统令中规定了投资领域经营主体从事商业运营享有同等的市场待遇,目的在于扩大商品和服务的出口,通过出口贸易促进国家经济发展。2017 年 9 月 5 日起,乌兹别克斯坦法人有权无限制地从商业银行中获取外汇用于支付国际业务,包括进口商品、劳务和服务,清偿债务,支付国际旅费和其他非商业性质费用。具有合法身份的外国人可以在兑换点自由卖出或者买入外汇,并使用国际信用卡结算,边境城市对于使用上述结算手段不设限制。不具有法人资格的个体经营者从事进口消费品贸易,允许通过银行账户获得外汇。取消了出口商必须卖出外汇收入的强制规定。拥有外汇收入的外国企业和农场,有权从自己的银行账户中支取现金外汇。但乌兹别克斯坦仍然禁

---

① Указ Президента Республики Узбекистан от 2. 09. 2017 г. № УП－5177《О первоочередных мерах по либерализации валютной политики》// Собрание законодательства Республики Узбекистан. 2017. № 36. Ст. 945.

止使用外币支付商品、劳务和服务。近日,乌兹别克斯坦政府又决定,2018 年将进一步降低税收负担,减少纳税群体。具体措施包括:合并所得税和社会基础设施发展税,两税合并后缴税比例由 15.5% 降至 14.5%;企业缴费比例从此前的 3.5% 降至 3.2%,每年少缴纳税费约合 4110 亿苏姆(5070 万美元);将个体经营业者的固定税收平均降低 30%,提高居民创业的积极性。① 上述措施,改变了市场主体的经营能力,旨在激活对外经济,将注意力集中于促进出口,并在一定程度上为发展对外经济活动建立一个良好投资和经营环境。

2. 国家适当监督机制下的进出口优惠政策调整

国际贸易公司也同样享有国家优惠政策。总统允许企业在无须政府审批的情况下,出口生产日期超过 5 年的汽车和设备。相应地,新产品应当首先在乌兹别克斯坦国内市场投入使用,此举的目的是实现经济领域生产能力的现代化。但是,国家对进出口业务仍然实施适当的国家监督。例如,作为税收依据的商品、劳务、服务收益必须根据商品出卖的实际价格确定。也就是说,如果职权机关得出结论,外贸合同显著低于国家认定的合理世界市场实际价格,则按照国家认定具有根据的标准计算收益,并制定进口商品优惠清单。进口商品优惠清单由内阁与"负责进口商品(服务、劳务)范围和结构分析以及深化进口商品替代生产的专门委员会"协商确定。② 根据 2017 年 8 月 23 日总统令,建立了"国家能源节约"股份公司。③ 这一组织作为国家从事现代减能增效技术的主要企业,是国家机关唯一的供货商,在保证该企业利润稳定的同时,也允许该企业吸引来自各个领域的投资,包括外商投资,目的在于限制国家机关采购高耗能商品(劳务和服务),同时也对此类进口商品提出了较高的耗能标准要求。

---

① 《乌兹别克斯坦将新建 11 个工业特区吸引投资》,载慧聪工程机械网:http://info.cm.hc360.com/2017/12/ 250951690785.shtml,访问日期:2017 年 12 月 25 日。

② Образована распоряжением Президента Республики Узбекистан от 6.04.2017 года №P－4891.

③ Постановление Президента Республики Узбекистан от 23.08.2017 г. № ПП－3238《О мерах по дальнейшему внедрению современных энергоэффективных и энергосберегающих технологий》// Собрание законодательства Республики Узбекистан. 2017. № 34. Ст. 883.

3. 减少国家经济干预和降低企业违法责任

(1)减少国家干预。根据2016年10月5日УП-4848号总统令的规定,通过促进经济领域发展的立法修订,以形成新的法律适用实践,这是一部旨在促进经济发展而强化立法和组织措施的综合性法令。总统令从2017年1月1日开始实施,取消了所有对企业主体活动的计划外审查措施,但是法人资格撤销审查,依据乌兹别克斯坦机关监督协调委员会作出的决定以及根据由自然人和法人对违法行为事实举报而实施的临时和专门审查措施除外。

(2)降低企业违法责任。在满足规定条件的情况下,可以免除企业主体及其工作人员由于经济违法行为需要承担的行政责任和刑事责任,以及法律规定的经济处罚。法律规定的条件包括:第一次实施违法行为;自愿中止违法行为;消除违法后果,包括补偿物质损失等。但这其中并不包括危害生命和健康的案件。对于非法经营企业(未经过官方注册登记)行为,如果其在一个月内办理完所有企业注册登记手续,这一条款仍然可以对其适用。对于企业经营者的犯罪行为,不适用剥夺其继续从事企业经营活动权的刑罚。

4. 提供外商税收优惠政策和法律保障

(1)向外商投资提供税收和政策优惠。借助外商投资重新恢复运营的生产型企业,在5年时间内,享有企业登记之日的税率和其他支付标准,但冻结税率并不适用于资源和关税支付。同时,企业主体免除对仲裁庭裁决强制执行而应当支付的执行规费,这一规定旨在促进乌兹别克斯坦经济领域仲裁业务的发展。按照《乌兹别克斯坦投资法》《外国投资者权益保障及保护措施法》的规定,在乌兹别克斯坦投资和经营引起的纠纷,可先由合作方协商解决,如解决未果,可提交乌兹别克斯坦经济法院解决,法院可依据乌兹别克斯坦参加和缔结的国际公约或协议规定的程序和原则进行裁决。协议双方也可根据约定,选择和确定受理商务或投资合作纠纷的仲裁国家。企业申请仲裁的纠纷与在乌的投资项目无关时,也可依据乌兹别克斯坦法律审理解决,但双方已约定采用其他程序或依据国际规范解决的除外。乌兹别克斯坦在1996年2月7日被批准成为《纽约公约》成员国,该条约于同年5月7日在国内生效。乌兹别克斯坦对《纽约公约》未声明任何保留条款。乌兹别克斯坦现在已经签署了一系列有关投资保护和仲裁的国际协议,包括华盛顿国际投资争议协调中心规则等,投资和贸易纠纷也可通过巴黎国际仲裁法院、斯德哥尔摩国际仲裁法院临时仲裁机构(Adhoc Arbitration)等国际仲裁组织解决。

(2)改革出口登记制度。出口商无须在海关登记出口合同,海关借助于"统一对外贸易业务电子信息平台"对出口合同履行实施监督。但需要着重指出的是,优惠政策主要针对工业产品,而对大部分的矿石和农业产品、武器和军事技术、用于生产的专门配套产品、电力能源、有色金属制品仍作例外规定。[①] 虽然出口销售合同按照惯例仍然需要登记,但是乌兹别克斯坦出口商品许可证的办理时间缩短。如果企业主体之前已经办理过此类商品的相关文件,则通常可要求行政机关在一天内办理完结。

(3)改革户籍登记制度。这一改革的目的在于加强外国人法律地位保护,护照改革与户籍登记制度是具有紧密联系的,护照改革是公民根据居住地和常住地户口登记制度的延续。因此,2016 年 10 月 7 日乌兹别克斯坦内阁颁布了第 336 号命令,[②]并在 2017 年对该命令进行修订,进一步扩大了有权受理公民首都常住登记申请的机关和组织的清单,扩大了公民在首都区域提出常住申请的理由范围。同时规定:如果涉及塔什干市住宅的永久转让、赠予、抵押和出让以及位于塔什干住宅或者商品房的其他形式转让,签订买卖合同、易货合同、租赁合同时,如果买受人是外国人或无国籍人,必须进行公证和国家登记,并且其前提条件是外国人必须"在塔什干市具有常住户口;或在塔什干市经常居住登记不少于 3 年,并能够出具内务部常住证明"。只有在首都具有住宅的外国人以及其直系血亲、配偶和养子女有权获得常住户口。被聘请在乌兹别克斯坦机关和组织工作的外国高技术人员及其家属也属于此

---

① Приложения 1,2 и 4 к Указу Президента Республики Узбекистан от 10. 10. 1997 года № УП – 1871《О дополнительных мерах по стимулированию экспорта товаров(работ, услуг)》[электронный ресурс] // http://www. lex. uz/pages/GetAct. aspx? lact_id = 222082, 访问日期:2017 年 12 月 4 日。

② Постановление Кабинета министров Республики Узбекистан от 7. 10. 2016 г. № 336《О мерах по дальнейшему совершенствованию порядка постоянной прописки граждан Республики Узбекистан, иностранных граждан и лиц без гражданства в городе Ташкенте и Ташкентской области》// Собрание законодательства Республики Узбекистан. 2016. № 41. Ст. 474.

列。外国公民和无国籍人在乌兹别克斯坦居留领域的新政策,为外国人在乌兹别克斯坦居留提供了稳定的法律地位和保障。公民身份登记体系陆续出台的一系列措施,扩大了外国公民在塔什干及其周边区域长期居住的权利。在一定程度上,这也与国家为发展经济和吸引外资而聘请大量外国技术专家的政策实施具有密切关联。

5. 通过简化行政审批和扶持政策鼓励小微企业发展

(1)鼓励和发展小微企业。2017 年年初开始实施《关于加速商业发展、全面保障私有资本和改善营商环境的补充措施》总统令,这将进一步改善乌兹别克斯坦营商环境并有助于释放企业经营的活力。得益于此,乌兹别克斯坦小微企业和私营企业呈现出快速发展的趋势。2017 年 8 月 17 日乌兹别克斯坦《关于建立国家支持企业发展基金》的总统令规定了国家支持小微企业发展的相关政策。[①] 基金以国家机关的形式由内阁领导,其主要任务是为小微企业发展提供财政支持。这种支持主要以提供商业银行贷款的形式实现,贷款资金主要由基金提供,基金优先支持发展高新技术农业。

(2)鼓励家庭手工业发展。乌兹别克斯坦现在仍然有相当数量的居民以家庭手工业方式从事生产经营。同时,家庭手工业的发展也减轻了国家提供就业岗位的负担,降低了失业率。根据 2017 年 5 月 24 日总统令,[②]由各商业银行共同组建有限责任公司"支持家庭手工劳动财团",初期注册的法定资本为 500 亿苏姆。财团致力于帮助家庭手工业者以及手工商品订货企业引进现代机械、设备、原料和材料获取贷款,同时对手工商品销售市场进行市场营销调查。

(3)简化行政服务流程。2017 年 2 月 1 日颁布的总统令规定,[③]国

---

① Постановление Президента Республики Узбекистан от 17. 08. 2017 г. № ПП – 3225《О создании Государственного фонда поддержки развития предпринимательской деятельности》// Собрание законодательства Республики Узбекистан. 2017. № 34. Ст. 880.

② Постановление Президента Республики Узбекистан от 24. 05. 2017 г. № ПП – 2996《О мерах по созданию дополнительных благоприятных условий для дальнейшего развития надомного труда》// Собрание законодательства Республики Узбекистан. 2017. № 21. Ст. 390.

③ Постановление Президента Республики Узбекистан 1. 02. 2017 г. №ПП – 2750《О дополнительных мерах по совершенствованию механизмов оказания государственных услуг субъектам предпринимательства》// Собрание законодательства Республики Узбекистан. 2017. № 5. Ст. 61.

家行政服务按照“一站式”原则实施,根据这一原则公民和组织能够通过行政机关设置的专门窗口和设备获取全部的国家行政服务和信息,由此免除了行政相对人在不同机关之间的奔波之苦。国家“一站式”行政服务中心曾在哈吉米亚特区行政机关试行,现在这一体系的推广和运营由乌兹别克斯坦司法部负责,并由其通过机构重组提高中心人员的职业化程度和国家权力机关的工作效率。并且,根据新的规范所有企业主体的国家登记都由“一站式”中心受理,但银行机构、信贷机构和其分支机构及代表处的设立除外。根据这一计划,2017 年第一季度“行政审批”信息系统投入使用,这一系统旨在保障“一站式”服务中心向企业主体提供行政审批和其他许可文件、远程获取办理行政许可、获知行政审批程序和期限等相关信息的能力。根据“一站式”原则,市场主体与国家行政权力机关间的行政服务关系得到简化,同时也降低了腐败风险,原因在于市场主体可以直接从行政服务设施获取便利的行政服务,无须再与公职人员发生直接联系,并将法律规定的各项审批转化为技术手段。

6. 加强基础设施建设扩大外商投资

(1)加强经济能源区建设。根据 2017 年 5 月 26 日总统令,乌兹别克斯坦推出了完善能源经济区建设的“一揽子”措施,[①]其中就包括旨在强化该领域行政管理机关工作效率的各类措施。政府更加将注意力集中于吸引投资,特别是外商投资上,并计划在 2022 年 1 月 1 日之前,免除设备、原料、材料、元配件、仪器、零件的海关支付(除关税外),同时,为保障各类进口政策的实施免除了对相应技术文件的要求。尽管私营组织形式设立了若干能源公司,但乌兹别克斯坦在一些国家战略部门领域仍然保持了较多的国家干预,这些公司的主要职能仍然具有公共管理的性质,并承担了部分国家行政机关的职能,接受国家机关的监督。同时,由于这些公司具有市场民事法律主体地位,也使得这些法人能够更有效地吸引投资,尤其是外商投资。乌兹别克斯坦国家信息社公布的各类消息亦可证明这一点。

(2)加强电力能源领域法律规制。在水电领域,由根据 2017 年

---

① Постановление Президента Республики Узбекистан 26.05.2017 г. № ПП – 3012《О программе мер по дальнейшему развитию возобновляемой энергетики, повышению энергоэффективности в отраслях экономики и социальной сфере на 2017 – 2021 годы》// Собрание законодательства Республики Узбекистан. 2017. № 22. Ст. 424.

5 月18 日 УП－5044 总统令建立的乌兹别克斯坦能源股份公司承担类似的管理职能,[①]并规定该公司同时承担部分公共管理职能。例如,在水电能源建设领域实施统一的技术标准,对水电领域企业主体实施集中的技术管理,并负责实施国家在水电领域保障包括吸引外国投资在内的各类投资计划,并继续将电力能源领域作为乌兹别克斯坦传统经济战略部门。在促进吸引电力能源投资领域中,"乌兹别克斯坦水电"股份公司的建立发挥着重要作用,但电力能源领域仍然由国家占有主要股份。[②]

(3)加强道路基础设施建设。乌兹别克斯坦道路建设和运营领域的基础设施建设规划由乌兹别克斯坦"公路国家委员会"制定,该委员会根据乌兹别克斯坦《关于进一步完善道路运营管理体系》总统令成立。[③] 这一机构代替了原有的"国家公路建设和运营股份公司"(ГАК《Узавтойул》)。其主要任务包括:在公路建设领域实施统一的技术标准;制订和实施国家公路发展计划;确定公路网未来发展远景规划;建立国际跨境运输公路走廊;在考虑现代交通流量以及公路使用者利益的情况下整体解决公路拨款、规划、建设、维修和运营等问题;监督公路建设质量、改造、维修和维护;切实协调农村公路网、城市街道维护和改造;组织科研工作,推广公路规划、建设、改造、维修和维护方面的技术创新和现代标准;加强公路领域人才培养、继续教育和技能提高,派遣专业人员赴国外进修深造。

7. 加强自由经济区建设

(1)重视自由经济区的政策规划。根据 2016 年 10 月 26 日 УП－

---

① Указ Президента Республики Узбекистан от 18. 05. 2017 г. № УП – 5044《Об образовании акционерного общества〈Узбекгидроэнерго〉》// Собрание законодательства Республики Узбекистан. 2017. № 21. Ст. 378.

② Узбекистан-Китай:новый этап сотрудничества в сфере энергетики // Официальный сайт Национального информационного агентства Узбекистана [электронный ресурс] // http://uza. uz/ru/business/uzbekistan-kitay-novyy-etap-sotrudnichestva-v-sfere-energeti. 访问日期:2017 年 9 月 8 日。

③ Указ Президента Республики Узбекистан от 14. 02. 2017 г. № УП – 4954《О мерах по дальнейшему совершенствованию системы управления дорожным хозяйством》// Собрание законодательства Республики Узбекистан. 2017 г. № 7. Ст. 84.

4853号总统令,[①]乌兹别克斯坦政府将自由经济区视作经济发展的重要推动器,其中确定了各自由经济区统一的组织形式。在此之前,自由经济区被称作"产业经济区"或者"专门产业区"。自由经济区的形式和地位,由各自由经济区内部法律规定统一调整,旨在为外国投资者创造良好的投资环境,建立统一的税收标准,提供海关优惠。在自由经济区范围内免除土地税、所得税、法人财产税、公共事业和社会基础建设税,以及小微企业的统一税费支付。

同时,在内阁审批的项目清单范围内,免除了企业生产所需设备、原料、材料和配套产品以及乌兹别克斯坦国内无法生产的建筑材料的关税支付(海关手续费用除外)。

(2)各自由经济区建立的行政委员会承担管理职能。该机关承担经济区活动调整和协调职能;作出是否给予企业和组织落户自由经济区获得主体地位的决定;协助制订未来投资和吸引外资计划,建立稳定的协调合作机制,推动商品出口;同时,行政委员会协调国家权力机关与经济区落户企业间的关系;有权作出决定,通过无偿变卖未有效设立的企业财产,收回投资债务和国有资产;建立独立的自由经济区预算,并在独立预算范围内建立基金为自由经济区发展提供助力。

小结:

吸引投资和完善营商环境是乌兹别克斯坦立法者关注的焦点。改革实施过程中,总统更多地借助于原有国家法律体系,将大量注意力集中于为发展自由经济区提供政策支持,包括为入驻企业提供大量税收和海关优惠,以及帮助企业获得国家财政和行政管理机关优惠政策。在银行领域,由各商业银行共同组成的联合体为自由经济区内部的投资计划提供了必要保障。虽然这些经济区之前就存在,但现在这些特别经济区的法律地位更加稳固,政策更加稳定,数量不断增长。总的来说,国家调整在经济领域仍大量存在,并且渗透到自由经济区内部。虽然行政机关仍然通过政府权威促进企业的积极性,但是,正在不断弱化对经济领域活动的干预。例如,引入行政监督机关并暂缓现行行政处

① Указ Президента Республики Узбекистан 26 октября 2016 г. № УП – 4853《О дополнительных мерах по активизации и расширению деятельности свободных экономических зон》//Собрание законодательства Республики Узбекистан. 2016. № 43. Ст. 498.

罚制度,借此降低企业经营者由于刑事和行政违法行为承担的法律责任等。可以预测的是,上述政策将会持续下去,国家将会继续促进企业在国家战略经济领域的发展,并为其提供优质和优惠的政策保障。

结语

乌兹别克斯坦2017年法治建设的顺利开展,为《行动战略》国家战略目标的实现奠定了坚实的基础,并为未来乌兹别克斯坦的法律体系改革和法律实践勾画出了基本轮廓。总统是所有未来行动战略和具体实施政策措施的规划者,所有主要的改革政策措施,都由总统按照发展战略和国家计划以总统令或者决议的方式作出,并最终通过法律修订的形式将总统令中的主要规范以法律形式固定下来,借以完善以总统令形式颁布的各类行政法规。例如,2017年以总统令形式颁布的带有法律修订色彩的内容,都可以在2017年9月14日乌兹别克斯坦ЗРУ－446号法律中找到。①

改革首先触及的是乌兹别克斯坦行政权力机关。原因在于,国家新任元首在改革触及不同领域生活本质之前,必须建立一个忠诚高效的行政管理机关体系。目前,乌兹别克斯坦已为保障行动战略的五个优先事项的实施分别设立了委员会,任务是确保充分、及时和高标准地实施国家方案中所提出的各项措施。这些委员会不仅负责执行上述任务,而且负责起草2018～2021年《行动战略》以及执行各年度国家方案。总的来说,随着新总统的选举产生,原有国家高层机关的整体框架被保留下来,立法者立足于对现有权力机关体系的修正,保留了其原有的主要枢纽机关。这为上述改革措施的实施奠定了组织基础,也必将为行政体系改革的进一步深化提供结构性基础和组织保障。

立法领域很多新的立法条款仅具有立法技术的性质,并未显著改变既有法律调整机制,而是通过适用新立法技术使其现代化。立法创新的直接动因在于为行政改革提供法律依据,营造良好的投资环境,改革现有低效率的行政体系,革除腐败。为真正实现建立现代行政体系

---

① Закон Республики Узбекистан от 14.09.2017 г. № № ЗРУ－446《О внесении изменений и дополнений в, а также признании утратившими силу некоторых законодательных актов Республики Узбекистан》// Собрание законодательства Республики Узбекистан. 2017. № 37. Ст. 978.

的战略目标,还需要构建全方位、相互协调的法律规范体系,《行政程序法草案》的制定和《反腐败法》的颁布,是未来一系列法律规范创制的前奏,也为行政改革的实施提供了法律保障。需要指出的是,2017 年乌兹别克斯坦实际上未对民法进行大规模修订,因此,也未出现对民事流转产生显著影响的新订条款。如果现有改革能够促进经济活动活跃,那么在很大程度上可以预测未来民法改革的动向。立法成果通过司法适用才能得到贯彻实施,投资者总是寄希望于东道国经济和政治环境稳定,来保障自己的权利和合法利益。因此,乌兹别克斯坦国内改革的首要目标中,也必然包括司法领域改革,要求国家建立高质量的司法审判体系,包括民事、经济、刑事和行政司法。可以肯定,未来的 2018 年将会朝这一方向迈出更加稳健的步伐。

乌兹别克斯坦从独立第一天起就为自己制定了建立民主国家和公民社会的政治目标。在独立后的 27 年中,社会经济和政治的改革在公共生活等各领域取得了巨大成果。目前,法律制度、经济、民主化和国家现代化的改革仍然在立足于本国国情和借鉴国际优秀经验的基础上按计划分阶段进行。乌兹别克斯坦的法治建设之路仍然漫长,2017 年行动战略的实施为乌兹别克斯坦未来的法治变革奠定了政治基础,也指明了发展方向。法治变革必将持续下去,其宗旨在于改善司法系统,使其成为保护人权的主要保障,确保司法真正独立。总之,一个强大而公平的法律制度是民主国家的重要组成部分,它可以确保公民的权利和利益得到保护,这反过来又创造了繁荣,为国家的进步提供了保障条件。①乌兹别克斯坦已经通过 2017 年的法治建设和司法改革的顺利进行为此奠定了良好的基础,让我们对乌兹别克斯坦的法治现代化进程拭目以待。

Annual Report on the Rule of Law in Uzbekistan(2017)

Gong Nan　Oleg Sherstoboev

Abstract: The year 2017 witnessed the layout of the development

① 《乌兹别克斯坦称法治是国家繁荣的保障》,载和讯新闻:http://news. hexun. com/2016 - 08 - 02/185289958. html,访问日期:2017 年 11 月 2 日。

strategies of Uzbekistan when the government's power had been smoothly transferred to its new president. In 2017, the Uzbekistan government set primary goals to further open its market, promote investment and economic liberalization in the next five years. Besides, economic and political reforms would be also bound to inject vigorous impetus into the construction of the rule of law and point the way forward, meanwhile, the latter one would provide the basis and institutional guarantee for the reforms. With detailed analyses and reflections on the construction of the rule of law in Uzbekistan in 2017, as well as specific investigations in such sectors as legislation, administration and judiciary, the paper may provide a number of prerequisites for examining Uzbekistan's political development, investment, business environment, and the status quo of the rule of law, as well as dynamically predicting and reflecting on the process of the rule of law in the future.

Keywords: Construction of Rule of Law; Informatization; Economic Liberalization; Investment Facilitation; Uzbekistan

塔吉克斯坦法治报告(2017)

岳　强*

内容摘要:随着2016年塔吉克斯坦宪法修正案的通过,总统拉赫蒙及其家族的影响力空前上升;塔国内经济总体呈弱势发展。对外关系方面:塔俄、塔美关系得到加强;塔中立法、司法、行政执法机构的交流取得一定的成果;加强了与联合国的交流;改善了与邻国的关系;塔伊关系依然紧张。安全形势方面:为打击跨国犯罪创造了法律条件、加强了反恐军事演习;反恐形势依然复杂严峻,治安状况不佳。2017年,塔国内加强了控烟、网络监控方面的法律;以法令及刑法修正案形式,扩大总统赦免权、禁止对总统发表负面评论;一些涉及民俗、宗教、婚姻家庭的新的法律或修改建议一度引发争议和社会讨论;对经济、金融、税收、投资领域相关的法律进行了修改。2017年塔吉克斯坦的政治经济发展和法治建设处在不断完善的过程中,在可预见的未来,该国的发展之路仍将在严峻的安全形势和国际国内错综复杂的大背景下艰难前行。

关键词:塔吉克斯坦;法治建设;中塔关系;反恐

---

* 作者简介:岳强,女,讲师,上海政法学院。

引言

塔吉克斯坦的法律体系属于罗马—日耳曼法系,习惯法在塔吉克斯坦一直占据重要地位,其地位直到1920年前后才发生动摇。20世纪80年代,塔吉克斯坦的法律基本照搬苏联其他成员国的法律,直到1990年之后,其国内的法律体系发生了一系列变革。变革的主导原则包括意识形态和政治多元化,面向社会市场经济,扩大个人的权利与自由并强化对其的保障。[①] 1994年11月30日,塔吉克斯坦经过全民公投,通过了独立后的第一部宪法,即1994年版《宪法》。根据《宪法》,塔吉克斯坦先后通过了多部宪法性法律,包括《塔吉克斯坦共和国海关法典》(1995年)、《塔吉克斯坦共和国经济诉讼程序法》(1995年)、《塔吉克斯坦共和国土地法典》(1996年)、《塔吉克斯坦共和国劳动法典》(1997年)、《塔吉克斯坦共和国刑法典》(1998年)、《塔吉克斯坦共和国家庭法典》(1998年)等。此后,在1999年9月、2003年6月和2016年5月,塔吉克斯坦三次对《宪法》进行了修改。

就整体而言,塔吉克斯坦的外交政策具有延续性和稳定性,其特点表现为:坚持独立自主,对内维护政局稳定,对外积极争取各项援助,奉行大国平衡外交,并视与俄、美、中关系为本国外交优先方向。国际组织方面,目前塔吉克斯坦已加入了联合国、欧安组织、上合组织、经合组织、伊斯兰会议组织等几十个国际和地区性组织,以及北约“和平伙伴关系”计划。独立以来,塔吉克斯坦一直视俄罗斯为主要战略伙伴,塔俄盟友关系稳步发展。与此同时,塔吉克斯坦十分重视同中亚其他四国的友好关系。自1992年中塔建交以来,中塔睦邻友好合作关系稳步发展,2013年两国签署了包括《中华人民共和国和塔吉克斯坦共和国关于建立战略合作伙伴关系的联合宣言》在内的8项文件。

2017年,塔吉克斯坦政局总体稳定。随着2016年塔吉克斯坦宪法修正案的通过,塔国内政治力量格局发生了重大变化,塔吉克斯坦总统拉赫蒙及其家族的影响力空前上升。经济方面,国际原材料价格市场低迷,俄罗斯等国经济不景气对塔的影响依然较大,总体呈弱势发展。外交方面颇有亮点,积极发展同俄罗斯、中国等周边大国关系,与美国

---

① 陈波:《中亚投资法律风险与典型案例》,中国法制出版社2016年版,第120~121页。

总统实现了元首会面,拉赫蒙总统还参加了联合国大会、上合组织、独联体国家元首峰会。安全与治安形势依然复杂严峻。塔吉克斯坦的法治之路在国际、国内错综复杂的背景下,依旧艰难前行。

一、2017 年塔吉克斯坦法治建设

(一)宪法

2017 年 10 月 31 日,拉赫蒙总统就《塔吉克斯坦共和国宪法》颁发 23 周年向全国人民表示节日的祝贺。拉赫蒙在节日致辞中表示:"1994 年通过的《塔吉克斯坦共和国宪法》,在塔吉克斯坦走向民主和独立的进程中发挥着巨大的作用,同时确保了塔吉克斯坦领土的和平……《塔吉克斯坦共和国宪法》这部国家基本的法律的通过,被认为是塔吉克人在多年以来争取独立的重要的成就之一……《塔吉克斯坦共和国宪法》是塔吉克斯坦公民获得合法权利和自由的保障!"。2016 年修宪之后又进一步强调了塔宪法的权威性。

每年的 11 月 6 日被设为塔吉克斯坦宪法日,此举旨在纪念在 1994 年 11 月 6 日塔吉克斯坦通过全民公投的方式形成的一套完善的国家基本法律。塔吉克斯坦宪法日属于法定假日,全国休息一天。此外,根据《塔吉克斯坦共和国国旗法》的规定,在宪法日当天,国家机构、公共组织以及相关组织单位,均需悬挂国旗。

现行的《塔吉克斯坦共和国宪法》阐述了国家的单一制总统制,以及总统所享有的最高权利。现行《宪法》规定:修宪需通过全民公决进行。如果投赞成票的人民代表超过三分之二,就可以进行全民公决。共和国政体、国家领土完整、国家的民主、法制、非宗教和社会的性质不可改变①。从 1994 年塔第一部《宪法》通过至今,《塔吉克斯坦共和国宪法》累计进行过三次修订。

在《宪法》的统领下,塔吉克斯坦构建了较为系统的法律体系。其中,行政法领域的法规主要有:《塔吉克斯坦共和国许可证法》《塔吉克斯坦法人国家登记法》等。商业法领域的法律法规主要有:《塔吉克斯坦共和国融资租赁法》《塔吉克斯坦共和国国家保护和支持法》《塔吉克斯坦共和国外国投资法》《塔吉克斯坦共和国国家私有化法》《塔吉

① 刘国胜、陈静:《中亚五国宪法制度概论》,知识产权出版社 2015 年版,第 87 ~ 95 页。

克斯坦共和国商品和劳务国家采购法》等。其他方面的重要法律法规主要有:《塔吉克斯坦共和国外汇调节与监督法》《塔吉克斯坦共和国银行法》《塔吉克斯坦共和国保险法》《塔吉克斯坦共和国外国公民权利地位法》《塔吉克斯坦共和国产品商标和服务标识法》《塔吉克斯坦共和国著作权法》《塔吉克斯坦共和国工业样品法》《塔吉克斯坦共和国海关税则》《塔吉克斯坦共和国海关法典》《塔吉克斯坦共和国企业破产法》《塔吉克斯坦共和国有价证券和证券交易所法》《塔吉克斯坦共和国能源法》《塔吉克斯坦共和国国际条约法》《塔吉克斯坦共和国合同租让法》《塔吉克斯坦共和国企业国家登记法》《塔吉克斯坦共和国劳动法典》《塔吉克斯坦共和国所有权法》《塔吉克斯坦共和国交通法》《塔吉克斯坦共和国土地规划法》《塔吉克斯坦共和国税收法典》《塔吉克斯坦共和国股份公司法》《塔吉克斯坦共和国对外经济活动法》《塔吉克斯坦共和国国家公证法》等①。

(二)行政法

塔吉克斯坦行政法作为公法的重要组成部分,规定了国家行政机关职能的行使以及与公民之间的关系。通过了解塔吉克斯坦行政法,可以了解行政机关的行政管理和行政治理的模式,也可了解行政机关如何为公民服务实现公民权利。塔吉克斯坦行政法与其他法一样,都以《宪法》为根本原则。同时,与刑法、民法等有所区别的是,塔吉克斯坦的行政法在很大程度上是直接"复制"于塔吉克斯坦《宪法》的一些具体规定的。这在政权组织形式、公民的基本权利包括政治权利、经济权利、社会权利以及公民基本义务等相关的行政法规定上,表现得特别明显。此外,由于塔吉克斯坦行政法律正处于创制过程中,不少行政活动规范还在沿用苏联时期的一些行政法。所以,从目前来看,要了解塔吉克斯坦的行政法治状况,主要可求助于塔吉克斯坦《宪法》的若干规定,同时参照苏联时期塔吉克斯坦作为加盟共和国的有关规定。

2017 年,塔吉克斯坦在行政法体系未有大的变动,其主要动态表现为一系列涉及民俗宗教习俗、公共环境、网络监控,以及"去俄语化"方面具体的法律法规的出台。下面逐一进行介绍分析。

① 陈波:《中亚投资法律风险与典型案例》,中国法制出版社 2016 年版,第 124 ~ 125 页。

1. 民族宗教习俗领域的法律修改与争议

2017 年,塔吉克斯坦国内政界和宗教界出现了多次有关服饰、胡须等民族宗教习俗方面的争论和法律修改建议,引发了民众的关注和讨论。

2017 年 8 月,塔吉克斯坦相关神职人员向该国公众宣传称,伊斯兰教徒蓄“三指宽”长度的胡须是最合适的。这一观点也受到了塔吉克斯坦官方的认可。在官方的宣传当中,“三指宽”长度的胡须被认为“符合塔吉克宗教和传统文化”。塔吉克斯坦杜思提县中央清真寺伊玛目纳苏罗·法伊祖洛耶夫表示,他非常支持政府的这一宣传,并已经将自己原先长度超过“一拳”的胡须,修改为“三指宽”的长度。塔吉克斯坦共和国两年前曾发起一项针对“大胡须”的打击行动,警方当时逮捕了许多蓄有大胡子的人,并强制性将其胡须剃除,部分人员还被处以 150 苏姆罚款[①]。

2017 年 8 月塔吉克斯坦通过的一项法律修正案规定,塔吉克斯坦公民“有义务掌握国语,保持民族服饰特征并穿着民族服饰”,违反这一规定的公民将被处以罚款。塔吉克斯坦政府后续还将出台有关民族服饰的相关规定。当地分析人士指出,塔吉克斯坦当局可能希望通过这种方式,令该国穆斯林女性脱下宗教服饰而改穿民族传统服饰。不过该国政府相关人士表示,这一新规定针对的是“不符合塔吉克斯坦文化和宗教传统的宗教服饰”。在此之前,塔吉克政府已经采取了多轮针对“非传统宗教服饰”的打击行动。

此前,据塔吉克斯坦政府妇女事务委员会副主席玛尔哈巴·沃莉米透露,该国政府工作人员曾在 8 月 3 ~ 13 日同国内 8000 余名日常生活中穿戴宗教服饰“希贾布”的女性进行了“预防性谈话”。塔吉克斯坦政府妇女事务委员会、宗教事务委员会及内务部工作人员参与了谈话和宣传工作,并向这些女性强调,宗教服饰“希贾布”不是塔吉克传统民族服饰和民俗文化的组成部分。据玛尔哈巴·沃莉米称,在首都举行的相关谈话当中,90% 的女性坦诚,其穿戴“希贾布”是由于丈夫和成年子女的要求,如果其丈夫不反对,她们随时都愿意摘下“希贾布”。但据了解,有部分在俄罗斯工作的塔吉克斯坦男性公民通过电话威胁称,

① 哈通社网站,http://www.inform.kz。

若妻子摘下“希贾布”就会和她离婚。值得一提的是,塔吉克斯坦政府的举动受到了一些人权组织的抗议,认为这种行为是对私人领域的侵犯。

2017年塔吉克斯坦政府出台这些涉及民族宗教习俗的法律的背景,源于该国民众对世俗制度的高度认可,总体上该国民众仍认为政治属于世俗事务。塔吉克斯坦现行《宪法》第1条第1款就明确:塔吉克斯坦是主权的、民主的、法制的、非宗教的单一制国家。但同时,由于伊斯兰教在塔吉克斯坦的影响广泛而深入,甚至宗教极端主义在部分地区滋生蔓延,上述法律修改建议的提出还是引起了社会各界热烈的讨论,一些知名人士纷纷表达观点,民众支持或反对声音皆有。这些法律近期是否能在国会顺利通过并正式实施,尚存在不确定性。

2. 加强控烟的法律

近年来,塔吉克斯坦政府为了有效行使行政管理权,每年都会针对一些具体事项采取行政措施,以实现维护当地秩序,营造良好的公共环境等目的。2017年10月,塔吉克斯坦国会下院通过了《塔吉克斯坦共和国禁止使用烟草制品法》,自此,水烟被纳入该国禁令。新法律禁止在室内吸烟和吸水烟,包括在酒吧、咖啡馆和饭店内。在烟草的包装上应有“吸烟有害吸烟者健康”的警告。新法律禁止按支(根)出售香烟:现在在烟盒内至少要有20支香烟。可以吸烟的区域将会受到明显限制。此项禁令适用于行政办公大楼、国有和私营企业办公室、住宅楼入口、电梯内、地下通道、机场、火车站、疗养院、宿舍和公共交通工具等。据悉,该项法律在国会下院通过时并未受到太大的阻力,民众对之反应也较为温和,但鉴于塔吉克斯坦国内吸烟人口数量巨大,其具体实施效果如何,尚有待进一步观察。

3. 加强网络监控的法律

据塔吉克斯坦Sputnik网站2017年7月13日的报道,塔议会下院议员赞成关于允许执法机关监控居民网络的法案。自塔政府办公厅主任奥佐达·拉赫蒙建议修改《塔吉克斯坦共和国侦查法》后,塔情报部门现已有权获取公民上网相关信息。塔下院议员玛吉佐达称,塔目前每日收到9万条疑似极端分子和恐怖分子号召加入非法组织的信息。相关部门截获数据可用作法庭证据,此举有助于打击极端主义和恐怖主义。

国会议员此次允许执法机关监控居民网络的提案与塔吉克斯坦近年来反恐形势严峻有直接关系。塔吉克斯坦穆斯林人口占多数,自其从苏联独立后,一直沿袭世俗化政体,但近年来经济形势持续低迷令塔国支持伊斯兰化的呼声渐长,一些年轻人选择采取一些激进的方式来表达诉求。此外,受大环境影响,塔国内国外恐怖势力交织,各类极端组织活动此起彼伏,甚至一些军政高层也卷入其中:该国原国防部副部长纳扎尔佐达在2015年9月4日策划发动恐怖袭击事件,造成17人死亡的惨案至今仍触目惊心。由于长期以来塔举国深受各类恐怖袭击事件侵害,此次加强网络监控的提案也获得了大部分民众的支持。

4. 关于语言法与“去俄语化”

近年来塔国内“去俄罗斯化”的呼声始终未曾停歇,其中一个具有标志性意义的事件就是新语言法的颁布。塔吉克斯坦新语言法于2009年6月制定完成,经过长时间的讨论酝酿,塔下议院于同年10月1日进行了投票表决,最终以58票赞成、5票反对的结果通过了该草案;10月3日,塔上议院也投票通过该草案。拉赫蒙总统于2009年10月6日签署了《塔吉克斯坦共和国国家语言法》,法案从签署之日起生效[①]。

新颁布的《国家语言法》与旧版最显著的区别就是,不再将俄语规定为族际交际语[②]。俄语在塔的地位再次引发关注,社会各界分歧严重,一时难以统一:一方面,强化民族语言的地位有利于提振民族自觉自信以及身份认同;但另一方面,由于俄罗斯文化对中亚各国影响巨大,早已深入到社会生活的各个层面,彻底地实施“去俄语化”既不现实,也给普通民众求学、工作带来诸多不便,还会遭到俄罗斯人的误解,如果处理不好,则会给塔俄关系带来一定的负面影响[③]。

事实上在中亚各国,“去俄语化”,进而“去俄罗斯化”是一个老生常谈的话题。独立后的中亚各国家实行与独立之前倾向俄罗斯化截然不同的语言政策,其坚持民族语言的思想使俄语在其国家的地位与政

---

① 张宏莉、张玉艳:《语言法:塔吉克斯坦“去俄罗斯化”的新发展》,载《俄罗斯中亚东欧研究》2010年第4期。

② 于淼:《塔吉克斯坦的“去俄罗斯化”》,载《宜春学院学报》2012年第11期。

③ 李雅:《塔吉克斯坦独立后的语言政策变迁》,载《新疆师范大学学报》(哲学社会科学版)2014年第1期。

策不断被调整。由于本国语言普及度不高,地位被忽视,所以中亚国家都采取了弱化俄语加强种族语言的各项措施,借机提高本国语言在人民心中的地位,将本国文字拼写方法更趋向于拉丁化并用国语统一国家内部公文用语正是这些政策的结果。就“去俄语化”的效果而言,首先在土库曼斯坦国,俄语的地位已经基本消失,国语已经完全普及。由于其国家实施严格的语言政策,所以从现阶段来看俄语在土库曼斯坦并不会得到太多的发展。其次是哈萨克斯坦,该国议会于 2017 年召开听证会,拟于 2025 年全面完成国语文字拉丁字母化改革进程。在吉尔吉斯斯坦、塔吉克斯坦、乌兹别克斯坦,俄语的地位也被逐年弱化,其发展趋势不太乐观。

(三)刑法

塔吉克斯坦作为苏联的加盟共和国,其刑法即苏联的刑法,独立后所颁行的刑法,也与俄罗斯现行刑法有着相似的规定。现行《塔吉克斯坦共和国刑法》分为两大部分,一是刑法总则,二是刑法分则,共 15 编 35 章。前 6 编为总则部分,计 16 章,包括:第一编“刑法”,内容为:(1)刑事立法的目标和原则、追究刑事责任的理由,(2)刑法效力、刑事引渡;第二编“犯罪”,内容为:(1)犯罪的概念和分类,(2)刑事责任能力,(3)犯罪的责任形式,(4)犯罪形态,(5)共同犯罪、单位犯罪,(6)犯罪的除外情形;第三编“刑罚”,内容为:(1)刑罚类型,(2)刑罚适用;第四编“豁免刑事责任、刑罚”,内容为:(1)刑事责任的豁免,(2)刑罚的豁免,(3)大赦、犯罪记录、平冤昭雪;第五编“未成年人的刑事责任”,内容为未成年人的刑事责任和判刑的特殊性,刑罚和适用;第六编“医疗性质的强制措施”。后 9 编 19 章的内容为分则部分,包括:第七编“人身犯罪”,内容为:(1)危害生命和健康犯罪,(2)危害人身自由、荣誉和尊严犯罪,(3)侵犯性自由犯罪,(4)侵害公民个人宪法权利和自由犯罪,(5)对家庭和未成年人犯罪;第八编“危害公共安全和人口健康犯罪”,内容为:(1)危害公共安全犯罪,(2)危害人口健康犯罪,(3)危害交通运输安全犯罪;第九编“危害生态安全和环境犯罪”;第十编“违反公序良俗犯罪”;第十一编“经济活动领域犯罪”,内容为:(1)侵犯财产犯罪,(2)经济活动领域犯罪;第十二编“危害信息安全犯罪”;第十三编“危害国家权力犯罪”,内容为:(1)违法宪政体制和国家安全基本制度犯罪,(2)危害国家政权、公共利益犯罪,(3)违反管理秩序犯罪,(4)危害司法犯罪;第十四编“军事服役犯罪”;第十五编“危害人类和平与安全犯罪”。

2017 年塔吉克斯坦刑法领域未有大的动作,新出台的一些法律旨在强化塔吉克斯坦总统拉赫蒙的个人权威,如扩大总统赦免权、禁止对总统发表负面评论等。这些举措与 2016 年的修宪活动一脉相承,从法律程序上保障了拉赫蒙总统长期执政,巩固了塔吉克斯坦在特定历史条件下所形成的威权政体这一民主政治模式:这种模式保留了选举制、议会制、多党制等民主的一般属性,适应了社会转型的需要。宪政民主初步确立、总统权力显著放大、执政党一党独大,这在客观上有利于维护国家统一、领土完整和社会稳定,促进社会政治全面好转。相关动态值得关注。

1. 扩大总统赦免权

2017 年 6 月,拉赫蒙签署了设立塔吉克斯坦总统直属赦免委员会的法令。法令规定,赦免委员会是国家直属于总统的咨询机构,其设立目的是保障总统在赦免事务中依法行使有关权利。新设立的赦免委员会将在宪法及其他本国法律法规,以及国家承认的国际法律的基础上开展工作。根据该法令,总统可以直接赦免被塔吉克斯坦法院判刑或者由其他国家法院判刑并在塔境内服刑的人员。该法令于 2017 年 7 月 1 日起正式生效。

2. 禁止对总统发表负面评论的法律

2017 年 10 月 13 日,塔吉克斯坦总统拉赫蒙签署了针对《刑法》第 137 款进行补充修改的法案,该法案赋予了政府作出相关决议的法律基础。根据这一新法律,在塔吉克斯坦境内,任何于公开场合对总统、“民族领袖”拉赫蒙发表负面评论的个人,将面临至少五年的牢狱之灾,并且这一法令对网络社交媒体同样适用。值得一提的是,就在法案签署一周前,塔吉克斯坦官方正式宣布该国总统拉赫蒙为“民族领袖”和“塔吉克斯坦独立的奠基人”。塔吉克斯坦官方表示,该决议将于近期提交塔吉克斯坦议会进行审议①。

(四)民法领域(《塔吉克斯坦共和国家庭法》)的修改与争议

2017 年 8 月,联合国消除种族歧视委员会呼吁塔吉克斯坦政府取

① 塔吉克斯坦总统直属立法中心网站:http://www.mmk.tj。

消这项限制外国人与塔国妇女结婚的《塔吉克斯坦共和国家庭法》修正案。该修正案规定,外国人如要娶塔吉克斯坦女性为妻,至少要在塔国居住一年。该国法律同时规定,外国人来塔5年之内无权购买住房。塔吉克斯坦称,该法案的出台是为了保护塔吉克斯坦妇女在婚姻中的利益,同时避免她们被贩卖,但联合国消除种族歧视委员会认为该法案限制了塔国女性的自由。8月25日,消除种族歧视委员会在日内瓦举行的第93次大会上,呼吁塔国取消该国的"家庭法"修正案,"对妇女的保护措施永远不应限制人们的基本权利和自由,包括选择妻子和丈夫的权利"。塔国司法部长绍赫姆罗特称,这一法律是为了保护塔国公民的权益:近年来,塔国政府接到大量嫁到国外的塔国妇女投诉,称离婚后,她们的权益受到侵害,有的甚至被前夫卖作性奴①。

据塔国官员统计,这一法律实施后,本国女性嫁给外国人的数量大幅减少。2010年,塔吉克斯坦有700多起跨国婚姻,但到了2013年,这一数字降至100多起。当前,有近百万塔国男性到国外打工,造成国内性别比例失衡。塔吉克斯坦伊斯兰复兴党成员萨伊福罗佐达称:"许多女性留在国内,而男人们在俄罗斯工作数年,一些人甚至在那里组建了新的家庭。国内男女比例失衡,这个社会问题应引起关注。"OZODI电台还指出,实际上中亚的许多国家都不愿意本国女性嫁给外国人,土库曼斯坦、吉尔吉斯斯坦、哈萨克斯坦等国也出台了类似的限制性法律②。

事实上,塔吉克斯坦政府出台限制外国人与塔国妇女结婚的"家庭法"修正案,与中亚地区日益猖獗的穆斯林妇女被贩卖到国外从事卖淫活动不无关系。早前的一份非官方统计称,近年来,大量妇女被从中亚各国送往阿拉伯国家、土耳其和韩国等地,其中大部分妇女是穆斯林。穆斯林妇女卖淫尚属新现象,这说明了中亚国家的贫穷状况。

(五)经济、金融、税收、投资领域相关法律的修改

2017年,针对国际、国内经济形势的复杂性和不确定性,以及金融风险增加,塔吉克斯坦对经济、金融、税收、投资领域的法律法规进行一系列修改,旨在保护本国经济、改善投资环境、提振国家抵御金融风险的能力、消除腐败。

---

① 哈通社网站:http://www.inform.kz。

② 哈通社网站:http://www.inform.kz。

塔吉克斯坦于2017年发布了新版《国家发展战略(至2030年)》,重申了进一步提升金融部门的现代化水平的紧迫性。发展战略指出,目前国内银行、小额信贷机构、保险公司等金融机构的资本化水平低,金融部门提供的产品种类难以满足实体经济发展需求。金融过分依赖美元,用美元进行现金结算的比例极高。金融部门在结构上缺乏连续性,表现为证券市场严重受限,流转二级市场缺失。塔国内储蓄转化为投资或信贷的转换机制低效,储蓄的调动使用率差。本币汇率脆弱,波动反应敏感,从而导致融资渠道受到限制。发展战略为建立国家现代化金融部门开出了"药方",即大力加强金融基础设施建设,开发更多的创新金融产品和金融服务,提高整个金融系统的效率、员工能力以及服务意识,从而激发本国金融机构的发展潜力。

二、2017年中塔法律交流合作

塔吉克斯坦是中国的友好邻邦。自1992年中塔建交以来,两国高层频繁互访,拉赫蒙总统与中国历届领导人建立了深厚的个人友谊,也加深了两国之间的政治互信。2014年9月,习近平主席对塔吉克斯坦成功进行了国事访问,两国关系得到进一步提升。当前,塔中关系处于历史最好时期,中国对塔经贸合作快速发展,规模和范围也逐步扩大,合作水平不断加深。中塔两国具有广泛的经贸互补性,塔吉克斯坦政府对与中国开展经贸合作抱有迫切的意愿。塔吉克斯坦是中亚各国中最早对"一带一路"倡议表现出兴趣的国家[①]。对中国而言,中亚地区是"一带一路"的核心地带,塔吉克斯坦是中亚地区的重要国家。该国地缘优势明显,矿产、水利资源丰富,政治稳定,经济政策开放。塔中两国稳固的双边关系以及经贸互补性为中资企业进入塔市场参与塔经济建设提供了条件。

(一)元首会晤情况

1. 特点及模式

中国与塔吉克斯坦等中亚五国建交后,友好关系发展较快,尤其是近年来,中塔两国元首在双边、多边框架下互动频繁,建立了良好的工作关

---

① Knasanov Bekhruz:《"一带一路"战略下塔中关系的发展与合作研究》,吉林大学2017年硕士学位论文。

系和个人友谊,为两国关系的进一步发展加强了战略引领和顶层设计。

2013 年 5 月 20 日,拉赫蒙总统与习近平主席在北京签署了塔中建立战略伙伴关系的联合声明,这是一个重要的政治成果。声明不仅明确要提高双边政治互信,而且宣布建立更高水平的战略伙伴关系。2016 年 6 月 23 日,习近平主席和拉赫蒙总统在塔什干再次举行会晤,双方在加强顶层设计,推进共建"一带一路"建设,打击"三股势力"和跨国犯罪等方面达成重要共识。拉赫蒙表示塔吉克斯坦对中方在南海问题上的立场完全理解,坚决支持。

2. 现状

2017 年,中塔两国元首又在双边、多边场合实现了多次会晤,并为两国立法、司法和安全执法机构的交流合作指明了方向,创造了良好环境。

2017 年 6 月 9 日,正在哈萨克斯坦出席 2017 上海合作组织元首峰会的国家主席习近平,在阿斯塔纳会见了塔吉克斯坦总统拉赫蒙。在会谈中,习近平特别提到了双方要加强防务和执法安全合作。拉赫蒙表示,塔方愿将国家发展战略同"一带一路"建设对接,加强两国在能源、农业、安全执法等领域的合作。2017 年 8 月 31 日,国家主席习近平在人民大会堂同来华进行国事访问并出席新兴市场国家与发展中国家对话会的塔吉克斯坦总统拉赫蒙举行会谈。两国元首一致决定建立中塔全面战略伙伴关系。习近平主动提及,中方支持塔方同中国金融机构、丝路基金、亚洲基础设施投资银行建立合作联系,愿与塔方共同促进贸易和投资便利化。拉赫蒙表示,愿加强两国在地区和国际问题上的协调及执法安全合作。

3. 成果

2017 年塔吉克斯坦总统拉赫蒙访华期间,中塔两国发表了联合声明,为两国关系长期和稳定发展奠定了坚实的法律基础①。双方重申将恪守两国签订的关于边界问题的协定和文件,坚持永久和平、世代友好原则,将中塔边界建设成为睦邻友好和相互信任的桥梁。

(二)安全执法机构交流

1. 特点

近年来,中塔两国执法安全合作进展顺利,双方交流密切,在打击

① 中华人民共和国外交部网站:http://www.fmprc.gov.cn。

“三股势力”和跨国犯罪等方面取得了很多合作成果,有效维护了本地区安全稳定,切实巩固了中塔战略伙伴关系。

2. 合作模式

近年来,中塔两国在双方元首达成的重要共识的指引下,深挖合作潜力,拓展合作空间,通过开展业务交流培训,共享情报信息,提高了反恐和禁毒相关案件侦破效率,有力维护了边境地区稳定。双方还在警用技术装备和执法能力建设方面交流合作,成果丰硕。

3. 现状及成果

在中塔两国元首的亲自关心和指导下,近年来双方安全执法机构的交流已形成机制化。2017 年,双方在双边和多边框架下互动频繁,成效显著。

2017 年 9 月,塔吉克斯坦总统拉赫蒙在访华期间接受人民网专访时,特别提及了两国在安全执法领域的合作。他表示:当前,“三股势力”和跨国犯罪活动已经对两国乃至整个中亚地区的安全稳定构成极大威胁。为此两国将全面深化安全执法领域合作,加强与其他国家相关机构之间的沟通,以此来应对这些威胁。在这方面,两国将不断推进两国执法机构的联合项目,包括人员培训、组织联合反恐及其他应对地区安全威胁的行动。为此,将加强两国相关部门工作组的联系,进一步巩固双方的合作机制。

通过 2017 年全年,中塔两国安全执法机构领导人在双边、多边场合的高频率会见,可以从侧面反映出两国在相关领域的高效合作。2017 年 4 月 5 日,中国国务委员、公安部部长郭声琨赴阿斯塔纳出席上合组织成员国安全会议秘书第十二次会议,期间会见了塔吉克斯坦安全会议秘书卡霍罗夫。郭声琨表示中塔执法安全部门要以两国元首达成的重要共识为指引,全面深入发展友好合作关系。当前,中亚地区安全局势依然严峻,非传统安全威胁日益显现,中塔两国要在打击“三股势力”和跨国犯罪方面加深合作,提高两国边境管理和执法水平,在上海合作组织框架下紧密协调配合,携手应对地区安全风险和挑战。卡霍罗夫对此表示完全赞同,认为双方应该进一步提升执法安全水平,为维护地区安全稳定作出努力。

2017 年 9 月,塔吉克斯坦内务部长拉希姆佐达应邀来华出席国际刑警组织第 86 届全体大会,期间和中共中央政治局委员、中央政法委书记孟建柱、国务委员兼公安部部长郭声琨分别举行了会见,表示愿与中方不断提升务实合作水平,切实维护两国和地区安全稳定。

4. 展望

2017 年,中塔两国安全执法机构交流频繁,相关合作取得丰硕的成果,但是鉴于塔国周边严峻复杂的安全形势和国内令人担忧的治安状况,2018 年塔吉克斯坦政府仍应采取切实努力,加大对毒品走私等跨国犯罪行为的打击力度,加强塔阿边境管控,保障国内政治社会局势及治安稳定,为中国企业创造良好的投资环境,以使双方各领域的合作实实在在地惠及两国人民。

(三)立法、司法机构交流

1. 特点及模式

近年来,中塔两国在反恐、打击跨国犯罪等领域司法合作十分密切,双方司法机构定期开展交流互访。中国最高人民法院还为此拟定了旨在加强双边合作,特别是推动建立引渡、承认并执行对方国司法裁决、移管罪犯机制等方面的两国刑事司法合作机制的合作谅解备忘录草案。

2. 现状及成果

2017 年,中塔两国立法、司法机构的交流成果丰硕。随着当前中塔全面战略伙伴关系保持良好发展势头,两国司法领域交流与合作日益密切。中国最高人民法院与塔最高法院在司法改革、法官培训以及共同打击跨国犯罪等方面开展了卓有成效的合作。双方在绍希延院长访华期间还签署了《中华人民共和国最高人民法院与塔吉克斯坦共和国最高法院司法交流与合作谅解备忘录》,这对进一步推动两国司法交流合作将发挥重要作用,为中塔全面战略伙伴关系发展提供完善的司法支撑保障①。

2017 年 8 月 31 日,全国人大常委会委员长张德江在北京会见了塔吉克斯坦总统拉赫蒙。拉赫蒙表示,两国要进一步增进两国政治互信,积极开展立法机关间的交流合作,推动双边关系不断取得新发展。

中塔两国立法、司法机关加强交流合作十分必要。无论国大国小,依法有效打击跨国犯罪,维护社会大局稳定,促进社会公平正义,保障

---

① 塔吉克斯坦司法部网站:http://www.minjust.tj。

本国人民安居乐业都是两国司法机关共同的任务。

3. 中国全国人大批准涉塔条约

2017 年 4 月 27 日闭幕的第十二届全国人民代表大会常务委员会第二十七次会议决定:批准 2014 年 9 月 13 日由中华人民共和国代表在杜尚别签署的《中华人民共和国和塔吉克斯坦共和国关于移管被判刑人的条约》。2017 年 6 月 19 日,塔吉克斯坦大使达弗拉佐达和中国外交部副部长刘振民在中国外交部交换塔吉克斯坦与中国关于遣送被判刑人员条约批准国书。该条约于 2014 年 9 月 13 日在杜尚别市签订。根据该条约第 20 条的规定,该条约从互换批准书之日起第 30 天生效,也就是 2017 年 7 月 19 日。

4. 分析和展望

2017 年,中塔两国立法司法机构交流取得丰硕成果,双方在司法改革交流、共同打击跨国犯罪方面成效显著,但在为双方经贸领域的合作创造良好的法制环境建设方面,仍有大量具体工作有待开展。特别是塔方应为简化中国公民赴塔投资的签证手续以及海关审批制度方面作出实质性努力,完善对话合作体制机制,提高服务意识和服务水平,为双方各领域的友好交流消除壁垒。

2018 年,中塔两国要加强立法、司法机构的沟通,为双方经贸往来创造良好的法制环境。两国应该在上合组织框架下从体制机制建设入手,消除经贸合作的各项壁垒和消极因素。当前,在塔投资兴业的中国企业已达 400 余家,且数量还在继续攀升,中塔双方应在出入境、检验检疫、签证发放等政策上加强协调,简化手续,提高效率,提升人员往来的便捷化程度。塔方应进一步完善国内法律体系,改善治安条件,摒弃官僚作风和不文明执法,提高服务意识,从法律制度上对在塔合法经营的中方企业给予保障,化解投资风险,以良好的营商环境吸引更多的中国企业赴塔投资。①

结语

综观 2017 年全年塔国内形势,拉赫蒙总统家族的政治影响力得到

① Knasanov Bekhruz:《"一带一路"战略下塔中关系的发展与合作研究》,吉林大学 2017 年硕士学位论文。

空前加强,反对派力量遭到持续削弱,这在一定程度上有利于保持塔国内政治和社会稳定,为经济发展创造必要的环境。2017 年塔吉克斯坦在对外关系上颇有亮点:塔俄、塔美、塔中关系得到了发展,尤其是和中国加强了立法、司法、行政执法机构的交流,加强了和联合国的交流。此外,塔乌(乌兹别克斯坦)关系仍存在不确定性、塔伊(伊朗)关系依然紧张。2017 年塔国内经济疲软。反恐形势依然复杂严峻,治安状况不佳。

总体而言,自独立以来,塔吉克斯坦是苏联国家中法律制度最欠缺的,该国司法独立性较弱,法律的执行和解释缺乏延续性,法律制度不透明,行政干预司法判决的情形时有发生,司法领域腐败问题严重,法治生态脆弱。这既制约了塔经济的健康和可持续发展,也给外国投资者带来困扰[①]。2017 年一些涉及民俗、宗教、婚姻家庭的新的法律、政策的出台还一度引发了争议和社会讨论,该国的法治建设还处在不断完善的过程中。

塔吉克斯坦是中国的重要邻国,也是"一带一路"沿线重要节点国家,地缘优势明显。该国自然资源丰富,政局比较稳定,经济政策较为开放,与中国经贸互补性较强,且主动参与对接中国"一带一路"建设的意愿强烈,从长远看,有着良好的经济发展前景。但受当前国际经济持续低迷以及俄罗斯等国增长放缓的影响,加之国内安全和治安形势严峻,营商法制环境较差等,其发展道路存在一定的不确定性。2018 年塔吉克斯坦的法治之路仍将在国际、国内错综复杂的背景下艰难前行,有待我国相关法律界学者持续观察。

Annual Report on the Rule of Law in Tajikistan(2017)

Yue Qiang

Abstract: With the adoption of the Tajikistan Constitutional Amendment in 2016, the influence of President Rakhmon and his family has risen at an unprecedented rate; Tajikistan domestic economy has generally

---

① 孙力、吴宏伟主编:《中亚黄皮书:中亚国家发展报告(2016)》,社会科学文献出版社 2016 年版,第 324 ~ 338 页。

shown a weak development. In terms of external relations: Relations between Tajikistan and Russia and the United States have been strengthened; The exchanges of legislation, judicial and administrative law enforcement agencies in Tajikistan and China have gotten achievements; Exchanges with the United Nations have been strengthened; Relations with neighboring countries have improved; Relations between Tajikistan and Iran remain tense. In terms of the security situation, legal conditions have been created to crack down on transnational crimes, and anti-terrorism military exercises have been intensified; the counter-terrorism situation remains complex and severe, and the security situation is not good. In 2017, Tajikistan strengthened its laws on tobacco control and network monitoring; To expand the power of presidential pardon in the form of decrees and amendments to the criminal law, and prohibit negative comments on the president; Some new laws or amendment proposals involving folklore, religion, marriage and family have caused controversy and social discussions; The relevant laws in the fields of economy, finance, taxation, and investment were revised. Tajikistan's political and economic development and rule of law construction in 2017 are constantly improving. In the foreseeable future, the country's development path will continue to be difficult under the severe security situation and the complicated international and domestic background.

Keywords: Tajikistan; Rule of law construction; Relations between China and Tajikistan; Anti-terrorism

印度法治报告(2017)

张陶然*

内容摘要:作为一个历史悠久的文明古国,印度有着极为光辉灿烂的古代文明,孕育出无数的哲人以及当今世界一些重要的主流宗教。印度的宗教属人法已经成为印度统一民法典制定的阻碍,而种姓制度的遗存至今影响着印度的法治。在女性权益保护问题上,重男轻女的传统思维直接影响了法律的实施。在经济发展方面,莫迪政府在2017年度推出了一系列强化中央政府权威、发展经济的举措,完成了税收制度的统一、修改了《银行监管法》和《破产法》、提高了公司并购标准、《房地产调控法》正式生效。

关键词:印度;特留权制度;女性权益保护;印度经济法;莫迪新政;GST税改

一、印度法治变迁概述

(一)古代印度

1.吠陀时代

吠陀时期的法律,只能通过对吠陀文学的记载进行研究获知。此时的法律并未从部落习俗和宗教思想中脱胎出来,仍然是一种隐藏于部落习俗和宗教习惯中的

* 作者简介:张陶然,助教,上海政法学院。

规则。种姓制度在这一时期慢慢成形并固化。

2. 孔雀王朝时期

《政事论》记载了当时的法律状况。国王可以在法庭上审判案件，接待原告的起诉。当时法律主要的判断根据为：达尔曼(宗教经典)、证据、历史或传说、国王的诏书。

3. 笈多王朝到戒日王的统治

戒日王时期，“刑法比笈多时期严，通常的惩罚是无期徒刑、充军、截肢。轻微的过犯可以用钱赎罪。有时用火、水等考验来决定被告是否有罪。尽管法律严厉，犯罪的事情却比笈多时期为多。”①

4. 土耳其人的征服：德里苏丹

这一时期，印度教和伊斯兰教并存的国情开始形成。此时印度的法律以伊斯兰宗教法为主，从理论上来说一切法律都必须在伊斯兰教经典里面找到依据。

德里苏丹时期将印度教徒和穆斯林所发生的各自的纠纷分开处理：当事人只涉及印度教徒的案件，由“潘查亚特”负责；当事人既涉及印度教徒，又涉及穆斯林的案件，由地方审判官负责。

潘查亚特是一种古印度所流传下来的制度，指的是由五个高种姓长老负责村的行政、立法、司法等几乎所有事务的处理，也被称为五人长老会。该制度在现今印度的村庄依然存在。

5. 莫卧儿帝国

阿克巴时期较为务实地延续了印度教和伊斯兰在法律上分治的局面。印度教的宗教法被完全保留了下来，凡涉及印度教徒的继承、婚姻等民事案件都按照印度教宗教法判决。

涉及伊斯兰宗教法的案件需要转移给省的魁齐进行审理。皇帝任命魁齐长，魁齐长经皇帝批准委任下级的魁齐。穆夫蒂负责解释穆斯林法律和习俗。穆斯林关于继承、结婚、离婚的诉讼都只能由魁齐和穆夫蒂来判决。

阿克巴皇帝同时致力于废除一些印度教传统陋习，如寡妇殉葬的萨提制度、童婚制度、嫁妆制度等，规定只有在寡妇本人同意的情况下，

---

①　[印度]恩·克·辛哈、阿·克·班纳吉：《印度通史》，张若达等译，商务印书馆 1973 年版，第 227 页。

才可令该寡妇为丈夫殉葬。

(二)英国殖民时期的印度法律

东印度公司逐渐成为当地政府般的角色,进行了一系列的海关、税收改革。

1. 印度法院制度的建立

瓦伦哈斯丁斯在总督任内的最大成就是建立了印度初步的法院系统。这一时期的法庭也配备有伊斯兰宗教法学者以及印度教宗教学者协助英国法官处理涉及关于宗教教义规定的案件。

2. 印度教属人法以及伊斯兰宗教法的编纂

1772 年,英国驻印度孟加拉总督沃伦黑斯廷斯指定了十位婆罗门学者将结婚、离婚、收养、继承四方面的印度教教义进行一个法典化的摘抄编撰,印度教属人法从此产生。历经多次修改,是现今印度教属人法的基础。

1772 ~ 1864 年,也即是印度教属人法第一次集结期间,与印度教学者一样,印度的伊斯兰法学者们(Qadis)也根据《古兰经》制定出了印度穆斯林属人法。

3. 判例法的形成

英国将英美法系的判例法遵循先例原则带到了印度。在先判决对以后同类案件具有约束力,高级法院的判决对下级法院具有约束力。枢密院的决定适用于印度所有下级法院,除非这一决定被最高法院修正。最高法院的判决适用于所有印度法院,但最高法院不受自己所判决的先例约束。

4. 大量成文法典的颁布

1828 年到 1947 年,英国国会针对印度颁布了很多法令,这些法令,以及印度教属人法、殖民时期制定的印度穆斯林法,统称为盎格鲁—印度法(anglo-hindu law)。殖民地法院减少了对宗教学者解释法律的依赖,更多地采用成文法。麦考莱在印度组织了法典编撰工作,这一工作最终于坎宁勋爵担任印度总督时期得以完成。

这一时期殖民者颁布了许多重要的法典。印度教方面的法律主要有:1856 年《土著改宗婚姻法》、1870 年《印度教遗嘱法》、1865 年《继承法》、1872 年《继承法》、1925 年《印度教继承法》、1929 年《限制童婚法》、1937 年《印度教妇女财产权法》、1937 年《阿亚婚姻有效法》、1946 年《印度教已婚妇女分局及抚养法》等。

伊斯兰教方面的法律主要有:1913 年《穆斯林瓦克夫有效法》、1923 年《穆斯林瓦克夫法》、1937 年《穆斯林属人法(沙里亚法)》、1939 年《穆斯林婚姻解除法》等。

其他方面的法律主要有:1859 年《民事诉讼法》、1860 年《印度刑法典》、1861 年《印度刑事诉讼法》、1881 年《票据流通法》、1882 年《统一商法典》、1872 年《印度基督教婚姻法》、1882 年《财产转让法》、1882 年《信托法》等。

5. 一些陋习的取消

寡妇殉葬制度在班庭克担任总督期间,完全被法律禁止。

奴隶制度则于 1843 年正式被定义为"违法"。奥里萨山地所进行的人身祭祀也被取消。

(三)独立后的印度法律

1947 年 7 月,英国通过了印度独立法案。1947 年 8 月 15 日被定为印度独立日。从英国独立出来以后,印度亟须在殖民期间法律体系基础上继承和扬弃,建立起自己新的一整套法律体系。它设立了第五届法律委员会进行法治改革。该法律委员会的工作任务主要有:简化法律、违宪审查、审查最高院的判决有无冲突、考察各邦立法、促进涉及同一主题的法律统一等。

1. 对独立前的法律的继承

印度政府原则上保留了独立前的法律。印度 1950 年《宪法》第 372 条规定"一切在本宪法实施前在印度领土内有效的法律应继续有效,直到适当的立法机关或其他机构进行变更、修改或者废止时为止"。一些涉及英国殖民统治权力的法律,由于不再适用于"独立的印度"而被废止。

2. 对独立前的法律进行检查、修改

法律委员会对独立前的法律进行了检查和修改,尤其是涉及结婚、离婚方面的法律。少部分法律,如《时效法》《特别履行债法》等被重新制定。

3. 对属人法进行法典化编撰

英国殖民时期,历任总督就试图制定统一的属人法。尼赫鲁时期,印度教属人法被组织编撰并且以法典形式颁布,主要有四部重要的印度教法典,分别为:1955 年《印度教婚姻法》、1956 年《印度教继承法》、1965 年《印度教收养法》、1956 年《印度教监护法》。

这四部法典的法律效力仅次于宪法,高于先例等其他法律渊源。自这四部法典颁布以后,与以往法律规定重合的范围内,以这四部法典为最终标准,印度教徒以及和印度教有渊源的佛教、耆那教、锡克教等宗教徒均需遵守。而在这四部法典规定范围之外,以往的法律条文依然有效。

4. 一系列促进经济的法律的颁布

为促进经济的发展,印度颁布了一系列法律,如《外汇管理法》《进出口控制法》《资本发行法》《公司法》《专利法》《版权法》等。

二、2017 年印度法治发展:背负历史,砥砺前行

从以上可知,漫长的历史和复杂的国情造就了今天印度法律纷繁复杂、千头万绪的局面。不同种姓、不同宗教、不同地区、不同行政级别的法律都不相同。随着社会经济的发展,古老的宗教法必然和现代文明产生冲突,印度将不得不对以往的法律进行调整,以适应经济、文化观念的发展。而印度自身对于经济发展的渴望,又会使经济法领域的法律规定不断更新。

在传承和发展的过程中,2017 年度印度法治呈现出以下几个方面的特点:

1. 宗教对立法、司法始终起较大的影响作用。

2. 婚姻家庭等私法领域,印度始终遵从古老的宗教属人法,并未摆脱古老宗教教义的影响。

3. 经济法领域,印度在继承、整合了英国殖民者遗留法律的前提下,结合经济发展新情况,制定符合实际的法律;经济法领域偶有创新、超前的举动。

4. 种姓制度虽然被《宪法》明确废除,但其残余影响仍然引发了法律上的困境。

5. 中央集权程度较低,中央与地方在立法和司法上容易形成互相拉锯的局面。

在经济法领域,印度紧跟时代,颁布了大量符合形势,甚至较为超前的法律以改善经济环境、完善政府监管、促进海外投资的增加。

种姓遗留问题、妇女权益保护问题,是当今印度法治建设的热点问题。有学者断言,倘若不解决种姓遗留问题、妇女权益保护问题,终将会影响到印度的经济发展。而宗教和法治的分离在印度始终是一件难以完成的任务,一直到2017年,印度当局仍未实现对宗教和法律的完全剥离,这甚至影响了印度统一民法典的制定。

本文将从以下几点就印度法治进行分析,以呈现出2017年度印度的法治发展状况。

三、2017年度印度法治发展状况

(一)经济法领域,印度法治呈现活力

根据联合国发布的2017年亚洲及太平洋经济社会概览,2017年印度经济增速高达7.1%;而国际货币基金组织报告称,印度于2017~2018年经济增速预计为7.2%。印度接下来可能高增长的行业主要为:智能手机生产销售市场、住房市场、太阳能市场、医疗保健业等。

在外国投资法上,印度政府放开了对外国直接投资的限制,已经成为苹果手机转移生产线的地点,而印度电子和信息产业部通过twitter账号,点名马斯克表示欢迎特斯拉进入印度,并且不受"30%零件本土采购"的限制。

在房地产立法上,2017年印度《房地产调控法》所有法律条文开始生效。印度的房地产市场潜能巨大,目前有大规模贫民居无其所,印度总统莫迪表示将为印度贫民创造良好的居住条件。

印度通过《专利法》的"药物强制许可制度",保障了本国仿制药品产业的发展。该项制度授权印度政府可以根据实际情况,不经专利权人的同意而授权他人实施该项专利。印度公司为确保更多的穷人能够买得起昂贵的药物,可以根据需求向FDA提出仿制药申报,经批准后进行仿制药的生产。

印度经济领域各行业目前仍处于发展初期,在发展中暴露出的问题需要立法跟进解决。可以预见,随着经济发展,印度经济法也将有较大的调整、变化。未来几年印度政府可能会继续采取一系列相关措施,完善整个经济法相关配套体系。主要的立法重点将有可能集中在银行业等金融市场整顿、土地征收、房地产、就业市场以及针对公共事业、基础设施等方面。

1.2017 年印度历史性税改

2017 年 7 月,印度在全国范围内开始征收统一的商品及服务税法(Goods and Services Tax,GST)。印度财政部长 Arun Jaitley 表示这是自 1947 年独立以来最大规模的税收改革,预期将推动印度经济增长 0.5%。

(1)税改的背景和过程

由于印度采用联邦制,地方性的税收纷繁复杂。据世界银行调查,在纳税便利度上,"印度在参加调查的 190 个经济体中居第 172 位"。[①] 倘若中央政府能够在全国建立起统一的税制,就能打通印度各邦由不同税制构筑而成的贸易壁垒,形成一个巨大的统一市场,而这必然对印度经济形成极大的促进作用。

印度中央政府一直致力于税收改革。GST 最早于 2006 年由当时的财政部长提出,但邦政府担心财政收入下滑,对该法案进行了激烈抵制。中央政府一度与邦政府协商,试图通过对邦政府减少的税收进行补偿来推进税制改革。经过漫长的协商,印度中央政府同意将一部分 GST 实施后的税收资金用于补偿各邦政府在 GST 实施后五年内的税收损失。

2017 年 3 月,GST 在印度下议院获得通过。但是在税改的具体细节方针上,印度中央政府和邦政府将进行长期的角力,最终形成印度税改的具体方案。根据商务部网站,印度财政部部长杰特利领导的 GST 委员会与邦政府就争议问题达成共识:"古吉拉特邦、安得拉邦等沿海省邦拥有印度领海内海洋贸易征税权;营业额 1500 万卢比以下企业所缴纳税款,90% 归地方邦,剩余归属中央政府;营业额超过 1500 万卢比企业所缴纳税款,中央地方五五分成。"

(2)GST 税改的内容

由于印度中央政府和邦政府的各执己见,GST 成为了非常复杂繁琐的税收制度。

首先,"印度为保证各邦利益,采用了世界罕见的'双轨制'GST,即中央政府和邦政府各自征收自己的 GST,由此导致印度 GST 有四种类型:中央 GST(CGST)、邦 GST(SGST)、中央直辖区 GST(UGST)和综合

---

① http://www.sohu.com/a/133329540_467160,访问日期:2018 年 1 月 8 日。

GST(IGST)。对邦内货物和劳务提供,由中央政府和邦政府分别征收中央 GST 和邦 GST;对中央直辖区内的货物和劳务提供,由中央政府和中央直辖区政府分别征收中央 GST 和中央直辖区 GST;对跨邦(中央直辖区)交易,由中央政府征收综合 GST,实际上是中央 GST 和邦 GST(中央直辖区 GST)的综合”。①

其次,税率档次特别复杂。欧美国家大部分采用不超过 3 档税率,上合组织其他国家不超过 2 档税率,但是“印度 GST 目前主要设有 4 档税率,分别为 5%(适用 263 项货物和 12 项劳务)、12%(适用 242 项货物和 7 项劳务)、18%(适用 453 项货物和 9 项劳务)和 28%(适用 228 项货物和 4 项劳务),此外,还设有 0.25% 和 3% 两档适用钻石、未经加工的宝石以及金、银等少量货物的税率。因此,如果不包括对出口实行的零税率,印度 GST 实际上有 6 档税率,大大超过了大多数国家实行的税率档次”。②

再次,进项税额抵扣制度非常复杂,难以计算。纳税申报过程烦琐,容易出错。免税项目多达 149 种货物和 97 种服务,相关企业容易为了避税而造成生产决策的失误或者扭曲。

最后,一些影响企业运作的变化有:GST 实施前企业为员工提供的福利不需要纳税,但 GST 以后,企业为员工提供的餐饮、住宿、班车服务、娱乐设施等需要缴税。同一公司在不同邦的分公司之间的交易需要交税,但可以在后续业务的 GST 上进行抵扣。在原税法体系下具有税号的个体和法人需要注册 GST 新的税号,在印度的电商平台也需要注册新税号。

在税率方面,印度 GST 将基本生活用品,如鲜肉、鱼鸡、鸡蛋、牛奶、黄油牛奶、凝乳、天然蜂蜜、新鲜水果和蔬菜、面粉、面包、盐、黄麻、邮票、司法文件、黑白印刷书籍、报纸、手镯等列为免税商品。而“将口香糖、糖浆、不含可可粉的巧克力、华夫饼、薄饼、汽水、油漆、除臭剂、剃须膏、洗发水、染料、防晒霜、壁纸、瓷砖、热水器、洗碗机、电子秤、洗衣机、ATM、自动售货机、吸尘器、剃须刀、吹风机、汽车、摩托车、私人飞机、5

---

① http://www.cfen.com.cn/dzb/dzb/page_6/201709/t20170919_2700607.html,访问日期:2018 年 2 月 7 日。

② http://www.cfen.com.cn/dzb/dzb/page_6/201709/t20170919_2700607.html,访问日期:2018 年 2 月 7 日。

星级酒店服务、赌马、电影院服务”①予以征收28%的高税率。

(3)GST通过的意义

税制的统一,打破了印度各邦根据各自需要制定税率以及税种的旧例,降低了跨邦交易成本,对经济具有极大的促进作用。GST通过后,标准税率被定位为17% ~18%,大大低于此前的34%左右。但受波及的经营电器类的商家表示,税率较以往14%左右提升到28%,目前的盈利完全不足以缴税。而印度中央政府和邦政府的角力也并未结束,在中央获得更大财政空间的同时,也需要对邦政府的损失作出补偿。

有专家认为以往印度分散支离的税制被GST代替,在一定程度上简化了税收环节,但是GST本身属于较为复杂的税收方式,是中央和地方妥协的产物,其实施效果尚有待验证。

2. 印度“入世”后2017年度立法动向

2017年2月,印度食品安全标准局颁布了新的《食品安全标准2017年第一次修正案》,重新定义了一些食品加工粉,如米粉、花生粉等标准。8月,印度食品安全及标准局颁布了《2017食品安全标准(进口)法规修订草案》。该草案规定了出口食品的卫生出口证书以及产品清关时的生于保质期,还规定了进口食品的进口时剩余保质期不得低于食品总保质期的60%,或者自进口之日起不得低于3个月。在同年的11月6日,印度将和食品接触的材料,例如纸和纸板、玻璃、金属和金属合金、塑料等提高了标准。例如,“要求塑料的迁移限量位60mg/kg或者10mg/dm^2,并且禁止可见色素迁移。而对于食品接触材料上使用的染料或者色素、食品包装上的印刷油墨也提高了标准”②。这是印度加入WTO之后为了遵守加入承诺,符合WTO要求,向WTO作的通报。可见印度在满足WTO标准上作出的努力。

“2017年9月1日,隶属于印度商务和工业部的对外贸易总局发布了DGFT第26/2015 -2020号通告。该通告旨在修改2017年印度贸易分类(协调系统)[ITC(HS)]中的玩具进口政策。”③该通告对进口玩具

① https://baijiahao.baidu.com/s? id = 1571806712076807&wfr = spider&for = pc,访问日期:2018年2月7日。

② http://news.pack.cn/show -340088.html,访问日期:2018年2月7日。

③ http://www.gdtbt.gov.cn/noteshow.aspx? noteid = 159747,访问日期:2018年2月7日。

产品列出了安全清单,要求产品必须符合印度国家玩具标准。

在电信设备安全问题上,2016 年,印度政府出台了外资设备采购规定,要求网络托管必须采用本土工程师,"如运营商所采购的设备中发现安装间谍、恶意软件,将对运营商处以采购合同金额的 100%。外资电信设备厂商必须将源代码以及所有产品的设计细节、出售的服务,以加密的形式提交到一个第三方托管账号上。安全机构和运营商在紧急情况下有权使用这些信息"①。此举主要针对来自中国的设备安全问题。2016 年 2 月开始,"共有 450 起与中国设备厂商签署的订单因安全问题,未通过政府的审核,这些订单价值达 30 亿美元"②。

2017 年上半年,印度对中国发起 13 项贸易救济调查。延续 2016 年电信设备安全审查的做法,2017 年 8 月 24 日印度电子信息部向小米、联想、OPPO 等中国手机制造商发函要求在 2017 年 8 月 28 日之前提交有关产品的安全及安保措施、设计、构架、规范及标准。

3. 2017 年度印度《破产法》的修订

印度《破产法》如同其他的印度经济法一样,从英国殖民时期开始制定,并经历了从分散到统一的历程。早期的印度《破产法》主要由 1909 年《英属印度诸省破产法》、1920 年《地方破产法》、1985 年《病态公司法案》、1993 年《逾期银行和金融机构债务清偿法》等法律共同形成一个关于破产清算的体系。2013 年,印度新《公司法》再一次对破产作出了相关规定。这些规定导致印度法律在破产清算领域繁杂重叠,亟须一部统一的破产法典来整合各部门、各层次的法律,形成全国适用的规则,厘清管辖等程序方面的矛盾重叠之处。

(1)2016 年印度《破产法》颁布

2016 年 5 月,印度《破产法》通过。该部法律改善了原破产法效率低下、管辖不明的局面,规定从提交破产申请之日起 180 天之内必须完成破产程序。该《破产法》所规定的可以进行破产清算的主体有公司、合伙、个人。该部法律提供了重整或者破产清算两项程序。在破产清算赔偿顺序方面,新《破产法》规定在支付破产清算费用之后,首先需要支付有担保的债权以及工人工资,其次是无担保的债权人,最后是政府

---

① http://tech.hqew.com/fangan_1612734,访问日期:2017 年 1 月 31 日。

② http://tech.hqew.com/fangan_1612734,访问日期:2017 年 1 月 31 日。

的各项税费。此外,该法还规定了破产人的境外资产一并纳入资产负债表进行破产清算。

(2)2017 年印度《银行监管法》《破产法》修正案

2017 年 5 月,为解决银行坏账问题,印度政府修改《银行监管法》,允许央行强迫本国的一些大公司进入破产程序。“印度中央银行能够下令让贷方对拖欠贷款者提起破产程序,并建立委员会,就银行收回不良贷款提供咨询意见。破产法的实施将确保公司所有人和贷方在 180 天内进行重新协商,解决不良贷款。”①

2017 年 11 月 23 日,印度政府颁布了针对 2016 年《破产法》的修订案,“旨在设立保障措施以防止对破产法的滥用。修正案的主要目的是在处理公司破产问题中排除故意违约,拖欠债务。除此之外,修订案还规定债权人委员会在批准破产方案之前需要确保方案的可行性。在新法案下,印度破产委员会(IBBI)也获得了更多的权力”②。

根据印度新《破产法》,公司退市主要有两种方式,一是公司清算,有自愿清算和强制清算两种。二是快速通道形式(Fast rack Exit)。

公司自愿清算,需要根据 2017 年《印度破产清算委员会(自愿清算程序)条例》(以下简称《条例》)的规定,通过股东大会决议并进行公示,根据《条例》要求制作表格,通知利害关系人进行债权申报并参加债权人会议。完成清算程序之后,需要根据《条例》第 38 条规定制作最终报告,提交董事会并向公司法法庭申请公司解散。

公司强制清算,也就是公司破产清算,适用于公司资不抵债情况。为提高效率,新《破产法》特别强调整个破产程序应当在提交破产申请之日起 180 天之内完成。如果 180 天内无法完成清算程序,根据 75% 的债权人的申请,可以延期一次,期限为 90 天。

公司退市的快速通道形式,是印度新《破产法》较为特别的规定。它针对公司设立后一年内未进行实际运营,或者公司在申请快速通道模式前一年内未实际运营活动的,能够在 90 天内从公司登记处核销该公司。该模式要求公司已经清偿公司股东,并不属于印度《公司法》所

① http://finance.huanqiu.com/gjcx/2017-06/10868400.html,访问日期:2017 年 12 月 31 日。

② https://wallstreetcn.com/articles/340676,访问日期:2017 年 12 月 31 日。

规定的“休眠公司”的情况。

(3)对《破产法》及其修正案的评价

莫迪政府一直试图在经济上有所作为,完成“印度制造”的梦想。《破产法》以及修正案的颁布,是其在法律上为扫清制度障碍所作的努力。该项法律以及前述税改,是印度政府在经济上的重大举措。在这连环措施之下,印度的“年通胀率已经从2013年超过10%下降到2017年的低于2%”[①]。印度经济发展有可能暂时放缓,但是从长远预计来看却是有利的。“印度正重新构想其经济前景,这些短期内的调整可在未来几十年释放巨大的经济潜力。”

4.2017年度印度SEBI新规定

2017年2月,印度证券交易委员会(SEBI)批准了一系列关于公司并购的新规定。

由于非上市公司有可能通过与上市公司合并来达到上市目的,为了保护交易安全、减低股东风险、进行公司信息合理披露,SEBI针对该种情况规定了新的要求:“a.上市公司的预期股东和非上市公司合格机构买家的持股比例不得低于合并上市公司的25%以下。b.以下方案需由公众股东的批准,且需要通过电子投票机制进行表决:1)未上市公司的合并方案/计划将导致减少合并公司总资产比例5%以上的需要由公众股东进行投票表决;2)以除上市股本以外的形式转让上市公司全部或实质上全部业务所进行的对价;3)非上市子公司与上市控股公司合并,非上市子公司的股份由控股公司从发起人/发起人集团进行收购的。”[②]在披露标准的要求上SEBI规定:“a.非上市公司必须在与上市公司合并之前以简要招股说明书的形式强制披露所有重要信息。b.向更大的受众发行股票。为确保各类股东在此类计划中获得公平待遇,上市公司必须严格按照“道德守法”规定的定价方式。c.全资子公司(WOS)与其母公司合并。SEBI还认为有必要放宽涉及WOS与其母公司并购的安排计划的某些程序。这种方案不需要提交,或需要取得SEBI的预先批准。这些计划将需要直接向证券交易所提交,作为披露

① http://opinion.caixin.com/2017-09-20/101147585.html,访问日期:2017年12月31日。

② http://blog.sina.com.cn/s/blog_14a804d190102xrw5.html,访问日期:2017年12月31日。

的有限目的。”①

SEBI 此举提高了印度非上市公司与上市公司合并所需要满足的标准,降低了金融风险。此外,SEBI 于 2017 年 8 月为探索区块链对金融市场的影响还成立了专门委员会。该委员会希望能够观察确定区块链经济的发展趋势以及对金融市场的影响,并在此基础上制定出印度金融机构的应对办法。

5. 2017 年印度《房地产调控法》正式生效

印度《房地产调控法》颁布于 2016 年,其中 59 个章节于 2016 年 5 月 1 日起生效,剩下的 32 个章节于 2017 年 5 月 1 日起正式生效。该法律的主要目的是限制开发商利用优势地位侵犯消费者权益,规范房地产市场的国家管理,进行房地产项目的登记等。

它明确规定了开发商和买方的权利义务,确立了印度房地产行业的问责制。在限制开发商延期交房的问题上,规定开发商必须对工期的延误支付违约利息。在开发商资质要求上,新房地产项目需要将至少 70% 的项目资金存入专项账户,并且在获得所有许可之前不得预售,在建项目则需要将剩余所需资金的 70% 存入专项账户。在对房屋结构质量问题上,开发商的责任期限为交付后五年。根据该法,印度房地产商需要将开发面积在 500 平方米以上的在建项目以及新项目在 2017 年 7 月 31 日以前向房地产管理部门进行登记。

6. 印度对华反倾销调查案件日增

整个 2017 年度,印度陆续发布 17 个对华等国商品反倾销调查终裁和 2 个初裁,裁决结果全部为建议征收反倾销税。陆续发起 21 个对华等国反倾销调查或者反倾销日落复审调查。随着中国对印贸易出口额日益增多,印度对华反倾销调查案件也日益增多。中国企业对印贸易需要在反倾销方面有所了解,提前防备。

倾销行为是指商品以低于正常价格进入另一国市场,损害该国相关产业或者实质性阻碍该国相关产业的建立。印度现行反倾销法律体系是以 1995 年版《关税法》为基础,结合 WTO《反倾销协定》的规定,以及 1995 年《对倾销商品和其倾销幅度的证明、计算及损害的认定的规则》形成的。但是在相关法律发生矛盾时,印度并没有优先适用 WTO 规

---

① http://blog.sina.com.cn/s/blog_14a804d190102xrw5.html,访问日期:2018 年 2 月 2 日。

则的规定。1998 年印度成立反倾销调查局,接受国内企业提出的书面申请。此外,当海关提供了充足证据,该机关可以主动发起反倾销调查。

在印度,发起反倾销调查的前提是倾销行为的存在、对国内产业造成损害,以及倾销与损害之间存在因果关系。印度中央政府可以根据 1995 年《关税法》征收临时反倾销税,税率由预估计的倾销幅度决定。价格承诺可以导致反倾销调查的中止或终结。

(二)印度宗教与法律的关系

研究印度法律不可回避的一项,是印度法律与宗教的关系。从法律渊源来说,印度教属人法以及穆斯林属人法皆来源于宗教教义。而被制定入法律文本以外的宗教规范,在现实生活中仍然继续起着调节人们日常生活关系的作用。

1. 宗教属人法的实行

(1)《印度教属人法》

经过英国殖民地时期的法典编纂之后,尼赫鲁时期再次对印度教属人法进行了编纂。1948 年,尼赫鲁试图通过一部较为先进的,最大限度剔除宗教内容的《印度教法案》,但是此举遭到了其国内印度教势力的强烈抵制。在强大的阻力之下,《印度教法案》最终一分为三,成为:1955 年《印度教婚姻法》、1956 年《印度教继承法》《印度教领养和抚养条例》。这三部法律统称为《印度教属人法》,直到 2017 年仍然对印度教徒的婚姻、继承、领养和抚养方面发挥着法律效力。虽然在制定法律时,在个别条文上作出较为进步的规定,但相较于西方国家的婚姻家庭法,它仍然属于一部宗教教义法律化的作品。

(2)印度《统一民法典》的困境

从尼赫鲁时期开始,印度政府就期望能够制定一部全国统一的民法典,甚至将此写入了宪法。印度《宪法》第 44 条规定:“国家应努力保证对全国公民实施统一的民法法典。”尼赫鲁预设的步骤是通过对《印度教属人法》的再次编纂,能够对传统宗教法做一些现代化的改进,为穆斯林属人法的修订起到一个良好的示范作用,使穆斯林势力也同意对穆斯林属人法进行现代化的改造,最终达成两派在属人法上实现统一,形成印度统一民法典。但是尼赫鲁在第一步对《印度教属人法》进行大规模改造的事项上就遭到了印度教派势力的强烈反对。

将印度教和穆斯林的属人法统一起来,超出其宗教身份,提炼出法律上的共同点,制定出一部印度《统一民法典》,对印度法学家来说不仅是一个法学问题,还是艰难的宗教问题、政治问题。

2. 进步法规难以得到落实

婚姻家庭法领域,法律法规难以落实的现象尤其突出。“在《印度教继承法》颁布四十五年以后,我们遇见的寡妇仍不知道他们有权得到丈夫的财产,我们遇到的男女不知道自从 1954 年后印度教徒就不能再实行重婚。潘查亚特是在不知道法律已经改变的情况下实施着自己的规范。”①

例如,虽然《印度教婚姻法》早在 1955 年就已经规定不同种姓之间可以通婚。但 2015 年 8 月,“据《印度斯坦时报》报道,北方邦巴格伯德县某村落一名贱民(Dalit)家庭的男子,跟村里较高种姓的贾特人(Jat)女子相恋 3 年……村中贾特人的长老会议 7 月 30 日开会,达成须报复所受耻辱的共识”②。而针对不符合家族对于种姓要求,自由结婚的女子,其亲人会采取“荣誉谋杀”的手段宁可将其杀死。童婚现象仍然屡禁不绝。而早已经被法律禁止的萨提制度(寡妇殉葬制度),在 2002 年 8 月仍有发生,一位 65 岁的印度妇女在丈夫的葬礼上实施了殉葬仪式。

2017 年度,印度的大部分宗教徒仍然遵从着古老的宗教习俗。而印度乡村的潘查亚特长老会(即基层长老会)仍然起着维持社会治安和风俗的作用。

3. 宗教对立法、司法的巨大影响

2017 年度,宗教对于印度法治仍然起着巨大的影响作用。虽然印度早已公布其为世俗国家,但这一深受宗教影响的国家如何从法律上将宗教残余剥离,仍然是其法律工作者艰巨的任务。

2016 年 3 月,印度的国民志愿团重提了英国殖民时期一句印度教色彩浓厚的口号:“神母印度万岁。”“2016 年 3 月 16 日,马哈拉施特拉议会穆斯林议员瓦瑞斯·帕坦(Waris Pathan)因为拒绝高呼这句神母印度万岁(Bharat Mata Ki Jai)而被暂停议员资格。”③2017 年 1 月,印度

---

① 邱永辉:《印度宗教与统一民法问题》,载《世界宗教研究》2005 年第 3 期。

② http://newspaper.jfdaily.com/xwcb/html/2015-08/21/content_123925.htm,访问日期:2017 年 12 月 23 日。

③ http://www.guancha.cn/MaoKeJi/2016_04_13_356829_2.shtml,访问日期:2018 年 2 月 6 日。

最高法院裁决,禁止任何人在竞选中炒作宗教、种姓议题。莫迪政府通过强调“印度价值观”借以淡化“印度教价值观”。然而在选举过程中,印度教派势力仍然有重大影响。

2017 年 8 月,“印度宗教组织头目古尔梅特·辛格被判强奸罪名成立,引发他大批信众的强烈不满,印度多地爆发大规模骚乱”①。

一些宗教概念在法庭审理中仍然被认为构成可以采信的理由。2017 年,印度旁遮普邦和哈里亚纳邦高等法院判定,虽然在医学上大师被判定为逝世,但追随印度宗教大师马哈拉吉的信众可以继续将大师冷冻起来。“高等法院指出:三摩地这个观念对印度社会来说不陌生,是许多乡野奇谭和神话传说的一部分,许多瑜伽大师和修道者中都可以找到力推的实践者。”②

(三)种姓制度遗留的法律困境

截至 2014 年,印度婆罗门种姓的人口不到总人口的 4%,而“不可接触者”有 1.67 亿人,占了印度总人口的 16.2%。为了消除种姓制度,印度《宪法》明确规定废除贱民制度。为补偿在历史上曾经被歧视、被损害的族群,印度《宪法》规定了“特留权”制度。这一制度特意赋予了在历史上曾经视为贱民或者落后阶层的主体一些政治、经济、就业等方面特殊的权利。

印度《宪法》出于良好的意愿,规定了特留权制度以期纠正种姓制度在历史上造成的人群的分层,但在执行过程中由于利益分配问题却出现了许多事与愿违。这一制度配合印度选举制所形成的立法困境,在 2017 年仍未得到解决。

1. 引发争议的特留权主体

特留权制度的主体有三,分别为:历史上受歧视的群体(scheduled castes, SC,通常翻译为“表列种姓”),历史上受歧视的部落(scheduled tribes, ST,通常翻译为“表列部落”),以及其他落后阶层(other backward classes, OBC)。

虽然 ST 和 SC 的确定范围较为不明朗,但基本集中于贱民和印度

---

① http://news.cctv.com/2017/08/28/ARTIhJzrXLOCnUHYCQwdnPKU170828.shtml,访问日期:2018 年 2 月 2 日。

② https://baijiahao.baidu.com/s? id = 1572244270926531&wfr = spider&for = pc,访问日期:2018 年 2 月 5 日。

本土的原始部落,这部分群体的争议并不大。争议主要在于OBC群体的范围。印度《宪法》没有明确规定出OBC的认定机构,也没有OBC的明确认定标准。从印度《宪法》的条款可以总结出多个判断标准,分别是:社会地位、经济落后、教育落后、缺乏代表性、宗教等。而由于印度联邦制的行政关系,印度中央政府在20世纪90年代初设立了国家落后阶层委员会(以下简称NCBC)来确定中央级别的OBC名单,印度各邦则分别采用了各自不同的标准来确定本邦级别的OBC名单。这一切导致了数个问题的出现:一是哪些群体可以被认定为OBC群体?二是邦所认定的OBC群体,是否优先成为NCBC所认定的国家级别的特留权主体?三是OBC群体的进出入制度,已经被认定为OBC群体的状态转好之后,是否有退出机制?

2.特留权的权利内容

出于一种补偿纠偏心理,印度《宪法》赋予了ST、SC、OBC群体不同的权利范围。主要特权有:一是政治上的特留席位。印度《宪法》第330~334条规定,中央级别和邦级别的议会必须为SC和ST群体特留一定比例的席位。而基层的长老会(也被称为"潘查亚特")也必须为此群体预留席位。OBC群体不享有政治上的特留权。二是公职部门的工作机会的预留,包括预留一定比例的提升机会给此群体。OBC群体和SC、ST群体相同,同样享受此特留权。三是教育资源的特留权,包含了入学资格、奖学金、各种补贴的获得等。

由于享有特留权具备这些好处,印度各邦不同种族、宗派的人群都积极争取能够列入邦一级的特留权享有的名单中。

3.2016年印度贾特人大骚乱

贾特人的种姓并不低。"其较高的经济地位使得他们很难满足曼德尔委员会的'落后人群'准入条件。因此,贾特人长期被排除在平权配额之外,不能享受优惠。"①

而人口数量高达8200万,使得贾特人成为政客们不可忽视的票仓。政客们往往许诺予以贾特人政治上的好处以求获得贾特人的选票支持。2014年,哈利亚纳邦的国大党候选人胡达为了获得选票,将贾特

① http://www.guancha.cn/MaoKeJi/2016_02_24_351934.shtml,访问日期:2017年12月31日。

人加入他自己新创设的、独立于“其他落后阶层 OBC”之外的“特殊落后阶层”名单。但是这一决定于 2015 年 3 月被印度联邦最高法院驳回。为了进入邦一级别的 OBC 阶层名单,获取政府工作编制和学校入学名额,贾特人再次于 2016 年 2 月爆发了大规模的骚乱。

在骚乱的压力之下,印度莫迪政府和哈利亚纳邦政府与贾特人进行了谈判。虽然并未直接列入 OBC 名单,但政府也作出了较大让步。

4. 对印度未来的影响

进入特留权名单往往成为政客们为获取支持的许诺。这已经成为印度的不稳定因素之一。“其实贾特人在哈里亚纳的案例并不孤立,在经济相对发达的古吉拉特邦、马哈拉斯特拉邦也曾出现帕特尔人(Patel)、古吉尔人(Gujjars)和马拉塔人(Marathas)的抗议活动。”①

特留权制度在对落后阶级起到补偿作用的同时,并未能够消解种姓制度的遗毒。在印度一项 2014 年的调查中发现,“印度每四个人中就有一个人仍然在生活中对贱民采取不接触行为,如不允许这样的人进入他们的厨房,不允许他们使用自己的餐具”②。对落后阶层的补偿,并没有扭转人们对落后阶层的区别对待。而特留权制度需要各群落的人们论证各自所处的不同种姓的落后地位,这样对于“淡化种姓制度的存在”这一目的来说是不利的,甚至起到了反向强化种姓制度的作用。

可以预见,随着教育资源和公职机会的可分配资源日渐稀缺,印度社会不同人群之间的竞争压力逐渐增大,必然会围绕此制度为各自的族群争取更多的机会。中央政府、邦政府、法院三方的角力也势将更为激烈。在印度民主制度的发展过程中,如果不解决这一“优势阶层争相竞入落后阶层”的法律困境,必将造成印度社会各阶层更大的撕裂和隔阂。

(四)印度妇女权益保护问题

2017 年,印度上映了一部影片《摔跤吧,爸爸》获得观众的赞赏。影片中所反映出来的印度妇女地位引起了人们极大的关注。归纳起来,印度妇女一直到 21 世纪的今天,仍然面临以下几方面法律上的不

---

① http://www.guancha.cn/MaoKeJi/2016_02_24_351934.shtml,访问日期:2017 年 12 月 31 日。

② http://indianexpress. com/article/india/india-others/one-in-four-indians-admit-to-practising-untouchability-biggest-caste-survey/,访问日期:2017 年 12 月 31 日。

利:一是个人财产难以得到保障;二是受教育的权利难以得到保障;三是人身安全难以得到保障,“厨房事件”屡禁不止,直到2006年印度还出现过强迫寡妇殉葬的事件。

印度妇女权益保护问题随着时间推进而逐渐暴露、通过新闻媒体发酵,最终形成了舆论倒逼立法进程的状态。它在法律上的变迁并非一蹴而就,而是有其发展脉络可循。印度法律对妇女的保护极大地反映出这一民族的特性和社会的风貌,这一问题不但影响印度的国际评价,也影响印度法律文明的发展。

1. 现代印度嫁妆制度

嫁妆是印度古已有之的制度。到了现代,印度女性所需要支付的嫁妆费用越来越高,非常多的中低阶层年轻女性由于无法支付令丈夫家族满意的嫁妆而被逼自杀,甚至被谋杀。根据《华盛顿邮报》报道,2013年印度约有8000名妇女因给不出更多的嫁妆而死于暴力。而因为嫁妆被逼自杀的事件在印度不时见诸报端。直到2017年的8月,仍有报道24岁印度女性因为无法交出1万元的嫁妆而被男方家烧死。[①]

2.《禁止嫁妆法》效果薄弱

1961年,印度颁布了《禁止嫁妆法案》以避免年轻女性因无法筹备出令夫家满意的嫁妆受歧视乃至遭迫害失去生命。该法规定,男方接收或者是索取嫁妆的行为违法,需要处以6个月监禁或者是5000卢比的罚款。20世纪80年代,印度政府两次颁布了《禁止嫁妆法》的修正案,提高了处罚力度,规定接收或者索取嫁妆需处以6个月以上,两年以下监禁,可以并处10,000卢比的罚款。《禁止嫁妆法》于1986年修订以后,男方家庭索要嫁妆导致女方死亡的行为正式入刑。而修订后的《印度刑法典》则规定,倘若妇女在婚后七年内,因为嫁妆问题被男方家族虐待而死亡的,行为人应当处以5年监禁并处罚金。《印度刑事诉讼法》也配合此项修订作出了相应变动,规定女方倘若婚后7年内有自杀情形,法院可以推定该自杀行为由男方及其家族亲属促成。

该法自颁布以来,在一定程度上起到了保护妇女的作用。但《禁止嫁妆法》颁布多年,印度男方家庭向结为姻亲的女方索要嫁妆的行为不

① http://news.sina.com.cn/o/2017-08-25/doc-ifykiqfe1542711.shtml,访问日期:2018年1月5日。

但没有减少,反而随着经济的发展愈演愈烈。有案例显示,《禁止嫁妆法》的适用甚至受到一定程度的限制。2014 年 7 月,印度最高法院一个裁决支持了男方家族的说法,认为“心存不满的妻子”滥用《禁止嫁妆法》状告丈夫和公婆。“因嫁妆面临指控的教师桑吉维库马尔说:‘现代的印度女性不再愿意和公婆一起生活,他们用反嫁妆法对男方施压。’”[①]印度最高法院的这一判决引起了支持女性权益者的不满,但却迎合了男方家族的心态。

直到 2017 年,仍然存在一些少女为了减轻父母的嫁妆负担而选择自杀。相当部分妇女由于男方不满嫁妆数额而在厨房受到谋害(被称为“厨房事件”)。由于取证困难,加之一部分印度家庭重男轻女的思想,女方家庭追究男方责任的情况并不多。

3. 2017 年度妇女权益保护法律发展

总体来说,印度关于保护女性地位的法律在逐步改善。2013 年,印度通过了《反强奸法案》,将轮奸和警察强奸他人的刑期由 10 年提高到了 20 年。

2017 年 10 月,印度最高法院撤销了“允许男性与未成年妻子发生性行为”的法律条文。原法律规定婚姻关系中女方只要年满 15 周岁就可以发生性行为。最高院则宣布,凡是未满 18 周岁的女性,无论婚否,与之发生性关系一律视作强奸。但是如同印度很多保护女性的法律条文一样,该法律仍然难以得到实施。因为虽然印度也规定了法定婚龄为 18 周岁(1978 年《禁止童婚补充条例》规定,不论宗教信仰如何,男女婚龄一律提高到 21 周岁和 18 周岁。),但是在印度未满 18 周岁就被父母安排缔结婚姻的情况非常普遍。处于婚姻关系中的未成年女性即便是被丈夫婚内强奸,真正能够鼓起勇气利用法律武器进行维权的人也仍是少数。只有认真执行法律规定,禁止未成年女性结婚方可能在最大限度上真正起到保护作用。

4. 印度妇女权益保护立法展望

由于印度的特殊国情,妇女权益保护不能仅仅寄希望于法律的改变,还涉及了更广泛、更宏大、更深入的整个社会精神状态、经济生活、

---

① http://world.chinadaily.com.cn/2014-07/31/content_18226354.htm,访问日期:2017 年 12 月 31 日。

政治地位等层面,这一切需要整个社会的变革。最有可能推动立法进程,或者以政府行政命令由上到下推动司法改革进程的是各位政客。但是出于竞选获得支持的目的,政客们倾向于讨好男性选民群体。而在司法实践上,印度的最高法院在一定程度上起到了较好的示范作用,经常在《宪法》的规定下约束宗教属人法的实施,要求宗教属人法不能违背《宪法》关于人权和妇女权益保护的规定。但是在邦一级的地方法院,一些明显违宪的案件却得不到法律纠正。印度法院低下的效率,极其轻微的刑期,都导致犯罪人的有恃无恐。

虽然各种活跃在印度的 NGO 组织都试图从政治上提高妇女地位,帮助妇女维权,促进妇女权益保护,但是从妇女法律权益保护的法治发展来看,想要与当今世界大多数国家一样男女同权,还有漫长的路要走。

(五)莫迪新政

2014 年,纳伦德拉·莫迪成为印度新任总理。这位总理结束了尼赫鲁甘地家族对印度长期的统治,上台之后以令人耳目一新的作风,从经济、政治、军事、外交等方面大刀阔斧地进行了改革。

经济上,根据印度中央统计局的数据,2014 ~ 2015 财年、2015 ~ 2016 财年 GDP 增长超过 7%。在外国直接投资领域,莫迪执政以来对国防、零售业、传媒等行业放宽了外资准入限制,外资流入增多。莫迪提出了“印度制造”的口号,通过外交手段推销印度,促使外国投资者前来投资。2018 年 1 月,印度总理莫迪在达沃斯论坛上大力宣传印度,表示“印度即是商机”。

网络安全问题上,由于数字交易的增加,2017 年 6 月印度成立了印度国家网络安全协调中心。截至 2017 年 12 月,印度建立了三个计算机应急响应小组(CERT),分别针对国家机关、金融部门、印度政府内部的网络安全服务。

外交上,印度积极与英国、美国、日本、俄罗斯交好,着重推动在国防、基础建设、网络信息技术领域的合作。2017 年 6 月底,莫迪赴美会见特朗普,双方发表联合声明,重新确认美国和印度的战略伙伴关系。为了维护自己在南亚的传统势力,印度进一步拉拢东盟国家。早在 20 世纪 90 年代,印度政府就制定了“东看”政策,寻求与东南亚国家建立友好关系。2014 年莫迪政府将“东看”政策进一步发展为“东进运动”,主要目标为获取对印度洋的主导权,增加在印度—太平洋地区的影响力,对抗中国在南海地区的实力发展,强化与东盟十国的关系,兼顾日本和澳大利亚。2017 年 6 月,印度东北部梅加拉亚邦的西隆举办第四届“东进运动”商业展示。2017 年 7 月,莫迪接见缅甸国防军总司令敏昂莱并签署军事合作协议。莫迪称:“缅甸是东进运动的关键支柱。”印度和缅甸在军事上交流频繁,此前印度已经为缅甸提供了大量武器装备,本次会见双方又签署了近 4000 万美元的轻型鱼雷供应合同。2017 年 11 月,第十五届印度—东盟峰会在菲律宾的马尼拉举行。2017 年 12 月,日本与印度启动了“东进运动”论坛,以求扩大两国的合作。对日本来说,日本驻印大使声称印度的“东进运动”正好与日本“自由和开发的印度—太平洋战略”具有相向而行的重合部分。2018 年 1 月,印度邀请了东盟十国领导人出席参加共和国日庆典并发表《德里宣言》。《德里宣言》的主要内容为加强印度与东盟在反恐、网络安全等方面的合作,增强互联互通。

与中国的关系上,印度开始强调经贸合作是双方关系的催化剂,欢迎中国到印度进行投资。2017 年 6 月 18 日至 8 月 28 日,印边防人员越过中印边界进入中方境内,阻挠中方边防部队在洞朗地区的正常活动。早在 2014 年 6 月,莫迪政府推出“季风计划”,以受到印度文化影响的环印度洋地区 39 个国家为计划区域范围,共同开发海洋资源,促进经济发展。该计划包括东非、阿拉伯半岛、伊朗南部以及整个南亚、东南亚。外国学者普遍认为,“季风计划”是针对中国所倡议的“21 世纪海上丝绸之路”的战略反制。2017 年年底,印度外交部发言人再次婉拒加入“一带一路”战略。“2017 年 12 月 21 日,印度外交部发言人库马尔提到‘一带一路’倡议时,公开在记者会上这样表示:‘我们认为,这种倡议应当建立在国际公认标准的基础上。实施的方式应当不侵犯领土完整和国家主权。’”[①] 2017 年 12 月 26 日,印度媒体《今日印度》质疑中巴经济走廊延伸至阿富汗,此举是为围堵印度。中方则表示此举属于加强邻国间的对话,不针对中国、巴基斯坦、阿富汗以外的任何一方,也不希望受到其他势力的干扰和影响。2017 年 12 月,印度就马苏德列名问题向中方表达不满。

① http://www.haijiangzx.com/2018/0110/1953356.shtml,访问日期:2017 年 12 月 31 日。

军事上,印度大力购入美国、俄罗斯、法国、以色列等国的武器。2017年6月至8月,印度在洞朗地区与中国军队发生对峙。近年来,印度与巴基斯坦的边境冲突不断。“尽管印巴军方于2017年11月曾达成一致,同意必须恢复2003年停火协议的精神以保护无辜平民,但双方仍然沿实际控制线频繁发生交火。2018年新年伊始,双方仍不断交火。近日,两国军队更是连续4天在边境地区进行激战,造成双方人员伤亡惨重。”①

1.《印度三年行动议程:2017~2018年到2019~2020年》颁布

2017年“印度国家转型委员会(NITI Aayog)颁布了《印度三年行动议程:2017~2018年到2019~2020年》(India: Three Year Action Agenda:2017-2018 to 2019-2020)……该《行动议程》是印度《15年长期愿景》和《7年战略》的一部分。它提出了实现印度及其人民全面发展的路径”②。

该《行动议程》由七个部分24个章节构成。“第一部分含三个章节:1. 概述初步中期财政框架;2. 分析不同的经济增长情景,并预测各情景下的可用资源状况;3. 基于基线预测,汇总印度各部门财政支出分配情况……第二部分重点分析印度各经济部门的经济转型,探讨关键经济部门(农业、工业和服务业)的相关政策。农业部分关注2022年前使农民收入翻番所需的早期行动。工业和服务业的中心主旨是创造能够支付给劳工体面工资的高生产率工作岗位……第三部分描述印度区域发展的组成元素:城市发展、农村转型和区域战略。解决不同地区的具体问题是实现均衡增长的重要举措。第四部分分析印度经济的六个‘增长推动因素’。这些‘推动因素’不仅有助于农业、工业和服务业实现更快的增长,而且在很多情况下,它们还将构成经济增长的载体。这些‘增长推动因素’包括:交通、数字连通、公私合作、能源、科技及创新和创业精神。第五部分探讨与政府有关的问题,这是政策或改革顺利实施的关键。该部分包含的四个章节分别探讨与治理、税收、竞争和法治有关的事项。第六部分关于印度社会部门:健康、教育和技能开发及

① http://news.sina.com.cn/o/2018-01-22/doc-ifyquixe5938688.shtml,访问日期:2017年12月31日。

② http://www.sohu.com/a/191699176_810912,访问日期:2017年12月31日。

建立包容性社会。这些领域不仅是民众福祉的重要组成,而且对建立一支高效的劳动力队伍(经济增长的关键)同样重要。第七部分涉及环境可持续发展的重要领域。其包含的两个章节分别关注环境和森林及水资源的可持续管理,这些领域对于确保印度能够不以自然财富为代价实现经济增长至关重要。"①

该《行动议程》重点推出了以中国深圳特区为模板的"滨海经济区"。印度最早的经济特区建于1967年,但是管理落后、政策难以配套落实而并未起到预期的作用。此次的"滨海经济区"彻底模仿中国深圳,有望在土地征用、劳工保护、基础设施修建等基础上进行实验改革,以撬动本区块的经济活力,推动印度由农业转向工业化。专家预计,该《行动议程》所描绘的蓝图将带领印度人民实现经济、文化、科技等全方位的飞跃。

2. 2016年"废钞令""限存令"的颁布

2016年11月8日,印度总理莫迪突然宣布,从午夜开始停止500卢比(人民币52元)以及1000卢比纸币(人民币104元)的流通,只允许人民每天去银行用旧币兑换400元新币作生活之用,大额旧币必须存入银行。2016年12月19日,莫迪政府进一步宣布,个人银行账户如果需要存入超过5000卢比的旧钞(人民币518元),需要填写以前没有存入银行的原因,并且附加近7个月以来的收支明细。此举被称为"限存令"。倘若无法证明大额旧币来源合法,则被视为黑金或者不法所得被没收或者课以40%的所得税。

(1)"废钞令"的实施效果

莫迪政府表示此举是为了打击腐败、逃税以及伪造货币。这种针对犯罪进行的强硬手段似乎是为了使犯罪分子手中的钞票变成废纸,因此事先绝不能走漏风声,不仅犯罪分子无法事先获知,普通百姓也无法对此事先作出任何应对措施。因此其负面效果是相当大的。人们纷纷赶往银行进行废钞的兑换。但由于银行的低效率以及大量兑换导致大部分取款机无法使用,印度实际流通中的货币80%以上突然失去了效用。印度拥有个人银行账户的比例不高,乡间并没有如同我国如此多的银行网点,并且银行的工作效率较低,给普通老百姓生活带来极大

---

① www.sohu.com/a/191699176_810912,访问日期:2017年12月31日。

的不便。而富人和官员仍可通过各种途径与银行职员勾结,大量取出新钞。如果普通人急于用钱,只能选择去黑市交易,交上大笔的手续费。

按照莫迪政府的预计,应该有大量黑钱在此"废钞令"下作废。但实际结果表明,截至 2016 年 12 月 28 日,银行收回的废钞总额达14 万亿卢比。针对此种结果,莫迪改口表示废钞令是为了促进印度的数据支付,但印度的智能手机普及率不到三分之一,网络覆盖面也并不高。

(2)"废钞令"涉嫌违宪

废钞令是否违宪,涉及对废钞令的定义问题。有印度学者认为,废钞令是为国家公共利益,符合对社会秩序的维护和保障。也有印度律师向印度高等法院起诉,要求进行违宪审查。笔者认为,根据印度《宪法》第 110 条对财政法案的定义:"(凡涉及)印度政府进行信贷或提供财政担保的有关规定,或者涉及印度政府已经承担或即将承担的财政义务的法律的修正案等",废钞令显然涉及印度政府应当承担的财政义务:国家所发行的合法货币应当具有稳定的公信力、购买力。宣布货币作废,不仅是经济手段、行政手段,更应当符合法定程序。而根据印度《宪法》,涉及财政义务的法案需要先经过两院批准,再由总统签字通过。从程序上来看,废钞令是由印度财政部所颁布的,明显不符合印度《宪法》程序上的要求。

而根据印度《宪法》第 19 条第 1 款规定,"一切公民均享有取得、保有与处理财产的权利";《宪法》第 38 条第 1 款规定:"国家应保障社会秩序以增进人民福利。国家立于一切体制之中,以此尽力有效地保障和维护社会秩序,以社会、经济与政治正义贯穿国民生活。"莫迪政府此举对公民财产造成的损失,应当按照法律予以赔偿。

3. 印度正式加入上海合作组织

2017 年 6 月 9 日,印度和巴基斯坦正式加入上海合作组织。"中俄哈吉塔乌 6 国元首在哈萨克斯坦首都阿斯塔纳签署了包括接受印度和巴基斯坦为正式成员国决议在内的 11 份文件,宣告上合组织'已成为公认的权威多边组织'。"[①]2017 年 6 月 9 日,上合组织发表《阿斯塔纳

---

① http://war.163.com/17/0610/09/CMIF4EN4000181KT.html,访问日期:2018 年 2 月 11 日。

元首宣言》称:“上合组织旨在维护本组织各国所在地区的安全和稳定,共同应对新威胁和新挑战,加强经贸、人文合作,挖掘各国及各国人民睦邻合作的巨大潜力。”①

印度加入上合组织,打通了南亚和中亚两个地域,而西藏边境问题、印巴边境问题将会有一个新的平台以及争议解决框架。同时对于印度的地缘政治、经济发展、反击恐怖主义和宗教极端主义都有良性推动。印度和巴基斯坦加入上合组织必须签署30多项文件,包括《长期睦邻友好合作条约》,这可能会为印巴纷争的解决提供一个新的契机。而2017年3月,印度首次在本土受到国际极端组织“伊斯兰国”发动的炸弹袭击。由于印度国内印度教势力的发展,有可能引发穆斯林的反弹并诱发国外极端势力对印度的袭击。加入上合组织对印度来说,将会是其反击恐怖主义的强大助力。

4. 2017年度海外联合军事演习

“马拉巴尔”海上联合军事演习始于1997年,最初为美国和印度两个国家。日本于2015年正式成为该军事演习成员。而周边的新加坡、澳大利亚也曾先后受邀参加过该军事演习。根据《人民日报(海外版)》报道,2017年7月10日,美国、印度、日本在印度南部的孟加拉湾联合举行了为期8天的“马拉巴尔2017年度”海上军事演习。2017年9月,印度与美国在美国的刘易斯—麦克德联合基地联合举行代号为“准备战争”的军事演习。这是2004年起美印每年都会举行的联合军演。

这一军事演习是印度拓展其海洋战略、增进与美国战略合作伙伴关系的重要抓手。近年来印度提出了“控制战略水道”以及“向东看”的战略发展目标,期望其海权影响力能够走出印度洋,向波斯湾以及西太平洋地区发展。军事演习为这一目标的实现增加了威慑力。

5. 国防工业印度制造的积极推进

早在2014年,莫迪政府就已经明确提出军工方面的印度制造口号,但长期以来印度的国防装备多为向外国采购。2017年6~7月,印度豪掷200亿美元向美、法、俄等国采购了大批军火。同年9月3日,新

① http://news.china.com/news100/11038989/20170610/30693913.html,访问日期:2017年12月31日。

宣誓就任的印度女国防部部长尼尔马拉西塔拉曼称要减少对外国军火的依赖,发展本国军工事业。

2018年年初,印度空军启动了耗资15亿美元的项目,向国内军火企业招标,寻求买进包括244座防空炮、228套火控系统与搜索跟踪雷达,以及204000发可编程弹药在内的近距离对空防御武器系统。原本预计购买以色列长钉导弹也改为购买印度制造的毒蛇导弹。2018年2月,根据印度财政部部长所提交的2018年联邦预算报告,国防预算金额与上年相比增加了7.81%,印度将建立两条国防工业生产走廊并推出配套政策,以利于印度国防工业发展。

从印度军工业的发展历程来看,批准于2007年的印俄第五代战斗机项目至今仍未签订最终研发合同;2008年海军直升机项目于2017年8月发布全球采购申请;2015年印俄多用途直升机项目至今仍未达成最终合同。由于官僚体系僵化、审批程序烦琐、技术掌握程度不足、国家推动力度不够等问题,军工业方面的印度制造道路仍然漫长。

6. 印度陆军首次改革

2017年8月,印度国防部批准对印度陆军进行大规模改革。改革的目的是增加作战人员比例,降低后勤和行政人员比例,以提高印军的作战能力。改革的第一步是撤销所有的军队农场,以及整改陆军邮政服务系统。

“这是印度陆军首次的大规模改革。整个军事改革的目的是提升战斗部队占比,降低所需要的战斗支持人员比例以及节省经费。这次改革涉及印度军队的军队农场,邮局系统,后勤单位等。印军中的部分行政人员,后勤人员都将被裁撤或者改换岗位……按照主持印军军师改革的国防委员会的分析,这一轮军事改革将令印度节省高达2500亿卢比的国防预算(约折合40亿美元)。未来五年内这些建议如果都被实施的话,将极大地提高印军的作战潜力。”①

① www.guancha.cn/military-affairs/2017_08_31_425224.shtml,访问日期:2017年2月11日。

7. 莫迪新政的影响

(1)中央政府权威的加强

莫迪所属的印度人民党获得了大多数邦一级别的政府首席部长席位。这为邦政府和中央政府的通力配合提供了条件。“截至2017年3月,印度人民党得以在印度全部29个邦中的17个单独或者联合执政……印媒普遍分析认为,莫迪带领印人党赢得北方邦选举,已经在2019年全国大选中‘赢得先手’。”[①]相比之下,印度国大党的政治势力严重缩水。而地方政党组成的第三势力也在印度西部和北部表现不佳。

莫迪政府将权威最大限度地转移到中央政府所控制的财政部和财政委员会,通过在各邦之间分配财政资源,争强中央政府的掌控能力。在强化中央政府权利上,莫迪进行了2017年税改改革,税收制度终于初步获得全国统一;“设立‘转型委员会’以取代国家计委,并用‘三年行动计划’‘七年战略规划’‘十五年远景文件’替代原有的五年计划。”[②]“莫迪的计委改革用行政手段打碎独立小王国,把被官僚小集团分割占据的权力归拢到中央”。[③] 通过新的口号吸引和凝聚人心,指引印度的发展方向,前所未有地强化了中央政府的权威。

(2)印度经济的发展

“从根本上说,莫迪的计委改革同时强化政治和市场两条逻辑主线:把一部分调控职能下放到市场,使市场发挥更高效的调节作用,以此撬动潜在的资源禀赋。如果把‘印度制造’、废钞令、商品服务税改革放在一起就可以看出,莫迪改革剑指印度国家经济能力。”[④]通过这一系列举措,印度经济在一定程度上受到强有力的刺激,得到了最大限度的发展机遇。

① 王世达、杨瑞:《近期印度政治发展趋势及其影响》,载《现代国际关系》2017年第5期。

② http://news.163.com/17/0712/01/CP3V2FUL000187V5.html,访问日期:2017年12月31日。

③ http://news.163.com/17/0712/01/CP3V2FUL000187V5.html,访问日期:2018年2月7日。

④ 同上。

四、印度法律发展预期

根据印度法治2017年度的现状,可以预期:

1. 在婚姻家庭等私法领域,印度立法仍将谨慎而保守地走在21世纪。在触及社会男性既得利益者的权益时,尽管有世界各国的立法借鉴,但印度立法以及司法的态度仍然相对滞后。由法律自上而下进行法治改革的可能性不大。

2. 在属人法领域,宗教与法律的关系仍然难以完全剥离。可以预见在今后较长时期内,印度司法仍将受到宗教的极大影响。

3. 在经济法领域,为促进国民经济的发展,印度将继续借鉴周边国家和西方国家的经验,大胆采用各种立法手段增加外商直接投资,促进滨海经济区发展。并通过滨海经济区的试点,将其模式向全国推广。在印度的滨海经济区,有可能出现法律改革的风向标。

4. 随着引入经济的发展,印度基础设施建设、土地征收、劳动保障等方面将会是其立法涉及的改革领域。倘若印度要完成农业国向工业化的转变,必然面临将土地从所有者手中征收并转为工业用地、建立起大型工业区的法律问题。目前印度法律无法解决这一难题。

5. 在不涉及社会传统观念、不触及各派利益时,印度立法可能在金融领域有较大的发挥余地,以更为开放的心态制定相关法律。

Annual Report on the Rule of Law in India(2017)

Zhang Taoran

Abstract: As an ancient country with a long history, India has a splendid ancient civilization, which gives birth to countless philosophers and important religions in the world. The religious personal law of India has become a hindrance to the promulgation of the civil code of India. The caste system has still had a great impact. On the protection of women's rights and interests, the traditional thinking of "value the male child" only has a direct impact on the implementation of laws. In economic development, the Modi government launched a series of measures to strengthen the authority of the central government and the development of the economy in 2017. The unification of the tax system has been completed, the law of banking supervision and the bankruptcy law have been revised, the standard of merger and acquisition of the company have been improved, and the real estate regulation law has been formally entered into force.

Keywords: India; Right Reserved System; Protection of Women's Rights and Interests; India's Economic Law; GST Tax Reform

巴基斯坦法治报告(2017)

肖诗来　李邦旗　李　坤　包丽丽*

内容摘要:本报告在对国内外最新文献进行检索分析的基础上,介绍了2017年以来巴基斯坦政治、经济、外交、安全及宗教状况。随着2017年颁布了宪法第22条修正案,在宪法改革、金融政策调整、环境保护政策、知识产权以及宗教法治动态方面出现相应变化。本年报重点对2017年法治建设进行了评述,包括其宪法、民法、环境保护、知识产权以及经济、金融、税收、投资领域的法治动态,尤其是一些新出台的具体法律及其相关背景、后续发展趋势进行了分析预测并结合2015年、2016年巴基斯坦政治、经济、法律等发展状况进行分析,为审视巴基斯坦政治发展、投资和营商环境建设、法治进程现状,动态预测和思考未来巴国法治进程提供依据。

关键词:巴基斯坦;法治;税收政策;环境保护;知识产权;宗教;宪法改革

引言

巴基斯坦作为南亚地区大国,在经济、政治、外交贸易、宗教等方面都具有独特性,其法治进程包括法令颁

---

* 作者简介:肖诗来,男,讲师,上海政法学院;李邦旗,男,助教,上海政法学院;李坤,男,助教,上海政法学院;包丽丽,女,助教,上海政法学院。

布、人权状况均受制于这些因素。只有充分了解巴基斯坦当前的法治进程及其南亚战略,才能更好地分析中国在巴基斯坦面临的机遇与挑战,从而有助于今后中国的南亚战略和公共关系政策的制定,特别是“一带一路”旗舰项目——中巴经济走廊建设的顺利实施。巴基斯坦是“一带一路”倡议里重要的节点国家,“中巴经济走廊”的建设更是有不可替代的战略地位,不得不指出的是,“中巴经济走廊”的建设任重而道远,包括宗教风险在内的各种风险将会对“中巴经济走廊”的建设进程造成影响。巴基斯坦以伊斯兰教为国教,其宗教国情错综复杂,如果不了解该国的宗教传统、宗教政策和政教关系等状况,并对这些状况下可能存在的宗教风险加以认识、预防与治理,我们在其他方面各种规划与部署的努力也有可能会受到影响。

因此,巴基斯坦2017年度法治研究报告将从税法、知识产权保护、环境保护方面进行探索,以及宗教元素在巴基斯坦法治推进过程所扮演的角色进行重点梳理。

一、巴基斯坦的政治、经济、外交状况

(一)巴基斯坦的政治体制

巴实行多党制。现有政党200个左右,派系众多。目前全国性大党主要包括:

1. 巴基斯坦穆斯林联盟(谢里夫派)(Pakistan Muslim League-Nawaz Sharif),简称穆盟—谢派(PML-N)。该党成立于1906年,当时称作全印穆斯林联盟,1947年巴基斯坦立国后改称巴基斯坦穆斯林联盟。党章规定要在巴基斯坦实现政治、社会和经济改革。该党现为参议院第二大党,国民议会第一大党。该党领袖谢里夫2013年6月当选新总理,成为巴历史上首位三度出任总理的政治家。该党还在旁遮普省执政。

2. 巴基斯坦人民党(Pakistan People' s Party),简称人民党(PPP)。该党于1967年12月成立,主要势力在信德省和旁遮普省,主张议会民主、自由平等、经济私有化。现任党主席为巴已故原总理贝·布托之子比拉瓦尔·布托(Bilawal Bhutto)。该党现为参议院第一大党,国民议会第二大党,在信德省执政。

3. 正义运动党(Pakistan Tehreek-e-Insaf),成立于1996年。主席为

巴基斯坦家喻户晓的板球明星伊姆兰·汗(Imran Khan)。该党提出变革、平等等口号,在2013年国民议会选举中获35席,成为国民议会第三大党,并在开伯尔—普什图赫瓦省执政。

此外,主要党派还有:巴基斯坦穆斯林联盟(领袖派)[Pakistan Muslim League(QA)]、统一民族运动党(Muttahida Qaumi Movement)、人民民族党(Awami National Party)等。

国民议会是巴基斯坦的联邦立法机构,共342个议席,其中272席为普选议席,60席为妇女保留席位,10席为非穆斯林保留席位,由各政党按普选得票比例分配。国民议会设议长和副议长各1人,议员任期五年。参议院设100个议席,议员任期六年,每3年改选半数。设主席和副主席各1人,任期三年。

最高法院为最高司法机关,各省和伊斯兰堡设高等法院,各由一名首席大法官和若干法官组成。现任最高法院首席大法官为安瓦尔·扎西尔·贾迈利(Anwar Zaheer Jamaili)。全国设总检察长,各省设省检察长。现任总检察长为阿什塔尔·奥萨夫·阿里(Ashtar Ausaf Ali)。

(二)巴基斯坦的经济体制

巴经济以农业为主,农业产值占国内生产总值的21%。主要农产品有小麦、大米、棉花、甘蔗。全国可耕地面积5768万公顷,其中实际耕作面积2168万公顷。农业人口约占全国人口的66.5%。受国内政局不稳、国际金融危机冲击、国际大宗商品价格上扬等因素的影响。

国内客货运输以公路为主。近年来,公路和空运网的增加远远快于铁路。

(三)巴基斯坦的外交状况

巴在外交方面奉行独立与不结盟外交政策,注重发展同伊斯兰国家和中国的关系。致力于维护南亚地区和平与稳定,在加强同发展中国家团结合作的同时,还发展同西方国家的关系。支持中东和平进程。主张销毁大规模杀伤性武器。呼吁建立公正合理的国际政治经济新秩序。重视经济外交。要求发达国家采取切实措施,缩小南北差距。

1.同中国的关系

1950年1月5日,巴基斯坦承认我国的合法地位,1951年5月21日两国正式建交。建交以来,中巴两国建立了全天候友谊,开展了全方位合作。2005年4月,温家宝总理访巴,两国宣布建立更加紧密的战略合作伙伴关系。

2011 年是中巴建交 60 周年,也是"中巴友好年"。2013 年 5 月,李克强总理对巴基斯坦进行正式访问,双方发表了《中巴关于深化两国全面战略合作的联合声明》。2015 年是双方商定的"中巴友好交流年"。2015 年 4 月,习近平主席对巴基斯坦进行正式访问,两国签署《中华人民共和国和巴基斯坦伊斯兰共和国建立全天候战略合作伙伴关系的联合声明》。2016 年 6 月,习近平主席在塔什干出席上海合作组织成员国元首理事会第十六次会议期间会见巴基斯坦总统侯赛因。

据统计,2016 年(截至 9 月),中巴双边贸易额为 141.8 亿美元,同比增长 3.3%。其中,中方出口额 128.3 亿美元,同比上升 8.2%;进口额 13.5 亿美元,同比下降 28.1%。巴是中国开展对外承包工程业务的重点海外市场。2016 年 1~9 月,中国在巴方直接投资金额约 39.3 亿美元。巴来华实际投资 1.1 亿美元。

2. 同美国的关系

冷战期间,巴美关系密切。此后,巴基斯坦因核试验和政变招致美国制裁。"9·11"事件后,巴基斯坦参加国际反恐战争,助美打恐,并采取措施打击国内极端主义势力。

美国奥巴马政府上台后,出台对阿富汗、巴基斯坦新战略,加大了对巴基斯坦军事和经济的投入。2009 年 10 月,美出台 5 年内向巴基斯坦提供 75 亿美元援助的"克里—卢格法案"。两国建立了战略对话机制。然而,与此同时,两国间信任赤字严重。巴基斯坦对美无人机频频进入巴北瓦济里斯坦部落区打恐十分不满。2011 年,受本·拉登在巴基斯坦境内被击毙、美北约越境空袭巴基斯坦边境哨所事件等影响,巴基斯坦关闭境内北约后勤补给线,一度中断了同美高层互访。美暂停部分对巴基斯坦军事援助。两国关系降至低点。2012 年以来,两国高层逐渐恢复接触。随后,巴美政府仍坚持改善双边关系政策,并于 2014 年3 月重启巴美战略对话①。

3. 同印度的关系

巴印于 1947 年、1965 年和 1971 年三次爆发战争。1971 年巴印断交,1976 年复交。2004 年以来,巴印启动全面对话进程,双边关系持续

---

① 环球国际:http://world.huanqiu.com/,访问日期:2017 年 12 月 19 日。

缓和。2008 年 7 月,两国启动第五轮全面对话,并首次开通跨克什米尔控制线贸易。同年 11 月,印度孟买发生重大恐怖袭击事件,印指责巴境内与组织有染,巴印关系骤然紧张。在国际社会斡旋之下,两国间的紧张形势有所缓和但争端不断。

4. 同阿富汗的关系

巴基斯坦与阿富汗在地理、历史、文化、宗教、种族等方面关系密切。“9·11”事件后,巴基斯坦参与国际反恐战争,打击塔利班和“基地”组织,努力发展与卡尔扎伊政府的关系,积极参与阿富汗重建。

二、巴基斯坦金融税法及其政策简析

税收政策是一国实现财政收入目标、调节经济运行情况、调整分配结构和促进对外经贸合作的重要手段。从地理区位上看,巴基斯坦是“21 世纪海上丝绸之路”沿线的重要国家。巴基斯坦位于阿拉伯海北部,紧邻波斯湾出口。尤其是位于巴基斯坦西南部俾路支省的瓜达尔港,扼守从非洲、欧洲经红海、波斯湾通往东亚、太平洋地区多条重要国际航线的要冲,距离全球石油主要供应通道霍尔木兹海峡也只有约 400 千米,战略位置十分重要。巴基斯坦作为中国的传统友好国家和“21 世纪海上丝绸之路”沿线的重要国家,可以在“一带一路”战略中发挥示范性作用。巴基斯坦更是我国实施“走出去”战略的重要目的地,全面了解其税收体制及相关政策,有利于我国企业更好地在巴开展投资合作活动。现将巴基斯坦税法及相关政策情况介绍如下:

(一)巴基斯坦税法体系及主要税目

1. 巴基斯坦税法体系

巴基斯坦税收分为联邦税收(国税)和省级税收(地税)两大体系,其中联邦税收收入约占全国税收总收入的 70%。巴联邦税收分为直接税和间接税两大类,直接税包括所得税(Income Tax)、劳工福利税(Workers Welfare Tax)、劳工参与基金(Workers Participation Fund)和资本税(Capital Value Tax)。间接税包括关税(Customs Charges)、销售税(Sales Tax)、联邦消费税(Federal Excise Duties)、机场税(Airport Tax)和其他税费(Other duties)。省级税主要包括财产税(Property Taxes)、车辆税(Motor Vehicles Duty)、消费税(Excise Duties)、印花税(Stamp Duties)等,由各省财政部门负责征收,除少部分上缴联邦政府外,其余作为各省自有发展资金。

与之相对应，巴基斯坦现行的税法主要包括《2001 年所得税法令》《2002 年所得税规则》《1990 年销售税法》《2006 年销售税规则》《1969 年海关法》《联邦税收委员会法》，另外还有省级的相关税法，如《2011 年信德省服务销售税法》《2012 年旁遮普省服务销售税法》《2013 年开伯尔—普赫图赫瓦省服务销售税法》以及各省的相关税务规则。

联邦税收委员会(FBR)是巴联邦政府税收的主管部门，下设所得税局、海关、销售税局、联邦消费税局等机构，分别负责相关税种的征收和稽查工作①。

2. 巴基斯坦联邦税收的主要税目

巴基斯坦联邦税收主要包括公司所得税、个人所得税、销售税、社会能保障税以及印花税等其他主要税种。每一税种均有相关的法律加以规定，根据各法律条文对各税种进行归纳总结：

(1)公司所得税

居民公司和非居民公司是公司所得税的纳税人。居民公司指根据相关法律设立的公司，也包括在一个纳税年度内公司事务的控制和管理全部在巴基斯坦境内的其他公司。公司包括信托机构、合作社、金融协会或者任何依照法律组建的其他协会，以及被巴基斯坦税务当局认定为公司的、在巴基斯坦境外组建的法人机构和外国社团(无论是否为法人)。居民公司应当就其来源于全世界的所得纳税，非居民公司仅就其来源于巴基斯坦的所得纳税。巴基斯坦联邦公司所得税税率见表 1。

表 1　巴基斯坦联邦公司所得税税率表(2016 财年)

公司种类	税率(%)
银行	35
银行以外的其他公营公司	32
其他公司	32
小公司	25

公营公司指在巴基斯坦任何一家股票交易所挂牌或者其不少于 50% 的股份被联邦政府或者一家公共信托机构所持有的公司。应纳税

① 中华人民共和国商务部：http://www.mofcom.gov.cn，访问日期：2017 年 12 月 19 日。

所得额的计算以财务核算为基础,税收有特殊规定的,从其规定。销售不允许折旧的不动产所获得的资本利得不征税。转让居民公司或者符合下列条件的非居民公司的股份实现的利得属于来源于巴基斯坦的收入:上述非居民公司指全部或大部分资产是位于巴基斯坦的不动产,或者具有勘探、开采巴基斯坦自然资源权利的公司。

在销售允许折旧的资产以外的资产所获得的资本利得分两种情况纳税:一是在购置资产 1 年以内销售资产获得的资本利得要全部纳税;二是购置资产超过 1 年以后销售资产获得的资本利得的 75% 纳税,25% 免税①。

销售允许折旧的资产(不动产除外)所获得的资本利得在销售当年视同普通经营所得纳税,计税依据为销售收入减去销售的相关资产在税务处理上可以减记的价值。对于通过出售证券实现的资本收益,其税率按照其证券持有期的不同划分为不同的税率档次,如表 2 所示。

表 2　通过出售证券实现的资本收益税率表(2015～2016 财年)

序号	期间	2015 财年税率(%)	2016 财年税率(%)
1	证券持有期少于 12 个月	12.5	15
2	证券持有期多于 12 个月但少于 24 个月	10	12.5
3	证券持有期达到 24 个月或以上但少于 4 年	0	7.5
4	证券持有期超过 4 年	0	0

(2)个人所得税

一个纳税年度(7 月 1 日至次年的 6 月 30 日)内,出现在巴基斯坦的持续时间或间断时间总计达 183 天或以上,或者是联邦政府或省级政府在该纳税年度派驻国外的雇员或官员,均属于巴基斯坦税收上的居民纳税人。巴基斯坦居民应当就其来源于全世界的所得纳税,但是对于避免双重征税协定中规定的特殊所得不征税。巴基斯坦非居民仅就其来源于巴基斯坦境内的所得纳税,来源于巴基斯坦的所得包括在巴基斯坦收到的所得或者视同收到的所得,以及视同来源于巴基斯坦

① 中华人民共和国驻卡拉奇总领事馆经济商务室:http://karachi.mofcom.gov.cn,访问日期:2017 年 12 月 19 日。

的所得。

(3)销售税

巴基斯坦销售税具有增值税性质,其进项税允许抵扣。在巴基斯坦境内出售货物或者进口货物的组织和个人是销售税的纳税人。每一个提供应税(包括适用零税率)货物和劳务的组织和个人都要进行税务登记。纳税人应当就其在巴基斯坦境内出售应税货物或者进口货物的价格纳税。除了特别免税规定,一般税率定为17%。

(4)社会保障税

巴基斯坦的社会保障税包括养老和残疾保险税、工人福利基金税和省级社会保障税①。社会保障税由雇主缴纳,雇员不用缴纳。养老和残疾保险税是由雇主根据其支付给雇员的工资支出的5%缴纳。其雇员月工资超过6000卢比的,则无须缴纳。工人福利基金税是对年所得达到50万卢比的工业企业按照其应税所得的2%征收,纳入工人福利基金。省社会保障税是由雇主按照每个雇员每天不超过120卢比,或者每年不超过3000卢比的标准缴纳。税款用于保障雇员及其赡养人员的医疗、怀孕、工伤和其他福利。

(5)其他主要税种

消费税是对进口货物,从事广告、旅行、船只代理、保险、银行、提供特许权、资产开发等服务征收16%的消费税,其中,对提供电信服务征收19.5%的消费税;财产税是省级政府依据不同税率对财产所有者征收财产税;印花税是在销售或转让不动产时,根据不动产的价值征收印花税(依据不动产所在位置采用不同税率);关税和其他进口税则依据调和关税制度(HS)规定,在进口环节按照不同税率征收关税和某些其他税。

3. 巴基斯坦相关税收优惠政策

巴基斯坦税收主管部门为巴联邦税收委员会,负责制定和实施税收政策,以及联邦税种的征收和管理,海关为其下属部门。近年来巴政

---

① 此税根据《1965年省雇员社会保障法令》(1965年法令)征收。当时,巴基斯坦包括西巴基斯坦省(现今的巴基斯坦)和东巴基斯坦省(现今的孟加拉国,1971年独立)。1965年法令至今仍然有效,虽然2002年曾根据经巴基斯坦总统签署的修正案做了修订,但是仍然沿用了原来的名称。因此,这里的"省"指当时的西巴基斯坦省,而不是我们通常意义上的省级政府的省。

府为提高财政收入,不断扩大税基和提高税收幅度。外国公司和外国人与巴当地公司和国民同等纳税。

为吸引外国投资,巴政府也制定和出台了一些优惠税收政策,主要包括:

(1)初始折旧

投资者首次在巴投入使用的成套设备和机械作为“可折旧资产”,在第一个纳税年度可按设备价值的50%折旧,抵减当年的所得税。

(2)费用摊销

投资前期费用每年最高摊销比例为20%,无形资产可在10年内分期摊销;上述费用均可抵减当年所得税。

(3)亏损结转

投资者当年未能完全冲抵的营业亏损,可结转至下年继续冲抵所得税,但除亏损中未计提的折旧费外,其余项目结转累计不超过6年。

(4)自由贸易协定国家税收优惠政策

如投资者所在国政府与巴基斯坦政府之间签订了双边自由贸易协定、投资保护协定或类似协定,相关税收项目从低征税。目前,巴与斯里兰卡、中国、马来西亚、南盟签署了自贸协定,与包括中国在内的47个国家签署了双边投资保护协定,与伊朗签署了优惠贸易安排。

(5)避免双重征税协定

与巴基斯坦政府签署了《避免双重征税协定》的52个国家的投资者,可享受避免双重征税的有关政策。1989年11月15日,巴基斯坦政府与中国政府签署了《避免双重征税协定》,2007年5月又签署了该协定第二议定书。

(二)巴基斯坦税务改革及成果

20世纪90年代中期,巴基斯坦税收体系逐渐与经济发展脱节,税收连续数年未能实现预定目标,占GDP的比重一直在5%~9%徘徊,低于发展中国家的平均水平。为增加财税收入、减少对外借债、促进经济发展,在世界银行和英国政府的资助下,巴基斯坦联邦政府2000年6月启动了“税务管理改革计划”(TARP),拟在十年内对税务系统进行全面改革,将税收占GDP的比重从9%提高至15%。TARP的预算资金为1.5亿美元,其中世界银行和英国分别提供了1.2亿美元和2500万美元,巴基斯坦政府自筹500万美元。TARP是巴建国以来投入最大、范围最广、历时最长的一次税制改革,对巴基斯坦经济产生了深远影响。

此次税改的主要内容包括:修改税收政策法规,合理调整税率,逐步以增值税取代销售税;改进税收管理体制,明确职能和分工;加强税务机构基础设施建设和软硬件配备,推广“税务电子化工程”;提高征税效率,简化税收程序,加快办理税务案件,提高公民自觉纳税意识;改革FBR组织架构,减少管理层级,精简人员;加强税务官员的在职培训,提高税收队伍素质和技能等。

从实施效果看,这次税改取得了一定成效,主要体现在:

1. 政策、税率趋于完善和合理

经过数年改革,巴基斯坦税收法律法规和相关政策不断趋于完善,整体税率水平较为合理,如公司所得税从20世纪90年代末的44%~66%下调至20%~35%的水平,大部分商品的进口关税大幅下调至25%。

2. 组织架构日趋完善

FBR先后在全国多个城市新建了一批地区税收办公室,增强税收基层组织力量;成立了数个专门税务机构,包括卡拉奇和拉合尔的大型纳税中心、品第等6个城市的中型纳税中心、伊斯兰堡等15个城市的NTN办公室等,强化专业服务能力。截至2008年,上述机构均实现了电子化办公。

3. 税务自动化程度全面提升

一是全面推行海关自动报关系统,全国3大港口和26个口岸均实现联网办公,提高货物进出的报关效率,努力减少偷漏税现象;二是逐步对销售税、联邦税和所得税实行电子申报,大大简化了纳税程序;三是2006年启动了销售税自动退税系统,退税工作效率大幅提高。

4. 税基和税收收入同步增长

随着税务透明化和便利化程度不断提高,巴基斯坦公民依法纳税的意识增强,纳税人口快速增加,巴基斯坦税收收入也实现同步增长,在改革的带动下,税收占GDP比重由2010~2011财年的9.3%提高至2015~2016年的12.6%。

但受政权更迭、政府治理能力较低和经济实力不足等因素的影响,税改在推进过程中出现一些反复,导致以增值税取代销售税、缩小减免税范围、加强税务审计以及调整职能部门等改革重点未能实现预期目标。

(三)巴基斯坦近年税收及对外贸易政策情况

1.2015年中巴升级为全天候战略合作伙伴关系

2015年4月20日,习近平总书记出访巴基斯坦时指出,中巴两国人民的传统友谊源远流长。建交以来,中巴建立了全天候友谊,开展了全方位合作,给两国人民带来切实利益,促进了地区和平、稳定、发展。中方始终从战略高度和长远角度看待中巴关系。习总书记此次访问,在伊斯兰堡发表了《中华人民共和国和巴基斯坦伊斯兰共和国关于建立全天候战略合作伙伴关系的联合声明》。巩固了中巴传统友谊,深化两国各领域务实合作,推动中巴战略合作伙伴关系迈上新台阶,充实中巴命运共同体内涵。巴获得丝路基金首个投资项目,为中国同周边国家建设命运共同体发挥示范作用。

(1)“一带一路”

巴方欢迎中方设立丝路基金并将该基金用于中巴经济走廊相关项目。巴方将坚定地支持并积极参与“一带一路”建设。丝路基金宣布入股三峡南亚公司,与长江三峡集团等机构联合开发巴基斯坦卡洛特水电站等清洁能源项目,这是丝路基金成立后的首个投资项目。丝路基金愿积极扩展中巴经济走廊框架下的其他项目投融资机会,为“一带一路”建设发挥助推作用。

(2)中巴经济走廊

双方对中巴经济走廊建设取得的进展表示满意,强调走廊规划发展将覆盖巴全国各地区,造福巴全体人民,促进中巴两国及本地区各国共同发展繁荣。双方同意,以中巴经济走廊为引领,以瓜达尔港、能源、交通基础设施和产业合作为重点,形成“1+4”经济合作布局。双方欢迎中巴经济走廊联委会第四次会议成功举行,同意尽快完成《中巴经济走廊远景规划》。双方将积极推进喀喇昆仑公路升级改造二期(塔科特至哈维连段)、瓜达尔港东湾快速路、新国际机场、卡拉奇至拉合尔高速公路(木尔坦至苏库尔段)、拉合尔轨道交通橙线、海尔—鲁巴经济区、中巴跨境光缆、在巴实行地面数字电视传输标准等重点合作项目及一批基础设施和能源电力项目。

(3)反恐

双方认为,中巴两国安全利益息息相关,愿积极践行共同、综合、合作和可持续安全的亚洲安全观,将继续加强反恐合作、防务合作以及国际地区安全事务配合,三管齐下,共同维护中巴安全利益。双方将继续携手坚决打击“东伊运”这一恐怖组织。中方赞赏巴方为国际反恐事业做出的重大贡献,将继续支持巴方根据本国国情实施反恐战略,协助巴方加强反恐能力建设。双方将继续利用好战略对话和反恐磋商等现有机制,以进一步增进相互协调和理解。

(4)合作协议及备忘录

到目前为止,中巴两国签署了包括《关于中国和巴基斯坦之间建立全天候战略合作伙伴关系的联合声明》①等51项合作协议和备忘录,涉及经济技术合作、能源互利、双边贸易金融服务、交通建设、电信合作、教育事业及法律互动等领域,其中超过30项涉及中巴经济走廊。总投资480亿美元。

中巴友好对当前的国际政治、外交产生了深远意义。首先,中巴将义无反顾在政治、经济、军事、文化等全方位给予对方坚定的合作和支持,中国在南亚打击藏独势力将取得决定性的胜利。同时,一旦中巴铁路、公路建成,海陆“丝绸之路”,会对“一带一路”周边国家起到示范作用,特别是对国际政治新秩序将产生深远影响。过去那些对中国“一带一路”以及“亚投行”摇摆不定的国家,看到中国的实际行动,对他国起到促进和推波助澜作用,看到只有紧跟中国才可能像巴基斯坦一样,得到中国政治、经济的全方位支持,才能给本国人民带来福祉。

2. 2016~2017财年巴基斯坦税收目标和完成情况

据巴基斯坦国家银行(SBP)公布的年度报告显示,2017财年(2016年7月~2017年6月),巴基斯坦税收占GDP的比重为12.5%,较上财年的12.6%有所下降。报告指出,过去几年政府税收和行政领域改革促进了税收增长,税收增幅高于名义GDP增长率。在改革的带动下,税收占GDP比重由2010~2011财年的9.3%提高至2015~2016年的12.6%,但增长态势未能在2016~2017财年延续。2017财年巴税收占GDP比重不仅低于年度预定目标(13.6%),而且在本地区也处于最低水平,仅高于孟加拉国。报告指出,为提高税收,巴联邦政府和地方政府均需做出努力。在地方政府层面,第18修正案实施后,农业税和服

---

① 新华社报道:http://www.xinhuanet.com/2015-04/21/c_127711924.htm,访问日期:2017年12月17日。

务部门税收划归地方,地方政府需积极提高征收能力;在联邦政府层面,需致力解决税基过窄和过度依赖计提税等问题。

3. 巴基斯坦《2015 ~ 2018 年战略贸易政策框架》

2015 年 3 月,巴基斯坦商务部部长赫拉姆·达斯特吉尔·汗发布了新的《2015 ~ 2018 年战略贸易政策框架》(以下简称《框架》),这是巴商务部第三次发布中期贸易政策框架,该《框架》制定了四个主要目标:一是 2017 ~ 2018 年全年出口额提高至 350 亿美元;二是提高出口竞争力;三是将经济增长方式从当前的要素驱动模式转变为效率和创新驱动模式;四是提高区域贸易份额。

为实现上述目标,《框架》提出四大关键支撑和四大施策支柱。四大关键支撑包括:一是竞争力(优质的基础设施、劳动生产力、公共设施、技术进步),二是标准适应性(本土标准和国际标准融合、保护专利权、纠纷解决机制建设),三是政策环境(货币政策、税收体制、产业协作、投资政策),四是市场多元化(多边市场、区域市场和双边市场)。四大施策支柱包括:一是产品多元化和提高产品附加值(研发投入、增加附加值、品牌建设),二是开拓市场(提高现有市场份额、开拓新市场,经贸外交),三是制度强化和建设(结构调整、能力建设、设立新机构),四是促进贸易便利化(降低营商成本,标准化)。

三、巴基斯坦知识产权法治建设现状

近年来,巴基斯坦政府致力于强化本国经济、提升国际竞争力、加快与全球经济的接轨整合。在此过程中,巴基斯坦政府认识到,克服阻碍知识产权有效管理的机制弊端,加大本国知识产权执法力度,改善不断恶化的知识产权保护现状,构建完善的知识产权制度是在当今全球化经济环境下实现竞争型经济的关键。

(一)监管组织

为了更好地实现知识产权综合管理和执法协调的目标,2005 年 4 月 8 日,巴基斯坦政府决定联合分别隶属于工业、生产和开发部、商务部及教育部的专利局、商标登记处和版权局,组建巴基斯坦知识产权组织(IPO-Pakistan)(以下简称 IPO),使之成为知识产权综合管理和执法协调的核心。该组织愿景是:通过促进和保护知识产权使巴基斯坦作为一个负责任的国家融入全球知识产权的蓝图中。其使命是整合和升级知识产权基础设施以提升知识产权服务质量、提高公众知识产权意识以及加强知识产权执法协调,从而实现使巴基斯坦成为一个知识产权型国家的目标①。

为改善巴基斯坦民众知识产权意识淡薄的状况,IPO在各注册处、国家图书基金会(NBF)、国家科学基金会(PSF)、巴基斯坦科技信息中心(PASTIC)、国家科技大学技术孵化中心(NUST)和巴基斯坦知识产权代理人协会(PIPRA)等机构的协助参与下,已在工商会、企业、研发机构、院校和普通民众中掀起了一股覆盖面较为广泛的提升公众知识产权意识,推广普及知识产权制度的浪潮。

巴基斯坦政府还决定以研发机构的授权专利量为基准发放研发资金;将知识产权科目列入各级学院课程;鼓励大学和研发机构设立"技术许可办公室"(TLO)和"技术孵化中心"(TIC);阻止公共部门、机构使用盗版光盘和书籍;在巴基斯坦《经济调查报告》《预算报告》《贸易政策报告》等政府报告中增加有关知识产权的章节,从而全方位地提高公民知识产权意识。

在组建伊始,IPO采取了一系列组织、行政及职能措施来改善机构基础设施,改革、调整和重组巴基斯坦知识产权管理框架:成立了由IPO、中央财税局(CBR)、巴联邦调查署(FIA)、巴基斯坦电子媒体管理局(PEMRA)、省级警署、海关情报机构、法律、司法和人权部以及NBF组成的中央执法协调委员会,并在拉合尔和卡拉奇建立了两个地方级执法委员会。此外,世界知识产权组织(WIPO)和欧盟委员会均对IPO的执法协调工作予以了及时的技术援助和财力支持。

上述执法协调措施使IPO不仅与公共部门执法机构建立了有效联系,而且实现了与私营调查机构携手调查知识产权侵权活动的运作方式。随着这种协作关系的不断深化发展,盗版和假冒的市场生存空间将迅速缩小,巴基斯坦境内盗版和假冒产品的增长态势现已得到有效抑制。由于措施得当,配合协调,目前已取得丰硕成果。

为了强调知识产权侵权这一问题,巴基斯坦知识产权组织安排了一些鼓舞人心的活动以庆祝知识产权日,通常包括游行、研讨会和正式

---

① 中华人民共和国海关总署:http://www.customs.gov.cn/publish/portalo/,访问日期:2017年12月21日。

会议。在过去,游行通常都由一个领先的知识产权律师事务所与巴基斯坦知识产权组织共同组织,由巴基斯坦知识产权组织主席来领导,参与者也通常包括巴基斯坦商标注册处、专利控制局、外观设计注册处、版权注册处、巴基斯坦 CD 和 DVD 商店协会主席以及受到知识产权侵权直接影响的制造商。

(二)机构运作

IPO 是一个监管兼服务机构,受内阁部门的行政控制,并且由巴基斯坦总理直接监督,自成立以来,在打击假冒盗版、完善知识产权制度以及提升公众知识产权意识方面颇有建树。巴基斯坦政府在巴基斯坦知识产权组织的管理架构中投入了最优秀的人力资本。

巴基斯坦的软件盗版率估计在 90% 左右。Helpline Trust 和巴基斯坦工业和知识产权协会(PIPRA)曾一起举办了研讨会,参加研讨会的有司法机构的高级工作人员、知识产权律师以及巴基斯坦知识产权组织的官员。然而,论坛研讨与游行并没有给巴国的知识产权现状带来改观。许多跨国公司因不法制造商使用与其商品标识极其相似的标识,而成为知识产权侵权的主要受害者。这些跨国公司也在积极努力地强调知识产权侵权这一问题,但是他们似乎在如何解决这一问题上存在分歧。

一些知识产权友好型国家陆续表示愿与 IPO 发展长期伙伴关系,境内外社会团体对巴完善知识产权制度的各项举措也予以积极评价。巴基斯坦的美国商会在其年度调查报告中指出,其成员“对巴基斯坦的商业环境持肯定态度,并对巴的可操作性投资机会继续表示乐观”。而应 IPO 之邀举办“公众意识和普及计划”知识产权研讨会的巴各市工商会亦对 IPO 采取的知识产权相关措施表示赞赏,并坚定支持巴基斯坦政府打击盗版和假冒的执法举措。

IPO 的愿景与任务是保护和促进知识产权,使巴基斯坦成为全球知识产权团队中合格、负责任的一员;整合并改进巴基斯坦的各知识产权基础机构,完善服务,提升公众意识,加强执法协调,实现“知识产权立国”。

美国贸易代表办公室发布了一份特别报告,将全球几十个国家的具体知识产权问题都编入其中。由于巴基斯坦在该领域缺乏进步,因此该报告明确表达了对巴基斯坦知识产权现状的担忧,并将巴基斯坦列入了优先观察国名单。该报告强烈建议巴基斯坦应采取打击书籍盗版的强有力的执法行动,并应积极地起诉侵犯知识产权的罪犯,特别是在CD、食品、饮料和药品领域,以及确保巴基斯坦法院对知识产权侵权者做出具有威慑力的裁决。该报告警告称,美国还将继续密切关注巴基斯坦的知识产权局势。前任政府从未对知识产权问题如此重视过。这损害了巴基斯坦的形象,并且投资者也不愿在巴基斯坦投资。希望巴基斯坦新任政府将能够更严肃地对该这一问题,并且知识产权组织将能够采取有效的措施来遏制这种威胁。明目张胆的知识产权侵权不仅欺骗消费者,更抑制了外国投资者们在巴基斯坦的投资①。

(三)制度化建设

近年来,巴基斯坦的知识产权制度得到诸多实质性的发展,例如改善了知识产权保护,不断提高公众的意识并且在知识产权执法环节也取得了一些进步。具体来讲,这些内容包括:

1. 巴基斯坦知识产权组织颁布了《2012年条例》(该条例旨在协调商标注册处、专利局以及版权局的相关工作);

2. 成立了知识产权特别法庭,并以此在巴基斯坦各主要城市处理有关知识产权的争端;建立了知识产权执法总局、巴基斯坦海关(用于落实知识产权法律并打击假冒与走私产品贸易)以及知识产权组织方便相关方提交申请与开展检索的在线门户网站(用于为用户提供更多的信息);

3. 公布了《2016年地理标志保护法案》的草案以供审议;

4. 知识产权组织与巴基斯坦联邦税收委员会达成了谅解备忘录(用于数据分享并在知识产权执法工作环节中协同合作)。同时,对《2001年海关细则》进行了进一步修订,并在其中增加了涉及知识产权执法工作的新章节(具体来讲,用于解决侵权产品进口到巴基斯坦的问题)。巴基斯坦海关也正着手通过开发其在线门户网站来简化相关流程,以便知识产权持有人将能够及时地获得相关保护与救济。

(四)最新动态

2017年9月,巴基斯坦的各知识产权执法机构与本国知识产权组

---

① 中华人民共和国驻卡拉奇总领事馆经济商务室:http://karachi.mofcom.gov.cn/,访问日期:2017年12月19日。

织举行了会议。在该会议中,各方就如何提升巴基斯坦知识产权在国际上的形象展开了热烈讨论,同时巴基斯坦的知识产权执法机构也已经相应地采取了一些积极的措施。就此,巴基斯坦各家执法机构一致决定要通过在本国知识产权执法工作中开展下列行动来提升巴基斯坦的知识产权形象。

总而言之,增强不同政府组织之间的合作,并向巴基斯坦海外使团及时地提供知识产权报告将会让世人看到巴基斯坦真实的知识产权形象,并消除此前可能存在的误解,巴基斯坦的知识产权保护还有很长的道路要走。

四、巴基斯坦环境保护法治建设情况

(一)巴基斯坦自然环境概况

巴基斯坦是联邦制共和国,行政区划包括:首都地区伊斯兰堡,俾路支省、西北边境省、旁遮普省、信德省四省,以及联邦管辖部落地区。除北部印度河上游雨量较充沛外,大部分地区气候干燥,年平均降水量不到 300 毫米。自 1947 年独立以来,为提高人民生活水平,巴基斯坦大力发展经济,开展了修筑水坝、灌溉设施、铁路、公路、工厂、发电厂等大规模的工农业建设活动。然而,由于人口不断增加,工业化、城市化迅速发展,资源配置失当以及法律执行不力,使全国绝大部分人口的基本生存环境难以得到保障。巴基斯坦的森林覆盖率几乎是世界最低,仅有 4%。印度河流域是英属印度农业的核心地区,却不断受到土地盐碱化和洪涝灾害的威胁;大量化学物质、工业和生活污染未经处理排入公共水域内,对食物链造成破坏;不断加剧的土地荒漠化也威胁着这个国家。尽管一些地方推行的以狩猎换取战利品的计划收到一定成效,但是野生动植物等自然遗产也面临着严重威胁,采取措施刻不容缓。

(二)主要的环境保护法律

巴基斯坦于 1975 年建立了环境部,1977～1979 年完成了环境保护立法的框架,但是由于国家政治危机,直至 1983 年,巴基斯坦才颁布了适合于所有省份首个环境保护方面的法律框架,它也是亚太地区最早进行环保立法的国家之一。

巴基斯坦有关环境保护的专门立法主要有两部:第一部为 1983 年颁布的《巴基斯坦环境保护条例》;第二部为 1997 年颁布的《巴基斯坦

环境保护法案》。此外,还以《巴基斯坦环境保护法案(1997)》为核心建立了其他较为完善的环保法规体系,主要包括《国家环境质量标准》(包括工业自我监督和报告制、环境实验室证书、环境空气、饮用水、噪声、汽车尾气和噪声等一系列标准),省级可持续发展基金委员会制度,工业污染费(计算与征收)制度,国家饮用水、环境、拆迁、污水政策,清洁发展机制国家战略,清洁空气项目,环境影响评估程序,各具体行业环境指导项目和检查清单等。

1. 1983 年《巴基斯坦环境保护条例》

巴基斯坦早在 1973 年颁布的《巴基斯坦伊斯兰共和国宪法》中就明文规定了联邦政府和省级政府保护环境的义务。1975 年,巴基斯坦建立了环境部,1977～1979 年完成了环境保护立法的框架。由于国家政治危机、国家环境状况的恶化,联邦政府于 1982 年对主要行业的污染状况进行了调查,调查结果促使政府在 1983 年颁布了适合所有省份的首个环境保护方面的法律框架——《巴基斯坦环境保护条例》(以下简称《条例》)。

2. 1997 年《巴基斯坦环境保护法案》

巴基斯坦国民议会于 1997 年制定了四个省份通用的《巴基斯坦环境保护法案》,该法案的颁布取代了 1983 年《条例》,并对 1983 年《条例》中规定的环境问题进行了补充,法案中提出应以"保护、恢复和改善环境,防止和控制污染,促进社会的可持续发展"为目的。这部法案的颁布相较之前来说更值得推崇的一点是,具有广泛的民众基础,各阶层的公众皆参与了法案的讨论、修订,这大大提高了法案中公众意见的比重。

1997 年《环境保护法案》沿用了 1983 年《条例》所创设的制度框架。法案中规定,PEPC 仍是最高环境决策机构,PEPA 仍对其负责,各省的 EPA 也仍然存在。在政府制定的环境保护战略框架内,PEPC 有权制定全国性的环境政策。各省设立省级可持续发展基金,用来为合适的项目提供资金援助。排污量不得超过 PEPC 制定的国家环境质量标准(NEQS)或 PEPA 制定的其他标准。政府有权对违反国家环境质量标准的个人进行罚款。对于申请项目引入了两阶段审核程序,包括初期环境检测(IEE),以及对于可能造成环境损害的项目进行综合性的环境影响评价(EIA)。[①]

法案中第31条规定:联邦政府可以制定规章以落实法律,包括落实该法案附录中所列举的国际环境协议。[②] 第32条第2款规定了规则的内容可以涉及:定期报告的提交;政府部门、地方当局和地方委员会提供的关于环境问题的数据和信息;对由事故、自然灾害造成的损害和污染的应急预案;政府官员、指导人员、专家、顾问以及雇员的指派;提供服务、采取行动、推行计划的相关费用的征收;排污的监测和测量。[③]

1997年《巴基斯坦环境保护法案》中还设置了不同项违反法律时强制缴纳罚款的规定。对于轻微的环境损害案件,如机动车引起的空气污染、乱丢垃圾、废物处理不当及其他违反规章制度的行为,由地方环境法院审理,有权给予不同程度的处罚;再如污染事故引起的环境污染,处理或赔偿的标准为最高100万卢比罚款,事故危害期间可并处每天10万卢比罚款;有此类犯罪前科的,可并处2年以下有期徒刑;关停、收缴其工厂、设备等;强令其赔偿受害人损失,恢复环境等。对于重大环境违法案件,法案第13条规定:禁止进口危险废物,任何人不得进口危险物品,包括有毒、爆炸性、易燃、腐蚀性、放射性、直接或与其他危险物品,对于违反行为,PEPA及各省EPA有权发布环境保护令,并对其所造成的实际损害给予追究。

在日趋成熟的法律体系和经济体系中,公民的法律意识也在不断觉醒,相关结构和业界对于这一制度的认识也在不断地加强。在公民发展需求、社会发展现状的要求下,环境保护立法依然发挥着维护合法权益、促进公平正义、推进社会和谐的重要作用。但不可否认的是,法律规定的环境保护立法仍然存在某些方面的缺陷需要完善。加强立法的重要意义还在于能够有效地实现监管,能防止权力的滥用。在公民权益的维护过程中,会涉及多方的利益主体,要保证公民权益的实现,就需要有力的监管。

---

① Briefon Pakistan Environmental Protection Act, 1997. The gazette of Pakistan, extra. 1997.

② Singer H. W., "*The Distribution of Gains between Investing and Borrowing Countries*", *The American Economist*, 1950.

③ 田华峰:《环境污染的国际政治经济学:经济全球化中的环保困境》,载《世界经济与政治论坛》2001年第3期。

(三)环境保护管理机构

1. 联邦政府机构

联邦政府于1974年设立了环境与城市局,作为环保机构,它的职责是制定和实施与环境、公害、生态系统有关的活动计划,推动环境法规的实施,在制定和实施过程中,可向联邦政府和省政府提出建议,在环境与城市局下设城市水道科、下水道科、排水对策科及总务科等科室。

2. 国家环境保护委员会

1983年巴基斯坦成立环境保护委员会(PEPC),并作为环境政策的最高机构,由总统担任委员会主席,环境部部长担任副主席,各省省长及联邦政府任命的其他人为委员会成员,联邦秘书长担任PEPC的秘书长。

1997年法案颁布后,根据法案第3条规定:委员会主席应由首相或其提名的其他人担任,副主席应由环境部部长担任。各省的首席部长及省环境部的部长也是PEPC的成员。另外,联邦政府可以任命最多35名PEPC成员,其中至少应有20名非政府人士。非政府成员应来自于民间团体,包括:5名来自于工商业联合会及产业协会的代表;1名或以上来自于农业联合会,医学和法律界,工会和环境保护与发展方面的非政府组织、科学家、技术专家和教育家。环境部秘书长担任PEPC的秘书长。

3. 环境保护司

依据1983年《条例》,政府设立了环境保护司(PEPA),并在1997年法案颁布后得以保留。总干事由联邦政府任命,负责PEPA权限的行使和职能的履行。总干事可以将权利委派给PEPA的行政、技术和法律职员。根据1997年法案相关规定:该法案的执行和落实主要由各省环境保护局的总干事负责。为了协助PEPA,联邦政府应为不同的部门成立咨询委员会,并由相关部门、教育机构、研究机构和非官方组织的杰出代表任命为咨询委员会成员。

同时,1997年法案第6条和第7条对PEPA的职责做出了以下规定:①施行环境保护法和其他有关环境的法规;②发布国家环境状况年度报告;③制定和修改国家环境标准;④促进有助于防止污染和保护环境科学和技术的研究;⑤在咨询相关省级部门的前提下,制定环境大气、水和土壤的质量标准,确定国家环境质量标准(NEQS);⑥提高环境领域的公众意识,组织相关的培训等。[①]

4. 省级环保局

在省级层面,联邦政府分别在旁遮普、信德、俾路支、开伯尔—普什图4个省级环保部门设立环境保护机构,并将权力下放给各省级政府,各省级环境职能部门根据本法和法规的相关规定赋予其职能机构行使对环境评价认证的权力和执行相关工作,其中包括制定巴基斯坦环保法标准高的省级环境保护法规,审查和批准所有的建设项目进行环境识别和环境评价报告。如各省的公共卫生工程局负责省内所有城市的水务及环卫服务工作。在地方化管理普及之后,市政当局担负起了提供环卫服务的责任,雇佣环卫人员清扫街道,对垃圾进行定点收集,然后使用市政提供的车辆将垃圾运送到处置地点。[②]

(四)巴基斯坦与中国在环境保护方面的合作

巴基斯坦自独立以来,对外奉行独立和不结盟政策,却注重发展同伊斯兰国家和中国的关系,致力于维护南亚地区和平与稳定。1951年5月21日起与中国正式建立了外交关系。建交以来,两国在和平共处五项原则的基础上保持着睦邻友好关系且合作密切,发展睦邻友好和互利合作关系,巴基斯坦方面认为"与中国的友好关系是巴基斯坦的外交基石",本着两国间的传统友谊,相互尊重和良好关系的精神谋求进一步加强相互之间的合作,双方于1986年签订了《中华人民共和国和巴基斯坦伊斯兰共和国和平利用核能合作协定》,希望为两国人民的福利和繁荣在和平利用核能方面进行广泛合作,全面加强睦邻友好与互利合作,既符合两国和两国人民的根本利益,有利于本地区和世界的和平、稳定和发展。

2005年4月5日,中国与巴基斯坦在伊斯兰堡签署了《中华人民共和国和巴基斯坦伊斯兰共和国睦邻友好合作条约》,双方将在平等互利的基础上,在经贸、农业、科技、空间技术、交通、财经、能源、和平利用核能、自然资源开发、投资、海关、信息通信技术等领域开展合作,进一步

① 王晶:《巴基斯坦的环境状况与对策》,载《环境科学与管理》1991年第3期。

② 任治俊、周任:《巴基斯坦水电项目投资环境及主要投资风险分析》,载《党政研究》2011年。

发展两国更加紧密的战略合作伙伴关系。

2013 年 5 月 23 日,两国关于深化全面战略合作发表联合声明。扩大和深化双方海上合作对丰富两国战略合作伙伴关系内涵、造福两国人民具有重要意义。双方同意进一步加强在海上安全、海上搜救和救灾、海洋科研及环境保护、蓝色经济等领域的双边合作,共同支持中巴联合海洋研究中心的建设与发展,共同致力于应对日益突出的海上非传统安全威胁,切实维护国际航道安全。双方签署了《中华人民共和国政府和巴基斯坦伊斯兰共和国政府海洋合作谅解备忘录》和《中国国家海洋局与巴基斯坦科技部海洋科技合作谅解备忘录》。

自 2013 年 5 月中国访问巴基斯坦时提出"中巴经济走廊"后,双方达成了扩大在交通、能源、海洋经济等领域的合作共识,双方合作不断深化,到 2014 年 9 月,中巴两国已经签署了中巴经济走廊的各项工程协议,其中包括 30 个大型项目,总投资约 320 亿美元。2015 年 4 月,习近平主席访问巴基斯坦,与谢里夫共同宣布 5 项重大电力工程动工,并与巴方签署了 51 项协议和谅解备忘录,中巴经济走廊的建设加深了双方的经济互信,可以进一步增强双方各方面合作,促进巴基斯坦成为"一带一路"的"模范生"。

2015 年 4 月 20 日,两国在伊斯兰堡发表《中华人民共和国和巴基斯坦伊斯兰共和国关于建立全天候战略合作伙伴关系的联合声明》。双方高度评价将中巴经济走廊打造成"丝绸之路经济带"和"21 世纪海上丝绸之路"倡议重大项目所取得的进展。巴方欢迎中方设立丝路基金并将该基金用于中巴经济走廊相关项目。巴方将坚定支持并积极参与"一带一路"建设。丝路基金宣布入股三峡南亚公司,与长江三峡集团等机构联合开发巴基斯坦卡洛特水电站等清洁能源项目,这是丝路基金成立后的首个投资项目。①

同日,国家海洋局局长王宏参加了国家主席习近平对巴基斯坦的国事访问活动,并与巴基斯坦科技部常秘卡姆兰互换了《中华人民共和国国家海洋局与巴基斯坦伊斯兰共和国关于共建中巴联合海洋研究中

---

① 《中华人民共和国和巴基斯坦伊斯兰共和国关于建立全天候战略合作伙伴关系的联合声明》,载 http://www.mofcom.gov.cn/article/i/jyjl/j/201504/20150400949374.shtml,访问日期:2018 年 1 月 20 日。

心的议定书》(以下简称《议定书》)。国家海洋局与巴基斯坦科技部有着良好的合作关系。根据该《议定书》,双方将在巴基斯坦卡拉奇设立中巴联合海洋研究中心(以下简称中巴中心),共同申请“丝路基金”支持,由中国国家海洋局第二海洋研究所和巴基斯坦国家海洋研究所共同建设,推动双方在海洋科学研究、海洋卫星遥感技术应用、海洋灾害预防与管理、海洋环境与生态保护等领域的务实合作,努力把中巴中心建设成联结陆上“丝绸之路经济带”和“21 世纪海上丝绸之路”的战略支点,为推进中巴经济走廊建设,深化两国利益融合,加强沿线国家互联互通,实现共同发展提供服务和保障。

双方还一致认为应全面加强在航天技术应用领域的合作,同意积极推动落实《2012～2020 年中国国家航天局与巴基斯坦空间和外大气层研究委员会航天合作大纲》,加快推进遥感技术与通信技术、导航技术的融合发展,充分发挥其在交通、水利、地质、灾害管理、港口管理、矿产资源勘探、粮食安全、水资源勘探及其他经济社会发展领域的巨大潜能。

(五)巴基斯坦环境保护的发展对中国环境法治建设的启示

在社会经济与文化发展的过程中,由于受到经济利益以及其他利益的影响,社会矛盾也日益凸显,环境保护矛盾就是其中重要的一项。这类问题长期发展下去会影响到整体社会经济发展秩序的稳定,也会影响到社会稳定众人心的稳定,还会影响到社会管理中秩序的建立。因此,重视环境保护立法的确立,根本上就是需要行政机关必须通过行政立法、行政执法及行政司法等各种手段,来有效地规范、约束行政相对人的行为,从根本手段上保证环境保护,从而稳定人心,保证社会在相当长的一段时间内都能有效实现稳定发展。

巴基斯坦在以往的环境建设中,由于缺乏一个强有力的执法机构和法律依据,加上国民对自然生态系统保护的忽视,导致土壤、森林、生物、水质大气资源遭到了破坏引起的生态灾难。在保护资源和环境的工作中还需各方多多努力,积极配合。

生态环境保护,关系人民福祉,关乎民族未来,我们应引以为鉴,深刻认识到生态环境保护的重要性、艰巨性,增强责任感和使命感,统筹把握经济社会发展与生态环境保护的关系,坚定不移地走生态优先、绿色发展之路。要切实转变发展理念,推进经济发展方式转变,坚定不移地推进绿色发展,着力解决好大气污染、水土污染、农业面源污染、高污染排放等突出环境问题,加大对生态环境保护问题的监督执纪力度,严肃追究失职渎职行为,为推进生态文明建设提供坚强的纪律保障。

1. 将行政裁决制度引入污染防治

作为国家公权力的一种形式,行政权与公民之间的关联十分密切,也是极易对社会公众的合法权益造成侵害的权力类型。在行政权之中,行政处罚权是基本权力,是行政机关用于惩戒违法行为,预防违法行为再次发生的重要手段,也是维护社会公共利益的必要工具。

所谓行政处罚是指行政机关或其他行政主体依法定职权和程序对违反行政法规尚未构成犯罪的相对人给予行政制裁的具体行政行为。行政处罚是行政行为的一种,也是国家公权力行使的一种方式。引入听证程序,能明确当事人的申辩权,肯定行政处罚程序的价值和意义。

2. 完善污染防治中的行政复议制度

行政处罚权的运用是行政执法活动的一部分,也是极易对行政相对人权益造成侵害的执法行为。现阶段我国行政处罚权法律制度依然存在一些问题和不足,比如在立法中对行政处罚权时效问题的规定不足,简易程序中举证责任的设置存在不足,执法中依然存在滥用自由裁量权的问题等。要解决现阶段行政处罚权存在的问题,需要分析问题存在的原因,对症下药,提出解决问题的对策。

公民、法人或者其他组织认为行政主体作出的具体行政行为侵犯其合法权益,向有复议权的行政机关提出申请,复议机关受理后依据法定程序对具体行政行为的合法性,合理性进行审查并作出处理的活动。"通过行使行政复议制度赋予的层级监督权,上级政府和部门可以直接纠正下级政府和部门违法或不当的行政行为。"复议程序的启动,是被动的,需要行政相对人向复议机关提出申请。我国行政复议法对复议范围、程序和处理方式都有比较详细的规定。行政复议是在行政相对人申请的前提下,通过行政权力的层级监督来审查具体行政行为的合法性、合理性。行政自由裁量权的行使依托于具体行政行为,那么对于行政自由裁量权的合法性、合理性也可以通过启动行政复议程序来审查,从而对行政自由裁量权的行使进行法律控制。

行政复议制度是行政机关自我纠错的一项重要监督制度。完善污染防治中的行政复议制度,通过诉讼行为来审查行政行为的合法性,与上述表述的司法控制是一致的。而这是从行政相对人的救济角度来分析这个问题。“司法审查对行政行为的审查是有一定限度的,审查的界限即合法性,审查被诉的具体行政行为是否严格按照法律规定的范围、方式、内容、程序以及权限进行。”对于行政相对人而言,只要认为行政行为侵犯其合法权益,在法定可诉范围内,便有权通过诉讼途径维护其合法权益。通过司法审查的方式来审查行政行为及其行政自由裁量权行使的合法性,从而来解决行政自由裁量权的消极性问题。

3. 加强执法规范化建设

在有效落实环境保护的过程中,环境管理部门需重视执法规范化建设效果。在落实执法规范化建设过程中,首先重视的就是执法人员素质的提高。维权是由相关执法人员参与落实的,行政处罚不到位与参与执法的行政人员具有密切的关系。在队伍建设的过程中,环境主管部门,主要是从提高人员的思想政治素质、法律法规素养等方面,全面提升执法人员的素养。用社会责任感以及道德水平作为规范他们行为的准则,积极树立环境工作人员的良好的形象与口碑,通过严苛的奖惩制度以及管理条例有效地控制人员的管理。此外,环境管理部门也不断积极落实国家相关部门在环境保护以及维权上的一些规章制度,通过严格依法行政来完善和落实环境保护的行政管理,根据自由裁量的原则,把握好惩罚的度的问题。

4. 重视普法教育和宣传

从行政处罚的各项措施和成效来看,目前,行政管理作出的普法宣传就有很多。此外,利用新闻媒体起到宣传作用,发挥公共服务以及宣传作用,秉承着服务大众以及社会的理念,加大法治内容的宣传,以促进社会发展,人民法治思想发展和整体法治文化发展为目的,而不是以获得商业经济利益为主。因此,在媒介宣传教育及对林区重点动植物保护的内容上,都是能够满足环境保护法治观念建设教育中所需要获得的重要信息,并且能够有效帮助公民树立正确的媒介使用观念以及正确的世界观和价值观。相关法律机构提供帮助是有利于实施环境保护法治观念建设的重要手段,可以通过宣传和培训等来进行。

五、巴基斯坦宗教与宪法法治发展的关系

(一)宗教与巴基斯坦的生活

巴基斯坦96%的居民信奉伊斯兰教,将伊斯兰教奉为国教。巴基斯坦伊斯兰共和国宪法规定,经训是国家立法的主要根据,任何法律都应符合伊斯兰教教义精神;国家总统必须是穆斯林。巴基斯坦除国教伊斯兰教外,还存在印度教、基督教、拜火教和佛教,但这些宗教的教徒数量很少,仅占全国人口的3%。由于巴基斯坦人把婚姻看得非常严肃、神圣,加之传统习俗和宗教的影响,在巴基斯坦,离婚非常少见。但也有例外。

伊斯兰教是巴基斯坦的国教,其中穆斯林占全国总人口的95%,巴基斯坦穆斯林约占全球穆斯林的10%,巴基斯坦穆斯林主要分为逊尼派和什叶派,其中逊尼派占据人口的绝大多数。巴基斯坦的国家格言是"虔诚、统一、戒律",这也是伊斯兰教义所推崇的,将其上升为国家格言的高度也是对宗教崇拜与信仰的一种体现。

巴基斯坦的政教关系错综复杂,自1956年巴基斯坦伊斯兰共和国成立,巴基斯坦就一直为该国应该发展成为伊斯兰化的宗教国家,还是世俗化的现代国家有着严重的分歧和斗争。现在普遍认为巴基斯坦是一个相对"温和"的伊斯兰教国家,即伊斯兰教虽然在其国家政治生活中有重要位置,但巴基斯坦并非是一个宗教神权国家,伊斯兰教教法和宗教人士也并未能完全支配政治生活。然而,宗教领袖和宗教政党在巴基斯坦具有相当的势力,政治人物也擅长用宗教认同、宗教感情和宗教语言进行政治动员。巴基斯坦的教派斗争非常激烈,有时甚至能左右政坛局势;穆斯林民众的宗教信仰相当虔诚,宗教感情也十分强烈,有时甚至会引发政治骚乱和暴力行动。对这些情况了解不足,就有可能导致国别误判和政策布局失当。

在种种可能造成误解的因素中,宗教因素是最为敏感的。伊斯兰教是巴基斯坦的国教和巴基斯坦社会的道德与行为准则,在该国有着至高无上的地位。外国人的言谈举止、衣食住行、从业习惯等如果违反了教义原则,就很容易引发巴基斯坦民众的不满和敌视,甚至触犯法律,或者招致极端势力的血腥报复。例如,亵渎宗教在伊斯兰教国家是非常严重的罪行,包括巴基斯坦在内的国家都设有相关法律保护伊斯兰教教义和圣典《古兰经》等宗教核心要素,如果质疑、批评和嘲讽(或

者以别的方式冒犯与侮辱)它们,将受到严厉惩罚(甚至是死刑)。由此,并不难理解对伊斯兰教先知穆罕穆德进行侮辱和扭曲的美国影片《穆斯林的无知》(*Innocence of Muslims*)在互联网上传播开来以后,迅速引发了包括巴基斯坦在内的多国穆斯林民众的抗议和暴力冲突①。同时,随着巴基斯坦成为一个独立国家,南亚地区的战略地缘格局也随之复杂化,宗教纷争也成为继续困扰印、巴两国的一个重要问题。

在穆斯林看来,宗教就是自我认同和人认同他人的核心价值,以此而将人分为信道者和不信道者,在巴基斯坦境内,穆斯林与非穆斯林在政治权利上也有所区别,作为伊斯兰国家,必须要保证本国的伊斯兰意识,故国家元首必须是穆斯林,国民议会与参议院的议员在近代才规定保留非穆斯林的席位。伊斯兰教涉及巴基斯坦人民生活的方方面面,且衣、食、住、行等都要遵从伊斯兰教义的规定,在1943年3月通过的"建国目标决议案"中就有"穆斯林应按照《古兰经》的教导生活"的表述。

(二)宪法改革

巴建国后于1956年、1962年和1973年颁布了三部宪法。1977年,齐亚·哈克实行军法管制,部分暂停实行宪法。1985年通过了宪法第8修正案,授予总统解散国民议会和联邦内阁、任免军队首脑和法官的权力。1991年7月通过的宪法第12修正案规定联邦政府有权设立特别法庭和上诉法庭,以打击犯罪,整治社会治安。1997年4月,谢里夫政府在议会通过宪法第13修正案,取消总统解散国民议会和联邦内阁的权力,并将解散省议会和省内阁、任免省督、三军参谋长和参联会主席以及最高法院法官的权力归还总理行使。随后,巴议会通过旨在严禁议员叛党的宪法第14修正案"反跳槽法"。

1999年穆沙拉夫执政后颁布临时宪法1号令,宣布暂停实施宪法。2002年8月,穆颁布"法律框架令"(LFO),宣布恢复1973年宪法和哈克时代宪法第8修正案,规定总统有权解散国民议会、任命参联会主席和三军参谋长。2003年12月29日,巴议会通过宪法第17修正案,规定总统经最高法院批准后有权解散议会,与总理协商后有权任免三军领导人。

2010年4月8日和15日,国民议会和参议院分别通过宪法第18修正案,将总统的部分权力移交给总理,并在涉及中央与地方分权等重

① 环球国际:http://world.huanqiu.com/,访问日期:2017年12月23日。

大敏感问题上作出调整。2010 年 12 月 22 日,巴议会一致通过宪法第 19 修正案,赋予总理任命高等法院和最高法院法官一定的决定权,并由总统对决定结果进行最终认可。

2012 年 2 月 20 日,巴议会通过宪法第 20 修正案,取消了由总统任命看守政府总理的权力,改由总理和反对党领导人协商确定。修正案还包括延长选举委员会任期等内容。

2017 年颁布了宪法第 22 修正案,对国民议会选举制度进行了调整与补充,包括对各个省份议员所占比例的调整,以及对确定参选人口的补充规定。

(三)宗教对宪法法律的影响

1. 宗教影响下的宪法变革

巴基斯坦成立伊始,巴基斯坦当局就将宪法的制定作为其最重要的事务,但制定何种宪法却成为当局最大的难题。

在制宪会议上,共围绕着三种不同的社会政治力量,第一种力量是世俗精英主义,第二种力量是现代主义者,第三种力量是纯粹的宗教人士,他们对制定何种宪法展开了激烈的辩论与博弈①。

第一种力量是以穆斯林联盟领导者真纳为首的,他在 1947 年 8 月 11 日召开的制宪会议第一次会议上说,过段时间,印度教徒将不再是印度教徒,穆斯林不再是穆斯林,这不是从宗教的意义上讲的,而是从作为国家公民的政治意义上讲的,因为这是每个公民的个人信仰。他推崇建立一个世俗的宪法,即宗教与政治可以分离也必须分离。

第二种力量是伊斯兰教中的现代主义者,他们认为伊斯兰教是自己政治合法性不可分割的组成部分②。主张建立一个伊斯兰国家,在立法上注重采取源于伊斯兰教法的公议制度,即保留西方议会制度,作为达成公议的“场所”。

第三种力量是纯粹宗教人士,主张建立一个纯粹的伊斯兰国家,以其中世纪的模式来取代西方议会制度,认可伊斯兰教法律的无上地位,其唯一使命就是解释它,认为非穆斯林不能享有与穆斯林同等的地位。

三种力量的博弈伴随着社会的动荡,整个制宪辩论持续了近 9 年,

---

① 庄万友:《围绕制宪与修宪的较量》,载《南亚研究季刊》2009 年第 3 期。

② 同上。

期间由于真纳的去世,使得第一种力量渐渐失去了支撑。最终于 1956 年 3 月 23 日颁布了其第一部宪法,这也是现代主义者与纯粹宗教人士观点的平衡与妥协。该部宪法中规定巴基斯坦为伊斯兰共和国,实行议会制制度,并未明确伊斯兰教作为巴基斯坦的国教,但却规定人民的权利来自真主。其中既体现了世俗国家的意识,又包含了大量的伊斯兰条文,比如第 197 条规定总统将建立一个伊斯兰研究和教育机构,进行高级研究,以便在真正的伊斯兰教的基础上,帮助重建穆斯林社会①。第一部宪法确立的诸如突出伊斯兰特色、实行联邦制、建立强有力的中央政权、司法独立等基本原则对之后的宪政体系产生了深远的影响②。

1962 年 6 月,巴基斯坦又迎来了其第二部宪法,系新任总统阿尤布·汗为了便于其实施军法统治所颁布。其中以总统制代替原有的议会制度,加强中央集权;去伊斯兰化,旨在建立一个世俗的巴基斯坦共和国,使总统对伊斯兰教享有支配权。此宪法一经颁布,就受到第三种力量的强烈反对,这也是导致其退出政治舞台的重要原因之一。随后,于 1963 年颁布了宪法修正案,明确了本国国名,即巴基斯坦伊斯兰共和国,并正式确定伊斯兰意识形态顾问委员会的职能范围。

巴基斯坦的第三部宪法是由时任总统的阿·布托于 1973 年 4 月颁布的,也被称为"布托宪法"。该宪法明确了伊斯兰教作为巴基斯坦的国教,建立联邦议会制政府,给各省以自治权,增加了关于为保持与《古兰经》、圣训一致性的条款,并限制了政府的立法权,由巴基斯坦人民在真主所规定的范围内行使包括立法在内的权力。布托宪法相较于之前的两部宪法包含了更多的伊斯兰条款,更将其明确为本国国教,伊斯兰教在法律、政治的地位又上升到了新的高度。

巴基斯坦前后共颁布过三部宪法,每部宪法的问世都是宗教与世俗博弈的结果,可见,伊斯兰教在巴基斯坦制宪过程中有着不可忽视的作用。

2. 宪法中的伊斯兰教

巴基斯坦宪法中包含了许多伊斯兰教相关条文,将伊斯兰教定位为国教并写入宪法,也是与我国宪法区别最大的地方,其表现在宪法的各个方面,现在就其部分进行分析研究。

---

① 杨翠柏:《伊斯兰教与巴基斯坦的政治发展》,载《南亚研究季刊》1996 年第 4 期。

② 李青燕:《巴基斯坦宪政改革及其影响》,载《国际问题研究》2010 年第 5 期。

(1)序言部分

序言作为宪法的一部分,体现着整部宪法的理想理念,是对制宪过程、背景及价值的一种表述。虽然其效力是否等同于宪法正文本身,学界尚有争执,但宪法的序言部分也是制宪主体所达成的共识,对宪法正文也有着精神引领的作用。

巴基斯坦宪法的序言中有着大量关于伊斯兰教的语言,旨在通过宗教来确定政府与政权的合法性,指明宪法制定时的背景等。

巴基斯坦宪法序言中,最开始就明确了全宇宙的主权都仅仅属于真主,真主授予巴基斯坦人民神圣的职权,即在真主所规定的范围内行使权力,又根据巴基斯坦人民的意愿来制定、建立如下的制度。

序言中还讲到要针对非穆斯林的少数派和被压迫阶级做好充分的安排,要保障非穆斯林可以自由地信奉宗教,并保障其能够参加宗教活动,发展其宗教文化,保护他们的合法利益不被侵犯。这是序言中针对非穆斯林所设置的条文,也是对之前伊斯兰教法平等、自由、容忍等原则的一种体现,表示了对少数派非穆斯林的宗教自由与容忍态度,以及表明伊斯兰教是社会平等最强有力的拥护者。

序言的最后部分则是要让巴基斯坦人民意识到在真主和全人类面前的责任,认识到人民为巴基斯坦的成立与发展所作出的牺牲,忠于先知与领袖的宣言——巴基斯坦将是一个以伊斯兰社会公正原则为基础的民主国家。

其中明确了巴基斯坦最终将会成为一个以伊斯兰社会为基础的民主国家,这也是巴基斯坦人民的目标,指明了巴基斯坦是一个民主国家的属性,也说明要建立这样一个民主国家是离不开伊斯兰教的。

宪法的整个序言部分浓墨重彩地描述了一个伊斯兰共和国的目标,权衡了三种制宪力量,旨在建立一个伊斯兰民主国家。

(2)正文部分

整个宪法正文中,包含了诸多的伊斯兰条款,既是对序言中所述内容的细化,也是对国家、人民的一种规制。通过梳理整部宪法,总共分为以下五个部分:

宪法第二条确定伊斯兰教作为巴基斯坦的国教。这是对伊斯兰教地位的确定,也是对序言宗教部分的呼应,表明伊斯兰教的重要性,突出表现是伊斯兰教选择了巴基斯坦,是穆斯林选择了巴基斯坦。

第二部分主要明确规定了巴基斯坦人民的宗教信仰自由,虽然伊斯兰教作为该国的国教,但还是要保障非穆斯林少数派的宗教信仰权利。这一部分主要体现在宪法的第二十条,认为每个公民有信仰、实践和宣传其宗教的权利,各种宗教及其教派都有建立、维持和管理其宗教机构的权利。这一部分主要体现了伊斯兰教法中的平等、自由和容忍的原则,也是序言部分在正文中的体现。宗教信仰自由是世界绝大多数国家所公认的一种权利,也复合伊斯兰教义的规定,但是其主体也只限定于非穆斯林的少数派,针对穆斯林则必须要一生信奉真主的指引。这也是区别于世俗宪法的一个观点。

第三部分重点讲述的是宗教平等问题,不应歧视非穆斯林的少数派。这一点对于宗教国家来说是至关重要的,为了实现伊斯兰教法的平等、容忍原则,就必须要平等地对待非穆斯林少数派,不应将其忽视,而要注重、保障其与穆斯林应享有同样的待遇。主要分布在宪法正文的第二十一条、第二十二条、第二十六条、第二十七条和第三十六条,从课税、学习教育内容、学习机会、担任职务等方面强调全民平等,避免歧视。

宪法第三十一条则是针对穆斯林的专属条款,其中提到国家应采取措施使巴基斯坦穆斯林能够按照伊斯兰教的根本原则和基本观念来安排个人生活和集体生活,并且为使他们能够按照《古兰经》和圣训的教导理解生活的意义提供方便。国家针对巴基斯坦穆斯林应当实行《古兰经》和伊斯兰的强制性教育,鼓励学习阿拉伯语并提供便利,保证《古兰经》的印刷出版准确无误;提倡团结和遵守伊斯兰教道德准则;确保天课税、宗教捐献品和清真寺的适当组织安排。这一部分区别于上述第三部分的内容,针对非穆斯林少数派的宗教信仰不干扰、不歧视,以及针对巴基斯坦穆斯林提供各项便利。这实则也是一种对国教的拥护与提倡,但未免与其平等的理念有所偏差。

第五部分是针对伊斯兰意识形态委员会的规定,主要涉及宪法正文的第九编,即第二百二十七条至第二百三十一条。其内容则是要保证一切现行法律均必须同《古兰经》和圣训所规定的伊斯兰戒律保持一致,主要对伊斯兰意识形态委员会的职责、组成、职能、程序等方面进行规定,体现伊斯兰教法的根本性。

伊斯兰教的相关条文充斥在整部宪法当中,无论是序言还是正文,都体现着一个宗教国家独有的宪法魅力,这也是区别于世俗国家宪法的根本之处,值得我们更深一步地研究。

3. 宪法第 22 修正案

巴基斯坦于 2017 年颁布了宪法第 22 修正案,可以看出巴基斯坦的宪法根据时代的发展不停地变动着,其中有些是各党派、宗教与世俗之间博弈的结果;有些是解决新形势下面临的新问题与新挑战;有些是对先前制度的调整与补充;有些是顺应时代的发展变革所做出的取舍。

宪法第 22 修正案则是属于对先前制度的调整与补充,其内容主要是针对国民议会选举的修改,重点是对各个省份议员所占比例的调整,以及对确定参选人口的补充规定,内容如下:

在宪法第 51 条第 3 款中,第 22 修正案对各省份议员与占比做出修改:由

	常规席位	女性所占	共计
俾路支省	14	3	17
	35	8	43
旁遮普邦	148	35	183
信德省	61	14	75
联邦直辖部落地区	12	–	12
联邦首都区	2	–	2
共计	272	60	332

更改为

	常规席位	女性所占	共计
俾路支省	16	4	20
	39	9	48
旁遮普邦	141	33	174
信德省	61	14	75
联邦直辖部落地区	12	–	12
联邦首都区	3	–	3
共计	272	60	332

在宪法第51条第5款中,第22修正案对原文“国民议会的席位应按前一次人口普查正式公布,分配给各省、联邦直辖部落地区和联邦首都。”进行了补充说明,即“如若在2018年举行大选,普选的席位应根据由联邦政府公布的2017年人口普查临时结果来确定”。

宪法第22修正案更接近于一种关于选举细则的规定,来指导之后在选举过程中对于席位的安排事宜,具有一定的现实意义。

4. 宗教信仰自由

宗教信仰自由包含了两部分的含义,即宗教自由与宗教平等。

(1)宗教自由

《世界人权宣言》中对宗教自由有明确的规定,即第十八条,人人有思想、良心和宗教自由的权利;此项权利包括改变他的宗教或信仰的自由,以及单独或集体、公开或秘密地以教义、实践、礼拜和戒律表示他的宗教或信仰的自由[①]。其中不仅有可以按照自己的意愿选择所要信奉的宗教,还可以按照意愿更改自己信奉的宗教,以及可以自由地参与宗教活动并表达自己的宗教信仰。

巴基斯坦的宗教自由是作为一项宪法权利存在的,体现在了宪法第二十条,其中就明确表示任何公民均有信仰、实行和宣传其宗教的权利,各种宗教及其教派都有建立、维持和管理其宗教机构的权利。这也是国家层面的一种表示,体现了巴基斯坦作为一个宗教国,对其他宗教的一种包容性,也是对人权中宗教自由的一种支持。

(2)宗教平等

巴基斯坦宪法的第二十一条、第二十二条、第二十六条、第二十七条和第三十六条,在宗教平等问题上做出了较为详细的规定,涵盖了宗教课税、宗教活动、教育机构的教学与准入、国家资助、场所准入、避免歧视和公职准入等方面,旨在伊斯兰国家中避免社会对非穆斯林少数派的歧视与排挤。

5. 伊斯兰教法对巴基斯坦法治进程的影响

(1)伊斯兰教法

伊斯兰教法是根据《古兰经》和可靠圣训的相关内容,对人民日常生活和行为作出法律规定。它是先知穆罕默德在其23年的传教生涯

---

① 《世界人权宣言》,载 www. un. org/zh,访问日期:2017年11月15日。

中,结合其遇到的种种事件及与穆斯林生活息息相关的诸多社会问题,通过真主的启示(经文)向穆斯林人民传达真主的意识、解答众生的困惑,加以总结而形成的历法。之后又经过了哈里发时期、伍麦叶王朝、阿拔斯王朝和中世纪时期四个阶段,随着社会变迁不断完善,最终形成的涵盖人与主、人与自然、人与社会三个范畴的规范。伊斯兰教法对基本信条、五项功课、婚姻法规、遗产继承、瓦克夫法(宗教公产)、刑事法规、商事交易都进行了规定,涵盖了一个穆斯林绝大多数的日常生活,也作为巴基斯坦国内法最重要的立法渊源,构建起了整个社会的框架。

伊斯兰教法的主要渊源是《古兰经》、圣训、类比和公议四种,其中《古兰经》和圣训是最为重要的立法渊源。《古兰经》被认为是真主安拉的启示,是穆斯林实施一切行为的准绳,是具有最高法律效力的一种规范,也是伊斯兰教法的第一教法渊源。圣训则是穆罕默德及其门下弟子言行的总称,是作为对《古兰经》中所规定事项与思想的解释与补充,被公认的圣训则作为仅次于《古兰经》的立法依据之一。类比和公议是伊斯兰教法发展时期的产物,是针对解决穆斯林社会所产生的新问题应运而生的。类比是在找不到《古兰经》与圣训的依据时,找寻与其相类似的条文或者案例,运用类比等逻辑推理形式,制定出源于《古兰经》与圣训,而又有所发展,可供解决现实问题的新的法例;公议则是教法学家根据《古兰经》与圣训的思想与精神所创制出的一致意见。

伊斯兰教法作为所有穆斯林的行为准则,是对人与主、人与自然、人与社会之间的关系进行调整与规制,是对于其教义的一种传承,对其思想与精神的一种具象化。伊斯兰教法是站在人类发展的高度,以宗教攻修作为实现目标的媒介,规范、指引穆斯林的道德与行为,以求达到一种崇高、理想的社会氛围。它不同于各个国家、政府的法律,不存在阶级意识,更不可能作为统治阶级的工具,故而其具有更强的稳定性。作为伊斯兰教法,旨在构建一种价值观念,从而劝导穆斯林的思想与行为。

巴基斯坦的人口中有95%是穆斯林,并将伊斯兰教奉为国教。其法律制度必然受到伊斯兰教法的影响,穆斯林联盟领导人、巴基斯坦国家的奠基人真纳曾在一次孟加拉国的群众集会上,指着《古兰经》说“这就是巴基斯坦的宪法”[①]。

可见巴基斯坦的法律与伊斯兰教义有着密不可分的联系,作为一个政体,也必然体现着其统治阶级的意识,但其仍然是开放在伊斯兰教义下的鲜花。比如说巴基斯坦宪法第二百二十七条第一款中写道:一切现行法律必须同《古兰经》和圣训所规定的伊斯兰戒律保持一致。在本编中,《古兰经》和圣训所规定的伊斯兰戒律简称为伊斯兰戒律。不得制定任何同上述戒律相抵触的法律。这一条款就是伊斯兰教义的一种体现,任何制定的法律都不得同真主的启示与先知的解释相违背,都必须遵从伊斯兰教的经典。

(2)伊斯兰教法中的妇女

沙里亚法是盛行于伊斯兰世界的伊斯兰教法,形成于公元10世纪初,创制教法者皆为男性,同时也为其所处历史时期的建立在封建父权制基础上的君主专政政体服务,伊斯兰教法不仅为穆斯林社会建立了一套完整的信仰体系和生活方式,也是一种政治体系和经济制度,因此女性在教法创制过程中被男权话语建构的从属地位和男优女劣的“自然”等级划分也成为了主导穆斯林社会政治和经济结构的意识形态。[②]故而父权制基础上形成的历史与宗教文化所塑造和强化的“自然”的男优女劣观念使荣誉谋杀这一穆斯林社会本土部落文化中表现男优女劣观念的极端行为找到了信仰支持。

在沙利亚法中,妇女的地位是低于普通男子的,这就使得妇女的地位受到威胁,处于一种不平等的态势之下。诸如两个女子(或者两个非穆斯林男子)的举证才能等同于一个穆斯林男子的证据。根据同样的原则,在民间复仇的活动中,女人受到伤害也只能得到与男人同等伤害一半的补偿。以通奸罪为例,男女本应受到同样的处罚,但在实际执行刑罚时却是不同的待遇,成年女性要接受鞭刑,甚至是遭受强奸而又缺少证人的女性被害者,然而男当事人往往因证据不足(需四位证人出庭作证)而被判以无罪。

近代巴基斯坦受到人权思想的影响,政府人权部门也开始关注女

---

① 杨翠柏:《伊斯兰教与巴基斯坦的政治发展》,载《南亚研究季刊》1996年第4期。

② 周玉佳:《从荣誉谋杀看巴基斯坦妇女的“他者”地位》,载《南亚研究季刊》2011年第1期。

权缺失的问题,故而以立法等形式为妇女提供一定的保障与便利,在不与其宗教信仰产生冲突的条件下,提升女性的权利,保障其权利的行驶,如2017年通过了Woman in Distress and Detention Fund ACT法案,该法案旨在设立一定的基金,为那些面临诸多指控被拘留且生活困苦的妇女提供适当的资金帮助与法律援助。巴基斯坦政府根据该法案设立了专门的妇女帮助基金会,作为该法案的执行者。

六、结语及展望

2017年6月9日,哈萨克斯坦总统纳扎尔巴耶夫于在上海合作组织成员国理事会第十七次会议上说,此次阿斯塔纳峰会将开启上合组织的新阶段,在本次峰会上,巴基斯坦与印度成为了上合组织的正式成员国,这也为上合组织的发展带来了新的动力。

巴基斯坦早在上海合作组织成立前的2000年11月,就向上合组织前身“上海五国”当年轮值主席国哈萨克斯坦递交了正式申请,要求加入“上海五国”安全论坛;2001年3月又向哈萨克斯坦和吉尔吉斯斯坦要求加入“上海五国”安全论坛;2006年2月20日,巴基斯坦总统穆沙拉夫在北京会见上合组织秘书长张德广时表示,巴基斯坦高度重视上海合作组织,并希望早日成为其中的一员①。

上海合作组织的宗旨是:加强成员国之间的互相信任与睦邻友好;鼓励成员国在政治、经济、科技、文化、教育、能源、交通、环保和其他领域的有效合作;联合致力于维护和保障地区的和平、安全与稳定;建立民主、公正、合理的国际政治经济新秩序。

巴基斯坦之所以迫切地想加入上合组织,其原因有三:

1. 为改善国内安全形势。金新月地区(即巴基斯坦、阿富汗、伊朗三国交界地区)为当今世界最大的毒品产地,各恐怖主义势力纷纷为抢夺资源带来安全隐患,且贩毒也是恐怖主义资金的重要来源,恐怖主义的跨国性与流动性也使得巴国对其打击受到阻碍;况且,巴基斯坦国内的塔利班势力与阿富汗的恐怖势力互相协助,国内教派、部落种族相互对立,复杂的国内局势以及国际形势使得巴基斯坦政府的反恐工作任

---

① 陈继东、张仁枫:《巴基斯坦加入上合组织:必要性与问题》,载《学术探索》2010年第5期。

重道远。[①]

2. 为改善国内经济形势。巴基斯坦在经历了经济危机之后,其经济状态并未完全恢复,基础设施落后,亟须通过引进外资来推进其基础设施等的建设,从而促进本国的经济发展;诸如电力资源、油气资源等能源的短缺,也是制约巴国发展的一大因素,亟待与他国进行能源等合作,提升其国内经济。

3. 为维护其安全利益与战略利益。巴基斯坦进入上海合作组织的安全合作机制,可以通过组织内部的合作机制更加有效地打击恐怖主义,破解跨境恐怖主义势力逃避打击的难题;巴国可以与同为上合组织成员国的印度缓和其之间的紧张态势,有利于其国际、地区的稳定,为国内发展赢得一个良好的环境。

随着巴基斯坦加入上合组织,其国内烟草、审计、公司、电力等相关法律法规也将有所变动,以顺应上合组织的发展,便于各成员国之间的经济贸易活动。巴基斯坦加入上海合作组织,无论是对于巴基斯坦,还是上海合作组织而言,都是机遇与挑战并存。

对于巴基斯坦而言,机遇在于利用上海合作组织促进本国经济发展,使国内能源状况和安全形势能够得到缓解与控制,[②]促进国内法律更加顺应世界发展的潮流,在不违背其宗教教义等的条件下发展人权等,这对于巴基斯坦来说也是一个巨大的挑战。

对于上海合作组织来讲,机遇在于从源头上为打击恐怖主义势力创造条件,并能够发挥在阿富汗重建中的建设性作用。上海合作组织在面临挑战时应做到,坚持合作理念,积极以“上海精神”为指导,不结盟、不对抗、不针对,突出经济职能;加强内部管理,建立相关制度与纠纷解决机制,创造平台,提升成员国之间的军事与安全互信,尤其是针对印、巴两国;加深对外交流,积极同其他国家、国际组织展开交流、合作,发挥经济职能,达成世界共赢。

可以说,巴基斯坦的法治就是开在伊斯兰教法上的鲜花,宗教信仰与文化在巴基斯坦法治进程中扮演着重要角色,宗教生活与理念对巴

---

① 薛志华:《巴基斯坦加入上合组织的原因、挑战及其前景分析》,载《东南亚南亚研究》2015 年第 4 期。

② 同上。

国的法律制定与法条颁布的影响是渗透性的。以上巴基斯坦法治研究报告,梳理和浅析了至今巴税法及相关政策、知识产权现状、环境保护立法以及宗教对巴法治的影响。希望能有助于今后中国的南亚战略和公共关系政策的制定,特别是"一带一路"旗舰项目——中巴经济走廊建设的顺利实施。

Annual Report on the Rule of Law in Pakistan(2017)

Xiao Shilai　Li Bangqi　Li Kun　Bao Lili

Abstract: This year's report introduces the political, economic, diplomatic, security and religious situation in Pakistan since 2017, based on the search and analysis of the latest domestic and overseas documents. With the promulgation of the Constitutional Amendment to Article 22 in 2017, there have been corresponding changes in constitutional reforms, financial policy adjustments, environmental protection policies, intellectual property rights, and the development of the rule of law in religion. This year's annual report focuses on the construction of the rule of law in 2017, including its constitutional, civil law, environmental protection, intellectual property rights, and developments in the rule of law in the fields of economy, finance, taxation and investment. In particular, a number of new laws, their relevant background and subsequent development trends have been analyzed and forecast and analyzed in the light of the political, economic and legal developments in Pakistan in 2015 and 2016. To review the current situation of Pakistani political development, investment and business environment, and rule of law process, and provide a basis for dynamic prediction and reflection on the future rule of law process in Pakistan.

Keywords: Pakistan; Rule of Law; Tax Policy; Environmental Protection; Intellectual Property Rights; Religion; Constitutional Reform

三、上海合作组织其他相关问题研究

上合组织区域税收协调法律机制研究

——基于中国的视角

王丽华*

内容摘要：上海合作组织自成立以来，虽然在安全合作、人文合作方面取得了一定成效，但经贸合作功能并没有得到充分的发挥。由于任何国际区域经济合作都离不开国际税收机制的配合，因此，上海合作组织目前存在的数字经济背景下税收合作措施的缺乏、相互协商程序效力低下、税收情报交换广度和力度不足等，在一定程度上不利于促进上合组织成员的经贸合作，因此未来应制定数字经济下常设机构规则、完善相互协商程序、加强税收情报交换广度和力度，通过加强税收合作从而促进上合组织经贸合作的发展。

关键词：上海合作组织；税收协调；常设机构；相互协商程序；税收情报交换

上海合作发展组织（以下简称上合组织）自2001年成立以来，一直秉持互信、互利、平等、协商、尊重多样文明、谋求共同发展的“上海精神”，坚持安全、经济、人文等领域的合作，团结了欧亚大陆各国的重要力量，逐渐成为在世界政治中发挥显著作用的权威国际机构以

* 作者简介：王丽华，女，副教授，上海政法学院。

及地区合作的样板。

上合组织自成立以来积极开展科技、教育、文化等方面的合作,同时通过产能合作、项目合作等经济合作举措提升民间交流、人文交流的积极性与实效。经贸合作亦是上合组织发展的基础与优先方向。2001年,成员国在阿拉木图签署了《上海合作组织成员国政府间关于开展区域经济合作的基本目标和方向及启动贸易和投资便利化进程的备忘录》,由此开启了上合组织成员国加强经济合作的进程。2003年,成员国政府首脑理事会批准了确立成员国经济合作方向和目标的《上海合作组织成员国多边经贸合作纲要》,为成员国的进一步合作打下了基础。到目前为止,上合组织的经济功能并没有得到充分有效的发挥,由于成员国国家经济结构迥异,经济利益诉求各不相同,常因利益博弈而无法取得经济合作的共识,因此未能建立起有效、连贯的经济合作制度,即使是成员国高层会议达成的经济合作意向,也会由于各自关注的经济利益不同而无法协调,导致方案久拖不决。①

中国"一带一路"倡议的实施不仅为上合组织的经贸合作带来了历史性机遇,也为其注入了新动力,这将补齐上合组织经贸合作方面的短板,推进上合组织的经济合作进入"快车道"。与此同时,上合组织在推动"一带一路"建设方面的平台作用也被广泛期待,借助上合组织在地区安全、经贸合作、人文交流等方面已经形成的良好协调机制,对接"一带一路"倡议,推进"一带一路"倡议的落实,从而实现上合组织发展与"一带一路"倡议的相互促进。但任何国际区域经济合作都离不开国际税收机制的配合,科学化、现代化的国际税收合作机制是区域经济合作的推动力。上合组织未来要加强经贸合作,实现货物贸易、服务贸易和贸易投资便利化,除了成员国自身的意愿,完善双边税收合作、建立合理、有效的区域税收协调法律机制②也尤为重要。因此,研究上合组织区域税收协调法律机制具有重要的意义。

---

①　王志远、石岚:《上海合作组织经济合作的主要障碍与对策分析》,载《新疆师范大学学报》(哲学社会科学版)2013年第11期。

②　Ricardo García Antón, "The 21st Century Multilateralism in International Taxation: The Emperor's New Clothes?", *World Tax Journal*, June 2016, p. 190.

一、上合组织区域税收协调法律机制的现状

20 世纪 20 年代,在国际联盟的主持下,多国谈判后建立的国际税收协调机制的主要内容是制定双边税收协定范本,供各国签订双边税收协定参考,由此建立了双边主义模式的国际税收协调机制。“二战”后的布雷顿森林体系建立了国际经济治理机制,但由于税收和政府支出的国内优先性,发达国家不愿意将货币政策和财政政策纳入多边协调机制之中,因此国家间的宏观经济政策协调主要是通过汇率政策调整来实现的。[①] 这时的国际税收协调仍然沿袭第一次世界大战后开始的双边主义模式。从上合组织区域税收合作法律机制来看,虽然中国与哈萨克斯坦、俄罗斯、印度、阿塞拜疆、土耳其同是《多边税收征管互助公约》的缔约国,与俄罗斯、巴基斯坦、印度、亚美尼亚、土耳其同是《实施税收协定相关措施以防止税基侵蚀和利润转移(BEPS)的多边公约》的签署国,但从中国视角来看,上合组织区域税收合作法律机制基本上还是建立在中外双边税收协定基础上的。目前,中国与上合组织的 7 个正式成员国、3 个观察员国、5 个对话伙伴国签订了双边税收协定(与观察员国阿富汗、对话伙伴国柬埔寨没有签订双边税收协定,见表 1)。上合组织通过这些双边税收协定,建立了税收合作法律的基本机制。

---

① 曲博:《金融危机背景下的中国与全球经济治理》,载《外交评论》2010 年第 6 期。

表1 中国与上合组织国家双边税收协定

成员国分类	与中国已签订双边税收协定		未与中国签订双边税收协定
	国家	时间	
成员国8个	巴基斯坦	1989年签订,2000年补充,2016年补充	无
	印度	1994年	
	哈萨克斯坦	2001年	
	吉尔吉斯斯坦	2002年	
	塔吉克斯坦	2008年	
	乌兹别克斯坦	1996年签订,2011年修订	
	俄罗斯	1994年签订,2014年修订	
观察员国4个	蒙古国	1991年	阿富汗
	白俄罗斯	1995年	
	伊朗	2002年	
对话伙伴国6个	土耳其	1995年	柬埔寨
	亚美尼亚	1996年	
	尼泊尔	2001年	
	斯里兰卡	2003年	
	阿塞拜疆	2005年	

中国与这15个国家签订的双边税收协定的内容主要有如下几个方面：

第一,规定了协定的主要适用范围。在对人的适用范围方面,都明确规定"协定适用于缔约国一方或者同时为双方居民的人"。在税种的适用范围方面,仅适用于以所得为课税对象的税种,对全部所得或某项所得征收的税收,包括对来自转让动产或不动产的收益征收的税收、对企业支付的工资或薪金总额征收的税收以及对资本增值征收的税收,都应视为对所得征收的税收。

第二,规定了解决国际双重征税的方法。签订国际税收协定的一个重要目的就是避免国家间的双重征税,因此我国与上合组织国家签订的双边税收协定都公平合理地划分了两国之间针对跨国纳税人各项所得的征税权。同时,在划分征税权的基础上,要求作为居住国的缔约一方承担义务,对跨国纳税人来源于另一缔约国的所得免税或抵免。

第三,规定了无差别待遇原则。该原则包括:一是国籍无差别待遇,即缔约国一方国民在缔约国另一方负担的税收或者有关条件,不应与该缔约国另一方国民在相同情况下,负担或可能负担的税收或者有关条件不同或比其更重;二是常设机构待遇无差别,即缔约国一方企业在缔约国另一方的常设机构的税收负担,不应高于该缔约国另一方对其本国进行同样活动的企业,但这并不意味着缔约国一方由于民事地位、家庭负担给予该缔约国居民的任何扣除、优惠和减免也必须给予该缔约国另一方居民;三是支付无差别,即缔约国一方企业支付给缔约国另一方居民的利息、特许权使用费和其他款项,在确定该企业应纳税利润时,应与在同样情况下支付给该缔约国一方居民同样予以扣除;四是资本无差别待遇,即缔约国一方企业的资本全部或部分,直接或间接被缔约国另一方一个或一个以上的居民拥有或控制,该企业在该缔约国一方负担的税收或者有关条件,不应与该缔约国一方其他同类企业的负担或可能负担的税收或者有关条件不同或比其更重。

第四,规定了相互协商程序和税收情报交换合作内容。我国与上合组织国家签订的双边税收协定都约定了采用相互协商程序来解决彼此间的税务争议。当跨国纳税人提出征税不符合税收协定的申诉时,或协定在解释和实施过程中发生困难或疑义时,或为了消除未作规定的国际双重征税现象时,缔约国税务主管当局可发起协商程序来解决税务争议。此外,所有协定都对税收情报交换做了规定,对于实施税收协定的规定所需要的情报、与税收协定所涉税种有关的国内法律情报、防止偷逃漏税的情报等,可以在保密规则的基础上使用,同时设定了税收情报交换的法律界限以及实际执行的技术问题。

二、上合组织区域税收协调法律机制存在的问题

除了俄罗斯和乌兹别克斯坦,我国与上合组织国家签订的税收协定大多是在21世纪初或以前签订的,距今时隔已久。虽然经贸合作是上合组织发展的另一基石与优先方向,但由于各国经济结构不同,优先发展方向各异,促进经贸发展的制度性建设并无多大进展,即使在促进经济合作的税收方面,除了双边税收协定,也没有更进一步的合作。因此,

税收合作法律机制在促进经济合作和发展方面的不足日益凸显。

(一)缺乏数字经济下常设机构原则适用的规定

以双边税收协定方式分配国家征税权的国际税收秩序模式自20世纪二三十年代形成后,一直沿袭到现在。随着经济全球化的发展和数字经济的兴起,传统税收调整模式的可行性和合理性开始受到动摇。与传统经济模式相比,数字经济模式独特,不仅普遍可以远程销售,其无形资产亦具有高度的流动性。这不仅容易侵蚀直接税和间接税税基,给增值税征收带来挑战,产生数据的价值评估、税收管辖权划分问题,更会给常设机构的利润归属、构成带来冲击。在传统经济下,经济合作与发展组织(OECD)范本第5条"常设机构"第4款是一个豁免条款,该款规定当外国企业在来源国进行一项或多项准备性或辅助性活动时,可免于被认定为构成常设机构。但是,在数字经济条件下,这些在传统经济下的准备性或辅助性活动有可能会成为主要的物理性联接,或者不再是准备性或辅助性的活动,[①]因此从数字经济下税源分配的角度出发,应该考虑确认这些活动是否构成常设机构。[②] 但是,中国与上合组织国家所签订的双边税收协定并没有关注数字经济对常设机构的冲击,所规定的常设机构仍然是传统经济下的常设机构。

(二)争议解决机制效率低下

对于涉及税收协定争议的解决,我国与上合组织国家签订的双边税收协定规定采用互相协商程序解决。由于税收协定争议是一种涉及"国家之间的国际税务争议"[③]的条约争端,如果不能及时解决,就会引发对跨国纳税人的双重征税,也会破坏税收中立、公平原则,并阻碍资金、技术和人员的正常流动和交往,因此我国与上合组织国家签订的双边税收协定中规定了通过互相协商程序解决争议。该方式能最大限度地尊重国家的税收主权,因而为大多数国家所接受,成为双边税收协定常见的解决争议方式。但从该程序解决税收争议的国际实践来看,这种方式也存在效率不高的缺陷,因而不能充分发挥对纳税人保护的作

---

① 郭心洁、张博、高立群:《数字经济时代国际税收面临的挑战与对策》,载《国际税收》2015年第3期。

② Justus Eisenbeiss, "BEPS Action 7: Evaluation of the Agency Permanent Establishment", *Intertax*, Volume 44, Issue6&7, 2016, p. 487.

③ 廖益新:《国际税法学》,北京大学出版社2001年版。

用。根据 OECD 的统计,OECD 国家相互之间通过相互协商程序完成一个案件的平均时间大概为两年,[①]税收征管能力不强的国家往往耗时更长。影响相互协商的因素很多,诸如有关主管当局没有善意解释和适用协定,出于保护本国税收收入考虑而不愿与对方协商,税收主管当局缺少能处理的人员等。[②] 我国与上合组织国家签订的双边税收协定没有规定相互协商程序的期限,双方税务主管当局决定协商后,到底应在多长时间内完成协商,协定对此没有具体规定。如果通过相互协商程序,争议仍不能得到解决,税收争议当事人用什么方法解决也没有规定,而实践证明协商无果而终的情况经常会发生。因此,如果双方税务主管当局不能在相互协商程序中找到共同解决问题的方式,就不能消除双重征税。

2013 年,G20/OECD 启动了 BEPS 各项行动计划后,长期以来形成的国际税收协调、规制规则及各国的国内税法都面临或修订或调整的问题,纳税人的跨国税收将受到更严格的审查,逃税避税将变得更加困难。从上合组织框架下的各个成员国来说,面临国际税收环境严峻的挑战。如果不采取相应的措施,提高国际税收争议解决效力,很可能会产生更多涉及双重征税的相互协商案件。

(三)税收情报交换合作的广度和力度不够

税收情报交换是国际税收征管合作的基础和重要内容,随着经济全球化程度的加深,国际社会对情报交换工作也越来越重视,国家间税收情报交换合作的广度和力度在不断加强。从国际法角度看,国家往往在互惠原则基础上根据国际条约进行。税收情报交换工作除了通过双边税收协定中的情报条款,还通过签署专门的《税收情报交换协定》、参加《多边税收征管互助公约》《金融账户涉税信息自动交换多边主管当局间协议》进行。从交换种类来看,主要有专项情报交换、自发情报交换、自动情报交换、同期税务检查、授权代表访问与行业范围情报交换六类。目前,我国与上合组织国家间签订的双边税收协定都规定了税收情报交换条款,与俄罗斯、印度、哈萨克斯坦、阿塞拜疆、土耳其同

① 张剀:《税收协定"升级",跨国公司有忧有喜》,载《中国税务报》2015 年 12 月 4 日。

② 高峰:《BEPS 行动计划 14、第二阶段成果 7:让税收争议解决更有效》,载《国际税收》2015 年第 10 期。

为《多边税收征管互助公约》的缔约国,与俄罗斯、印度、巴基斯坦同为《金融账户涉税信息自动交换多边主管当局间协议》缔约国。通过这些双边税收协定和多边条约、协议建立了税收情报交换合作机制。但该机制不论是信息交换的广度,还是执行的力度,都存在很大的问题。首先,双边税收协定中的信息交换条款较为简单,交换的情报范围狭窄。我国与上合组织国家的双边税收协定签订时间较早,其中大部分情报交换条款尚未达到当前国际标准,在可交换情报的范围上,除了与塔吉克斯坦、俄罗斯的税收协定①,大部分还沿用"实施本协定的规定所需要的情报",而不是当前国际社会广泛采用的与税收目的"可预见相关的情报"。其次,情报交换方式单一落后,情报交换工作基本局限在专项情报交换、自发情报交换和自动情报交换三类,在授权代表访问、同期税务检查等情报交换深层次领域的实践还非常缺乏。② 实践中多以书信往来等传统方式进行情报交换,导致情报交换效率低,对信息的实时掌握性不强。

三、加强上合组织区域税收协调促进经贸发展的建议

(一)完善数字经济下常设机构的规定

根据常设机构原则,缔约国一方居民经营的企业取得的所得只应在该缔约国征税,但该企业通过设在缔约国另一方境内的常设机构所获得的营业利润除外。如果该企业通过设在缔约国另一方的常设机构进行营业,则其利润可以在该另一方征税,但应以归属于该常设机构的利润为限。因此,是否存在常设机构是一国能否对跨国企业的经营利润征税的重要依据。2015 年上海合作组织成员国总理第十四次会议上,国务院总理李克强提出了要积极创新贸易形式,尽快建立上合组织电子商务联盟,为成员国企业开展跨境电子商务创造快捷便利的环境。③ 未来,上合组织的电子商务合作将会进一步加强,因此,应该针对数字经济的

---

① 参见 2014 年《中华人民共和国政府和俄罗斯联邦政府对所得避免双重征税和防止偷漏税的协定》、2008 年《中华人民共和国政府和塔吉克斯坦共和国政府对所得和财产避免双重征税和防止偷漏税的协定》。

② 高阳:《中国税收情报交换工作的发展、成绩与挑战》,载《国际税收》2014 年第 2 期。

③ 龚金星、李伟红:《李克强主持上海合作组织成员国总理第十四次会议提出打造六大合作平台 》,载《人民日报》2015 年 12 月 16 日。

特点,修改现行税收协定中的“常设机构”豁免条款,制定数字经济下常设机构认定的统一规范。只有这样,税收协定才能适应新的环境和机遇,才能促进互联网技术和电子商务不可逆转的发展浪潮。

(二)完善相互协商程序,提高争议机制效率

当前,中国兼具资本输入国和输出国的双重身份,无论是在吸引投资还是对外投资的过程中,都可能发生外国投资者、中国对外投资者涉及资本输出国和国籍国的双重征税情形,需要通过相互协商程序解决的潜在案件会逐年增加。因此,未来我们必须完善税收协定中的相互协商程序,提高争议机制效率,以保护外国投资者、中国对外投资者的权益,力争消除双重征税,为纳税人创造公平、确定的投资环境。

首先,基于“税基侵蚀与利润转移”(BEPS)行动计划第 14 项行动计划(使争议解决机制更有效)的建议,提高相互协商程序效果和效率的措施分为三个层次,依次是最低标准、最佳实践以及强制仲裁。我国应该采取循序渐进的策略,在采用最低标准和一些最佳实践的基础上,继续扩大使用我国目前可行的最佳实践措施。如公开对所有纳税人或某类纳税人都有指导意义的通过相互协商达成的协议;培养具有国际视野的国际税收审计、检查人员,以减少不当调整的发生;规定在相互协商案件解决之前暂停税款征收等。在适当时机,考虑与适当国家的双边税收协定中采纳强制仲裁措施,从而逐步提高我国解决国际税收争议的能力。

其次,鉴于我国 2013 年颁布的《税收协定互相协商程序实施办法》(国家税务总局公告 2013 年第 56 号)借鉴了 OECD 相互协商程序手册中推荐的许多最佳实践,扩大了提起相互协商的适用范围,强调了相互协商达成协议的法律效力,对各级税务机关处理相互协商申请规定了时限,实践中解决争议的效率也高于 OECD 国家间的水平。① 因此今后在实践中要继续推进争议解决机制的效率,就要继续根据《维也纳条约法公约》规定的善意原则来解释与适用税收协定,制定相互协商程序与国内行政、司法救济之间关系的规定,培养具有国际视野的国际税收审计、检查人员,加强相互协商程序的人力资源的培养。

---

① 高峰:《BEPS 行动计划 14、第二阶段成果 7:让税收争议解决更有效》,载《国际税收》2015 年第 10 期。

(三)完善情报交换制度建设,加强税收征管合作

鉴于税收情报交换在国际税收征管合作中的重要性,加强上合国家之间的国际税收合作也必须进一步加强税收情报交换工作。首先,要修改中国与上合组织国家间双边税收协定中的情报交换条款(俄罗斯、塔吉克斯坦除外),明确规定,缔约国双方主管当局应交换“可以预见”的与执行本协定的规定相关的信息,而不仅仅限于“所需要的情报”,扩大情报交换的范围。1994 年中国与俄罗斯的双边税收协定第 25 条第 1 款规定:“缔约国方主管当局应交换为实施本协定的规定所需要的情报,或缔约国双方关于本协定所涉及的税种的国内法律的规定所需要的情报(以根据这些法律征税与本协定不相抵触为限),特别是防止偷漏税的情报。”但 2014 年修订后的协定第 26 条第 1 款规定:“缔约国双方主管当局应交换可以预见的与执行本协定的规定相关的信息,或与执行缔约国双方或其行政区或地方当局征收的各种税收的国内法律相关的信息,根据这些法律征税与本协定不相抵触为限。”其次,丰富情报交换方式,在继续使用专项情报交换、自发情报交换外,探索使用自动情报交换、授权代表访问、同期税务检查等情报交换方式。鉴于上合组织国家均为发展中国家,税收法治化水平和征管能力均不高,为防止由此产生的税收征管合作的高成本,我们可以通过帮助这些国家提高税收征管水平、税收情报收集和交换技术的方式,尽量降低他们的合规成本,从而逐步加强税收征管合作的水平。

上合组织自成立后已经过十多年的发展,在安全合作、人文合作取得一定成效的同时,突破经济合作的“瓶颈”并逐步提升经济合作的分量,是上合组织继续发展的重要路径。从完善双边税收合作入手,逐步加强区域税收合作,提高税收优惠力度,帮助各国提升税收征管能力,不仅能促进区域经济合作,也能提高各国国内、国际税收治理水平。

Study on Legal Mechanism of SCO Regional Tax Coordination

—From China's Perspective

Wang Lihua

Abstract: Although Shanghai Cooperation Organization has achieved certain results in terms of security cooperation and humanistic cooperation since its establishment, the economic and trade cooperation function has not been fully utilized. Since any internationally and regionally economic cooperation cannot live without the cooperation of international taxation mechanisms, the lack of measures in tax cooperation under the background of the digital economy, low efficiency of mutual agreement procedures, and the lack of breadth and intensity of exchange of tax information do not help in facilitating the promotion of economic and trade cooperation among SCO members to some extent. Therefore, in the future, it is necessary to formulate rules for Permanent Establishment under the digital economy, to improve mutual agreement procedures, to strengthen the breadth and intensity of exchange of tax information, and to promote the development of SCO economic and trade cooperation.

Keywords: Shanghai Cooperation Organization; Tax Coordination; Permanent Establishment; Mutual Agreement Procedure; Tax Information Exchange

上合组织海外投资法律保障

沈吉利*

内容摘要：上合组织对接“一带一路”战略在推动成员国企业“走出去”的同时，也使其面临政治风险、法律风险等重大投资风险，上合组织海外投资法律保障机制需要解决合同履行、市场准入、争端解决机制等方面问题，在投资便利化原则、市场化原则等的指引下，从单边、双边和多边层面完善制度。

关键词：上合组织；“一带一路”；市场准入；海外投资保险；争端解决机制

一、上合组织、“一带一路”与国际投资

（一）上合组织与“一带一路”

上海合作组织（Shanghai Cooperation Organization，SCO），简称上合组织，是于2001年6月15日在中国上海宣布成立的永久性政府间国际组织，前身是为了解决中、俄、哈、吉、塔之间的边界问题而于1996年成立的“上海五国”会晤机制。2001年乌兹别克斯坦加入后，这一组织发展成为地区安全和经济合作组织。当前，上合组织已经在传统安全合作的基础上扩展到了非传统

* 作者简介：沈吉利，女，讲师，上海政法学院。

安全合作和经济领域的合作。[①] 上合组织现有成员国除中国外,还包括塔吉克斯坦、吉尔吉斯斯坦、哈萨克斯坦和乌兹别克斯坦、俄罗斯、印度和巴基斯坦。上合组织还有蒙古国等四个观察员国,尼泊尔等六个对话伙伴国。[②] 目前,上合组织已成为世界上人口最多、面积最大的区域性国际组织。

2013 年,习近平主席提出了"一带一路"主张,"一带"指丝绸之路经济带,"一路"指 21 世纪海上丝绸之路,"一带一路"战略使沿线各国加强国际经济、政治、文化等方面的合作。2015 年 3 月发改委、商务部出台的《推动共建丝绸之路经济带和 21 世纪海上丝绸之路的愿景与行动》中提出加快投资便利化进程、加强双边投资保护协定、保护投资者的合法权益等涉及国际投资法的内容。目前"一带一路"成员国包括中国与沿线 65 个国家。上合组织成员国、观察员国和对话伙伴国都加入了"一带一路"倡议,且又是"一带一路"经济带核心区域,可以为"一带一路"发挥重要的平台作用,上合组织在各个层面形成了良好的协调机制,为"一带一路"建设的政策沟通提供了前期准备与畅通渠道。在维护地区安全稳定方面发挥中流砥柱作用的上合组织,也可以成为解决"一带一路"安全问题的抓手。[③] 另外,"一带一路"也为上合组织注入新动力,"一带一路"建设的深入推进,促进上合组织经济合作进入"快车道",两者互为机遇、互动发展,为上合组织国家间投资等经济合作提供了更好的发展空间。

(二)上合组织国家与海外投资风险

国际投资包括外国投资和海外投资。海外投资主要就母国的角度而言,指资本输出国(母国)的投资者将其所拥有的资本直接注入资本输入国(东道国)的企业中,对该企业的经营和管理享有一定的控制权,并且在法律范围内能够独立承担责任的海外投资活动。就资本输出国的角度而言,海外投资也经常被称为境外投资。[④] 与海外投资、境外投资相对应的是外国投资,其主要从东道国的角度来研究资本输入的

---

① 孙霞:《中亚新地区主义与上海合作组织》,载《俄罗斯研究》2009 年第 6 期。

② 援引自上海合作组织简介,http://chn. sectsco. org/about_sco,访问日期:2018 年 5 月 1 日。

③ 毛莉:《"一带一路"与上合相互促进》,载《中国社会科学报》2017 年 6 月 9 日。

④ 《境外投资管理办法》第 2 条和《企业境外投资管理办法》第 2 条。

问题。

上合组织国家间在互相开展海外投资时,面对的是不同于国内的复杂多样的政治、经济、法律和文化环境,会产生一定的风险,尤其是在东道国可能遭遇的政治风险,此外还有因法律制度不同产生的法律风险。

1. 政治风险

海外投资所面临的风险主要是政治风险。政治风险是指与东道国政治、社会、法律有关的,人为的、非投资者所能控制,①造成损失的可能性。学术界一般认为政治风险包括战争和暴乱风险、征收风险、汇兑限制风险和政府违约风险四类,如2014年俄罗斯油价下跌导致外汇收入锐减,再加上西方的制裁导致大量资本出逃,使俄罗斯外汇储备产生巨大压力而实施的汇兑限制,即属于此类风险。② 就投资者的角度而言,东道国的政策变动频繁、经验匮乏、双重征税、贸易投资壁垒也属于政治风险。笔者也认为,资本输入国政府或该国某地区政府为其自身利益需求而实施排除其他法律约束的行为,即主权风险也包括在政治风险中。国际社会整体正处于政治风险的上升期,上合组织国家中有强人政治因素的存在,也使其政局变化莫测。

2. 法律风险

上合组织国家海外投资的另一障碍是法律风险,其主要指因资本输入国的法律法规给投资者在进行海外投资的过程中造成损失的可能性。法律风险来自三种原因:首先是东道国尚未建立对外国投资的法律法规,或外国投资法不健全、不完善,在没有法律依据的基础上随意解决海外投资者与东道国之间或海外投资者与东道国投资者之间的争议,给海外投资者造成经济损失。其次是法律冲突,既可以是东道国和母国的法律法规冲突,也可以是东道国和国际法或国际惯例产生法律冲突,甚至是海外投资活动违反第三国的法律,这些因为对海外法律的不了解而产生的法律冲突都可能给海外投资者造成经济损失。海外投资合同是上合组织国家开展国际投资的基石,由于其涉外的性质将产

① 陈永钊:《国际投资中政治风险的防范》,载《法制与经济》(中旬刊)2008年8月10日。

② 邓佳良:《"一带一路"战略下海外投资法律保护问题研究》,黑龙江大学2017年硕士学位论文,第8页。

生国际私法准据法的适用问题,而东道国的属地管辖优先也成为国际投资法的惯例。但海外投资者在合同签订时要么因为对合同方权利义务、违约责任和争议解决条款等缺乏详细约定而无法自我保护,要么因为与东道国法律冲突而导致合同无效、撤销或解除,最终造成财产损失,严重的还要经历诉讼或仲裁程序。最后是东道国执法不严,产生投资争议后区别性对待,给海外投资者造成经济损失。[①]

二、上合组织关于海外投资法律保障的现有规则

成员国间投资是上合组织区域经济一体化的重要形式,早在成立之初,上合组织便对国际投资问题给予了关注。2002 年 6 月 7 日制定的《上海合作组织宪章》将推动投资便利化和自由流通作为上合组织框架内合作的基本方向之一。[②] "吸引和保护相互投资"作为投资便利化的途径之一也规定在了 2001 年 9 月 14 日的《上海合作组织成员国政府间关于开展区域经济合作的基本目标和方向及启动贸易和投资便利化进程的备忘录》这一关于投资便利化问题的纲领性文件中。然而此后 16 年,上合组织再也没有关于海外投资保障规则的推进。

笔者认为,即使是上合组织早期给予了成员国间投资以一定的关注,由于其规则的抽象、笼统,且更多停留在软法层面,离明确、具体、可操作的海外投资法律保障规则尚有很大差距,并不是真正意义上的海外投资保障法律规则。面对上合组织国家间海外投资的既有风险和迫切需求,应尽快建立保障上合组织国家海外投资的法制,无论这一法制的推进是在成员国或是双边或小区域,或是在上合组织框架内或已有全球性规则的框架内。

上合组织海外投资保障法律制度是一项系统工程,既受制于成员国间法律制度的融合,又受制于成员国间的政治、文化交往程度。笔者认为,上合组织海外投资保障法律制度的完善应从原则入手,在单边、

① 邓佳良:《"一带一路"战略下海外投资法律保护问题研究》,黑龙江大学 2017 年硕士学位论文,第 8 ~9 页。

② 《上海合作组织宪章》第 3 条"合作方向"中规定"支持和鼓励各种形式的区域经济合作,推动贸易和投资便利化,以逐步实现商品、资本、服务和技术的自由流通"作为上合组织框架内合作的基本方向之一。载 http://www.npc.gov.cn/wxzl/gongbao/2002 - 10/22/content_5301223.htm,访问日期:2018 年 5 月 1 日。

双边和多边体系内齐头并进。

三、对上合组织海外投资保障制度原则的建议

笔者认为,上合组织海外投资法律保障制度应体现投资便利化、市场化、尊重国家主权以及区域经济投资一体化和海外投资法制统一化四大原则。

(一)投资便利化原则

贸易和投资便利化是上合组织区域经济合作的切入点。投资便利化是在2008年亚太经合组织(APEC)公布的《投资便利化行动计划》中才首次以独立议题的形式提出,其被定义为:“政府为了达到吸引外国投资的目的,在投资周期全部阶段采取一系列行为,达到最大化的有效管理和效率。”有学者认为,除该定义外,学界缺少一个被普遍接受的关于投资便利化的统一定义。其认为,上合组织投资便利化的定义是:在国际可接受的规范、准则的前提下,采用简化投资程序、协调法律与政策等形式,以减少投资过程中的成本与困难,创造一个协调、透明、可预见的国际投资环境。①

相比投资自由化的概念,投资便利化这一概念结合了各国国情,在完善本国投资环境的同时,加强对投资规则的规制,使规则更趋于公平与合理。它除了包括投资自由化在取消歧视性的待遇造成市场扭曲、大幅减少政府对投资主体的各种限制、提高投资者待遇等方面的内容,还强调对投资审批程序的优化,加强对市场监督机制的合理有效建设,同时建立与投资相关的争端解决机制,打造便利化的投资环境。②

笔者认为,投资便利化不仅仅是对东道国的要求。从海外投资的角度来看,既要推动东道国在投资准入和经营阶段的便利化进程和外国投资法的完善,也要促使母国在海外投资审批、海外投资保险等方面实施更多的便利化和推动海外投资法的完善,更要在成员国间的双边投资保证协定、自由贸易协定以及上合组织多边协定《上海合作组织贸易便利化协定》实现贸易和投资便利化。

---

① 王雅雯:《上海合作组织投资便利化法律问题研究》,大连海事大学2016年硕士学位论文,第11页。

② 同上。

（二）市场化原则

市场经济是开展国际投资的土壤，国际投资规则在本质上是一种市场经济规则，资本输出国（母国）投资者开展海外投资的进程也是传播国际投资规则和推动东道国市场经济发展的进程。因此在海外投资一系列制度的制定中要坚持市场化原则，包括不同国家投资主体地位平等、投资契约自治、尊重投资主体的自主经营权、保护投资者合法权利、政府的市场化管理等，要求政府不能使用行政手段来管理外国投资和海外投资。从实践来看，上合组织成员国经济市场化程度比较低，国家发展的程度差异比较大，因此在上合组织国家间投资规则的制定上要特别突出市场化原则。

值得注意的是，上合组织成员国中不少已加入世界贸易组织（WTO），以及反映市场化原则的《解决国家与他国国民间投资争端公约》（华盛顿公约）和《多边投资担保机构公约》（汉城公约）《承认及执行外国仲裁裁决公约》（纽约公约）等全球性多边规则，在全球性市场化规则框架内运行，为上合组织成员国市场化进程和进一步深化市场化规则体系提供了较好的基础。因此，上合组织海外投资制度市场化推进的过程不仅是独立创设市场化规则的过程，也是推动所有成员国加入已有全球市场化规则的过程。

（三）尊重国家主权原则

上合组织作为国家间的政府组织，要体现对其成员国主权的充分尊重，在成员国自愿让渡主权的基础上进行投资制度的构建。国家主权原则是国际经济法的基本原则，这要求海外投资者和资本输出国（母国）须尊重资本输入国（东道国）国家主权，尤其要尊重东道国管理外国投资的法律法规，做到合规性经营。在尊重成员国国家主权方面，上合组织已经卓有成效，其通过建构一个民主、平等的结构关系来消除国家实力的不对称性造成的组织内部的结构性紧张。各成员国在主权平等这一国际关系根本原则的基础上，实现了大小国家一律平等、通过磋商求同存异、达成共识与一致，在共同利益的基础上对各方关注的问题共同合作处理。①

然而，在这一原则下也要防止东道国对海外投资的政治化处理倾

① 张宏伟：《上海合作组织的成就及其国际政治经济意义》，载《科技信息》2010年第33期。

向,即随意实行征收或国有化或不按市场经济原则给予补偿、实行汇兑限制、政府对投资协议的不当违约。因此,这一原则须与市场化原则取得平衡,不能严重违背市场化原则。

(四)区域经济投资一体化和海外投资法制统一化原则

海外投资一体化法律制度是为区域经济投资一体化提供法律保障的,投资一体化进度决定法制统一化的进度,法制统一化可以促进投资一体化的进程。

上合组织投资法制包括国际法和国内法两个层面。在国际法层面,既包括上合组织制定的宣言、宪章、纲要等,也包括适用于上合组织成员国的其他国际性或区域性多边条约和双边投资协定,同时还包括国际商业惯例。在国内法层面,包括成员国的外国投资法和海外投资法。

就统一法的技术而言,包括法的统一和法的趋同两种方式。法的统一是指适用一致的规则如国际条约、国际组织规则和国际商业惯例。法的趋同则指不同国家法律的相互吸收、渗透,趋于一致。国内也有学者认为法律的趋同包括了法的统一,其认为法律的趋同化是指不同国家的法律,随着国际交往日益发展的需要,逐渐相互吸收、相互渗透,从而趋于接近甚至趋于一致的现象。①

笔者认为,国际法层面的法的统一和国内法层面的趋同对于上合组织国家都同等重要,二者并行不悖。因此,在上合组织海外投资法制统一化过程中,除了上合组织成立宣言和宪章,既要重视多边或双边投资规则的运用或制定,以及投资者在海外投资中适用的各类国际商业惯例,也要重视成员国之间不同外国投资法和海外投资法规则的趋同。尤其是外国投资法和海外投资法相对比较成熟的中国,应该在积极完善提高本国法的同时,将本国法制随同海外投资同步输出到其他成员国,成为其他成员国可借鉴吸收的发展中国家对外投资法和海外投资法的先进样板。与上合组织海外投资相关的所有法律渊源应该齐头并进,共同推进海外投资法制统一化,并推动海外投资的发展。

---

① 李双元、李赞:《全球化进程中的法律发展理论评析——“法律全球化”和“法律趋同化”理论的比较》,载《法商研究》2005年第5期。

四、对上合组织海外投资单边保障法制的建议

国际投资法的单边法制指东道国针对国际投资制定的外国投资法和母国针对国际投资制定的海外投资法。成员国在上合组织框架内制定的国际投资单边法制也包括这两种不同特征的国内法。从海外投资保障的角度而言,既要遵守各成员国的国内法即外国投资法,也要制定促进和保障本国海外投资的国内法即海外投资法。

(一)对上合组织其他成员国风险和外国投资法的应对

从投资输出国和海外投资者角度,对上合组织其他成员国政治风险和法律风险的应对要做到以下几点:

1. 了解东道国的外国投资法,重点发现外国投资法中的贸易投资壁垒、投资准入和运营阶段的不合理限制、双重征税等规则,评估对海外投资产生的风险和等级。从行业协会和海外投资者层面,应做好对东道国政治风险和法律风险的尽职调查,从投资输出国层面则应建立常态化的上合组织成员国信息情报交流制度和对上合组织成员国的风险评估制度。

在对东道国外国投资法进行了解时,要特别确认东道国政府方是否在外国投资法及相关法律法规中有明确的不开展征收和国有化或开展征收给予补偿、不进行汇兑限制和遵守政府特许协定不违约的保证。如中国《中外合资经营企业法》第 2 条第 3 款、《外资企业法》第 5 条就规定除非在特殊情况基于社会公益利益的需要依据法律程序和补偿,否则对中外合资经营企业和外资企业不实行国有化和征收。《宪法》第 10 条第 3 款、第 13 条第 3 款也对征收问题做出了规定。[①] 依据上述规定,中国政府对不开展征收和国有化是专门作出保证的。

2. 遵守东道国的外国投资法,防止因不遵守东道国法律而导致的损失。投资者要在对东道国做好国别研究的前提下,做好投资交易结

---

① 《中华人民共和国外资企业法》第五条:国家对外资企业不实行国有化和征收;在特殊情况下,根据社会公共利益的需要,对外资企业可以依照法律程序实行征收,并给予相应的补偿。《中华人民共和国中外合资经营企业法》第二条第三款:国家对合营企业不实行国有化和征收;在特殊情况下,根据社会公共利益的需要,对合营企业可以依照法律程序实行征收,并给予相应的补偿。《中华人民共和国宪法》第十条第三款:国家为了公共利益的需要,可以依照法律规定对土地实行征收或者征用并给予补偿。第十三条第三款:国家为了公共利益的需要,可以依照法律规定对公民的私有财产实行征收或者征用并给予补偿。

构、对合同签订和执行真实及合规风险的管理。

一方面,企业在对外交易时,必须依据东道国的合同法、对外贸易法对合同的条款进行合理而有效的设计,做到保护海外投资者的利益。当然,海外投资者也可以在遵守东道国国际私法的情况下,在合同中选择适用对海外投资者最有利、同时也考虑对双方公正的准据法。另一方面,海外投资者应妥善履行合同并督促东道国投资者妥善履行合同,如发生纠纷,用合同所约定的争端解决机制来妥善解决纠纷。当然,海外投资者在设计合同时也需提前预见和约定对自己有利的争端解决方式,同时尊重大部分投资合同争端解决条款中的"协商"机制,优先使用该方式友好解决彼此之间的投资争议。

3. 当因为东道国执法不公等因素导致投资纠纷时,可妥善运用各类投资争端解决机制包括投资者之间民商事纠纷解决机制,注重多元化解决纠纷的方式,同时还可运用投资者和东道国之间的投资争端解决机制和国家间的争端解决机制来妥善解决纠纷。

4. 对于因上合组织个别东道国法律体系不健全、不完善而导致的法律风险,可通过法的趋同推动其国内法的完善。资本输出国投资者开展海外投资的过程也是输出文化和制度的过程。如同中国在引进外国投资过程中大量借鉴参考了以美国为主的发达资本输出国的外国投资法。在上合组织区域经济一体化过程中,中国作为上合组织国家中最大的资本输出国,也可通过各种可行的途径推广中国的外国投资法,通过其他国家借鉴参考这种"趋同"方式而健全完善其外国投资法。由于法的趋同需要较长时间,根据投资实务的需要,相关部门目前可以制作海外投资示范合同文本推荐给投资者使用,以便及时解决眼前急迫的需要明确、统一的合同规则问题。

当然,中国当前的三部外商投资企业法,尚需完善和统一,以更好地作为其他成员国可借鉴参考的维护发展中国家权益的外国投资法的模板。

(二)健全和完善中国的海外投资法

从国内法的角度看,要维护海外投资者的利益,仅依赖东道国制定和实施维护海外投资者利益的外国投资法是不够的,母国也必须建立维护海外投资者利益的海外投资法,这已成为世界各国对海外投资者予以保护的通例。

尽管中国海外投资规则已初步成体系,但仍存在较多问题。首先,迄今为止中国尚无专门针对海外投资的法律或行政法规。作为海外投资基本规则的《境外投资管理办法》和《企业境外投资管理办法》都仅为部门规章层级,再加上政策性文件较多,规则位阶较低,且部门规章和政策性文件在制作程序和内容规范方面都不够严谨,导致在法律效力上的不足和不稳定,对海外投资产生了不良影响。

其次,监管体制不到位,海外投资规则制定和监管与多个部门相关,导致权力不集中和规则上杂乱无章的状态,也影响了投资效率。

再次,从内容上讲,虽然《企业境外投资管理办法》和 2017 年、2018 年发布的系列海外投资新规已经简化了发改委行政审批、核准、备案等手续,但 2014 年《境外投资管理办法》中的行政手续仍然比较复杂、烦琐。

最后,中国缺少一部海外投资保险规则。全球关于海外投资促进的最重要制度是海外投资保险制度。我国由中国出口信用保险公司为承保机构,对中国企业在海外投资中的政治风险进行承保。中国出口信用保险公司承保的政治风险包括:征收险、汇兑险、战争及政治暴乱险、违约险,这与《多边投资担保机构公约》的承包范围是一致的。信保公司也规定,其承保期限一般为 1 ~ 15 年,赔偿比例最高不超过 95% 。①

虽然中国已在小范围内开展了海外投资保险业务,但并未建立海外投资保险法律制度,对保险机构、承保风险、保留效力等均无规定,不符合海外投资的需要。同时因为这一重要国内法的缺失,导致中国与上合组织其他成员国签订的双边投资保护协定虽都涉及对海外投资保险的代位求偿权,但却成为无用的摆设。

针对上述问题,笔者认为,应从以下方面进行完善:

1. 由商务部和发改委牵头协调,由国务院或人大(或人大常委会)制定专门针对海外投资的行政法规或法律。

2. 应设立专门的海外投资监管机构,由其制定海外投资的发展规划和相关政策,并对所有的海外投资活动进行宏观的领导和监管,而不

---

① 中国出口信用保险公司官网:http://www.sinosure.com.cn/ywjs/xmxcp/hwtzbx/hwtz_zq_bx/index.shtm,访问日期:2018 年 5 月 1 日。

是目前这样多个监管口径、多个监管规则的做法。

3. 商务部《境外投资管理办法》的行政手续有待简化、优化。还应考虑为国家重点扶持的海外投资项目建立专项的运营资金、在现有咨询服务外提供包括对海外投资东道国风险评估在内的其他信息服务。

4. 制定海外投资保险法，以此调整和规范现实中已在实施的海外投资保险制度，并从信保公司推广到其他符合条件的海外投资保险机构，将更多的符合条件的海外投资者和海外投资纳入其中，常态化地推动海外投资发展。

五、对上合组织海外投资双边保障法制的建议

(一)上合组织成员国双边投资协定及存在的问题

海外投资双边保障法制即双边投资协定(Bilateral Investment Treaty,BITs)，是指为调整国际私人投资关系，由资本输出国与资本输入国之间缔结的以鼓励和保护双方外国私人海外投资活动为目的的书面协定，主要分为传统的双边友好通商航海条约和现代的双边投资促进和保护协定两种。到目前为止，我国共签订了132份双边投资协定，所签订的双边投资协定的数量位居世界第二位，仅次于德国。由此可见，双边投资协定已成为我国海外投资活动的重要法律依据和保护措施，并且是解决海外投资纠纷和法律冲突的重要途径。[①]

我国与上合组织其他成员国均签订有双边投资保护协定，[②]从这7个双边投资保护协定的规定来看，普遍规定了关于国际投资的鼓励投资、对投资者的待遇和保护、征收措施、汇兑自由、母国对投资担保的代位权、协定争端解决、对征收补偿金额争议的解决等实体性和程序性问

---

① 邓佳良：《"一带一路"战略下海外投资法律保护问题研究》，黑龙江大学2017年硕士学位论文，第11页。另依据《我国对外签订双边投资协定一览表 Bilateral Investment Treaty》2016年12月12月，载商务部官网：http://tfs.mofcom.gov.cn/article/Nocategory/201111/20111107819474.shtml，我国当时与104个国家签订了双边投资协定。

② 包括：《中华人民共和国政府和巴基斯坦伊斯兰共和国政府关于促进和保护投资的协定》《中华人民共和国政府和俄罗斯联邦政府关于促进和相互保护投资协定》《中华人民共和国政府和哈萨克斯坦共和国政府关于鼓励和相互保护投资协定》《中华人民共和国政府和吉尔吉斯斯坦共和国政府关于鼓励和相互保护投资协定》《中华人民共和国政府和塔吉克斯坦共和国政府关于鼓励和相互保护投资协定》《中华人民共和国政府和乌兹别克斯坦共和国政府关于促进和保护投资的协定》《中华人民共和国政府和印度共和国政府关于促进和保护投资的协定》。

题。应该说双边投资保护协定对于减少海外投资者可能面临的战争风险、征收风险、汇兑限制风险这三类政治风险或获得补偿提供了法律依据。如东道国对实施征收措施明确了基于安全和公共利益、按照东道国国内法律程序、非歧视性、给予补偿等条件;也规定了征收补偿金额争议的解决;明确其对因战争和暴乱风险导致投资者损失采取措施时应给予投资者最惠国待遇;也明确了不对投资者的汇兑进行限制。另一方面,双边投资保护协定对于母国的单边海外投资保险制度提供了双边机制的保障,承认了母国对于其海外投资保险的代位权,有利于其母国海外投资保险制度的真正实现,有利于降低东道国政治风险对于海外投资者和资本输出国的损害。

然而,从我国与其他上合组织签订的双边投资协定来看,仍然存在以下问题:

1. 虽然双边投资保护协定对于东道国政府的三类政治风险作出了相关承诺,也通过赋予母国海外投资保险以代位权建立起较完善的对于东道国政治风险的防御、控制和救济的法律机制。但是双边投资保护协定对于东道国政府违约风险这一政治风险未做出约定,也未对政府法律法规的缺陷、两国法律冲突和政府执法不力等法律风险提出富有成效的解决方案。

2. 现有双边投资协定大部分以原则性规定为主,涉及细节时缺乏可操作性,再加上签订时间普遍在20世纪90年代左右,有些规定如征收补偿已经落伍,但又没有重新签订。

3. 争端解决条款的缺陷。在中国与上合组织国家签订的双边投资协定中普遍规定如投资者对被征收财产的补偿有异议,可提出申诉及进一步向东道国法院起诉或向国际仲裁庭申请仲裁。然而,对于征收补偿额以外的其他征收争议,除由东道国法律审查外①,投资者无权提交国际仲裁庭审查和处理争端。

4. 对征收措施的条件之一是"给予补偿",但对补偿的原则和金额未明确。西方一些发达国家坚持充分、及时和有效的补偿原则,而

---

① 《中华人民共和国政府和巴基斯坦伊斯兰共和国政府关于促进和保护投资的协定》第4条第3款规定:本条第一款所述征收,如果投资者认为不符合采取征收措施缔约一方的法律,应投资者的请求,可由采取征收措施缔约一方有管辖权的法院对该征收予以审查。

发展中国家更多坚持适当和合理的补偿原则,应该说"充分、及时、有效"的补偿更符合市场经济条件下各国民商法的损失补偿原则。双边投资保护协定对补偿原则的不明确将导致海外投资者对其因遭受征收措施而可获得的补偿不具有预期性,对其海外投资造成了不必要的阻碍。

(二)对双边投资协定的完善建议

双边投资保护协定是目前世界范围内调整和保护海外投资活动最重要的法律形式,针对现有情况,笔者认为应在以下方面予以完善:

1. 将东道国政府违约风险这一政治风险纳入双边投资保护协定的范畴,同时对东道国法律制度的完善以及在外交层面解决两国法律冲突做出原则性的规定。在双边投资协定引入市场化的规则,做到双方权利义务对等,明确对海外投资的保护。

2. 将协定条文细化,以往的双边投资协定大多以原则性规定为主,双方产生海外投资争议时对相关条文理解并不统一,现在可借重新缔约的机会,对双边投资协定中海外投资保护措施的调整范围、待遇标准和争端解决机制予以细化。

3. 关于征收措施条款,应积极争取将所有征收争议纳入国际仲裁庭管辖或东道国与他国国民间投资争议解决中心管辖,此外明确补偿的标准为"充分、及时、有效",以符合全球市场化的现状和趋势。

4. 在上合组织框架下完善双边投资协定。上合组织已有制度框架和成员国间的睦邻友好关系及政治、经济合作的深度推进,使得上合组织成员国之间的双边投资协定可以在上合组织平台上获得更好的融合和发展。

由于上合组织仅有 8 个成员国,笔者建议由上合组织综合已有成员国之间的投资协定,制定一部示范性的双边投资保护协定(范本),推荐给上合组织成员国、观察员国、伙伴国在签订或重新签订彼此的双边投资协定时予以参照适用。这一软性的法的趋同方式,有利于在尊重上合组织国家主权的情形下妥善推进规则的统一。

笔者同时认为,在时机成熟时,也可将成员国间双边投资协定中普遍适用的条款上升为上合组织多边投资协定的内容,通过上合组织的执行监督职能增加这些海外投资保障条款的法律约束力和执行力。

六、对上合组织海外投资多边保障法制的建议

(一)妥善运用已有多边投资贸易规则

从建立和完善上合组织海外投资多边保障法律制度的角度来说,既要有建立自身规则的设想,更要妥善运用成员国已加入的其他全球性或区域性的多边投资规则。毕竟运用已加入的多边投资法律规则既是成员国的义务,又是在相对容易的平台上实现统一,而自身创建规则则要受制于各成员国政治、经济、文化的融合程度和制定统一规则的意愿,在推进上也有较长时间。

1. 世界贸易组织规则与上合组织

WTO 作为全世界最大的贸易经济组织,大部分经济贸易国都加入了该组织并适用其“一揽子”规则,并且其规则也相对比较成熟。目前上合组织 8 个成员国中已有 7 个成员国(包括中国、印度、巴基斯坦、塔吉克斯坦、哈萨克斯坦、俄罗斯、吉尔吉斯斯坦)加入了世界贸易组织,即除乌兹别克斯坦外,其余国家皆在 WTO 缔约国行列中。WTO 一揽子协定中的《服务贸易总协定》和《与贸易有关的投资措施协议》直接调整国际投资问题,是成员国必须适用且已证明行之有效的多边投资规则。

《上海合作组织成员国多边经贸合作纲要》规定,在开展经贸合作方面,上海合作组织成员国应就成员国与国际组织的合作问题,首先对世界贸易组织问题进行磋商,并且要求成员国“在世界贸易组织框架内相互协作”。[①] 这也为上合组织与 WTO 协作、在 WTO 框架内解决贸易投资便利化问题提供了规则的指引。各成员国也应积极推动乌兹别克斯坦加入 WTO,以真正做到 WTO 规则与上合组织规则的完全接轨,上合组织可借 WTO 规则解决其自身规则偏于软法的问题。

2.《多边投资担保机构公约》与上合组织

《多边投资担保机构公约》(MIGA)是全球性、专门性的关于海外投资保险的多边投资规则,可以克服母国单边海外投资法和双边投资保护协定适用对象的局限性,在全球范围内推进海外投资保险制度并实

---

① 岳树梅:《上海合作组织框架下的能源合作法律机制研究》,载《河北法学》2011 年第 5 期。

现不同成员国海外投资保险制度的统一。尽管 MIGA 自身也存在待完善的方面,但其总体上仍比较完备且成熟,在其框架内可最便利地推进海外投资保险制度。目前上合组织 7 个成员国(包括中国、俄罗斯、哈萨克斯坦、乌兹别克斯坦、塔吉克斯坦、印度、巴基斯坦)都已加入了该公约,即除吉尔吉斯斯坦外,其余国家皆在缔约国中。可较好地运用 MIGA,在 7 个成员国之间进行海外投资的相互保证。

3.《承认及执行外国仲裁裁决公约》与上合组织

《承认及执行外国仲裁裁决公约》是关于承认及执行外国仲裁裁决全球著名的多边争端解决规则之一。上合组织已有 7 个成员国(包括巴基斯坦、哈萨克斯坦、中国、乌兹别克斯坦、吉尔吉斯斯坦、印度、俄罗斯)加入了纽约公约。在这些成员国的投资者们就私人投资争议提交商事仲裁并取得裁决后可以依赖该公约获得承认和执行,无疑是上合组织成员国争议解决的重要法律依据。

4.《解决国家与他国国民间投资争端公约》与上合组织

本公约是关于东道国与他国国民间投资争端解决的全球性、专门性的多边投资规则,对解决此类投资争端发挥了重要作用。目前,上合组织 4 个成员国(包括中国、哈萨克斯坦、乌兹别克斯坦与巴基斯坦)都是该公约的缔约国,也可积极推动其他成员国加入该公约。

5.“一带一路”规则与上合组织

由于上合组织所有成员国都在“一带一路”倡议中,“一带一路”相关规则直接适用于上合组织成员国,推动上合组织规则的发展。另一方面,上合组织作为 8 个成员国的平台,可率先形成上合组织规则并推广至整个“一带一路”国家。

(二)制定上合组织多边综合性投资制度

经济一体化法律规则直接体现区域合作中各国政府对区域经济的共同管理与协调,并在成员国合作的基础上调整区域经济一体化组织体的内外经济关系,最终实现组织的目的、宗旨并促进各成员国的经济发展。目前,上合组织正处于关键性的制度建设时期,构建的结果将直接影响组织框架下经济一体化的成败。[①] 上合组织区域经济一体化法

---

① 黄毅:《上海合作组织框架下中亚经济一体化法律制度的构建》,新疆大学 2007 年硕士学位论文,第 47 页。

律规则的最高表现形式是其多边的综合性或专门性的投资制度,然而首先需要突破现有的以纲领、纲要、宣言为表现形式的软法规则,建立有约束力的多边投资规则。应当说,上合组织也正在努力深化区域经济一体化和突破已有软法规则的局限,表现形式之一便是为上合组织自由贸易协定而做的努力。

综观目前成功运行的区域经济一体化组织,都建立了一套完善具体、可操作的法律规则。北美自由贸易协定就是在《北美自由贸易协定》的基础上建立了以各成员国承诺为核心的一套具体详细的硬法性区域经济一体化法律规则,同时加以 9 套争端解决机制,成功解决了发达国家与发展中国家间建立区域经济一体化组织中面临的国家主权问题。东盟建立区域经济一体化的道路漫长,共签订了 12 个以软法为主的法律文件,且运行效果并不明显。目前,上合组织法律规则的建立也面临着这一难题,即如何解决各成员国主权问题,在多大程度上将成员国的主权让渡到区域经济一体化组织当中,这是一个两难的问题。让渡不足,将无法建立具有约束力的组织纪律,达不到建立区域经济一体化的目的;让渡过多,将有可能在某种意义上侵害成员国主权,或者因为成员国国内法制、经济体制因素的影响而无法将区域经济一体化法律规则落实。①

因此,上合组织海外投资多边保障制度的最终目标便是建立统一、有约束力、有操作性的硬法规则,这需要较长一段时间的推进。短期内无法建立的话,则可以通过双边投资保护协定的融合、整合入手来达到趋同和统一,也可以考虑建立小区域合作的法律制度,逐渐推广至所有成员国。当然,在更广阔的区域性合作如"一带一路"倡议和世界贸易组织等世界性多边投资制度的平台上推进也不失为一种可操作的统一化的方式,该制度的建立可以有多种方法的尝试和推进。

(三)制定上合组织多边专门性投资制度

在上合组织综合性多边投资保障制度推进的同时,考虑海外投资保险制度、争端解决制度在整个投资保障制度中的重要地位,可以优先、重点推进。考虑现有上合组织成员国的数量,对于这两方面的规

---

① 黄毅:《上海合作组织框架下中亚经济一体化法律制度的构建》,新疆大学 2007 年硕士学位论文,第 47 ~ 48 页。

则,可以在改善现有《多边投资担保机构公约》《解决国家与他国国民间投资争端公约》制度缺陷导致成员国利用不足的情况下,在上合组织内出台具体的规则,并由上合组织建立投资担保机构和解决投资争端机构,加强上合组织的机构性和监督管理力度,同时向“一带一路”其他国家逐步渗透这些行之有效的制度。

The Overseas Investment Insurance System of the SCO

Shen Jili

Abstract: Shanghai Cooperation Organization Under circumstances of the Belt and Road Initiative push and enhance internal enterprises in member countries to go abroad which will meet investment opportunities as well as such challenges as political risks and legal risks. The legal system ensuring SCO overseas investment should solve problems in the contract implementation, the market access, the dispute resolution, etc. , and improve unilateral legal systems, bilateral investment treaties as well as multilateral legal systems including SCO rules and other international conventions governing international investment on the basis of such basic principles as investment facilitation and marketization.

Keywords: Shanghai Cooperation Organization; "the Belt and Road" Initiative; Market Access; Overseas Investment Insurance System; Dispute Resolution System

“一带一路”涉俄企业法律风险评估及其解决机制研究*

庞冬梅**

内容摘要：“一带一路”倡议背景下，中、俄两国不断采取措施扩大合作领域，提高务实合作水平，中国企业逐渐成为俄罗斯各联邦主体经济领域的主要投资主体。中俄两国文化背景、民族意识、社会经济制度、立法规定与司法操作等领域存在巨大差异，因此，“一带一路”背景下，我国对俄各领域的投资与合作面临着不同程度的法律风险。针对“一带一路”背景下我国涉俄投资、合作领域可能面临的法律风险的评估，在借鉴已有法律风险规避措施的基础上，建议以中俄两国政府、行业协会、涉外企业为主导，以中俄现有法律服务机构（包括律所、法律服务平台等）所提供的专业法律服务为实质内容，构建法律风险综合防控机制，以切实保障对俄投资者及在俄华商的合法权益。

关键词：“一带一路”法律风险解决机制

引言

“丝绸之路”在中国秦汉时期即是沟通东西方经济

---

* 本文系作者主持的国家社会科学基金重点项目《俄罗斯刑法总则制度研究》（16AFX008）的阶段性成果。

** 作者简介：庞冬梅，女，教授，河南大学法学院。

文化交流的重要桥梁。2013 年,中国政府提出共建“丝绸之路经济带”以及“21 世纪海上丝绸之路”倡议,受到世界各国的极大关注。2015 年 3 月,国务院授权发改委、外交部和商务部联合发布《推动共建丝绸之路经济带和 21 世纪海上丝绸之路的愿景与行动》,继续推动与沿线各国共建“丝绸之路经济带”和“21 世纪海上丝绸之路”(以下简称“一带一路”)倡议的实施。到目前为止,“一带一路”倡议所涵盖的国家已经有 60 多个,其建设过程中必然会涉及沿线各国的政治制度、民族意识、宗教文化、经济体制和法律制度。由于世界各国的政治、经济、公民意识以及市场环境千差万别,因此,涉外投资的政治风险、经济风险和法律风险的程度都比较高。

一、“一带一路”倡议背景下中俄合作涉及的主要领域

中俄合作是全方位、多层次的,根据中俄两国元首签署的《中华人民共和国与俄罗斯联邦关于全面战略协作伙伴关系新阶段的联合声明》的相关规定,中国和俄罗斯两国合作涉及经贸、投资、能源、技术、航空航天、基础设施建设、民生等领域的重大项目合作。中国各省、自治区、直辖市分别立足于本地区优势,积极响应“一带一路”倡议,富有成效地推动“一带一路”建设的顺利实施。仅上年 1 月至 11 月,我国和“一带一路”沿线国家的贸易额就达 9830 亿美元,与 2016 年同比增长 15.4%,其中与沿线各国新签认的工程承包的合同额就达1135.2亿美元,占同期工程承包合同总额的 54.1%。[①] 黑龙江省毗邻俄罗斯远东地区,利用地源优势积极贯彻“一带一路”倡议,参与中俄蒙经济走廊建设,扩大对俄合作领域,不断提高务实合作水平。黑龙江省 2013 ~ 2017 年对俄贸易比前 5 年增长 18%,2017 年对俄进出口总额达到了 110 亿美元,同比增长 20%,占到全国对俄进出口的 13%,也占黑龙江省对外进出口的 60%。[②]

在经贸合作领域,中俄两国积极采取措施扩大合作领域,不断提升各个领域的务实合作水平。具体体现为大力拓展两国在经贸领域的合作空间,其中包括在商贸、投资等领域积极推进并实现人民币和卢布的

① http://intl.ce.cn/specials/zxgjzh/201801/08/t20180108_27614181.shtml,访问日期:2018 年 2 月 19 日。

② http://www.ccpithlj.org.cn/news.php?id=5947,访问日期:2018 年 2 月 19 日。

两国本币直接结算业务;加强中俄两国宏观经济政策的调整与互动交流;积极落实中俄两国政府在经济现代化领域的合作协议。全方位保障中俄双边贸易水平稳步发展,大力优化双方贸易结构,增加两国跨国投资额度。中方在俄罗斯境内的投资主要集中于各类基础设施项目的建设、矿产资源的开发以及林木的采伐和加工等领域。近年来,中俄两国在经贸领域的合作取得较大进展,发展趋势良好。中国在俄罗斯对外贸易领域中的地位举足轻重,一直是公认的俄罗斯第一大贸易伙伴。相关统计数据表明,上年前9个月内中国与俄罗斯的双边贸易额已经达到613.8亿美元,比2006年同期增长22.4%。此外,随着互联网的迅速发展与普及,中俄跨境电商等崭新的贸易形式得以蓬勃发展,这必然促进中俄两国双边贸易结构的优化,经贸合作领域的效率得以快速提升。与此同时,"一带一路"与欧亚经济联盟对接必将扩展中俄两国投资合作领域的广度和深度,推动双边经贸合作向更高水平发展。正如俄罗斯总统顾问谢尔盖·格拉济耶夫在接受新华社记者采访时所言,"在'一带一路'与欧亚经济联盟对接的合作框架下,我们正在推进一系列重大投资合作项目,将建立新的区域发展投资基金和金融合作机构,更好地服务于共同投资,推动双边经贸合作向更高水平发展"①。

在能源合作方面,主要集中于石油、天然气和自然资源开发等领域。俄罗斯是中国石油进口的主要来源国家之一。2011年以前,中国与俄罗斯之间的石油贸易主要通过铁路运输,2011年中俄原油管道建成并且正式投入使用,其全长近千千米,从此开启了中俄之间管道运输原油的新篇章。中国与俄罗斯原油管道正式启用至今,累计输油总量达9592万吨。② 与此同时,俄罗斯还是我国第11大液化天然气的进口来源国之一。根据我国海关的统计,2017年1~11月,我国天然气进口6069.6万吨,同比增长26.5%。其中,自俄罗斯进口38.4万吨,同比增

---

① 《推动"一带一路"与欧亚经济联盟对接——访俄罗斯总统顾问谢尔盖·格拉济耶夫》,载 http://www.sohu.com/a/212212272_99931884,访问日期:2017年12月18日。

② 中俄原油管道起自俄远东原油管道斯科沃罗季诺分输站,穿越中俄边境,途经中国黑龙江省和内蒙古自治区,止于大庆,管道俄罗斯境内段长约72千米,中国境内长927.04千米,2011年1月1日正式启用,设计年输油量1500万吨,最大年输油量3000万吨,是中国油气进口东北方向的一条战略要道。资料来源:http://russia.ce.cn/cr2013/jjsj/201702/06/t20170206_19987430.shtml,访问日期:2018年2月28日。

长49.6%，占我国天然气进口总量的0.63%。[①] 中俄两国在该领域的合作潜力巨大，同年12月，中国与俄罗斯重大能源合作项目"亚马尔液化天然气"正式投产，年生产能力将达550万吨，预计三期全部建成以后，年生产能力将达到1650万吨，其中约三分之一将运往中国。同时，两国还正在修建中俄东线天然气管道。[②]

在科技合作方面，中国与俄罗斯着力于高科技领域的合作。在核能、航天基础技术研究、卫星导航、民用航空、空间对地观测、载人航天和深空探测等领域进行深度合作，联合启动并运行了一批重大项目；在造船、运输机械制造、制药、医疗设备、化工、木材加工、有色冶金等领域进行有的放矢的合作科研和联合生产，效果显著。[③] 2017年，俄罗斯联邦政府总理梅德韦杰夫访问中国，值此中俄两国政府高层互动良好的背景之下，在俄罗斯联邦驻上海总领馆正式宣布成立并启动了中俄科技与创新合作电子平台——"浦俄·国际科链服"。创立该平台的目的主要是通过中俄两国不同领域的合作交流、项目推介、联合科研等路径，为全世界懂俄语的专家以及俄语为通用交流语言的国家在与中国合作过程中提供全方位的科技创新合作服务，促进中国与俄罗斯在国家重要科技领域的合作、主要产业的发展规划以及科研和生产协同创新发展。"浦俄·国际科链服"是中俄科技合作成果中具有代表性和务实性的典范案例，其线下转化产值已超过5000万元人民币，并且成功促成中俄生物医药合作项目以及"中俄数字物理与数学建模中心"的启动和运行。[④]

在投资领域，中国企业和"一带一路"沿线各国进行经济合作的主要方式即是对外投资。据统计，2005～2016年我国对"一带一路"国家的直接投资额为2047亿美元，其中东亚地区为732.2亿美元，占比35.77%；西亚地区为891.2亿美元，占比43.54%，在四大区域（中东北非、东亚、中东欧、西亚）中比重较大。投资金额最高的五国分别为俄罗

① 俄罗斯在中国的天然气版图：http://www.sohu.com/a/210650161_118622，访问日期：2018年2月28日。

② http://finance.sina.com.cn/money/future/fmnews/2017-12-14/doc-ifyptkyk4462110.shtml，访问日期：2018年2月27日。

③ https://zhidao.baidu.com/question/1494709225362831499.html，访问日期：2018年2月27日。

④ https://www.toutiao.com/a6483035270250119438/，访问日期：2018年2月28日。

斯、哈萨克斯坦、马来西亚、新加坡和印度尼西亚,投资行业分布以能源、金属、交通、房地产和科技为主。[①] 可见,俄罗斯联邦既是中国政府"一带一路"倡议的主要沿线国家,也是中国企业对外投资的首选国家之一。2017 年外国对俄罗斯经济的直接投资增长了 1 倍,达 230 亿美元。仅就黑龙江省而言,目前全省已有 272 家企业在俄设立或参股 354 家境外投资企业,对俄中方协议投资总额 62 亿美元,占全省协议境外投资总额的 46%;实际汇出 11.8 亿美元,占全省境外投资汇出总额的 29%。[②]

二、"一带一路"倡议下中俄合作进程中存在的法律风险

"一带一路"倡议的提出与运行,为中国国内企业创造了更多的"走出去"机会,使得我国企业对外合作交流在广度、深度上均得到加强,并进一步推动国内企业参与到国际市场的竞争行列。[③] 中俄两国基于地缘优势和政府间合作、民间互动的良好基础,近年来,中国与俄罗斯地方合作蓬勃发展,双方建立了"长江—伏尔加河""东北—远东"两大区域性合作机制,缔结了 130 多对友好省州和友好城市。从中央到地方,在中俄两国政治互信日益增强的背景下,双方企业的合作意愿不断加深。据统计,近年来俄罗斯境内的中资企业已经有 1000 多家,涵盖轻工、建筑、农业、家电、通信、机械制造与维修、电商、金融等领域。2017 年中俄双边贸易更是扭转颓势,总额超过 840 亿美元,比上年增长 20.8%。[④] 可见,中国企业已经成为俄罗斯联邦境内各地区的投资主体。然而,我们必须清醒地意识到,由于俄罗斯与中国在政治机制、经济体制、意识形态、文化背景以及法律制度等方面存在不同程度的差异,中国企业在对俄经贸、能源、技术、投资等领域合作面临着诸多法律风险。

经贸合作领域法律风险。中国对俄罗斯经贸合作领域的法律风险

---

① 《"一带一路"国家投资风险衡量:泰国和马来西亚风险较低、俄罗斯风险适中、埃及高风险》,载 http://www.sohu.com/a/210650161_118622,访问日期:2017 年 12 月 14 日。

② 《助推黑龙江对接"一带一路"建设》,载 http://finance.jrj.com.cn/2018/01/10072023921858.shtml,访问日期:2018 年 1 月 10 日。

③ 叶进芬:《"一带一路"视阈下国内企业法律风险问题研究》,载《经济法研究》2017 年第 6 期。

④ http://www.xinhuanet.com/world/2018-02/08/c_129808290.htm,访问日期:2018 年 2 月 28 日。

主要体现在俄罗斯联邦立法多变、司法体制不完善、产品质量标准特别规制以及市场不完善而造成的交易法律风险。

首先,在立法层面,俄罗斯联邦各部门法修订频繁。俄罗斯每年都有大量新的联邦法律出台,这必然导致俄各部门法的相应调整与修改。与此同时,俄罗斯又是联邦制国家,其行政区划构架下的各联邦主体都拥有相应的立法权,使得俄境内联邦法律与各联邦主体制定的法律法规之间存在不同程度的冲突。另外,俄罗斯是加入世贸组织比较晚的国家,为实现"入世"承诺,其经贸领域立法处于持续调整过程之中,这便使得中资企业在俄罗斯交易规则的认知方面存在诸多不确定因素,从而加大了对俄经贸业务开展的难度,同时也使这些中资企业面临更大的商业风险和法律风险。

其次,在司法机制层面,由于俄罗斯境内各部门法修订频繁,监管制度繁冗复杂,加之各联邦主体出台的法律法规存在不同程度的矛盾与冲突,司法工作人员在执法过程中无所适从,甚至出现了不同口岸在海关监管、进出口估价等通关方面的规定不统一,从而导致中俄口岸的进出口货物滞港现象的发生。此外,俄罗斯政府近年来在整治"灰色清关"过程中,对中国商品的通关做出了诸多特殊规定和要求,无形中加大了中国对俄贸易的难度,甚至有大量中国商品通关时被罚没。另外,俄罗斯司法系统也存在不同程度的腐败现象,这也使得中国在俄企业的正常运营面临着诸多不确定的法律风险。

最后,中国企业在俄罗斯境内还会面临俄方产品质量标准特别规制以及市场不完善而造成的交易方面的法律风险。中俄两国国情不同,经济环境与市场发达程度也不在同一个水平,自然在产品质量标准和环境标准方面的规定也存在很大的差别。另外,如前所述,俄罗斯加入世贸组织的时间不长,其国内市场经济机制还处于不断发展、完善过程之中,对俄贸易中俄方合作伙伴违约现象时有发生,近年来俄方主导的商业欺诈案例也时有耳闻。可见,中方企业在对俄经贸合作过程中必须对俄罗斯现行立法规定、执法环境、产品质量标准等方面进行充分了解,以规避交易中可能产生的法律风险,避免或尽量减少因法律风险评估不足而遭受不必要的损失。

(一)能源合作领域法律风险。中方对俄能源合作领域的法律风险主要体现在俄罗斯市场准入限制和环境诉讼两个方面:1. 俄罗斯在某些领域对外商进入进行了限制性规定。这些限制性规定主要体现在俄罗斯《有关外资进入对国防和国家安全具有战略意义行业程序的联邦法》规定的42种限制外资进入的行业。[①] 此外,俄罗斯政府还规定了禁止外资经营的行业,这些行业主要涉及武器交易、烟火及易爆物品、含有毒和麻醉神经成分的药物、博彩业、人寿保险业以及宝石、贵金属及其废料等。这里需要强调的是,中国在俄投资企业应当特别注意绕开俄政府禁止和限制外资介入的领域,以免盲目涉入而徒增不必要的损失。2. 自然资源的开采必然会触及环境污染这个全球性问题,中国企业对俄能源合作领域所面临的环境风险首先体现在能源开发过程中所导致的环境污染问题,如果在开发能源过程中不注重对周边环境采取保护措施,导致大范围环境污染,则会引起当地居民的排挤和对抗,从而引发中方投资企业与俄罗斯当地居民之间的矛盾和冲突,[②]甚至会引发恶劣事件。比如,不久前发生在吉尔吉斯斯坦境内的当地居民打砸中国商户事件,根据新闻报道,此次事件发生的原因之一便是当地居民认为中方企业的运营污染了当地环境。由此可见,中资企业在进入俄罗斯投资之前,在获得当地政府的行政许可之外,还应当获得当地居民的"社会许可"。[③] 笔者不久前曾关注过一家中文网站的报道,报道称中国驻俄罗斯的一家中国公司"已在贝加尔湖沿岸购买土地,并已获得每年200万吨的水资源开采证,现正邀请中国国内知名设计院做整个水厂的设计。预计地球之井公司贝加尔湖水厂最快在2019年建成投产,所生产的瓶装水主要将运回中国销售",[④]然而,2017年12月5日在俄罗斯名为"Ykt. ru"网上刊登了一条有关贝加尔湖沿岸居民联名上书俄罗斯联邦政府部门的消息,其主要内容是当地居民反对中国公民

① 这些行业主要包括:国防军工、核原料生产、核反应堆项目的建设运营、用于武器和军事技术生产必需的特种金属和合金的研制生产销售、宇航设施和航空器研究、密码加密设备研究、天然垄断部门的股东线路电信公司、联邦级的地下资源区块开发、水下资源、覆盖俄罗斯领土一半区域的广播媒体、发行量较大的报纸和出版公司等。

② 韩秀丽:《中国海外投资的环境保护问题研究》,法律出版社2013年版。

③ 李晓宇:《"一带一路"视域下我国海外能源投资的法律问题研究》,载《南京工程学院学报》(社会科学版)2015年第4期。

④ http://news.7654.com/a/1284802618858503074? TAG=2_24_4,访问日期:2018年4月15日。

开发贝加尔湖自然资源。[1] 因此,中国企业在俄罗斯境内进行能源开发必须时刻关注周边环境变化,同时处理好与当地周边居民的关系,以便有效规避因环境污染或者当地居民抵触而引起的法律风险。

(二)科技合作领域法律风险。中方对俄科技合作领域的法律风险主要体现在知识产权的保护方面。在当代世界各国的科技合作交流过程中,知识产权的保护问题备受关注。中国与俄罗斯在国情、法律传统与渊源、政治经济发展水平等方面都存在很大的差异,这必然导致两国规制知识产权的法律也不尽相同。中俄两国在知识产权的立法规定、侵犯知识产权的惩罚措施以及诉讼程序与费用等诸多方面有着较大差异。如果中方投资企业或公司在与俄方进行科技合作过程中不注重自身知识产权的保护,同时对东道国俄罗斯知识产权立法规定与司法操作又知之甚少,则很容易陷入知识产权侵权法律风险当中,从而遭受不可估量的财产与实质权利的双重损失。

(三)投资领域法律风险。中国对俄投资的法律风险主要体现于投资准入限制方面。[2] 俄罗斯不仅垄断行业多,而且对外资投资领域也有诸多限制,包括关税和非关税壁垒限制,对外商投资和经营构成阻力。例如,俄罗斯规定公共采购和政府预算项目要优先采购本国产品、要求对进口车辆及工程机械征收报废税、出台的汽车信贷支持政策将外国汽车排除在外等。投资准入权利限制还体现在金融领域,俄境内中资银行受到俄罗斯央行监管政策的诸多限制。比如,俄罗斯央行对商业银行放贷设有监管指标上的限制,即 N6 指标限制。这一限制要求商业银行对单一客户或单一集团客户发放贷款的额度不能超过这家银行资本的 25%,且不考虑外资银行在母国的实力。目前俄罗斯市场对资本的需求量很大,然而由于中资银行在俄罗斯发放的贷款不能超过其总资本的 25%,而且俄罗斯的美元资本金需上缴 7% 给俄罗斯央行作为保证金,造成单个中资银行无法对中资企业在俄项目提供足额的贷款,中资企业融资渠道进一步受限。与此同时,俄罗斯境内外商投资的法

---

① Жители побережья Байкала просят спасти их от китайцев: http://forum. ykt. ru/viewtopic. jsp? id = 4305199,访问日期:2018 年 4 月 15 日。

② 投资准入是一个国家对外国投资者活动予以管理和控制的经济主权,东道国有权决定投资者的准入条件。方旖旎:《中国企业对"一带一路"沿线国家基建投资的特征与风险分析》,载《西安财经学院学报》2016 年第 1 期。

制环境也有待改善，不仅存在腐败、行政效率低下以及灰色许可等现象，而且立法主体繁多，法律政策多变，缺乏连续性，尤其是在外资政策方面极其不稳定。出于国家利益或者某个集团的利益，俄罗斯常出现修改法律或政策调整的情况，导致外资利益受损，甚至出现财产剥夺的情况，包括征收和没收财产等。[①] 因此，中资企业在选择投资俄境内项目前，除了对拟投资项目的准入条件，特别是准入限制予以充分了解，还应对拟投资地区的法制环境进行调查，以此来预测和规避法律风险。

（四）其他领域法律风险。除前述法律风险外，“一带一路”背景下俄境内中方公司与企业还面临着劳工、税务、司法救济等领域可能产生的风险。

1. 国外劳工法律风险。由于俄罗斯联邦国情与社会生态环境和中国不同，因此，其在劳动法律制度、用工模式以及对外国劳动移民管理方面都与中国有着极大的差别。俄罗斯政府对外国劳动移民采取配额制度，其配额分为这样几种类型：一是外国劳工配额，此种配额分配给有外国劳工需求的企业；二是暂住许可配额（Квота на РВП），获得此种配额的外国移民实际上与俄罗斯公民享有同等权利并且在俄罗斯境内工作无须办理特别许可证，此类外国人获得俄罗斯国籍的可能性最大；三是工作许可配额（Квота на выдачу разрешений на работу），此类外国移民在获得俄罗斯入境签证的基础上，只有通过办理特别许可证之后才有权利在俄罗斯从事劳动，而且为了保护俄罗斯国内劳动力市场，对于此类配额的发放规定了特别限制条件；四是邀请类外国人配额（Квота на выдачу приглашений для иностранцев），纳入此类配额计划的外国人不仅有权利在俄罗斯居住，而且可以在法律允许框架内就业，邀请类配额的外国人必须办理工作签证。此外，俄罗斯政府还单独为外国留学生分配了留学配额，对于拟获得俄罗斯高校毕业文凭的外国留学生，在其符合某些法定要求的条件下，还可以获得俄罗斯联邦的免费教育名额和各类奖学金。前述所列各项配额的获得都规定有不同的程序。2017 年，俄罗斯联邦政府规定了各行业外国劳工从业的数量上限，即外国移民在下列领域从事劳动的数量不能高于本行业俄罗斯人

---

① http://www.sohu.com/a/222493679_618573，访问日期：2018 年 2 月 18 日。

从业数量的一定比例:蔬菜种植公司不能超过50%;客运公司的比例上限为28%;物流业不能超过28%;酒类零售业和烟草零售业不能超过15%。[①]

根据俄联邦法律,由于中俄之间还未签订免签证的协议,因此引进中国公民赴俄工作分为两个阶段:一是雇主要获得《引进和使用外国劳工许可》;二是外国公民需获得《工作许可》(俗称“打工大卡”)。如果未获得《引进和使用外国劳工许可》中规定的许可而使用外国劳工工作,则雇主将面临25万~80万卢布的罚款或者根据《行政违法法典》第18.15条第3款的规定面临被勒令停业14~90天的处罚。在实际操作层面,中国公民要想获得合法的“打工大卡”往往需要通过华人中介支付非常高的费用。因此,有些华人企业主在雇佣中国公民方面为了规避前述高额的“打工大卡”费用,往往铤而走险通过旅游签证或商务签证引入中国公民到俄境内从事劳务活动,从而造成迄今为止俄境内大量非法中国移民的存在。

2. 税务领域法律风险。俄罗斯联邦现行税收法律制度与在俄华商的利益紧密相关,俄罗斯的税法体系与中国相比差别很大。俄罗斯境内实行三级税制:联邦税、各联邦主体税和地方税。俄罗斯税务制度非常复杂,征税名目繁多,[②]俄境内的华商企业往往面临重税负以及重复征税的风险。因此,在俄罗斯境内投资的中国企业必须对俄罗斯现行的行业征税法律制度有所了解,以避免经营过程中被重复征税现象的发生,同时也要按照俄税务机关的要求按时缴纳税款,以规避因未及时缴税而被追究相关责任的法律风险。

3. 司法救济风险。俄罗斯司法系统腐败现象较为严重,司法工作人员办事效率低下,而且俄罗斯法律中有许多笼统的规定,法律的可操作性差,法官自由裁量权大,法官审理案件时存在一定程度的歧视外资企业的倾向,可能会将中国投资者置于不利的诉讼地位,面临司法救济风险。

---

① Квоты для иностранцев: на работу, РВП и другие виды — правила, получение, документы: http://nuzhnaviza.ru/rf/kvoty-dlya-inostrancev/,访问日期:2018年5月17日。

② 俄罗斯联邦税是在俄罗斯联邦全境内普遍征收的,其中的商品和资源消费税、企业所得税、增值税、资本收入税、林业税、矿产资源开采税、地下资源使用税、生态税、水资源税和联邦许可证签民手续费等都与外国投资者对俄的投资活动息息相关。此外,俄罗斯还规定了在相应地区征收不动产税等联邦税和土地税等地方税。

三、“一带一路”涉俄企业法律风险防控机制构建

如前所述,由于中俄两国文化背景、民族意识、社会经济制度、立法规定与司法操作等领域存在巨大差异,因此,“一带一路”背景下,我国对俄各领域的投资与合作面临着不同程度的法律风险。在如何规避“一带一路”建设过程中涉外企业法律风险的问题上,我国学者提出了各种不同的解决方案:有学者从我国海外能源投资法律保护的角度出发,提出应当完善我国海外投资保险制度体系、建立企业现代化治理结构以及自身法律风险防范意识、推动双边投资协定的签订与实施、有效利用国际组织及国际法上的条约、加强环境法律对策、遵守东道国法律政策规定并做好投资前的投资战略分析;①在提升跨国并购劳动法律风险抵御能力的应对建议上,有学者强调应当选择优质法律服务以提高劳动合规水平、学好海外关系学以妥善处理劳资关系、加强人力资源管理、兼容多元工作文化;②针对海外劳工法律保护不足的现状,提出必须加强海外劳工保护立法、建立海外劳工派遣许可制度、树立劳权观念、建立海外劳工专门服务行政机构、统筹海外劳工执法保护、坚持有限度的“意思自治原则”、实施“或裁或审制”、保障海外劳工的司法救济③等一系列法律风险防控建议。

针对“一带一路”倡议下我国涉俄投资、合作领域及其可能面临法律风险的评估,在借鉴已有法律风险规避措施的基础上,建议以中俄两国政府、行业协会、涉外企业为主导,以中俄现有专业法律服务机构(包括律所、法律服务平台等)所提供的专业服务为实质架构内容,构建如下法律风险综合防控机制,以切实保障对俄投资者及在俄华商的合法权益。

(一)以政府为主导,构建和运行科学高效的法律保障体系,为对俄投资企业和在俄华商提供相对稳定、可预见性强的法治环境,以保障俄罗斯境内的中资企业合法合规地经营和发展。中国政府在鼓励国内企业“走出去”的过程中,必须强化对这些企业在经营理念和法律意识方

---

① 李晓宇:《“一带一路”视域下我国海外能源投资的法律问题研究》,载《南京工程学院学报》(社会科学版)2015 年第 4 期。

② 金波:《“一带一路”战略下跨国并购的劳动法律风险》,载《理论观察》2017 年第 4 期。

③ 花勇:《“一带一路”建设中海外劳工权益的法律保护》,载《江淮论坛》2016 年第 4 期。

面的培训和引导,建立健全海外投资法律制度。中国与俄罗斯应当在签订多边、双边投资协定的基础上加强国内立法的完善,以便更好地落实协定的内容,尽快适应经济全球化的发展趋势。此外,中国政府还应当完善中资企业以及在俄华商的领事保护制度,通过各种不同路径解决中资企业在俄境内所遇到的诸多困难和不可预测的法律风险,加强对中资企业及其员工在合法经营方面的指导并引导他们处理好与俄罗斯当地居民之间的关系,尊重俄罗斯公民的宗教信仰和当地的风俗习惯。

(二)中俄司法机关应当完善涉外执法能力,提高司法工作人员的业务水平与外语能力,积极发挥审判功能,创新性处理中俄经贸合作过程中所产生的各类纠纷,为"一带一路"建设提供直接司法保障。随着中俄两国在经贸领域、能源开发、科技交流以及投资领域合作的进一步深化,各领域出现了越来越多、越发复杂的法律争议事件,中俄司法机关在处理这些争议的过程中,应当特别重视中俄两国在涉外管辖权方面的问题,严格遵守所适用的法律和我国缔结条约规定的内容,依法合规地行使管辖权,为"一带一路"建设的推进提供司法保障。

(三)中国内地各行业协会应当积极开展与俄罗斯当地行业协会、华商会的对接活动,同时联合中国驻俄罗斯大使馆、领事馆资源,为中国投资俄罗斯的企业提供综合信息服务,建立完整的"一带一路"数据库,系统收集有关俄罗斯法律修订、经济政治环境变化等方面的信息,为中国企业了解俄罗斯法律、文化及政治、经济环境提供帮助。

(四)加强俄境内中资企业自身法律风险防范意识,树立现代化经营管理理念,履行自身应当承担的社会责任,以应对企业运营过程中可能产生的环境、税收、知识产权等领域的法律风险。中资企业和在俄华商在签订、履行合同过程中,一定要关注双方争端解决机制的约定,一旦发生合同争议或其他事项冲突,企业自身可以依法依规地启动诉讼或仲裁程序,既能快速解决争端,还可以有效地保护自身合法权益。中国企业在俄罗斯投资失败的原因多数情况下是因为前期工作没有做到位。企业在投资俄境内项目之前应当做好尽职调查,加强对俄罗斯国内法律法规、经济政策以及相关投资环境的调查与研究,充分了解与投资项目相关的各项法律规定,对拟投资项目可能面临的商业风险和法律风险进行评估,事先制定风险防范和应对预案,尽量避免对俄投资的盲从。在投资后项目运营过程中企业应当加强各项管理,建立相应的风险评估机制,随时进行项目运作的合规性审查,加强对俄罗斯法律法规修订情况、项目运转及市场运行状况方面信息的收集,以提高对可能发生风险的应对能力,以便将投资项目的法律风险降到最低。

(五)充分发挥中俄两国司法行政机关、律师事务所、法律平台等提供专业法律服务机构的作用,为“一带一路”建设提供优质高效的法律服务。在推进“一带一路”建设过程中,中俄两国司法行政机关应当发挥把握方向、统筹协调的作用,积极推进律所、法律服务平台的专业法律服务工作者参与各类涉俄项目的研究论证,提供有针对性、符合实际的法律咨询和建议,助力中国企业深度参与“一带一路”对俄投资,帮助企业防范法律风险。基于此,我国司法部、外交部、商务部、国务院法制办等几个部门已经联合出台了《关于发展涉外法律服务业的意见》,对我国未来的涉外律师行业发展绘制一个非常好的蓝图。中国律师要在“一带一路”中更好地发挥作用,“走出去”的企业应该首先要聘请中国的律师事务所,通过中国律师事务所这样一个桥梁,更好地和投资目的国的律师事务所开展深度的合作,为中国企业“走出去”保驾护航。此外,中国司法部和全国律协正在筹建“一带一路律师联盟”,希望通过搭建这样一个平台,把中国律师和国际律师更好地整合在一起,更好地发挥中国律师的作用,更好地展现中国律师的风采,更好地提升中国律师在国际律师舞台上的影响力,为投资俄罗斯的中国企业提供更专业、高效的法律服务。

(六)通过宣传“一带一路”倡议,积极开展中俄两国法学院所和法律研究机构之间的学术交流和业务合作,利用有针对性地培养、相互引进法律人才等办法,吸引和凝聚了大批境内外具有国际视野、精通涉外法律业务和俄汉双语的法律人才,建立高端法律人才库。随着“一带一路”倡议的提出与推进,中国与世界各国的合作与交流日益加强,各种涉外活动日益增多,涉外法务活动空前频繁,具有国际化视野涉外法律高端人才的需求与时俱增。2017 年 5 月 27 日,司法部联合外交部、国家发改委、教育部、商务部、全国律协等 13 个部门召开了第一次发展涉外法律服务业联席会议,号召加快培养通晓国际规则、善于处理涉外法律事务的涉外法律人才。这些政策性文件及联席会议均凸显了涉外法律工作的重要性,昭示着培养涉外法律人才的紧迫性。

结语

“一带一路”倡议为中国企业“走出去”提供了良好契机。中国企业作为“一带一路”的践行主体,在对俄投资、合作领域一定要树立现代化的经营管理理念,做好商业风险管理和法律风险评估,遵守俄罗斯当地法律法规,密切关注俄罗斯各级政府在相关领域的政策变化,积极履行企业所应承担纳税和环保等方面的社会责任,争取在激烈的竞争中占得优势并尽快融入俄罗斯当地社会。

The Study on the Legal Risks Assessment and Solution Mechanism of Enterprises Related to Russia under the Context of “The Belt and Road” Initative

Pang Dongmei

Abstract: Under the context of the “One Belt and One Road” initiative, China and Russia have continuously taken measures to expand the scope of cooperation and increase the level of practical cooperation. Chinese enterprises have gradually become the main investment entities in the main economic sectors of the Russian Federation. There are huge differences in the cultural background, national consciousness, social and economic systems, legislative provisions, and judicial operations between China and Russia. Therefore, under the context of the “One Belt and One Road” initiative, China's investment and cooperation in various fields in Russia face different degrees of legal risks. Under the context of the “One Belt and One Road” initiative, the assessment of the legal risks that China may face in Russia's investment and cooperation areas will be based on existing legal risk mitigation measures. It is proposed that Chinese and Russian governments, industry associations, and foreign-related enterprises should be the leading companies. The professional legal services provided by the existing Chinese and Russian legal service agencies (including law firms, legal service platforms, etc.) are the substance of the content, and a comprehensive legal risk prevention and control mechanism is established to effectively protect the legitimate rights and interests of investors and businessmen in Russia.

Keywords: "The Belt and Road" Initative; Legal Risks; Solution Mechanism

中国和乌兹别克斯坦经贸法律关系探析

占茂华*

内容摘要：中乌经贸法律关系源远流长，最早可以追溯到两千多年以前的汉代。其间历经各朝各代的发展，到目前为止，两国之间的经贸法律关系已不断完善，双方之间除制定了相应的经贸法律原则之外，还制定了一系列的经贸法律文件等，为两国经贸法律关系的发展奠定了良好的基础。然而，由于各自国情和历史发展的特点等原因，两国的经贸法律关系仍存在一定的问题，如立法和执法中的法治“壁垒”、法律制度合作层面的相对滞后、投资法律环境方面的亟待改善等。为此，需要双方不断完善相互之间的经贸法律规范，进一步加快制度层面的合作和建立对投资者的法律保护体系等。

关键词：中国；乌兹别克斯坦；经贸；法律关系

一、中乌经贸法律关系的溯源

中国与乌兹别克斯坦之间的经贸往来最早可以追溯到两千多年以前。受古代交通的限制，我国与乌兹别克斯坦等中亚国家的贸易往来主要通过塔里木盆地的

* 作者简介：占茂华，女，副教授，上海政法学院。

两条通道进行。[①] 早在汉代以前,中国就曾将铜器、丝织品和漆器等零星物品运送到乌兹别克斯坦等中亚国家,再通过乌兹别克斯坦等中亚国家运送到西方一些国家。但中乌两国之间真正频繁而又直接的贸易始于汉武帝时期张骞出使西域。公元前 1 ~ 2 世纪,中国北方受到了匈奴的侵袭,为了击败匈奴,“断匈奴右臂”,加强与西域各国的联合,汉武帝派遣政治使节张骞前往乌兹别克斯坦等中亚国家求援。也正是在这个时候,乌兹别克斯坦(当时被称为“康居”)与中国结成了政治联盟。中乌两国之间的第一次友好往来关系正式确立。两国关系确立后,双方之间的商品交流日益频繁。当时从乌兹别克斯坦等中亚国家运送到中国的产品主要有珠宝、碧玉、葡萄、石榴及各种药材,而中国运送并产销于乌兹别克斯坦等中亚国家的产品主要是生丝和丝织品。历史上著名的“丝绸之路”由此形成。[②]

在汉代,中乌之间的贸易形式主要有两种:一是贡赐贸易;二是非贡赐贸易。其中,贡赐贸易是以朝贡形式的官方贸易,即一国派遣使节前往他国“朝贡”,并获得他国的“赏赐”。贡赐贸易是中乌之间兼具政治和经济意义的独特交流方式,也为之后近两千年中国各封建王朝与外邦贸易的方式奠定了基调。基于中国封建社会传统的“天下观”和“华夷观”,直至中国最后一个王朝——清朝,中国一直是以贡赐贸易为主与其他邦国进行物产交换的。贡赐贸易在增进中乌两国之间的经贸交流和友好关系方面起到了十分重要的作用。此外,非贡赐贸易在当时也相当普遍。[③] 据《后汉书·西域传》记载:“驰命走驿,不绝于时月;商胡贩客,日款于塞下。”它最真实地反映了当时中乌之间贸易的繁荣景象。

---

① 该通道是中乌和中亚各国人民共同辛勤开辟的一条陆运干线,即著名的塔里木盆地的南、北二道。其中,南道沿昆仑山北麓,越过葱岭,向南到达印度和安息,北道从敦煌玉门关西北行,沿天山南麓,西越葱岭,直到大宛和康居。也就是说,北道的这一条陆运干线,是从中国越过兴都库什山和中亚细亚,到咸海,进而到里海,然后再经过黑海到希腊的领域。古代的乌兹别克斯坦就在这一条国际货运的通道上。

② 19 世纪 70 年代,德国著名地理学家李希霍芬在其著作中首次用“丝绸之路”称这条以丝绸贸易为主的西域交通线以后,这一名称遂在世界范围内得到广泛使用。

③ 非贡赐贸易普遍存在的原因主要有这样三个方面:一是双方的使臣中都有由真正的商人充当的情况,同时在正式的使团中往往夹杂着部分商人;二是许多商人冒充贡使来到中原献贡取利;三是双方使团的频繁往来促进了各地自由贸易的发展。

公元6~7世纪,我国历史上最为强盛的唐朝开始形成,而此时的乌兹别克斯坦也形成了统一的封建国家——康国。在这一时期,两国的经济关系十分密切。① 根据汉文史籍记载,乌兹别克斯坦等中亚各国向唐王朝遣使朝贡的贡品名目繁多,包括名马、狮子、马驹、波斯骆驼、毛锦、青黛、水晶杯、玛瑙瓶、鸵鸟卵、越诺(一种波斯花缎)、侏儒、胡旋舞艺人等。这些通贡的事实集中反映了我国唐代与中亚地区频繁而又密切的往来关系。

13世纪蒙古统治时期,中国与乌兹别克斯坦以及近东各国进一步加强了经济和贸易的友好往来关系。② 伴随着中乌经济贸易联系的不断加强,乌兹别克斯坦的布哈拉和撒马尔罕、中国的北京和沿海各大城市等都相继设立了"驿站"。乌兹别克斯坦也因此成了东方国际贸易的通道。③

明朝时期,中国与乌兹别克斯坦在经济和文化等方面的交流非常密切。中国优秀的建筑工人曾帮助乌兹别克斯坦建造了许多具有中国建筑风格的大型建筑,这些建筑的砖瓦以及像植物球根状的园顶极具中国色彩。明朝与帖木儿王朝之间的贸易和文化交流活跃了当时的丝绸之路商贸活动,有利于各地物产的交流,促进了各地手工业和制造业的发展,对于维护中乌两国之间政治上的友好往来和增进文化交流起到了重要作用。

清朝在18世纪中期平定了准噶尔势力后与浩罕汗国(由乌兹别克

---

① 关于这一点,中国的史书《旧唐书》和《高僧傅》中都有记载,如《高僧傅》记载康国商人释道仙在中国经商的情形说:"释道仙,原在本国以游终为业,梁周之际(六世祀)往来吴蜀、江海上下,集积珠宝,故其所获赀财,乃满两船,值钱数十万贯。"另外,更有记载描述一些中小商人,从撒马尔罕背负着麝香步行到广州出售的情况。这种密切的贸易关系,促使当时中国的首都长安、洛阳成为重要的国际贸易都市;为数众多的乌兹别克商人也在长安"殖赀产,开第舍"(《资治通鉴·代宗纪》),与中国人民友好相处。

② 根据苏联学者们提供的材料:"当时参加国际贸易的,一方面是伊朗、阿塞拜疆、阿尔巴尼亚、格鲁吉亚、南俄罗斯、中亚细亚、蒙古、中国,另一方面是地中海国家、黑海国家、意大利和西欧国家。"参见[苏]寇瑟:《中世纪阿塞拜疆与中国的经济和文化关系》,载《历史研究》1958年第2期。

③ 英国爱德华三世在佛罗伦萨巴尔底公司的经理人裴可罗梯所写的《通商指南》一书中指出:"商人欲从基奴亚或威尼斯到中国的,可带竹布随行。至玉龙杰赤(花剌子模都城,也在古代乌兹别克斯坦境内——引者注),可购买银索摩带行,必后不必再买他物……商人所带之银,抵中国后可换'褚币'(钞币),购买丝货及其他货物。"转引自张星烺:《中西交通史料汇编》(第二册),中华书局出版社2003年版,第328~329页。

人在费尔干纳盆地建立的政权)等中亚地区间的贸易得到了迅速发展。浩罕汗国与清朝的贸易关系包括以贡赐方式进行的官方贸易和民间商人的贸易活动两部分。其中,占主导地位的是以边境互市及自由贸易方式进行的民间贸易。当时清政府在边境开设的贸易点有喀什噶尔、伊犁、叶尔羌、乌什等。这些地方经常会有浩罕商人往来进行贸易活动。

在官方贸易中,除了通过奉献贡品,获得回赐这一过程实现的商业利益之外,浩罕使臣及随员还会在沿途采办大量货物。“浩罕夷使于(嘉庆十五年)六月十五日到哈密,骑马十九匹,其行李货包称重五万三千余斤,询系沿途添买货物,愈积愈多,计需车八十八辆”,致使“所需车辆过多,军台不能支”①。根据相关文献记载,从1762年到1821年的60年中,浩罕使臣赴准噶尔共48次。“浩罕自乾隆二十七年(1762年)通中国以来,遣人来喀什准噶尔共计四十八次。”②由于浩罕商人经常在新疆地区从事商业活动,有些商人在新疆各地购置房产,安家落户。入卡留居达10年以上者可被编入“回籍”。其中,有相当多的浩罕人永远留在了新疆。这些浩罕商业移民正是如今我国境内乌孜别克族的主要来源。因此可以说,从18世纪中期至19世纪中期,浩罕汗国与清朝之间的贸易对当时浩罕汗国的迅速崛起起到了重要作用,对中国新疆地区的社会、政治、经济等方面也产生了较大的影响。

1991年独立之前的乌兹别克斯坦作为苏联的五个加盟共和国之一,没有独立的外交,中乌之间的经贸关系属苏联与中国经贸关系的一部分。从1949年新中国成立到1991年苏联解体,中苏关系经历了1949~1959年的友好合作时期,20世纪60年代至70年代末的交恶敌视时期,20世纪80年代至90年代初苏联解体前恢复时期。与此同时,中乌之间的经贸关系也随着两个大国之间政治上的风云变幻历经了从蓬勃发展到偃旗息鼓,再到逐渐恢复的曲折发展过程。

1950年3月,中苏签订了《关于在新疆创办中苏石油股份公司的协定》和《关于在新疆创办中苏有色及稀有金属股份公司的协定》。同年

---

① 《那文毅公奏议》卷二十二。转引自马曼丽:《中亚研究——中亚与中国同源跨国民族卷》,民族出版社1995年版,第241页。

② 曹振濂等:《钦定平定回疆剿擒逆裔方略》。转引自李明伟主编:《丝绸之路贸易史》,甘肃人民出版社1997年版,第646页。

4 月,中苏又签订了《中苏贸易协定》《关于货物交换之议定书》《对外贸易组织交货共同条件议定书》等文件,新疆省人民政府也制定了《新疆省对外进出口贸易管理暂行办法》。所有这些文件构成了新中国成立初期中苏在新疆及中亚地区经贸合作的主要框架和法律基础。

1951 年,中苏签订了《中苏友好条约》。这又为新疆和苏联发展贸易开辟了广阔的前景。1958 年,中苏双方在北京签订了《通商航海条约》,进一步促进了双方贸易的发展。根据该条约,双方决定在关税等问题上相互给予最惠国待遇,并规定两国在对方首都设立附属于大使馆的商务代表处,在领事馆设立商务处等。①

20 世纪 60 年代初至 70 年代,由于两国政治关系的变化,新疆与苏联贸易急剧减少到几乎停止。新疆的对苏贸易边境口岸逐渐全部关闭。70 年代到 80 年代初,新疆与苏联之间的贸易出现了缓慢回升的趋势,并开始有了少量的贸易。进入 80 年代后,伴随着中苏关系的缓和,两国间的经贸关系得到了迅速的恢复和发展。1982 年 4 月,双方签订了《1982 年交换货物和付款议定书》,并就两国沿海地区之间的边境贸易进行了换文。1985 年 7 月,双方签署了中苏《关于 1986 年至 1990 年交换货物和付款协定》。②

随着新疆承担的中苏国家间贸易的恢复和发展,新疆地方与苏联中亚各国之间的地方边境贸易也以强劲的势头发展起来。1986 年 1 月中苏双方贸易代表团在北京谈判并换文。双方确定自 1986 年 1 月起,新疆维吾尔自治区与乌兹别克斯坦等中亚五国及俄罗斯联邦邻近边境地区开展直接易货贸易。该举措进一步促进了中国与乌兹别克斯坦等中亚地区的友好往来和全面合作。

二、独立后中乌经贸法律关系的发展

1991 年乌兹别克斯坦宣布脱离苏联独立。1992 年 1 月 2 日乌兹别克斯坦与中国建立外交关系,中国由此成为与乌兹别克斯坦发展正式经贸合作关系的最早的亚洲国家之一。独立后的乌兹别克斯坦十分

---

① 厉声:《新疆对苏(俄)贸易史 1600 ~ 1990》,新疆人民出版社 1993 年版,第 621 ~ 622 页。

② 同上书,第 679 页。

重视同中国发展友好关系。[①] 中乌两国建交近30年来,两国关系保持健康、稳定和快速的发展。尤其是在中乌两国的共同努力下,双方的经贸法律关系得到了前所未有的发展。其主要表现有如下几个方面:

(一)明确了双方的经贸法律原则

1. 和平共处原则

所谓和平共处原则,就是互相尊重主权和领土完整,互不侵犯,互不干涉内政,平等互利,和平共处。[②] 中国和乌兹别克斯坦之间在经贸法律关系方面所确立的原则正是和平共处原则的具体体现。这些原则包括:服从经济规律,平等互利;实事求是,充分利用当地资源;坚持多样化的合作形式;提供经济援助;发展多边合作等。

2. 互惠互利原则

互惠互利原则又称对等原则。这一原则要求成员之间相互给予对方贸易上的优惠待遇,强调权利与义务的综合平衡。这意味着,任何一成员方在享受其他成员方的优惠待遇时,都必须给其他成员方以对等的优惠待遇。在多边贸易谈判的实践中,只有遵循平等、互惠互利的减让安排,才能在成员间达成协议,维护成员方之间的利益平衡,谋求全球贸易自由化。中乌两国贸易关系正是在和平共处原则的基础上遵循互惠互利的原则,使双方各自在获得利益的同时不会伤及对方利益,从而达到两国贸易平稳合作,并使合作成为长期、可持续的。

(二)签署了一系列相关经贸合作法律文件

中乌建交之后至今,两国政府先后签署了一系列经贸方面的声明和协定,从而为双方经贸合作的开展奠定了坚实的法律基础。

1992年1月2~3日,中国和乌兹别克斯坦正式建交。建交后,双

---

① 乌兹别克斯坦原总统卡里莫夫说:"中国是一个伟大的国家,我们非常关注中国的变化,中国实施的改革不仅吸引了我们的目光,而且还吸引了世界的目光。它养活了地球上四分之一的人口,并有效地提高了人民的生活水平,实现了经济的高速增长,这是完全值得所有人尊敬的。"参见[乌]尼鲁法尔·撒比特:《乌兹别克斯坦与中国开展国际合作的概况》,杨建梅译,载《中亚信息》2007年第6期。

② "和平共处五项原则"是1953年12月,中国政府同印度政府就两国在西藏地方的关系问题进行谈判,第一次由中国政府提出的,并成为与印度和缅甸政府共同倡导的在建立各国间正常关系及进行交流合作时应遵循的基本原则。半个多世纪以来,这五项原则不仅成为中国奉行独立自主和平外交政策的基础,而且也被世界上绝大多数国家所接受,成为规范国际关系的重要准则,乌兹别克斯坦就是其中的国家之一。

方签订了建交联合公报、《中华人民共和国和乌兹别克斯坦共和国政府经济贸易协定》等文件,同时就互设商务代表处换文。同年3月12~14日,乌兹别克斯坦原总统卡里莫夫访问中国,双方发表了联合公报,签署了关于建立政府经贸合作委员会、鼓励和相互保护投资、中国向乌兹别克斯坦提供商品贷款、银行合作、农业合作等协定。

1994年10月24~26日,中乌两国签订了《中华人民共和国和乌兹别克斯坦共和国关于相互关系基本原则和发展与加强互利合作的声明》。

1996年7月2~3日,中乌两国签订了《中华人民共和国和乌兹别克斯坦共和国联合声明》《中华人民共和国和乌兹别克斯坦共和国铁路运输合作协定》《中华人民共和国和乌兹别克斯坦共和国避免双重征税和防止偷漏税的协定》,以及向乌兹别克斯坦提供无偿援助的换文等。

1999年11月,中乌两国签订了《中华人民共和国和乌兹别克斯坦共和国关于进一步发展两国友好合作关系的联合声明》和《中华人民共和国政府和乌兹别克斯坦共和国政府关于中国向乌兹别克斯坦提供优惠贷款的框架协议》。

2004年6月14~16日,中乌两国签订了《中华人民共和国和乌兹别克斯坦共和国关于进一步发展和加深两国友好合作伙伴关系的联合声明》《中华人民共和国政府和乌兹别克斯坦共和国政府经济技术合作协定》《中华人民共和国政府向乌兹别克斯坦共和国政府提供优惠贷款的框架协议》《中华人民共和国政府和乌兹别克斯坦共和国政府扩大经济贸易、投资和金融合作备忘录》《中国石油天然气集团公司与乌兹别克斯坦国家石油天然气公司在石油天然气领域开展互惠合作的协议》。

2004年11月9~12日,在北京召开中乌政府间经贸合作委员会第六次会议。双方签订了《关于中国政府同意在无偿援助项下提供医疗设备和电脑教学设备的换文》《关于中国政府同意在无偿援助项下为丘别加丹钾肥厂可研项目提供部分资金的换文》《关于中国政府同意在无息贷款项下提供河流清淤机械的换文》《中国进出口银行与乌兹别克斯坦外经国民银行三亿美元优惠出口买方信贷总协议》。同时,双方针对两国在油气、矿产、基础设施、电信等领域合作,乌使用中国政府提供的援、贷款等问题交换了意见。

2010年中乌两国关系继续快速稳定发展。同年6月,两国政府签订了《中华人民共和国和乌兹别克斯坦共和国关于全面深化和发展两国友好合作伙伴关系的联合声明》《非资源和高科技领域合作规划》等。①

2011 年 4 月，乌兹别克斯坦原总统卡里莫夫访华，为了进一步推动两国之间的经贸合作，两国政府签署了 25 个国家间、政府间和部门间协议，涉及总金额超过 50 亿美元的投资项目，并将《中乌政府间长期贸易协定》有效期延至 2020 年等内容。②

2012 年，中乌两国建立了战略伙伴关系，这是双边关系史上具有里程碑意义的重大事件。2012 年 6 月 5 ~ 7 日，原总统卡里莫夫访华并出席上合组织北京峰会，发表了《中乌关于建立战略伙伴关系的联合宣言》，并签署了中乌政府间动、植物检验和检疫协定和总值逾 52 亿美元的 40 余项合同与协定。

2013 年 9 月，习近平“丝绸之路经济带”倡议的提出为中乌合作带来了新的机遇。中乌双方签署了《中华人民共和国和乌兹别克斯坦共和国友好合作条约》和《中华人民共和国和乌兹别克斯坦共和国关于进一步发展和深化战略伙伴关系的联合宣言》。

2014 年 8 月，中乌双方签署了《中华人民共和国和乌兹别克斯坦共和国联合宣言》及 22 份合作协议，合同金额超过 60 亿美元。为了推动具体合作项目的落实，两国政府还制定了《中华人民共和国和乌兹别克斯坦共和国战略伙伴关系发展规划(2014 ~ 2018 年)》。

2017 年 5 月 11 ~ 13 日，乌兹别克斯坦新总统米尔济约耶夫就任以来首次访问中国，双方就进一步加强政治、经贸、投资、石油化工、金融、交通、通讯等领域合作达成了重要共识。两国元首签署了《中华人民共和国和乌兹别克斯坦共和国联合声明》《中华人民共和国和乌兹别克斯坦共和国政府经济技术合作协定》等文件。③

---

① 《中国同乌兹别克斯坦的关系》，载 http://www.360doc.com/content/13/0907/09/7499155_312776519.shtml，访问日期：2013 年 9 月 7 日。

② 对于此次中乌领导人的成功会谈，乌兹别克斯坦媒体称，是“双方快速提升双边关系及各领域务实合作的强烈愿望和巨大潜力”的充分显示。参见《乌兹别克斯坦媒体高度评价卡里莫夫总统访华取得的经贸成果》，载 http://www.mofcom.gov.cn，访问日期：2011 年 5 月 21 日。

③ 《乌兹别克斯坦总统访问中国》，载 http://finance.Sina.com.cn/roll，访问日期：2017 年 5 月 15 日。

(三)制定了较为充分的投资权益的法律保障

乌兹别克斯坦自独立以来一直实行对外开放的经济政策,并形成了倾向于吸引外资的法律体系,如《外国投资法》[①]《刺激对外经济活动和吸收与保护外资法》《投资活动法》《对外经济活动法》《外商投资和外商投资活动保障法》《外国投资者权益保障及保护措施法》《吸引外资创办合资企业的补充措施》《企业、公司及组织纳税法》《土地税法》《车辆和交通工具税法》《土地法》等。这些法律规定为我国投资者提供了比较充分的法律保障。如在外国投资者税后利润的汇兑和支配方面,为了保证投资者权益,乌兹别克斯坦《外国投资者权益保障及保护措施法》第7条规定,"外国投资者在缴纳税费后可将其处于乌兹别克境内的外汇自由汇出。对外国投资者出口自身产品获得的外汇收入纳税后可以自行支配"。在税收优惠方面,外国投资者可享有所得税、增值税、财产税和关税等方面的优惠。

(四)不断扩大经贸合作的规模、结构和内容

自中乌建交以来,两国睦邻友好合作关系顺利发展,双方全面开展了在政治、经贸、外交、反恐、人文等领域的合作,并取得了较大的成果。相对于其他方面关系的发展,两国在经贸合作方面虽然历经了缓慢增长、曲折发展、平稳增长和快速发展等几个阶段,但两国贸易和经济技术合作的规模、结构和内容在逐年扩大。

首先,经贸合作规模呈现出总体扩大的趋势。1992～1996年,中乌双边贸易规模相对较小,增长较为缓慢;1997～2001年,两国贸易经历了起伏回落;2002年至今,双边贸易额一直保持着很大的增幅。根据乌兹别克斯坦国家统计委员会的统计,2008年中国成为乌兹别

---

① 乌兹别克斯坦《外国投资法》第9条规定,"乌兹别克斯坦保护和保障外国投资者在其境内进行投资和从事经营活动的一切权利和权益,并以平等、公正的法律制度保证外国投资者在其境内的投资安全"。《外国投资者权益保障及保护措施法》第3条规定:"如果未来出台的法律加重了外国投资者的负担,外国投资者自投资之日起十年内可以选择遵循投资时实行的法律(但是不包括出于保障国家安全、国防、社会秩序以及环境保护目的而进行的法律变更)。此外,外国投资者还有权选择适用投资条件更加优越的新法规范。"国有化和征收问题对外国投资者来说至关重要,它关系到投资者的投资安全和利益,向来是外国投资保护的核心问题。乌兹别克斯坦对这一问题提供了法律保证,其《外国投资法》第12条和《外国投资者权益保障及保护措施法》第5条规定,"除发生自然灾害、意外事故、重大传染病疫情等紧急状况外,原则上对外国投资和外国投资者的资产不实行国有化或征用,对因紧急状况下的国有化和征用造成的外国投资者的损失,乌兹别克斯坦会进行相应的补偿"。

克斯坦第三大贸易伙伴，位居俄罗斯和乌克兰之后；2009 年中国已成为仅次于俄罗斯的乌兹别克斯坦第二大贸易伙伴。截至 2016 年，中乌双边贸易额较建交之初增长了 70 多倍，中国连续 3 年一跃成为乌兹别克斯坦第二大贸易伙伴、第一大投资来源国和第一大棉花出口目的国。①

其次，经贸合作的结构和内容上进一步多样化。在 1996 年之前的中乌经贸合作之初，中国从乌兹别克斯坦进口的商品主要以棉花、肥料、有色金属、羊毛及植物材料等原料性商品为主；出口的产品主要以电视、冰箱、茶、服装、谷物等家电和生活用品为主。从 1997 年开始，尽管中乌两国双边贸易结构变化不大，但商品种类却在不断增加。中国出口乌兹别克斯坦的商品达 200 余种。

（五）积极参与"上合组织"和"丝绸之路经济带"建设

1. "上合组织"建设

在上海合作组织（以下简称上合组织）建设方面，乌兹别克斯坦是上合组织重要成员国之一，而经济合作又是上合组织的重点合作领域。为了加强经济合作，乌兹别克斯坦与中国等上合组织成员国共同签署了一系列相关的法律文件。

2001 年 9 月 14 日，上合组织六国总理在阿拉木图举行首次会晤，签署了《上海合作组织成员国政府间关于开展区域经济合作的基本目标和方向及启动贸易和投资便利化进程的备忘录》。

2002 年 5 月 28 ~ 29 日，乌兹别克斯坦对外经济联络部部长加尼耶夫参加了在上海举行的上海合作组织首次经贸部长会晤，并在会后与其他五国的部长共同签署了《上海合作组织成员国政府间关于开展区域经济合作的基本目标和方向及启动贸易和投资便利化进程的备忘录的议定书》和《上海合作组织经贸部长首次会晤联合声明》。②

2003 年 9 月 23 日，上合组织成员国总理第二次会晤在北京举行。六国总理签署了《上海合作组织成员国多边经贸合作纲要》《关于技术性启动上海合作组织常设机构的备忘录》《上海合作组织成员国总理会

---

① 《中乌经贸合作结出累累硕果》，载 http://www.ce.cn/xwzx/gnsz/gdxw，访问日期：2016 年 6 月 22 日。

② 《上海合作组织首次经贸部长会晤在上海举行》，载 http://news.sina.com.cn/c/2002-05-28/1643589324.html。

晤联合公报》等6个文件。①

2004年9月23日,上合组织成员国总理第三次会议在吉尔吉斯斯坦首都比什凯克举行。会议发表了联合公报,并通过了《关于〈上海合作组织成员国多边经贸合作纲要〉落实措施计划》等9个决议。②

2006年6月15日,上合组织元首理事会第六次峰会在上海举行。签署了《上海合作组织银行联合体成员行关于支持区域经济合作的行动纲要》等10个文件。③

2012年6月和2015年7月,上合成员国元首理事会相继签署和批准了《上海合作组织中期发展战略规划》的决议和《上海合作组织至2025年发展战略》,确立了上合组织中期和未来10年发展目标和任务,具体规划了各成员国在政治、安全、经贸、人文、媒体交流和对外交往等方面的未来合作。2015年12月,为了进一步深化各成员国在乌法峰会上达成的共识,上合组织成员国总理理事会第十四次会议发表了《上海合作组织成员国政府首脑关于区域经济合作的声明》。④

近18年来的实践进一步证明,乌兹别克斯坦与中国等成员国一起,在经济领域积极落实《上海合作组织长期多边经贸合作纲要》等内容,在金融、交通、科技、能源、农业、海关等领域全面合作,为推进亚欧区域内贸易投资便利化,逐步实现商品、资本、服务和技术的自由流通奠定了良好的基础。

2. "丝绸之路经济带"建设

"一带一路"倡议是中国根据古丝绸之路的宝贵启示,为世界提供的促进共同繁荣发展的方案。自2013年提出以来,乌兹别克斯坦积极参与"一带一路"建设,并使之成为中乌合作的亮点和主线。⑤ 经过双

① 《上海合作组织历次总理会议》,载 http://news.sohu.com/2006-05-16/n243248776.shtml。

② 同上。

③ 《第六届上海合作组织峰会》,载 http://edu.qq.com/a/2006-10-19/000227.htm。

④ 《上合组织15年飞速发展取得突破性进展》,载 http://www.legaldaily.com.cn/commentary/content/2016-06-24/content_6686790.htm?node=34251。

⑤ 乌兹别克斯坦原总统卡里莫夫明确表示:"乌方愿积极参与建设丝绸之路经济带,促进经贸往来和互联互通,把乌兹别克斯坦的发展同中国的繁荣更紧密联系在一起。"参见《乌兹别克斯坦在"上合"和"一带一路"建设中的作用》,载 http://mt.sohu.com/2016-06-22/n455772836.shtml。

方近几年来的共同努力，双方经贸合作成果显著。双方不仅合作机制日益完善，签署了《关于在落实建设“丝绸之路经济带”倡议框架下扩大互利经贸合作的议定书》《亚洲基础设施投资银行协定》等具有指导性意义的经贸合作文件，而且合作的规模不断扩大，涵盖能源、交通、化工、高技术等各个领域。其中，乌兹别克斯坦在“丝绸之路经济带”建设中将担负起交通枢纽、能源大通道、农产品生产和加工、旅游以及飞机、汽车、药品等重要工业品的生产与供应。截至2017年中乌双边的贸易额已达50亿美元以上。①

三、中乌经贸法律关系存在的问题及对策建议

（一）存在的问题

自中乌建交以来，中乌之间的经贸合作始终是中国政府高度重视的重要领域。在近20年来的双边经贸合作中，两国也取得了巨大的成绩，然而作为一个刚独立不久的发展中国家，乌兹别克斯坦在制度、投资环境等方面还存在许多不完善的因素，因此在双边经贸法律关系中依然存在如下几个方面的问题：

1. 在立法和执法方面，存在法治“壁垒”

经贸合作的顺利开展离不开相应法律制度的规定和完善。经贸合作涉及的法律制度内容相当广泛，涉及经贸法律关系主体、经贸法律关系客体和经贸法律关系内容等。其中，经贸法律关系的主体涉及经贸法律主体的保护、投资者的权益、劳动力的使用等；经贸法律关系的客体涉及资源利用、投资保护、产品质量等；经贸法律关系的内容涉及关税、许可证、配额、外汇管理、商检、保险以及有关保护竞争、反垄断及不公平贸易等。自独立以来，尽管乌兹别克斯坦一直在努力完善相关法制，不断改善发展环境，并在利用外资方面给予外资企业税收及各种费用征收等方面的优惠政策与金融支持。然而在实际执行过程中基于种种原因，经贸法律关系主体的权利时常得不到实现，投资者的减免税费政策在具体执行过程中也经常不能兑现，在执法过程中甚至会出现针对投资者的罚款、毁约、逼税等事件。

---

① 《乌兹别克斯坦总统访问中国》，载 http://uz. mofcom. gov. cn/article/ztdy/201705/20170502574561. shtml。

2. 在贸易便利化方面,存在较多的非关税壁垒

非关税壁垒是相对于关税而言的,具体是指一个国家或地区在限制进口方面所采取的除关税以外的所有措施。非关税壁垒的形式多种多样,主要包括通关环节壁垒、进口税费、进口禁令、进口许可、技术性贸易壁垒、卫生与植物卫生措施、贸易救济措施、进口产品歧视、出口限制、补贴、服务贸易、知识产权措施和其他壁垒等。根据近几年来中乌经贸法律关系的实践及相关的问卷调查显示,中乌之间乃至上合组织各成员国之间在海关程序、标准一致化、商务流动和监管环境四个方面都不同程度地存在各种各样的非关税壁垒。[①] 这些非关税壁垒如果不能得到及时解决,势必会对中乌之间经贸法律关系的发展产生非常大的阻碍和影响。

3. 在具体实践中,法律制度层面的合作相对滞后

自中乌正式建立外交关系以来,双方在经贸合作领域先后制定了一系列经贸合作的纲领性文件,如《上海合作组织多边成员国经贸合作纲要》《"上海合作组织多边成员国经贸合作纲要"实施措施计划》等,并在具体的经贸合作中取得了巨大的成绩,然而在具体实践中,两国之间的经贸往来主要集中于宏观层面的合作,在通关、关税减让、检验检疫、服务贸易、资格互认等微观层面具体法律问题的合作相对比较滞后。这种相对滞后的法律制度必然会不利于双方经贸法律关系的发展。

4. 投资法律环境相对较差,政治风险较大

投资法律环境是指投资经营者的客观条件。其具体内容包括:政治因素,如国家和社会是否安定,投资的风险程度等;资源因素,如资源的蕴藏量、开发水平和利用程度等;市场因素,如市场构成及其容量,人民消费能力及消费习惯等;资金因素,如资金来源及途径等;劳动力因素,如劳动者的数量及素质等;其他因素,如管理水平、对先进技术的吸收能力等。

就中乌之间的经贸关系而言,尽管中国对乌兹别克斯坦投资的发展蕴藏着巨大的潜力,但在乌兹别克斯坦投资法律环境方面,中国企业

---

① 吴宏伟:《中国与乌兹别克斯坦经贸合作:成绩与问题》,载《俄罗斯中亚东欧市场》2006 年第 5 期。

在与之进行经贸合作的过程中仍不同程度地遭遇歧视性法律和政策待遇,其中最突出的问题是立法滞后,经贸法律制度不健全,政策干预的随意性大。特别是乌兹别克斯坦等中亚各国普遍采用威权政治体制,政局变动时有发生。此外,东突等"三股势力"在中亚地区十分活跃。"三股势力"的活动不仅对中乌两国的安全构成了巨大的威胁,而且对经贸和投资者的决策及投资环境的稳定造成了较大的影响。

5. 双边贸易结构失衡,关税水平差异较大

贸易结构是指在一定时期内贸易的构成情况。贸易结构有广义和狭义之分。广义的贸易结构包括货物贸易和服务贸易;狭义的贸易结构主要是指一定时期内货物贸易中各种商品的构成情况。此处的中乌贸易结构主要是狭义上的。在中乌双方的贸易结构方面,两者并不均衡,其主要表现为中乌双方的商品结构旨在满足上下游产业链需求的"垂直型"互补,而不是为了满足不同品种和偏好的"水平型"互补。比如,中国进口的乌兹别克斯坦产品主要集中在石油、天然气等燃料能源产品,有色金属等自然资源产品,以及棉花、肥料、植物材料等原材料农产品;而出口乌兹别克斯坦的产品则以服装、鞋靴、运输设备、机电产品和精密仪器等劳动和技术密集型产品为主。

在关税税率方面,中乌两国之间也存在较大的差异。相比较而言,中国的平均进口关税税率要低于乌兹别克斯坦的平均进口关税税率。据相关资料统计,中国加入世贸组织时所做的降税承诺已于2010年全部履行完毕。截至2016年1月1日,中国加权平均进口关税税率总水平为9.8%。其中,工业品平均税率为8.9%,农产品平均税率为15.1%。

乌兹别克斯坦自从向世贸组织提交加入申请后,于2005年11月1日起实行新的关税税率表,当时的加权平均进口关税税率为14.6%。此后,乌兹别克斯坦又多次修正,最近一次修订的税率表于2015年9月1日起正式实施,目的是扩大出口,限制进口(尤其是农产品、矿产品和纺织品税率普遍高),因此进口关税税率有较大提高,大部分进口关税税率为5%、10%或30%(10%和30%居多),另有部分商品采用复合税,同时,部分商品(主要是食品和轻工产品)的进口消费税也相应地提高。新关税的加权平均进口税率为26.19%,其中农产品25.74%,工

业品 27.48% 。[①]

(二)对策建议

1. 不断完善对外经贸法律制度,为双边经贸合作营造良好的法治环境

对外经贸法律制度的宗旨是通过发展对外经贸、投资和服务,维护对外经贸合作的发展秩序,保护国内产业安全,从而实现一国经济稳定、快速的发展。在中国和乌兹别克斯坦双边经贸合作中,由于两国共同参与的区域经济合作组织相对比较松散,相关制度建设的推进比较缓慢,其制度建设的国际化程度方面也必然相对较低。因此,在跨国贸易与国际投资飞速发展的今天,为了确保两国相互之间的经贸合作能够顺利、有序地开展,必须不断完善相关对外经贸法律制度,进一步明确两国之间的权利、义务关系。只有这样,才能创造良好的法治环境,为区域内国际经贸合作的开展保驾护航。根据欧盟、北美自由贸易区和东盟等国际经贸合作法律制度建设的经验,在中乌经贸合作中,有学者建议,我们应当“创设由中国主导的国际组织,并构建一个以国际贸易规则、投资规则和争端解决规则为核心的国际条约体系,使其成为国际贸易投资法的规则,这对于我国保障海外投资,推进‘一带一路’建设具有重大意义”[②]。

2. 加快推进双边贸易协定制度层面的合作

双边贸易协定制度层面的合作对中乌两国经贸法律关系的发展具有十分重要的作用。然而就目前而言,中国与乌兹别克斯坦在双边贸易协定制度层面的合作依然存在很多问题,主要表现为:边境贸易秩序不规范,海关运作效率偏低,关税壁垒较高,贸易投资企业利益受到非法侵害的事件频频发生,自然人流动受到较大的限制等。所有这些都严重制约了中国与乌兹别克斯坦等中亚国家贸易的健康发展。针对上述存在的这些问题,有关研究专家建议,“中国应加快推进和乌兹别克斯坦等中亚各国在海关管理、检验检疫、签证颁发、资格互认以及边境贸易管理领域的制度性合作,在此基础上逐渐降低各类关税和非关税

---

① 张宁:《上海合作组织自贸区的可能性分析》,载《辽宁大学学报》(哲学社会科学版)2017 年第 4 期。

② 魏哲哲、倪弋:《用法律语言共商,靠法律制度共建,让法治保障共赢》,载《人民日报》2017 年 5 月 10 日。

壁垒,实现上合组织所提出的在2020年之前建成自由贸易区的目标"①。

3. 充分利用乌兹别克斯坦相关政策和法律文件,维护中资企业的合法权益

近年来,为了引进外资,进一步推动中乌两国经济的迅速发展,中国和乌兹别克斯坦先后签订了大量的有关投资合作领域的法律文件,如《中华人民共和国政府和乌兹别克斯坦共和国政府经济技术合作协定》《中华人民共和国政府和乌兹别克斯坦共和国政府关于鼓励和相互保护投资协定》《中华人民共和国政府和乌兹别克斯坦共和国政府关于对所得避免双重征税和防止偷漏税的协定》《中国石油天然气集团公司与乌兹别克斯坦国家石油天然气公司在石油天然气领域开展互惠合作的协议》《中华人民共和国和乌兹别克斯坦共和国关于海关互助的协定》《中华人民共和国政府向乌兹别克斯坦共和国政府提供优惠贷款的框架协议》《中华人民共和国政府和乌兹别克斯坦共和国政府扩大经济贸易、投资和金融合作备忘录》等。然而,中资企业在乌兹别克斯坦投资的过程中,经常会遇到一些不安全的因素,如汇率变化、外汇管制、政策变更、企业拖欠、执法不严等。这些不安全的因素势必会对中资企业带来很大的影响。因此,为了维护应得的合法权益,中资企业需要充分利用乌兹别克斯坦提供的各项优惠政策及中乌两国所签署的相关法律文件。只有这样,中乌两国的经贸合作法律关系方能得以顺利开展。

4. 重视国际法的相关规定,建立在乌投资者的法律保护体系

国际法是在国际交往过程中形成的,并经各国协议所公认,主要用来调整国家之间关系且具有约束力的原则、规则、规章和制度,也是一个国家在国际交往中所应当遵守的行为规范。在中乌经贸合作过程中,为了维护我国在乌兹别克斯坦投资的企业及其员工人身和财产的安全,我们必须重视根据国际法的相关规定,加强开展有关中国企业与员工及其机构的海外安全预防和事后救济的立法工作,完善相关法律保护制度。同时,要进一步建立健全国内及相关企业的保障机构,为中国在乌兹别克斯坦投资的企业及其工作人员提供充分的组织保障。此

① 李大伟:《中国中亚经贸合作现状及问题》,载 https://wenku.baidu.com/view/af3b9a46b52acfc788ebc947.html,访问日期:2014年4月7日。

外,我国政府有必要对政府各部门、各驻外机构和各行业协会进行有机整合,形成一个系统性的海外利益保护框架,使中国企业和公民在开展对外投资活动时,无论是在投资前的风险评估及风险预警方面,还是在投资受损后的利益保护方面,都可以从中获得帮助。

Analysis on Economic and Trade Legal Relations between China and Uzbekistan

Zhan Maohua

Abstract: There is a long history about the economic and trade legal relations between China and Uzbekistan. It can be traced back to the Han Dynasty more than two thousand years ago. Through the development of various dynasties, the economic and trade legal relations between the two countries have been perfected so far. In addition to the corresponding economic and trade legal principles, a series of economic and trade legal documents have been formulated, which lays a good foundation for the development of the economic and trade legal relations between the two countries. However, because of their national conditions and the characteristics of historical development, the economic and trade legal relations of the two countries still have some problems, such as the "barrier" in the rule of law and law enforcement, the relative lag in the cooperation level of the legal system, and the urgent improvement of the legal environment of investment. Therefore, the two sides need to continue to improve the economic and trade legal norms with each other, to further accelerate the system level of cooperation and to establish a legal protection system for investors.

Keywords: China; Uzbekistan; Economic and Trade; Legal Relations

财政宪法学视角下中国与塔吉克斯坦税收法律原则的比较分析

李　晶*

内容摘要：税收法定原则与税收公平原则是现代税法的两大基石，是现代财政宪法国家的必然要求。无论是中国还是塔吉克斯坦都通过立法确认了以上两个原则，充分体现出财政宪法视角下对征税权的控制、对纳税人权利的保障，进而有助于实现整个社会的繁荣与公平。因此，研究税收成为财政宪法学研究的逻辑起点，研究税收法定原则与税收公平原则成为研究税法的基石。中塔两国多年对税收法定原则和税收公平原则的实施，既在不断追求国家征税权与纳税人权利之间的动态平衡，也在切实实现社会公平之间不断汲取力量，为推动本国财税体制改革、实现现代法治国家而不断努力。

关键词：财政宪法；税收公平；税收法定；国家财政权；纳税人权利

绪论

中国和塔吉克斯坦都是上海合作组织的成员国，为了实现彼此的互相信任与睦邻友好，开展在经济等领域的有效合作，有必要研究两国的政治、法律和经济等领

---

* 作者简介：李晶，上海交通大学凯原法学院2016级博士研究生。

域的差异,其中税收法律作为调节国家财政权与纳税人财产权关系的专门法律,对两国的经济往来将产生直接的影响。此外,塔吉克斯坦还是首批签署《共同推进丝绸之路经济带建设的谅解备忘录》的国家之一,"一带一路"为中国和塔吉克斯坦的经济发展提供新的合作平台。那么,研究税收法律制度将成为两国有效经济往来的重要任务之一。一国的税收法律固然重要,但不可避免地会随着一国的经济发展、国家政策变化而发生变化,为了更好地反映中国与塔吉克斯坦的税收法律的差异,本文选取作为指导税收法律制定、修改和废止的内涵较为稳定的税收法律原则作为比较对象。当然,本文亦深知国家国情的不同,其制定的法律制度必然会有所差异,对中国和塔吉克斯坦税收法律原则的研究皆是"从本国法律文化的实际出发所进行的研究,由于提供了局部真理,功不可没。然而,正是由于所提供的只是局部真理,也就有天然的局限性,难免'坐井观天'之失"[①]。本文之所以仍然进行两国税收法律原则的比较研究,一是为了本国推进财税体制改革过程中能够更好地吸收优秀经验;二是为了诸如上海合作组织等政府间国际组织成员国法律文化的进步。

从税收的角度作为本文的比较研究对象,还有一个重要考量,便是税收是财政宪法学研究的逻辑起点。顾名思义,"财政宪法"包含两个核心概念:一是宪法,二是公共财政。一国公共财政的主要来源为税收。对税收的规定是一国宪法必不可少的内容,如我国宪法和塔吉克斯坦宪法都将依法纳税规定为公民的基本义务。[②] 税收不只为国家提供了绝大多数的公共财政收入,是国家权力机关运作必不可少的财政保障,也是国家保民生、惠民生的财政来源;税收还是与公民财产权利直接发生联系的法定途径。正如马克思所指出的,"公民向国家缴纳的税款是一国政府机器正常运行的经济基础,是一国存在的重要经济体现"[③]。因此,可以说公共财政既有国家财政权的内容,也有公民财产权利的内容,二者只是一个问题的两个方面:一方面公民主动将自己财产

---

① 倪正茂:《比较法学探析》,中国法制出版社 2006 年版,第 61 页。

② 《中华人民共和国宪法》第 56 条规定:"中华人民共和国公民有依照法律纳税的义务。"《塔吉克斯坦共和国宪法》第 45 条第 1 款规定:"依照法律缴纳税款是每个人的义务。"

③ 中共中央马克思恩格斯列宁斯大林著作编译局编译:《马克思恩格斯全集》(第 21 卷),人民日报出版社 2006 年版,第 195 页。

的一部分上交给国家,以支持国家持续稳定有序地运行;国家运用公共财政一方面支持国家机关的有效运作,另一方面通过公共财政收入实施公共服务、公共福利。国家通过宪法来确认和保障这个封闭循环的健康持续运行,通过宪法、法律确定具体的税收制度将公民财产权与国家财政权有效衔接。易言之,“财政宪法”既有“静”的一面,即要有宪法及相关法律对财政制度的明确规定,包括对国家权力运行和约束的规定;“财政宪法”还有“动”的一面,即要运用宪法中的精神和规则来限制政府的公共财政,保障纳税人的基本权利以及公民的生存发展权。

最后,也是最重要的一点,当前研究税收制度无论对中国来说,还是对塔吉克斯坦而言都是形势所需。在中国,中国共产党第十八次全国代表大会明确表明中国要开启新一轮的财税体制改革,“通过健全中央和地方财力与事权相匹配的体制,形成有利于结构优化、社会公平的税收制度”。中国共产党十八届三中全会决定首次提出“落实税收法定原则”,使税收法定原则更加深入人心;确定财税体制“三大改革”分别是改进预算管理制度、完善税收制度和建立事权和支出责任相适应的财政制度。中国共产党十八届四中全会决定提出要“做到重大改革于法有据、立法主动适应改革和经济社会发展需要”,财税体制改革要于法有据,财税领域成为重点立法领域之一。财税体制改革最终的目的就是要实现中国共产党第十九次代表大会报告中所提出的“不断促进人的全面发展、全体人民共同富裕”,通过国家税收制度来实现保障基本人权的目的。塔吉克斯坦现行有效的税法是2012年9月颁布、2013年1月1日实施的,但是根据2016年塔吉克斯坦财政部新闻,塔吉克斯坦正在对税法进行修正和补充,①研究税收法律原则依然可以对税法的修改以及今后税法的实施产生重要影响。

本文将从中国和塔吉克斯坦的税收法定原则、税收公平原则等进行比较分析,探寻其中的相似点与差异点,为中国和塔吉克斯坦的经济往来找到理论支撑点,要知道中国对塔吉克斯坦的投资占进入塔吉克

① 《塔吉克斯坦政府正在审议重新修订税法》,资料来源:中华人民共和国驻塔吉克斯坦大使馆经济商务参赞处2016年3月2日,载 http://tj.mofcom.gov.cn/article/ddfg/tzzhch/201603/20160301266901.shtml,访问日期:2018年1月23日。

斯坦境内的全部外国资本的47.3%,[①]了解两国税收法律原则的差异是保护中国投资、促进两国良性交往的前提。

一、税收法定原则:规范国家财政权与保障纳税人权利

税收法定原则是税法上的“帝王原则”,是现代国家税法所具备的基本原则,充分体现宪制的基本精神,即限制和规范国家征税权、保护纳税人权利。税收法定原则,从根本上说,规范和控制国家的征税权是其核心要义。在强调现代“税收国家”的背景下,国家课税权正当化的伦理基础少不了税收法定。[②] 之所以说税收法定原则是税法体系的“帝王原则”、首要原则,是因为只有法律才可以成为政府征税的依据,一方面可控制和规范政府的税收行为,防止其运用公权力随意侵犯公民的财产权利;另一方面也可让公民明确地知道只有法律才可规定其何时成为纳税人、依据何种标准缴纳税款。税收公平原则也是税法体系中的基本原则,但是“在税法适用中,如法律已有规定,税收公平原则就必须服从于税收法定原则,仅在条文无法直接涵盖而须进行目的解释时,方有税收公平原则之适用空间”。[③] 税收是关系到国家征税权与纳税人权利的国家制度,因此要严格依照法律规定进行。如在法律没有明确规定的情况下,可依据税收公平原则进行合理解释,以确保国家征税权的有效行使、纳税人权利的有效保障。

中国和塔吉克斯坦都是单一制民主法治国家,依据宪法制定了与本国法律体系相协调、符合本国经济发展的税法。但因二者国情不同,税法所采用的立法例也不尽相同。中国并没有统一的税法,而是由《中华人民共和国个人所得税法》《中华人民共和国车船税法》《中华人民共和国企业所得税法》《中华人民共和国税收征收管理法》等构成,共同调整我国的税收法律关系;而塔吉克斯坦有统一的税法,但是该统一的税法却历经多次修改,从塔吉克斯坦1994年独立制定税法后,分别于1998年、2004年、2012年进行了修改,目前也在准备修改2013年实施

① 《中国对塔(吉克斯坦)投资占塔(吉克斯坦)吸引外资总额47.3%》,资料来源:中华人民共和国驻塔吉克斯坦大使馆经济商务参赞处2018年1月5日,载http://tj.mofcom.gov.cn/article/jmxw/201801/20180102694653.shtml,访问日期:2018年4月10日。

② 刘剑文:《落实税收法定原则的现实路径》,载《政法论坛》2015年第3期。

③ 同上。

的税法。虽然两国拥有不同的税收法律体系,但都明确规定了税收法定原则。确保该原则在税收实践中得到充分体现,两国都进行了多次的税收体制改革以不断适应本国法治和经济的发展。

(一)中国正积极落实税收法定原则

税收法定首先是税收宪定。税收法定原则要求在税法适用中要严格依照法律的规定,而国家的根本大法是宪法。税收宪定是税收法定的应有之义,这在中国和塔吉克斯坦宪法和税法中均有明确体现。《中华人民共和国宪法》只在"公民的基本权利和义务"一章的第 56 条规定"中华人民共和国公民有依照法律纳税的义务",主要是从公民的角度来强调所承担的纳税义务,并没有明确完整地体现出税收法定原则。有学者认为无论从文义解释还是体系解释都难以在宪法上为税收法定主义正名,采用目的解释更为妥当。本文对此表示赞同。宪法的目的始终在于规范国家权力保护公民基本权利,税收领域也不例外,也只有从这个角度才能正确理解如何对税收进行法律规范。[①] 此外,2015 年修订后的《中华人民共和国立法法》第 8 条明确规定"税种的设立、税率的确定和税收征收管理等税收基本制度只能制定法律"。2015 年全国人大常委会法工委牵头起草并经中国共产党党中央审议通过的《贯彻落实税收法定原则的实施意见》中明确开征新税应当通过全国人大及其常委会制定税收法律、对现行税收条例修改上升为法律或者废止等方面均作了说明,为 2020 年前的税收立法指明了方向。税收法定原则将随着中国共产党第十九次全国代表大会报告提出的"深化税收制度改革,健全地方税体系"而不断丰富。

权利(力)义务统一是税收法定的首要表现。无论是政府还是纳税人,都有各自的权利(力)和义务,政府拥有征税的权力,纳税人负有纳税的义务;纳税人享有要求、监督政府提供一定形式、一定程度的公共产品的权利,政府则负有提供该公共产品的义务。[②] 中国税收秉持着"取之于民,用之于民"的原则,公民有纳税的义务,也有从国家获得公共服务、社会福利的权利,如《中华人民共和国宪法》第 45 条规定了公民的获得物质帮助权。新中国成立以来,公民的纳税义务也并不是一

---

① 刘剑文、熊伟:《财政税收法》,法律出版社 2017 年版,第 177 页。

② 李森、刘亚林:《税收公平新论》,载《税务研究》2016 年第 1 期。

直都存在的。中国1954年宪法规定了公民的纳税义务,[①]但是1975年和1978年宪法均取消了这一义务,后于1982年宪法恢复。根据中国税收法律规定,纳税人的权利有知情权、保密权、税收监督权、委托税务代理权、税收法律救济权等,纳税人的义务有依法进行税务登记、按时缴纳税款的义务、接受依法检查的义务等。在税收法律关系基本当事人中,除纳税人之外,最为重要的主体就是税务机关。2018年3月13日第十三届全国人民代表大会第一次会议上国务委员王勇作出了《关于国务院机构改革方案的说明》,其中说明了将省级和省级以下国税地税机构合并,实行以国家税务总局为主与省(区、市)人民政府双重领导管理体制。自此,中国的税务机关在数量上大幅度减少,职能也会有进一步地整合。毋庸讳言,税务机关的职权在整体上不会发生重大改变,依然包括但不限于税务管理权、征收权、检查权等,职责有依法征税、保密、依法办理税收优惠等。

税收法定的根本宗旨在于尊重和保护纳税人的权利。从财政宪法学的角度来看,宪法是立宪者意志的体现;而就其更深层次的本质而言,宪法最终体现的是全体纳税人的意志。[②] 中国税法对纳税人权利的保护散见于税收实体法与税收程序法中,经归纳分析不难看出,纳税人的权利主要包括如下类型:一是纳税人的选举权,这是纳税人的基本政治权利,正如西方法谚所言“无代表不纳税”,纳税人有权选举自己的代表来表达利益诉求与权益保障。当然,纳税人的选举权需要纳税人同时享有相应的人身权利和财产权利,即纳税人的选举权不是孤立的。二是纳税人的知情权,这也是纳税人依法纳税所应该拥有的权利,既要保障纳税人纳税所需材料、程序等的知情权,也要保障纳税人对财税收支情况的知情权。三是纳税人的权利救济权,包括申诉、起诉和举报。纳税人在权利受到侵犯或者认为税务机关等国家机关侵犯了其合法权益时,可以申诉、起诉;发现税务机关等国家机关在履行税收职能过程中有违法行为,也可举报。四是纳税人的社会保障权,这是宪法中明确规定的公民的基本权利,是保障纳税人在年老、疾病、丧失劳动能力时

---

① 《中华人民共和国宪法》(1954年)第56条规定了公民的纳税义务:“中华人民共和国公民有依照法律纳税的义务。”

② 周刚志:《财政宪法学初论》,载《厦门大学学报》(哲学社会科学版)2005年第2期。

有从国家获得物质生活保障的权利,也是从另一个角度体现了国家征税的公平正义,是国家征税的重要目的之一。此外,对于税务代理人的规定,中国税法仅在《中华人民共和国税收征收管理法》第89条规定"纳税人、扣缴义务人可以委托税务代理人代为办理税务事宜",并由国家税务总局制定的《税务代理试行办法》具体规定。从立法体例来看,中国税法对税务代理人的规定略显不足。

税收法定思想的核心要求是保证税法体系的统一性。税收法定原则的核心便在于"依法"。"依法"至少包括三层含义:一是立法机关进行立法时,要严格依照宪法和法律的规定进行;二是税务机关要依法征税,纳税人要依法纳税;三是纳税人只依照税法明确规定的权利义务行事,税法未明确规定的义务,可拒绝履行。中国和塔吉克斯坦税法立法例并不相同,所以税收法定原则在税法体系中贯彻的程度不尽相同。中国并无统一的税法,而是由税收实体法和税收程序法组成。根据中国法律体系之间的位阶关系,除了税收法律(狭义),如《中华人民共和国个人所得税法》《中华人民共和国企业所得税法》等,还有行政法规,即如上法律的实施细则,还有部门规章等。税收法定原则将在如上税收法律体系中发挥凝聚力作用,以保证税法体系的统一性。每一级别的税法立法主体严格遵循税收法定原则以确保税法之间的统一性和协调性,而不是靠在法律文件中写明"依据某法,制定本法"即可表明本法对税收法定原则的贯彻。

(二)塔吉克斯坦持续完善税收法定原则

税收法定首先是税收宪定,塔吉克斯坦对税收法定原则的确立与中国大体相同,即在《塔吉克斯坦共和国宪法》"人和公民的权利、自由和基本义务"一章中明确规定"依照法律缴纳税款是每个人的义务",也没有完整体现出税收法定原则,但从"依照法律缴纳税款"仍可解释出该原则。《塔吉克斯坦共和国税法》是塔吉克斯坦调节税收关系的唯一的税收法典,共有18章329条,较为全面地规定了不同税种下纳税人和税务机关的权利(权力)义务,以及法律责任和权利救济等,体现了塔吉克斯坦较为高超的立法技术和立法水平。该税法典明确贯彻了税收法定原则,在第2条就规定了"塔吉克斯坦共和国税法依据塔吉克斯坦宪法制定",体现了税收法定首先是税收宪定。此外,税收法定原则的"法"取狭义解,一是在不同法律对同一税收关系有规定时,以该税法典为准;“如果本法典(税法典)未作其他规定,则其概念和术语意义应为原法中此概念和术语的意义。”二是该法典规定与其他规范性文件冲突时,“征税时应依照本法典(税法典)规定”。三是涉及税收基本制度的“立改废”也要严格依照法定程序进行,并体现在税法典中,即“新税款的确定、已定税款的修正或取消,应依照塔吉克斯坦共和国政府立法提案权程序,记入本法典及(或)本法典第二条第4款规定的法律修正书和补充书”。上文提及的塔吉克斯坦正在进行的税法典的修改也要遵循如上规定,以充分贯彻税收法定原则。

塔吉克斯坦自1994年制定宪法时就明确将公民依法缴纳税款作为一项基本义务,并在1999年、2003年和2016年对宪法进行修改时始终保留该义务。这一点与中国不同。根据塔吉克斯坦税法典的规定,纳税人的权利有知情权、委托税务代理权、保密权、申诉权、税收优惠权等,纳税人有依法进行税务登记、接受依法检查的义务等。征税机关的职权有依法进行税务审计、没收违法行为相关的材料、评估确定纳税金额、采取税收制裁措施等,职责有保护纳税人合法权益不受侵犯、及时办理纳税人登记、编制税收收入报告等。[①] 以上,中国和塔吉克斯坦税法对税收法律关系当事人权利义务的规定大体相同,都体现了本国税收法定原则中如何控制和规范征税权、保护纳税人权利,具体通过税收法律关系当事人之间的权利义务关系表现出来。如果说控制和规范征税权、保护纳税人权利是税收法定原则的“魂”,那么权利义务就是税收法定原则的“形”。

税收法定原则的根本宗旨在于尊重和保护纳税人的权利。塔吉克斯坦现行税法作为调节税收实体法律关系和税收程序法律关系的基本法,调节税款和其他缴纳财政款项的确定、修正、取消、计算、缴纳程序之间的权利分配,以及国家与纳税人(税务机构)之间的相关关系(税务关系),并不断完善税收制度,为纳税人提供更多的优惠。[②] 塔吉克斯坦税法的频繁修订,无外乎是通过法定的渠道为纳税人减负,减少所需纳税的种类以及对个别税种进行补贴,从而更加尊重和保护纳税人的权利。塔吉克斯坦税法典将纳税人与税务代理人的权利义务一并规

---

① 马荣幸:《中亚五国税收法律概论》,知识产权出版社2012年版,第115~118页。

② 倪正茂、李晶:《走向法治的塔吉克斯坦》,法律出版社2017年版,第189页。

定,这一规定与中国不同。毋庸置疑的是,对税捐申报、救济有关程序设立专业代理人,以协助纳税义务人(个人以及企业)依法履行纳税义务并保障其应有的权利,乃为世界各先进国家所普遍采行。据此,不仅可避免纳税义务人不谙税法而遭受处罚或其他损失,并能积极保障纳税义务人应享有之权利,且利用税务代理人丰富的专业知识,代理处理各项纳税事务,提高各种申报、申请、救济案件的正确性,并能减少稽征机关的审查工作,提高稽征效率,并使"宪法"上依法纳税原则得以在税法实务中实现。[①] 与上文介绍的中国纳税人所享有的权利大致相同,塔吉克斯坦共和国纳税人的权利主要包括选举权、知情权、保守秘密权、申诉权等。

与中国相反,塔吉克斯坦具有统一的税法典,一部税法典将税收实体法和程序法都囊括其中。税收法定原则在这部税法典中的作用在于确保整部法律内部能够协调统一,理顺不同纳税主体的纳税权利义务,征税机关及相关机关的职权职责,法律责任和权利救济等规定,这的确可以体现出塔吉克斯坦立法机关高超的立法技术和法律素养。此外,对于与税法相关的规范性文件,税法典明确规定"如果本法典规定与其他规范性文件之间发生冲突,则征税时应依照本法典规定。规范性文件涉及征税问题时应与本法典的规定相一致"。该法条通过规定法律体系之间的不冲突、不抵触,以保障税法体系之间的一致性,充分体现了税收法定思想。

二、税收公平原则:兼顾纳税人与税务机关

税收公平原则,是税法领域中另一个重要的基本原则。传统税法理论中,西方学者针对税收公平问题主要提出三种理论渊源,分别是税收利益说、税收能力说、税收牺牲说。在不同的历史阶段,以上三种理论渊源均发挥了重要作用,也随着经济社会发展、人们的权利意识觉醒、国家经济结构调整,内容不断丰富和拓展。正如有学者指出,衡量税收公平的标准往往是多维的。根据税收过程的不同,税收公平包括起点公平、受益公平和结果公平。[②] 在税收法律关系的不同阶段、发生

---

① 葛克昌、陈清秀:《税务代理与纳税人权利》,北京大学出版社2005年版,第1页。

② 许建国:《税收公平问题的理论渊源与现实思考》,载《税务研究》2017年第5期。

何种税收法律关系、采用何种征税方式,应该根据各自的特点来选择相应的税收公平理论的一种或几种,真正让公平体现在税收法律关系中,不应拘泥于采用何种理论渊源作为唯一标准。不过,如上三种理论渊源侧重于从纳税人的角度出发来强调实现税收公平。在财政宪法学视角下,要兼顾国家的征税权与纳税人权利的公平,只从纳税人角度来看税收公平问题未免有失偏颇,难以窥探到税收法律关系的全貌。因此,本文认为有必要从广义的角度来解释税收公平,即从政府与纳税人的关系、从政府之间的关系和纳税人之间的关系来全面看待这个问题。①

在税收法律关系中,政府与纳税人是最主要的主体。双方具有不同的权利义务,双方权利的实现有赖于对方义务的履行。因此,双方合法、适当履行义务将有利于税收公平的实现,有利于实现双方的权利义务统一体的身份。② 对于中国和塔吉克斯坦而言,两国均为单一制国家,那么政府间税收公平具体在中央与地方政府之间、各地方政府之间的税收分配中体现。纳税人之间税收公平的实现,是税收公平原则的基本体现,也是狭义上税收公平原则的内容,也就是通常所说的“同等情况,同等对待”“不同情况,不同对待”,将政府作为统一调节公共产品分配的“大手”,来保证纳税人之间税收公平。但是,无论从纳税人在政府获得的公共产品和服务的满足程度来确定其税负还是从其支付能力的强弱来确定其税负,都较为片面,无法体现纳税人在市场经济条件下个体的差异性,那么也就无法确保真正实现税收公平。将纳税人税负的承担与其得到的公共产品的满足程度、国家根据税收收入结构来调整公共产品的供给以及考虑不同纳税人的个案情况,如通过社会保障制度来保障纳税人之间税收公平的实现。纳税人之间税收公平的实现就是实现人类公平正义的缩影。

(一)中国适时调整政策法律以促进税收公平

政府与纳税人之间税收公平的实现。从中国的税收实体法和税收程序法来看,立法主体的确关注政府与纳税人的权利和义务的统一,但是从《中华人民共和国税收征收管理法》的第一条立法目的不难看出,

① 李森、刘亚林:《税收公平新论》,载《税务研究》2016 年第 1 期。
② 同上。

中国的税法更倾向于关注政府筹集的税收收入,以及在此过程中对纳税人合法利益的保护,关注于国家经济和社会的发展。而对于税收收入的用途即支出则通过《中华人民共和国预算法》予以规定。《中华人民共和国预算法》在第一条立法目的中强调要规范政府的收支行为,强化预算约束,建立健全全面规范、公开透明的预算制度。对于政府的预算行为,强调透明公开,让每一个纳税人都能够监督政府的收支行为,以防止税收不公平。此外,政府作为拥有国家权力的一方,通过税收来承担国家责任。为了实现税收的公平,政府筹集的税收总量要与社会成员对公共产品的需求总量相对应,同时也要考虑税收安排结果。[①] 对于政府筹集的税收总量与社会成员对公共产品的需求总量之间的关系其实较难以量化,但是自中国共产党十七大就开始强调对民生的保障,也就是对公共产品的投入。到了中国共产党十九大,则强调共享社会发展成果,这一方面凸显出中国的税收结构逐渐在与公共对公共产品的利益分配结构中相匹配,另一方面也相应地凸显出“两个总量”之间的对应关系。正如有学者深刻地指出,“政府的事情,政府的职能,总要同财政上的钱联系在一起,总要靠财政上的钱去铺路”。[②]

政府间税收公平的实现。对于中国而言,中央与地方之间的关系最突出的表现就是如何分配相应的财权(主要表现为税收)与相应的事权(提供公共产品的范围和程度),这也是十八届三中全会提出的财税改革内容之一。《中华人民共和国预算法》明确规定中国实行一级政府一级预算,即中央预算,省级预算(包含省、自治区、直辖市),市级预算(包含设区市、自治州),县级预算(包含县、自治县、不设区的市、市辖区)和乡镇级预算(包含乡、民族乡、镇)五级预算。该法中规定了预算的“四本账”(一般公共预算、政府性基金预算、国有资本经营预算和社会保险基金预算),其中“一般公共预算是对以税收为主体的财政收入”(《中华人民共和国预算法》第6条),也就是本文所提到的实现政府间税收公平的主要途径。为了保障地方政府对当地公共产品的有效提供,该法规定了财政转移支付制度以保障中央对地方、地方上级

---

① 李森、刘亚林:《税收公平新论》,载《税务研究》2016年第1期。

② 高培勇:《财政与民生》(中国财政政策报告2007/2008),中国财政经济出版社2008年版,前言第1~2页。

政府对下级政府的转移支付以“均衡地区间基本财力、由下级政府统筹安排使用”。近些年中国各项制度的改革,无一不体现财政分权、财政转移。

纳税人之间税收公平的实现。纳税人之间税收公平的实现既要确定“同等情况、同等对待”,也要考虑“不同情况、不同对待”。前者所要实现的是形式意义上的税收公平,后者则是从实质意义上实现公平。对于中国而言,纳税人之间税收公平的实现和发展有赖于国家经济发展、物质生活水平提高以及纳税人普遍收入的提高。体现纳税人税收公平的重要法律可通过2011年6月30日颁布、同年9月1日施行的《个人所得税法》一窥究竟,其中个人工资、薪金所得的起征点规定在第6条,即3500元。中国个人所得税起征点自1980年经历了如下变化,不同时期的变化侧重点不同,或以实现形式主义税收公平为重点,或以实现实质主义税收公平为重点,或二者兼顾。首先是1980年正式开征个人所得税,这与中国改革开放有着直接关联,当时起征点为800元,但是由于当时本国公民能达到800元起征点标准的较少,于是1986年国务院出台了《中华人民共和国个人收入调节税暂行条例》,将本国公民的个人所得税起征点降至400元,而外国公民依然是800元。虽然看似是“同等情况、不同对待”有违税收公平,但考虑到本国公民和外国公民收入水平高低的不同而采取不同的征税标准,反而是体现了“不同情况、不同对待”。其次是2005年全国人大常委会在审议国务院提交的《个人所得税法修正案(草案)》之后,将个人所得税起征点调至1600元,历经25年个人所得税起征点上升了800元。该时期,主要反映的是与经济发展水平相适应的本国公民的“同等情况、同等对待”的形式公平。2011年全国人大常委会将个人所得税起征点调至3500元,这也是当前《个人所得税法》规定的起征点,起征点的变化再一次反映出中国改革开放三十余年的瞩目成就。2018年的政府工作报告中提出要提高个人所得税起征点,并通过修改《个人所得税法》落实税收法定原则,彰显纳税人之间的税收公平。

(二)塔吉克斯坦秉持财政民主实现税收公平

政府与纳税人之间税收公平的实现。塔吉克斯坦税法典在总则中就明确规定了“本法典调节税款和其他缴纳财政款项的确定、修正、取消、计算、缴纳程序之间的权利分配,以及国家与纳税人(税务机构)之间的相互关系(以下简称税务关系)”,明确强调政府与纳税人之间的关系,至少在形式上形成了权利义务统一体;第5条则进一步表明政府与纳税人之间在经济地位的平等性:“依照本法典计算所得的税款,对于国家来讲属于货币债务,应由国家财政进行支付”,申明了国家与纳税人之间是“债权债务关系”,在税收上国家与纳税人之间是平等的。该法条凸显了塔吉克斯坦实行财政民主,“提供好的公共服务是国家存在的唯一理由,在市场经济制度和民主制度下,纳税人是国家的主人,缴纳税收是作为购买政府公共服务的对价”,[①]亦即双方存在债权债务关系。值得注意的是,对价并不强调完全意义上的等价,只要是真实价值即可。[②] 在政府筹集的税收总量与社会成员对公共产品的需求总量的关系上,上文已提及,塔吉克斯坦每年都要从国外举借大量外债来发展本国经济,每年也要从预算中支取相当部分来偿还债务。这就属于政府筹集的税收总量小于社会成员对公共产品的需求总量,那么在政府与纳税人之间就产生了实质上的税收不公平。这样情形的发生不利于塔吉克斯坦国家经济的发展与社会秩序的稳定。但同时也要看到塔吉克斯坦为实现税收公平所做的努力,用公开预算的方式让纳税人可以看好政府的“钱袋子”,同时也有利于监督政府权力,防止腐败产生。

政府间税收公平的实现。对于塔吉克斯坦而言,行中央和地方分税制,规定了国家和地方可以征收的税的种类。国家税款上缴共和国财政,而地方税款则是上缴给地方财政。做此明确划分,则是确保中央和地方拥有足够的财税收入来提供公共产品。塔吉克斯坦也实行财政转移制度,即“国家税款将在共和国财政和地方财政之间进行分配,分配依据塔吉克斯坦共和国财政法进行。地方税款将进入相应的地方财政”,以此来保障地方财政对地方公共产品的提供,确保中央政府与地方政府、各地方政府之间的税收公平的实现。值得一提的是,塔吉克斯坦税法对划分国家税款和地方税款也作了特殊规定,即塔吉克斯坦财政法可以规定某个年份国家税款上缴给国家还是地方,在国家与地方

---

① 刘剑文:《强国之道——财税法治的破与立》,社会科学文献出版社2013年版,第75页。

② 同上书,第38页。

之间分配税收,以确保国家政府与地方政府税收公平。除了塔吉克斯坦国内政府间的税收公平,《塔吉克斯坦税法》也指出了国家政府间的税收公平,实则也是为了实现政府与纳税人之间的税收公平关系。《塔吉克斯坦税法》第16条规定了政府的投资方案,涉及的投资方案主体除了塔吉克斯坦政府和外国政府,也包括国内、国外和国际金融组织之间关于出资和资助的方案。该方案的推定也同样体现了纳税人之间税收公平的实现,即要采用税款优惠制度,以吸引投资。如《塔吉克斯坦矿业法》鼓励投资,规定投资者在勘探期间的费用可以享受关税5%~15%、增值税18%、利润税15%的减免政策。[①]《塔吉克斯坦税法》在此也规定了有利追溯原则——如果投资方案实施前纳税条件变差,那么仍然采用签订方案时的纳税条件,以最大限度地保护投资方的利益。在卷帙浩繁的《塔吉克斯坦税法》中规定了如何确保税收资源在政府间的有效分配,即通过构建税收的风险管理体系来保障更有效的资源分配,以及及时发现纳税违法行为。

纳税人之间税收公平的实现。《塔吉克斯坦共和国税法》规定了一般课税制度、专项课税制度和税款优惠制度,并专章对以上制度进行规定,采取了"不同情况、不同对待",以期在确保纳税人生产劳动积极性的基础上通过不同税收制度保证税收公平。居民社会保障机构必须定期按规定的程序向税务部门提供现有的、执行塔吉克斯坦税法所必需的信息资料,为民生所需与公共服务精准提供创造法定联系渠道。一般情况下,纳税人享有《塔吉克斯坦税法》和其他法律规定的权利,在权利受到侵害时有权通过行政申诉、法院起诉等方式维护自身权利和合法利益。塔吉克斯坦税法第103条体现了"同等情况、同等对待","不同情况、不同对待",即不超过个人扣除额的不应征收个人所得税;超过个人扣除额,但没有超过一定数额的收取一定税率的税款;超过个人扣除额且超过一定数额则按照另一税率进行收税。税款优惠规定同样彰显了兼顾鼓励、奖励、保证必要生活基础上的税收公平。税收优惠即是表明自然人的特定收入不该被征收个人所得税,实质更显对自然人的关怀。毋庸置疑的是,纳税人之间税收公平的保证依赖《塔吉克斯坦税

① 王洪峰:《塔吉克斯坦新矿业法定调"稳军心"》,载《中国矿业报》2010年11月20日,第A03版。

法》的烦琐复杂的程序。纳税程序的庞杂使得法典冗长,实践中塔吉克斯坦纳税人缴税耗时、耗力。[①]

三、结语:现代财政宪法国家治理与税法功能实现

宪法问题在本质上是一个“群己界限”的问题,即如何在政府的权力和个人的权利之间划界。这个界是否划好将直接关系到国家经济发展的好坏。[②] 税收法定原则和税收公平原则是现代税法的两大基石,与现代国家相伴相生,通过宪法制度厘定政府权力边界、明确公民基本权利受到保障,产生现代财政宪法观,并随着国家治理理念与税收观念的变化而不断适时调整。中国和塔吉克斯坦地处亚洲,同为单一制国家,无论是在地理上还是政治上都有着千丝万缕的联系,当今上海合作组织和“一带一路”的不断发展,更是加深了两国的政治、经济、文化的往来,其中最主要的方面便是双边贸易投资活动。尤其在近几年,二者对税法制度进行改革和调整,以调整“群己界限”来满足国内纳税人需求和国外纳税人的需求。从国家的角度、纳税人的角度来看待市场经济条件下两个现代国家的友好交往和共同发展,求同存异显得尤为重要,财政宪法视野下的税法原则为两国打开了进一步合作的平台。

在现代财政宪法国家治理历史背景下,落实税收法定原则、实现税收公平原则的过程,不只是法治理念在税收制度上的体现,更是一国宪法精神在国计民生领域中的有力彰显。不难看出,这也是现代税法应该有的功能。无论是中国还是塔吉克斯坦,或者是其他国家,税法在调整国家税收收入、保障纳税人权利、实现收入合理分配上都应该表现出蓬勃的生命力,实现本国经济的持续发展、国际经济活动的健康有序进行、纳税人更强的公共产品的获得感,进而实现国家的长治久安、国际的和平稳定,创造良好的经济、法治环境。

---

① 廉秀丽:《塔吉克斯坦税收法律制度研究》,新疆大学 2016 年硕士学位论文。

② 罗影、汪毅霖、朱成全:《布坎南宪政经济学思想研究》,东北财经大学出版社 2015 年版,前言第 4 页。

Comparative Analysis of Tax Law Principles between China and Tajikistan from the Perspective of Fiscal Constitutionalism

Li Jing

Abstract: The principle of tax legality and the principle of tax fairness are the two cornerstones of modern tax law, and are the inevitable requirements of modern financial constitution countries. Both China and Tajikistan have adopted legislation to confirm the two principles, which fully reflect the control of the power to taxation under the perspective of the financial constitution and the protection of the right of the taxpayers, and thus help to achieve the prosperity and fairness of the whole society. Therefore, the study of Taxation has become the logical starting point of the study of fiscal constitutionalism. The study of the principle of tax legality and the principle of fair taxation has become the cornerstone of the study of tax law. The implementation of the principle of tax legality and the principle of tax fairness between China and Tajikistan not only seek a dynamic balance between the tax power of the state and the right of the taxpayers, but also continue to draw strength between the real realization of social equity and push the reform of the national fiscal and tax system and strive for the realization of the modern law governing the country.

Keywords: Fiscal Constitution; Tax Fairness; Tax Legality; State Financial Power; Taxpayer's Rights

论中亚五国的民族构成及民族权利

王卫明　韩　枫　蒋　露*

内容摘要：中亚五国由于历史因素导致民族构成复杂，独立后的民族政策旨在通过强化主体民族地位实现民族复兴，从而在宪法和相关立法中有意突出主体民族地位，淡化对非主体民族权利的实质保障，导致民族问题日益锐化。在影响其国内政治稳定和经济发展的同时，也会对"一带一路"倡议的推进产生不利影响。

关键词：中亚五国；民族构成；民族权利

中亚地区与中国有着深厚的历史渊源，从古代丝绸之路到如今"21 世纪新丝绸之路"的建设，中亚地区都是重要的沿线国家，其发展直接关系着我国"一带一路"倡议的实施。中亚与中国都是多民族国家，但在民族政策的制定以及民族权利的规定上却有着明显的差异。作为多民族国家，民族间的关系对国家的政治、经济都将产生深远的影响。目前，中亚国家在民族权利的规范层面还留有大量空白，主体民族有意在宪法和其他立法中突出自身主体地位，从而对其他非主体民族的权利在实质上难以得到保障。中亚国家有必要在结合本国国情的前提下，大胆地借鉴和移植他国的有利因素，尽早实现民族间实质上的平等，实现民族间的和睦共荣。

---

* 作者简介：王卫明，男，副教授，上海政法学院；韩枫、蒋露，女，上海政法学院宪法学与行政法学硕士研究生。

一、中亚国家的民族构成

中亚国家复杂的民族构成可以追溯到上古时代,作为连接东西方文明的交通要道且富有丰富的自然资源,使得中亚地区自古成为兵家必争之地。从波斯王朝、亚历山大大帝征服中亚,再到匈奴人、汉武帝在此讨伐,从突厥汗国在此崛起到唐王朝对该地区的控制,以及此后阿拉伯帝国、成吉思汗的蒙古铁骑、帖木儿都曾在此留下历史印记,尽管最终沙俄和苏联在中亚建立自己的政权,但在各民族征战,控制中亚的历史进程中,多种文化、民族宗教在此产生了激烈的碰撞和冲突,逐渐形成了目前中亚复杂的多民族结构。

从历史的角度讨论中亚国家的民族构成,由于受不同时期民族政策及社会背景的影响,大致可以划分为以下两个阶段:一是独立前处于沙俄、苏联统治的时期;二是独立以后到目前这一时期。

(一)独立前中亚地区的民族构成

中亚地区多民族的现状在沙俄统治前就已形成,这取决于历史上周边各民族王朝对中亚的征服和侵略,在多文化聚集的同时,主体民族意识在沙俄统治前也已基本形成,形成的主体民族包括:塔吉克族、乌兹别克族、哈萨克族、吉尔吉斯族以及土库曼族。

16 世纪,沙俄开始同中亚进行贸易,进入 18 世纪以后,俄国开始对哈萨克草原进行蚕食,以军事力量作为后盾的这种暴力征服从 18 世纪一直持续到 19 世纪末期。因俄国的征服,大量的俄国移民进入中亚,给中亚的政治制度和社会组织及经济生活带来了深刻的影响,但是俄国的统治并未完全改变中亚地区的宗教信仰和风俗习惯,“征服者和被征服者还是生在为语言、宗教和风俗习惯的障碍所分割的不同世界里”①。

沙皇俄国奉行大俄罗斯沙文主义的民族政策,不断对境内少数民族实行政治压迫、经济剥削和文化奴役,由此激起了广大非俄罗斯民族的强烈不满,反抗斗争此起彼伏。终于,“十月革命”爆发摧毁了俄国资产阶级临时政府的统治,新建的俄罗斯苏维埃社会主义共和国确立了

---

① [美]斯塔夫里阿诺斯:《全球通史——1500 年以后的世界》,吴象婴、梁赤民译,上海社会科学院出版社 1999 年版,第 394 页。

各民族享有自由发展权基本原则。[①] 这为后来中亚五国的独立奠定了基础,也继续维持了中亚地区多民族共存的社会现实。

总的来说,独立前的中亚地区受历史因素的影响,已经形成了多民族的格局。沙俄帝国时期,为掠夺丰富的矿藏和农牧业产品,自征服中亚开始,就向该地区大批移民,民族构成发生明显变化。此后成立的苏联政府为适应新民族政策,在有计划地向中亚各国移民的同时鼓励各民族居民自由迁徙,由此导致中亚各共和国民族日渐复杂多样。

(二)独立后中亚地区民族构成

戈尔巴乔夫的改革失误与民族分离主义运动导致了苏联的解体,同时促成了中亚民族共和国的独立。1991 年 8 ~ 12 月,中亚地区五个加盟共和国相继宣布独立,并很快得到国际社会的广泛承认,于 1992 年被接纳为联合国会员。

独立后中亚各国的民族构成发生了巨变,在很大程度上源于各国为巩固新独立国家主权而奉行的旨在提高主体民族地位的民族复兴政策,由此也导致了各国主体民族与其他民族的矛盾激化,大量的非主体民族迁出。

总体而言,独立后中亚五国的民族构成的变化主要体现在以下两个方面:

1. 各民族的跨国迁移

伴随着戈尔巴乔夫推行的“绝对民主化”“公开性”政策,主体民族的民族自觉意识逐渐复苏,民族分离主义情绪高涨,仇视、排挤甚至驱赶非主体民族的现象日益增多。因此在中亚各国独立后,各民族的移民数达到了空前规模,这种显著的变化对各国经济社会的发展产生了明显影响。哈萨克斯坦是五国中移民数最大的国家,对比 1999 年和 2008 年的移民数量(见表 1),不难发现这十年间非主体民族有较大比例的迁出,而主体民族哈萨克族迁出比例则相对小很多,并且主体民族人口存在明显的增幅。

---

① 十月革命后成立的苏维埃政府于 1917 年 11 月 16 日颁布了《俄罗斯各族人民权利宣言》。宣言规定苏维埃政权解决民族问题的基本原则是:俄罗斯各民族人民享有自由自决乃至分离并成立独立国家的权利;废除任何民族和宗教的一切特权和限制;居住在俄罗斯境内的各少数民族和民族集团的自由发展权。

总的来说,中亚国家独立后人口跨国迁移呈现出迁出多、迁入少且具有明显的民族性特点。

表1　哈萨克斯坦1999年、2008年移民数

民族	哈萨克斯坦					
	移入(人)		移出(人)		净移民(人)	
	1999年	2008年	1999年	2008年	1999年	2008年
哈萨克族	10909	35081	8258	2281	2651	32800
俄罗斯族	20076	6658	91489	31631	-71413	-25363
乌兹别克族	1028	439	962	137	66	302
乌克兰族	2528	643	15315	3676	-12789	-3033

资料来源:https://en.wikipedia.org/wiki/Ethnic_demography_of_Kazakhstan。

2. 民族结构呈现出明显的主体民族化

中亚五国相继独立后,为巩固新成立的政权,采取了一系列的民族政策以应对复杂的民族构成,缓和各民族之间的矛盾。其中一项即提倡主体民族复兴,为此中亚各国均采取了诸如鼓励多生多育、确保主体民族语言的使用权等多种政策,以期为主体民族的发展创造条件。不置可否的是,这在一定程度上忽略了非主体民族的权利保障,因此也成为了非主体民族大量迁出的主要原因之一。以哈萨克斯坦为例,1989~2014年,主要民族的人口变化呈现出明显的趋势:作为主体民族的哈萨克族人口过半,其他民族人口日趋减少(见表2)。

表2　哈萨克斯坦1989~2014年主要民族人口变化

民族	年份			
	1989年	1999年	2009年	2014年
哈萨克族	39.7%	53.4%	63.1%	65.5%
俄罗斯族	37.4%	29.9%	23.7%	21.5%
乌兹别克族	2%	2.5%%	2.8%	3%
乌克兰族	5.4%	3.7%	2.1%	1.8%

资料来源:https://en.wikipedia.org/wiki/Ethnic_demography_of_Kazakhstan。

（三）目前中亚五国的民族构成

目前，中亚五国的民族构成仍保持多民族的复杂局面，但是人口的迁移变动不再激烈，整体趋势较为缓和，主体民族的地位基本确立。土库曼斯坦的主体民族比例最高，达到了94%，哈萨克斯坦境内的哈萨克族占全国人口的66%，其余三国吉尔吉斯斯坦、塔吉克斯坦，乌兹别克斯坦的主体民族分别占全国总人口的72.6%、80%、80%。

从实现民族复兴的角度来看，中亚五国无疑是成功的，到目前为止，主体民族的数量在境内均占较大比例，国家在宪法层面规定了主体民族的语言作为民族语言、官方语言，甚至在干部的任用、配用方面更明显地突出主体民族。但是，从实现各民族和睦相处的角度来看，这种极力弘扬主体民族的做法存在诸多隐患，非主体民族的权利在立法上得不到实质保障，极易引起民族间的矛盾。

二、对民族权利的宪法规定

（一）独立前后的宪制变迁

18世纪末期到19世纪，俄国政府已经基本确立了对中亚的绝对统治，1924年中亚国家先后选择加盟苏联，中亚五国作为加盟成员，在宪法的内容上都效仿了苏联宪法，从国家基本制度、基本原则、公共权利义务到国家机关的设置，几乎是僵硬地照抄了过来，宪法规定的自由、民主、法治以及宗教、民族问题并未得到足够的贯彻和落实，民族矛盾问题层出不穷。民族问题是中亚五国政治历程中无法忽视的一个问题，可以说民族问题的不断激化也是中亚选择从苏联独立出来的一大因素。

中亚五国在独立后，发生了由原先苏联式的社会主义政治制度向西方的民主宪政体制的转变。中亚五国作为多民族国家，在处理民族关系上无一例外地都选择淡化民族色彩，强调公民属性，在宪法文本上体现了主权在民的原则，将国家权力归还人民。哈萨克斯坦共和国宪法第3条第1款规定：人民是国家权力的唯一源泉。第14条第1款明确规定了所有人在法律和法院面前一律平等。第2款规定任何人都不应当由于民族原因受到歧视。第12条第3款规定：共和国公民因为拥有共和国国籍而享有权利，并承担义务。从宪法条文中的规定可以看出，一个人在哈萨克斯坦享有权利是基于哈萨克斯坦公民的身份，公民权利不会因民族原因而受到任何的限制和减损。吉尔吉斯斯坦在宪法第2条第1款和第16

条第2款、塔吉克斯坦在宪法第6条和第17条、土库曼斯坦在宪法第2条和第19条以及乌兹别克斯坦在宪法第18条都做了类似的规定,明确人民是国家权力的源泉,任何人都不得因种族宗教受到歧视。

中亚五国参照西方宪政制度建立起来的公民权利制度,将国家中每一个公民的权利纳入宪法的保护之下,强调公民的利益分享和权利平等,任何民族的公民都是国家权力的源泉,拥有平等的人权和公民权,各国都在宪法条文中规定了法律面前人人平等。公民权利制度的架构可以说是中亚五国明智的选择,是考虑到民族问题对国家稳定的重要性而主动追求和谐的民族状态而来的结果,突出强调公民权,淡化民族观念和意识,在一定程度上对维持国家稳定、弱化主体民族与其他民族的矛盾起到了积极作用,有利于国家的统一。

(二)中亚五国宪法中有关民族权利的具体规定

作为多民族国家的中亚五国,如何协调国内复杂的民族关系是其维系政治稳定、民族团结的关键点,也是影响国家存在和发展的关键因素。国家借由法律规定和相关政策的规定,保障少数民族的权利,给少数民族的经济、社会和文化留下充裕的发展空间,让各个民族在文化、信仰激烈碰撞的情况下还能和谐共存、共同发展,是多民族国家构建和谐社会、稳定国家所采取的普遍方式。各个民族都有文化、宗教、习俗等各种差异,其文化的弘扬、生活方式的保持和发展都与国家的政治环境密不可分,给不同的民族文化留下生存和发展的空间是多民族国家的正当职责。

前文提到,中亚五国在独立之后都摒弃了苏联的宪法模式,选择了西方民主社会的宪法模式,正视其社会结构的多民族化以及政治形式的多元化,并在此基础上努力向世俗、公民化社会发展,赋予公民国家主体的地位,淡化了民族概念,强调公民权利和自由的崇高价值。在法律面前人人平等的原则下,各个民族的公民的基本权利都借由宪法规定得到保障。哈萨克斯坦宪法条文明确规定了各民族语言的自由使用权并为个民族语言发展提供条件。[①] 由此不仅维护了每个民族使用自

---

① 《哈萨克斯坦共和国宪法》(2007年5月21日修改和补充)第7条第3款规定:“国家应当创造条件以研究和发展哈萨克斯坦人民的各种语言。”第19条第2款规定:“每个人都有使用本民族语言和文化的权利,有自由选择交际用语、教育用语、学习用语和创作用语的权利。”

己民族语言的权利,还赋予国家为人民创造研究发展各种语言创造条件的义务。《哈萨克斯坦共和国宪法》规定的公民基本权利还包括了政治权利和自由,宗教信仰自由,社会经济权利,受教育权等多个方面,这些权利都不因民族属性而受影响,每个公民都平等地享有这些权利。除哈萨克斯坦以外的其余四国的宪法条文中,都存在相似的规定,即保证各个民族都作为国家主体享有宪法规定的基本权利,并且五个国家还在宪法条文中明示任何人不得因种族受到歧视。正如哈萨克斯坦国家首脑纳扎尔巴耶夫所强调的,团结才是克服危机的主要条件。在这方面,民族的和平和睦对哈萨克斯坦来说变得更有意义,并成为社会保障及其发展的一项规定。由此可见,民族问题还是得到了政府的极大重视。

大致看来,中亚五国宪法对民族权利的保护基本被纳入了公民基本权利的保护的范畴之中,但仅有宪法的规定而缺乏相关规范的具体约束,民族权利的保障略显单薄。另外,值得注意的是,中亚五国宪法在总统选举的条件上都规定掌握国家语言,这五个国家的宪法规定的国家语言分别是哈萨克语、吉尔吉斯语、塔吉克语、土库曼语和乌兹别克语,均为主体民族语言。这也就意味着,未能掌握国家语言的部分民族无法成为总统候选人,实际上就是把外来民族排除在外了。

综观中亚五国的宪法条文,在民族权利的规定上存在矛盾性,一方面,各国均在宪法中强调各民族的和睦平等,有意淡化民族色彩,强调公民属性,对促进各民族的团结合作做出了努力;另一方面,又在具体措施上,如在国家语言的规定上都选择了主体民族的语言,都在总统的选举上作了熟练运用国家语言的限制性规定,突出显示了主体民族的优先地位,加剧了中亚五国主体民族与非主体民族间的矛盾。

三、民族权利的具体体现

在中亚国家强调各民族和睦共处,却又一再主张淡化"民族"观念的民族政策指引下,中亚国家的民族权利不可避免地更具有主体民族偏向性。例如,其仅在宪法中概括规定各民族一律平等,却缺少具体的实施细则加以落实,导致主体民族与其他少数民族的矛盾仍旧存在。本部分将从以下三个方面讨论民族权利在现实生活中的具体体现,分别是民族政策中的权利体现、经济社会中的权利体现以及较为具体的民族语言权利。

(一)民族政策中的权利体现

中亚五国为解决民族问题,实现各民族的和睦共荣,民族政策在独立前后发生了根本转变。在总结和反思原来苏联的民族关系理论和政策的基础之上,以增强国家稳定性和振兴民族精神为前提,提出了维护国家统一和社会稳定性的观点。独立后的中亚五国虽然还没有形成系统的民族政策体系,但从各国的相关法律法规以及国家领导人的讲话中,能梳理出各国民族政策的大概脉络,民族权利也在其所奉行的民族政策中有所体现。

1. 否定民族自决权和联邦制,单一制背景下的民族权利

哈萨克斯坦总统纳扎尔巴耶夫说:“哈萨克斯坦是不可分割的、领土完整的国家。在此基础上,决定在我们的国家不实行联邦制,并且在不久前颁布的举行全民公决的命令中重申哈萨克斯坦的地位、国界、行政区域不列入全民公决的范围。”①“实行联邦制,允许少数民族建立自治实体,只会为民族分裂主义提供活动空间,破坏哈萨克斯坦的完整和统一,苏联就是最好的例证。”②苏联是以民族自决权为主导原则的联邦制国家,民族自决权为民族分裂主义提供了理论依据,苏联就是在异常浩浩荡荡的民族分裂运动中解体的。苏联模式被证明不适合中亚五国,独立后的中亚五国纷纷抛弃了联邦制,同时在各国宪法文本中删除了民族自决权,实行单一制。

单一制的国家结构形式有利于实现国家统一,但是在多民族的国家,却面临着民族稳定的考验。我国在这个领域,结合本国实际,提出了极具中国特色的民族区域自治制度,保障多民族背景下各民族之间无差异的权利。但是在中亚国家,其否定民族自决权的同时并未以法律的形式明确赋予其他民族一定的自治权,多元文化主义下只肯定了在文化层面的一律平等,这种举措非常不利于民族权利的保障,进而极易加剧民族间已有的矛盾。

---

① 包胜利:《主体民族主义与国足“创建”之间的悖论——论哈萨克斯坦族际政治的困境》,载《世界民族》2006 年第 4 期。

② [哈萨克斯坦]努·纳扎尔巴耶夫:《前进中的哈萨克斯坦》,哈依霞译,民族出版社 2000 年版,第 29 页。

2. 强调主体民族复兴背景下的民族权利保障

独立后的中亚五国,出现了民族复兴运动浪潮,大力弘扬主体民族的文化传统,突出主体民族的地位。在各国的宪法条文中都将主体民族语言确定为国家语言,而且要求总统候选人必须熟练掌握运用国家语言,以此来限制非主体民族竞选总统的权利,确保担任总统是由主体民族的人来担任。

为巩固新政权,一味弘扬主体民族的民族自豪感,强化主体民族的民族优越性,已经在中亚国家引起了严重的民族间矛盾,尤其表现在中亚各国主体民族和俄族之间的紧张关系中,提倡主体民族的社会地位的同时,加强对其他少数民族权利的保障是中亚国家民族政策改革的当务之急。

3. 强调人权和公民权,淡化民族意识背景下的民族权利维护

中亚五国是典型的多民族国家,独立后的中亚五国在总结苏联解体的经验教训之后,在多民族国家社会结构背景下,允许政治的多样化存在,中亚五国在宪法中也效仿西方宪法,遵循人的自由和权利优先原则,生命、尊严、自由和权利得到宪法保障,强调国家权利的唯一源泉是人民,法律面前人人平等,任何人不得因宗教、种族受到歧视。中亚五国都加入了旨在维护人权和少数民族权益的欧洲安全与合作组织,许多种族和语言问题都按照欧安组织成员国所采用的文明标准来解决。

参照中亚五国宪法的规定,相较于民族权利,中亚五国更加突出各民族公民平等地享有人权和公民权,为了维护国家主权刻意地淡化了民族意识,但是各民族的意识形态都有着悠久的历史渊源,各民族在长久发展过程中形成了对本民族习惯的普遍遵循。因此,中亚国家在强调公民权和人权的同时,还要把尊重各民族的风俗习惯、意识形态作为前提。

4. 反对极端民族主义背景下的民族权利体现

为了维护政治稳定、建立法治国家和和谐的民族关系,五国都在宪法中明确规定禁止挑起民族冲突的行为,禁止煽动民族仇恨和种族歧视,重视公民和睦和各民族间的和谐共处。民族极端主义是影响国内及国际安全稳定的一大因素,中亚国家对民族极端主义的极力反对既是保障国内政治平稳运行的重要举措,也体现了中亚对民族权利的限

制,即各民族所享有的权利必须建构在国家稳定的大格局之下。

(二)经济社会中的权利体现

中亚地区是当今世界上民族成分最复杂的地区之一,中亚五国均为多民族国家,在这里聚合了各种思想意识形态、传统文化和宗教信仰,由此形成了中亚五国错综复杂的多元文化特色。多民族的聚居造成国内各种文化、思想、宗教的激烈碰撞,在多元文化的经济社会背景下,只有兼顾各民族的权利,才能保证经济社会的平稳运行,进而推动中亚五国的经济发展、政治稳定、社会进步和国家安全。可以说,复杂的民族构成对中亚国家经济社会的建设产生了一定的阻碍作用,包括一国的内政及国际关系。

1. 经济社会中民族权利对国内政治的影响

中亚五国独立初期,一方面为避免苏联解体可能引发的民族和各前加盟共和国之间的冲突,都把反对极端民族主义、建立和谐民族关系作为民族政策的基本指导思想。各国领导人均指出各民族平等和谐相处是国家存在、发展的前提因素。例如,1993 年塔吉克斯坦在总统的倡议下,签署了一个仅次于宪法的文件《公民和睦条约》。① 要想减少多民族之间碰撞对经济发展的阻碍作用而发挥其积极作用,民族权利的保障显得尤为重要,建立和睦共处的民族相处模式是实现经济发展的必要前提。

另一方面,在宣布民族平等原则的时候,各国极力提倡民族复兴,不遗余力地突出主体民族的优先地位,着力弘扬复兴主体民族的历史地位和传统文化。无论是在宪法中确定主体民族语言为国家语言还是要求总统掌握国家语言,都是民族复兴思想的体现。在各国政策的制定上,也倾向于保护主体民族的利益,非主体民族的无论是在民族情感上还是切身利益上都受到了直接损害,客观上造成了主体民族与非主体民族间的隔阂,阻碍国内统一民族意识的形成。此外,由于国内非主体民族受到了实质上的歧视,各非主体民族与主体民族间的冲突不断,在中亚五国独立初期,出现了非主体民族大量迁居境外的移民潮,且其中大部分是技术人员、教师、医生和拥有较高技能的熟练工人。大量人才的流失直接影响了中亚五国的科学技术水平和经济发展水平。而那

① 赵长庆:《中亚五国概论》,经济日报出版社 1999 年版,第 156 ~160 页。

些未迁移留在国内的非主体民族与主体民族间的矛盾也不可忽视,族际冲突不断,对国家的政治稳定、经济秩序都有极大的破坏力。也正因为如此,民族权利在主体民族和非主体民族间的平衡是中亚国家亟须通过立法加以完善的方面。

2. 经济社会中民族权利对国际关系的影响

聚居在中亚五国的民族很多具有跨民族特性,各国主体民族与非主体民族间若难以和睦共处,势必会对国家间关系造成影响,以致上升到国家间矛盾,诱发地区动荡。中亚五国独立后,五国之间的边界划分明确,五国公民的国籍也仅限于一国,历史遗留的边界争议和民族问题就容易成为中亚五国之间发生民族纠纷和冲突的重要根源。归根结底,保障各民族的权利实质平等是实现国家稳定的根本途径,进而也是促进国家间关系友好的重要途径。

(三)民族语言权利

语言运用于生活的方方面面,中亚国家的语言受多民族混居社会状态的影响,呈现出复杂多种类的特点。目前,中亚地区的语言群体大致划分为以下三类:一是讲突厥语的群体,诸如乌兹别克人、哈萨克人、吉尔吉斯人、土库曼人等;二是讲俄语的群体,主要是居住在中亚地区的俄罗斯人、乌克兰人等;三是讲波斯语的群体,包括塔吉克人、库尔德人等。①

此外,中亚国家关于语言的使用也在独立前后发生了显著的变化。苏联解体前,由于俄罗斯在该地区的长久统治,俄语已经基本成为这些民族的共同语言。独立后的中亚各国,急切地想要稳定新建立的政权,实现民族复兴,纷纷通过立法的形式把本国主体民族的语言定为国语,提高到优先发展的地位。加之主体民族与其他民族的矛盾在独立后日渐凸显,国语的推广也并不十分顺利。

1. 中亚各国宪法对民族语言权利的规定

中亚各国独立后,在宪法中均对国家语言做了明确规定,这些规定无一例外地将语言的使用作为振兴主体民族的一种措施。

《哈萨克斯坦共和国宪法》第 7 条明确规定"在哈萨克斯坦共和国,

---

① 汪金国:《多种文化力量作用下的现代中亚社会》,武汉大学出版社 2006 年版,第 136 页。

哈萨克语是国家语言。各种国家组织和地方自治机关可以与使用哈萨克语一样,正式使用俄语。国家应当创造条件以研究和发展哈萨克斯坦人民的各种语言"。第 93 条对第 7 条做了进一步的详细规定,"地方代表机关和执行机关有义务创造一切必要的组织条件、物质条件和技术条件,以便哈萨克斯坦共和国的所有公民可以依照专门法律的规定自愿地和免费地学习国家语言"。(1995 年 8 月 30 日通过,2007 年 5 月 1 日修改和补充)由此可见,哈萨克语为哈萨克斯坦国语,但同时规定官方语言为俄语,国家为推广哈萨克语的使用采取了一系列的鼓励措施。

《吉尔吉斯共和国宪法》对语言使用的规定与哈萨克斯坦相似,具体体现在宪法条文第 10 条。规定主体民族的语言为国语,同时将俄语定为官方语言,稍有不同的是,在吉尔吉斯斯坦,宪法明确规定各民族母语享有均衡发展的权利,这样的举措无疑有利于缓和各民族在该层面的矛盾。

《塔吉克斯坦共和国宪法》第 2 条对语言使用做了明确规定:"塔吉克语是塔吉克斯坦的国家语言。俄语是民族间交往的语言。在共和国境内居住的所有民族和部族,都有权自由地使用自己的民族语言。"同样塔吉克斯坦也以宪法的形式肯定了俄语的地位,并保障了各民族语言的使用权。同时在第 88 条第 4 款明确规定:"诉讼程序使用国家语言或者本地区多数居民使用的语言。保障不掌握诉讼语言的案件参加人享有翻译服务。"(1994 年 11 月 6 日通过,1999 年 9 月 26 日和 2003 年 6 月 22 日修改和补充)

《土库曼斯坦宪法》对语言使用的规定与前面所述的三个国家有所不同,其规定较为简洁,也没有在宪法条文中对俄语的使用做出明确的规定,具体体现在宪法第 14 条:"土库曼斯坦的国家语言是土库曼语。保障土库曼斯坦的所有公民享有使用本民族语言的权利。"并在第 106 条规定"诉讼程序使用国家语言"。(2008 年 10 月 8 日公布)

《乌兹别克斯坦共和国宪法》的规定与土库曼斯坦类似,均肯定了主体民族语言作为国家语言,并没有对俄语另行规定,但在第 4 条明确规定其他各民族的语言享有同等的发展机会。

综上,不难发现民族权利在语言使用上的体现非常明显。各国都毫无例外地将主体民族的语言规定为国语,并且也都在宪法条文中认可了其他民族语言的地位,诸如哈萨克斯坦、吉尔吉斯斯坦、塔吉克斯坦还特别强调了俄语在国家中的地位,甚至将其规定为官方语言。可以说,在语言使用的层面上,中亚各国兼顾了多民族的共同权利,但是受中亚历史因素的影响,主体民族语言的使用和俄语的使用无论在立法上还是在社会实践中暂时都难以找到较为平衡的发展模式。

2. 民族语言权利在实际生活中的体现

尽管受历史因素的影响,俄语和主体民族语言在使用中难以找到一种相对平衡的模式,但不置可否的是,中亚国家在独立后的近三十年间为此做出了诸多努力,俄语在社会交际中仍然发挥着不可或缺的作用,主体民族语言的发展和普及在稳步推进,其他各民族语言的发展也得到了认可和鼓励。

首先,俄语仍旧是中亚国家族际间的第一交流语言。尽管各国在独立后纷纷通过制定宪法建立主体民族语言的权威性,通过一系列的语言政策对俄语进行了一定的限制。但是俄语作为最早统治中亚地区的语言,在苏联解体前就在各领域发挥着巨大作用,依托着这种广泛的社会基础,俄语几乎是唯一一种能够把苏联几百个民族文化统一起来的语言,也正因为如此,即使是在独立后的宪法制定中,即使一再强调主体民族的复兴,哈萨克斯坦等国依然肯定了俄语的作用,将其规定为官方语言。

其次,主体民族的语言作为国语享有优先发展和使用的权利。将其规定为国语与独立后中亚各国所奉行的民族政策密不可分,居住在境内的公民不分民族都要学习和掌握该语言,甚至各国在宪法中均明确规定"掌握本民族语言"是总统的任职条件之一,这当然对弘扬主体民族地位有一定的优势,但在实践中却有不少的问题。例如,由于俄语的普遍使用,导致主体民族语言缺乏规范性及完善的修辞体系,难以进行系统学习等。因此,在中亚国家如何平衡俄语和主体民族语言的使用仍然是一个较为棘手的社会问题。

最后,其他民族语言使用权的保障。其他民族的语言在中亚国家的使用范围远不及主体民族语言和俄语的范围广,其使用程度类似于方言。尽管宪法也对其他民族语言的使用做了保障性、鼓励性的规定,但这种保护是相当有限的。语言法并没有像保障国语的使用那样保障少数民族语言在教育、大众媒介和科学研究机构中的使用[①]。因此,对这类民族语言使用权的保障也很有必要,只有对各种文化因素加以合理利用,才能保证每个公民使用语言的权利和自由。

四、民族权利保障方面的中国经验

中亚地区自古就与中国有着密切的联系,从古代丝绸之路到如今的21世纪新丝绸之路,中亚国家一直是重要的沿线地区,发挥着重要的作用。此外,中亚多国与中国接壤,地缘上的邻近关系与历史上的交易往来,决定了中亚与中国非同寻常的关系。中亚五国和中国在某种层面上存在诸多共性,首先均为单一制国家,在国家统一、各民族共同繁荣发展方面有着相同的价值取向;其次均为多民族国家,尽管中国的民族种类远不及中亚国家的丰富,但是中国特色的民族区域自治制度取得了很好的实践效果,在幅员辽阔的国土上,各民族平等繁荣共同发展,中亚的很多国家肯定了一定程度上的自治权,但是都没有赋予少数民族自治权的先例,中国民族政策与中亚五国民族政策的对比研究下,是否可以给中亚国家提供有利的、合适的经验借鉴,这是很值得思考的问题;最后,中国与中亚五国都和苏联有过一段亲密的发展期,二者的发展都或多或少地受苏联的影响,这或许可以帮助我们找到二者在根源上的某些共性,有利于经验的移植和借鉴。下文就中国和中亚地区在民族权利层面做简单的对比分析。

(一)宪法的规定

如上文所述,尽管中亚国家在宪法中对民族权利做了些许规定,但是不难发现,首先中亚国家在宪法中对民族权利的规定都略显单薄,宪法中仅对民族语言的使用做了相对较多的规定,在发展主体民族语言的同时,也要保障各民族语言的使用权。其次就只做了诸如“境内居住公民,不分性别、种族、民族、语言、宗教等,在法律面前一律平等”这样原则性的概括规定,有意在立法层面淡化非主体民族的权利保障。相比较而言,我国宪法对民族权利做了较为全面的规定。首先,在宪法序言中肯定了各民族的地位和作用,“中华人民共和国是全国各族人民共

---

① 汪金国:《多种文化力量作用下的现代中亚社会》,武汉大学出版社2006年版,第144页。

同缔造的统一的多民族国家。平等团结互助和谐的社会主义民族关系已经确立,并将继续加强”①。另外,我国宪法最为突出的特点就在于明确肯定了民族区域自治,集中体现在宪法第4条第3款。当然,也同中亚国家一样对民族语言的使用权做了特别规定,支持和保障各民族语言的自由使用权。同时在宪法第三章国家机构的第六节中专门对民族区域自治机关做了规定。此外,我国也有专门的《民族区域自治法》,在宪法的规制下对民族权利作出了更加全面系统的规定,包括各权力机关中的民族成分等。可以说在保障民族权利的层面,我国已经有一个相对完善的立法体系加以约束。

显而易见,中亚国家对于民族权利的保障在立法上存在大量的空白,尽管在宪法层面肯定了各民族平等的公民地位,但是缺少法制性,难以在实践中具体落实,缺乏对非主体民族权利保障的特别规定。作为多民族的国家,民族间的稳定发展直接关系到整个国家的正常运作以及国家间的交往。中亚国家目前仍面临着复杂的民族的问题,这些问题不但影响一国之内政,同时也很难给“一带一路”的建设提供良好的支持。所以,中亚国家有必要扩大对民族权利的保护力度,实现实质上的民族平等才是解决民族问题的关键。

(二)关于民族政策

民族政策是保障民族权利最直接的依据,中国和中亚国家受历史因素的影响,逐渐形成了适合本国的民族政策。我国的民族政策极富有中国特色,采用民族区域自治制度。中亚国家的民族政策受西方国家影响深远,采用多元文化主义。尽管两种政策的目的都是适应多民族的社会现实及实现各民族平等发展、共同繁荣,但是存在显著的区别。

首先,关于民族平等观念。尽管中亚五国和中国都提倡和保证各民族平等,但是二者具有实质上的区别,这种区别源于所奉行民族政策的不同。中亚国家奉行的多元文化主义更强调民族间在文化层面的平等,而我国所奉行的民族区域自治制度则是一种国家指导下的复合型政策,强调的是民族间实质上的平等,包括各种经济社会中的权利平等。

其次,较为明显的区别还体现在制度构建的层面。民族区域自治制度与多元文化主义一个本质上的区别在于民族区域自治制度在我国

---

① 《中华人民共和国宪法》序言第11自然段。

作为一项基本政治制度存在,而多元文化主义下的民族政策只作为一项公共政策实际运行。我国在民族区域自治制度下构建了省、市、县三级的自治机关,确保民族权利的实现,通过制定《民族区域自治法》等具体规范,保障即使是最少数的民族也享有平等的政治、文化权利。而后者的政治权利并不平衡,主体民族议员在议会中仍占较大比例,尽管近些年,中亚国家在政治权利上做了适当的平衡,但是问题仍然比较尖锐。

中亚国家作为"一带一路"的重要沿线国家,起着至关重要的作用,其民族问题对国内政治经济的影响直接关系到"一带一路"倡议的顺利进行。综上,尽管中亚五国均与中国有着历史上和地理上的深厚渊源,但是双方在民族权利和民族政策上有着显著差别,中亚五国在民族政策的制定上都较为凸显主体民族的地位,淡化对非主体民族的权利保障,这种有意通过立法强化主体民族地位的行为极不利于国家的平稳、有序发展。在全球化的今天,中亚国家在民族政策的制定以及民族权利的分配层面应该做更多大胆的尝试,在符合自身国情的前提下,借鉴移植他国的有利经验,不断平衡多民族的差异,实现民族间实质上的和睦共荣。

On the National Structure and National Rights of Five Central Asian Countries

Wang Weiming　Han Feng　Jiang Lu

Abstract: The five countries in Central Asia have complicated ethnic composition due to historical factors. The post-independence ethnic policy emphasizes the rejuvenation of the main nationality. It intends to emphasize the dominant position of the main nationality in the constitution and related legislation, thereby diluting the substantive guarantees for the rights of non-subject nationalities. Ethnic issues are increasingly sharpening. While affecting its domestic political stability and economic development, it will also have an adverse impact on the promotion of the "One Belt One Road" Initiative.

Keywords: Central Asia; Ethnic Composition; National Rights

俄罗斯及中亚国家语言立法问题分析

赵 徽*

内容摘要：中亚各国以及俄罗斯的官方语言各有不同，其相关的政策及法规制定既有各自境内主体民族语言情况的影响，也有其政治、社会、历史变革因素的影响，因而呈现出一定的"大异小同"情形。有关其语言政策及立法现状的了解对于我国相应语言政策及法规的完备化与科学化也有着重要意义。

关键词：语言资源；语言战略；语言政策

语言学研究从传统语言学的规范观，发展到以索绪尔、皮尔斯为先导及代表的工具观，再到近年逐步引起关注的资源观，人们对于"语言"本质，"语言学"的研究领域、研究视角及方法都有了巨大的转变。语言作为一种"资源"，有经济属性，也有政治属性，既是国家的、民族的，也是社群的、个体的。语言资源对于国家而言，被合理开发利用的种类，在国内及国际经济、政治领域中

* 作者简介：赵徽，女，副教授，上海政法学院。

的应用广度和程度,不仅与经济效益及经济发展直接相关①,也与国家安全有着密切的联系——近年来语言安全逐步被纳入"非传统安全"②范围之内,引起各国重视。"9·11"后美国先后制定了《国家安全语言计划》《国防部语言技能、区域知识、文化能力的战略规划:2011～2016》和《国防语言路线变革图》。英国则拥有专门的语言安全工作负责部门——"国家语言指导小组",在国家语言战略方面也出台了专门的政策。此外,大洋洲的澳大利亚、亚洲的日本以及欧盟等国家或国际组织也根据各自的现状制定了相应的语言战略③。我国学者也对语言与国家安全之间的关系问题开展了讨论与研究。原教育部语用司司长李宇明在第六届全国社会语言学学术研讨会上提出语言也是一种"硬实力",是一种不可再生资源,是国家综合国力的重要组成部分④。戴庆厦提出"和谐的语言关系是国家安全的重要保障"⑤。

随着"一带一路"倡议在全球得到积极响应,国内企业"走出去"与国外企业"走进来"的数量与速度都在不断提升、加快。在这些经济交往活动中,作为沟通工具的语言,无疑是至关重要的影响因素。了解沿线国家语言政策,不仅在微观的经济活动(签订经贸合同、雇用外籍员工、在沿线国家开展企业推广活动等)中具有工具性意义,同时对于宏观的国家安全也有着重要的战略意义。譬如根据王丹丹、胡俊超对65个"一带一路"沿线国家国别风险总体情况的研究,以100分为最高,上合组织成员国风险得分由高到低分别为:塔吉克斯坦(67.2),巴基斯坦(66.7),吉尔吉斯斯

---

①　根据《2016中国语言服务行业发展报告》,截止2016年底中国约有72500家含有语言服务及相关服务的企业,其中专门从事语言服务的企业为7369家。2015年,中国语言服务行业创造的产值约为2822亿元,在2011年1576亿元产值的基础上增加了79%,年均增长19.7%。参见http://www.sohu.com/a/122513227_162758,访问日期:2017年12月8日。

②　冷战之后政治学领域盛行非传统安全理论,以"安全化"为具体表征:"指当代非传统安全观和非传统安全理论中存在的一种普遍现象,即把以往没有进入国家安全视野的问题纳入安全和国家安全论域之中"。参见刘跃进:《国家安全体系中的语言文字问题》,载《语言教学与研究》2011年第6期,第38页。

③　参见李一如:《语言资源与国家安全战略》,载《广西师范学院学报》(哲学社会科学版)2016年第3期。

④　参见朱妮娜:《汉语资源开发利用分析——〈语言资源与语言研究〉侧记》",载《渤海大学学报》(哲学社会科学版)2011年第6期。

⑤　戴庆厦:《语言关系与国家安全》,载《云南师范大学学报 》(哲学社会科学版)2010年第2期。

坦(63.4),乌兹别克斯坦(58.2),哈萨克斯坦(54.8),俄罗斯(49),印度(43.9)。其中风险最高的十个国家中,上合组织成员国占有两席,即塔吉克斯坦、吉尔吉斯斯坦。上合组织其余三国分值也处高位。根据该书对于沿线国家国别风险的具体研究,上合组织成员国的政治风险、社会风险均处于较高水平,而社会风险指的是"由于社会成分及其冲突而产生的风险"①。众所周知,"社会成分及其冲突"在上合组织成员国中很大一部分来自于持不同语言的民族之间的矛盾与冲突。因此本文将综述上合组织五国的语言政策及立法概况,并以此为基础,关注各成员国主体民族语言与主要民族语言在我国境内的使用情况,以期为我国相关政策及法规的制定提供一定的参考。

一、上合组织成员国概况

根据商务部2017年版《对外投资合作国别(地区)指南》②,将上合组织五国概况整理见表1:

表1　上合组织成员国概况

国家	面积（平方公里）	GDP总值*（亿美元）	与中国贸易额*（亿美元）	中国直接投资存量**（亿美元）
哈萨克斯坦	272万	1336.6	78.81	35.1
吉尔吉斯斯坦	19.99万	65.5	15.49	2.9
塔吉克斯坦	14.31万	69.52	8.85	11.67
乌兹别克斯坦	44.74万	710	36.14	10.58
俄罗斯	1709.82万	12862	695.6	129.8

注:*2016年统计数据;**截至2016年年底统计数据。

二、上合组织成员国语言政策概况

商务部2017年版《对外投资合作国别(地区)指南》对于收录各国的政治、经济、文化及地理区域国土概况都有较为详尽的介绍。根据该指南,我们将上合组织成员国的民族及语言概况整理见表2:

---

① 参见王丹丹、胡俊超:《一带一路沿线国家国别风险研究》,中国书籍出版社2016年版,第46~51页。

② 下载地址:http://fec.mofcom.gov.cn/article/gbdqzn/。

表 2 上合组织成员国民族及语言概况

国家	人口(万人)	境内民族数量	主要民族(占比)	官方语言
哈萨克斯坦	1800	125	哈萨克族(65%) 俄罗斯族(23%)	哈萨克语 俄语
吉尔吉斯斯坦	614	84	吉尔吉斯族(72.8%)	吉尔吉斯语 俄语
塔吉克斯坦	876.9	86	塔吉克族(80%)	塔吉克语 (俄语为族际交际语)
乌兹别克斯坦	3212.1	134	乌兹别克族(78.8%)	乌兹别克语 (俄语为通用语)
俄罗斯	14700	193	俄罗斯(77.7%)	俄语

表 2 总结的数据显示出上合组织成员国普遍都有国内民族众多、民族语言众多的情况。各国普遍将本国主体民族语言作为第一官方语言(同时也是国语),而俄语或为第二官方语言,或为族际交际语、通用语。因此可以说,“俄语”已为上合组织成员国的实际区域通用语——某一地理区域内所有或大多数国家共同使用的语言[①]。不过苏联解体后,上合组织成员国出于本国政治、经济利益的考虑,均实施了本国主体民族语言国语化及语言文字去俄语化的宏观语言政策,但各国在语言政策法规制定及实施方面仍有一定差异。我们将在下节详细探讨。

三、上合组织成员国语言法规概况

综合周庆生[②],王辉[③],谢倩[④]等的研究,以及我们的调查,上合组织成员国中,哈萨克斯坦在语言政策制定、语言发展规划等方面出台的法

---

① 参见张治国:《“一带一路”建设中的语言问题》,载《语言文字应用》2016 年第 4 期。

② 参见周庆生:《国外语言立法概述》,载周庆生等主编《语言与法律研究的新视野》,法律出版社 2003 年版,第 38 ~ 56 页。

③ 参见王辉、王亚蓝:《“一带一路”沿线国家语言政策概述》,载《北华大学学报》(社会科学版)2016 年第 2 期。又见王辉、王亚蓝:《“一带一路”沿线国家语言状况》,载《语言战略研究》2016 年第 2 期;王辉:《“一带一路”国家语言状况与语言政策》(第一卷),中国社会科学出版社 2015 年版,第 51 ~ 52 页;王辉:《“一带一路”国家语言状况与语言政策》(第二卷),中国社会科学出版社 2017 年版,第 44 ~ 69 页。

④ 参见谢倩:《中亚五国语言变革对我国新丝绸之路民族语言政策规划的影响》,载《宁夏社会科学》2017 年第 4 期。

案、规划不仅具有较强的历史延续性,也比较全面。哈萨克斯坦有专门的语言法《哈萨克斯坦共和国语言法》,该法对于哈萨克语及俄语的地位,政治、经济及社会生活中语言的保护及使用均有明确规定。该国在《宪法》中明文规定:“哈萨克斯坦共和国的国语为哈萨克语;在国家机关和地方自治机构内同等使用哈萨克语和俄语。”语言政策方面,哈萨克斯坦在政策规划与导向、语言教育政策等方面的规划体系均较为完备。哈萨克斯坦总统纳扎尔巴耶夫在2006年提出了“三语政策”,并在2007年、2012年、2018年的国情咨文中均进行了阐释和强调,其中2018年国情咨文中提到“未来的哈萨克斯坦人民将熟练掌握哈萨克语、俄语和英语。面向俄语学校的新的哈萨克语研究方法已经制定并正在实施……自2016年起在更新的大纲中哈萨克小学已经从一年级开始教授俄语。从2019年起十年级和十一年级的个别自然科学学科将开始向英语教学过渡”。① 与之相应,中小学教育中,哈萨克语及俄语的地位也比较重要,其次为英语,“哈目前中等教育为11年制,共有中小学7839所,其中超过40所中小学使用哈、俄、英三语授课。3828所中小学使用哈语教学,2164所使用俄、哈双语教学,1578所使用俄语教学”。②

吉尔吉斯斯坦在1989年9月通过了《吉尔吉斯斯坦苏维埃社会主义共和国语言法》,这部法规明确规定吉尔吉斯语为该国的国语,俄语的地位明显下降,这一规定引发了该国的俄罗斯人陆续离境,特别是较高水平专家的离开,致使该国在经济、工业、教育及科技等多方面的发展受到较大影响,因此1993年《宪法》在重申吉尔吉斯语国语地位的同时,也明确指出“吉尔吉斯共和国保证保留、平等而自由地发展共和国居民所使用的俄语及其他一切语言,并保证其发挥功能作用”。2004年2月通过了吉尔吉斯斯坦《国家语言法》。此外,在1998年、2001年,还分别通过了《关于进一步发展国语的规划》和《2000～2010国家语言

---

① http://global.sina.cn/szzx/article/20180115/0265f7c61cc51000.html? wm = 2256_2594,访问日期:2018年3月10日。

② 参见谢倩:《中亚五国语言变革对我国新丝绸之路民族语言政策规划的影响》,载《宁夏社会科学》2017年第4期。

发展规划》等语言发展政策及规划[①]。

乌兹别克斯坦在1989年10月通过了《语言法》,明确了乌兹别克语的国语地位。苏联解体后,乌兹别克语的国语地位在独立后的新宪法中再次被重申:“乌兹别克语是乌兹别克斯坦共和国国语。乌兹别克斯坦共和国保证尊重居住在其领土上的各民族的语言、风俗和传统,并为其发展创造条件。”也规定:“乌兹别克斯坦共和国的诉讼活动使用乌兹别克语、卡拉卡尔帕克斯坦语或该地区多数居民的语言进行。应保证不懂得诉讼使用语言的案件当事人有权充分了解案情资料、通过翻译人员参加诉讼并有权在法庭上使用母语发言。”1995年修订,2004年增补的《国家语言法》也将乌兹别克语作为国语,而俄语仅为族际交际语。但俄语、英语作为外语在乌兹别克斯坦的教育政策中也被给予了较多关注,“2013年乌兹别克斯坦的卡里莫夫总统颁布了一项法令,规定学校从一年级开始英语教学,在二年级开始俄语教学。这种措施传达了一种明确的信号,英语的优先级开始高于俄语”。[②]

塔吉克斯坦在1997年10月通过了《塔吉克斯坦政府发展国语和本国境内其他语言的纲要》,将塔吉克语定为国语,而俄语是族际交际语。塔吉克斯坦2009年通过的《塔吉克斯坦共和国国家语言法》明确了塔吉克语的国语地位,删除了俄语作为族际交际语的规定。该国议会在2010年3月批准了《关于在公文事务中彻底停止使用俄语的决议》规定国内的公务文书、法律文件等官方正式文件、法规只能用国语(塔吉克语)发布。但是塔宪法仍保留了俄语的族际交际语地位。2011年6月塔议会又对《国家规范——法律文书法》(2004)进行修订,俄语被允许在司法活动中使用。

俄罗斯曾在1991年颁布了《俄罗斯联邦民族语言法》,在2005年颁布了《俄罗斯联邦国家语言法》,同时1993年的《宪法》中也明确规定“俄语是俄罗斯联邦国语”。因此俄语的国语地位一直是确定无疑的。

---

① 参见王辉:《“一带一路”国家语言状况与语言政策》(第一卷),中国社会科学出版社2015年版,第51~52页。

② 谢倩:《中亚五国语言变革对我国新丝绸之路民族语言政策规划的影响》,载《宁夏社会科学》2017年第4期。

四、上合组织成员国主要语言在我国境内的使用概况

周庆生(2014)将“跨境语言”定义为“相邻相近的族体作为母语来使用的同一语言”①。上合组织成员国与我国毗邻,也有较长的交往历史。我国境内少数民族语言与各国的国家通用语相通,加之其所处的中亚在地理、文化源流上的特殊性,使得我们一方面要重视各国语言政策,另一方面也要全面了解我国的跨境民族语言状况,融合两者的深入研究,将有利于国家跨境语言政策制定、促进国家间交往的融合互利,有助于边境地区的稳定及安全,同时助力“一带一路”战略的实施。

根据黄行,许峰的研究,上合组织成员国与我国少数民族共有(基本通用)的语言有②:

俄罗斯:俄罗斯语、塔塔尔语、图佤语、布里亚特蒙古语(Buriat)、卫拉特蒙古语(Kalmyk-Oirat)、哈卡斯柯尔克孜语(Khakas)、鄂温克语、赫哲语;

哈萨克斯坦:哈萨克语、塔塔尔语、维吾尔语、东干话(Dungan)、北部乌兹别克语、土尔克语(Ili Turki)、吉尔吉斯语;

吉尔吉斯斯坦:柯尔克孜语、北部乌兹别克语、东干话;

塔吉克斯坦:萨里库尔塔吉克语(Sarikoli,与塔吉克语不同);

该文并未介绍乌兹别克斯坦的情况,我们的调查显示该国内的乌兹别克语、俄罗斯语、塔吉克语、哈萨克语、维吾尔语等在我国境内少数民族中也有使用。

这些跨境民族语言在我国境内省区的分布较为广泛,使用人数等情况也不同。从分布地域来看,根据张玮等③,聂鸿音④等的调查,以上的跨境民族语言主要分布在我国如下一些省区:

新疆维吾尔自治区:维吾尔语、哈萨克语、柯尔克孜语、塔吉克语、乌孜别克语、俄语、塔塔尔语、图佤语、鄂温克语、赫哲语;

---

① 周庆生:《中国跨境少数民族语言类型》,载《文化学刊》2014年第3期。

② 黄行、许峰:《我国与周边国家跨境语言的语言规划研究》,载《语言文字应用》2014年第2期。

③ 张玮等:《新疆民族语言分布状况与发展趋势》,北京语言大学出版社2002年版,第7~373页。

④ 聂鸿音:《中国少数民族语言》,语文出版社2007年版,第2~6页。

内蒙古自治区:蒙古语、鄂温克语、俄语;

黑龙江省:赫哲语、俄语、蒙古语、鄂温克语、柯尔克孜语。

这些语言在境内外的使用情况也比较复杂。周庆生根据是否境外国语以及使用人口的情况,将我国33种跨境少数民族语言分为五种,本文涉及的语言属于以下几类:

(1)"内弱外强"类(境内弱势,境外强势[①]):蒙古语、哈萨克语、柯尔克孜语、乌兹别克语、塔吉克语、俄语。

(2)"内小外大"类(境内小语言,境外大语言[②]):塔塔尔语。

(3)"内小外小"类(境内境外均为小语言):鄂温克语、赫哲语。

从周庆生(2014)的统计数据来看,除蒙古语之外,其他各跨境语言境外使用人口均超过境内。[③] 综合以上调查研究的结果,本文讨论的跨境民族语言目前的现状是:

其一,上合组织成员国主要民族语言在我国境内都有少数民族在使用,我国国内的跨境民族语言资源十分丰富;

其二,跨境民族语言境内外使用人口相差较为悬殊,有些境内使用人口非常少,且有下降趋势,处境堪忧,如塔塔尔语,境内使用人口2000年统计数据为4800人,境外为552万人,2010年的境内使用人口下降为3556人。此种现状应引起国家语委等有关部门的关注,从国家政策顶层设计的角度加大对民族语言的调查、保护与合理开发利用工作强度。

但是这些跨境民族语言与上合组织成员国所使用的语言在语言本体及社会地位方面仍有不小差异。根据黄行,许峰[④]的研究,我国的蒙古语分内蒙古、布里亚特、卫拉特三种方言,标准语为内蒙古方言察哈尔土语;但蒙古国主要使用的是蒙古语的喀尔喀方言,俄罗斯境内的布里亚特方言则是不同于蒙古语的一种独立语言。此外,我国境内柯尔

---

① "一个国家的国语、国家官方语言或主体民族语言,往往被看作是一种强势语言或优势语言。"参见周庆生:《中国跨境少数民族语言类型》,载《文化学刊》2014年第3期。

② "我们管一个国家使用人口在15万人以上的非强势语言,称作'大语言';管使用人口在15万人或15万人以下的非强势语言,称作'小语言'。"参见周庆生:《中国跨境少数民族语言类型》,载《文化学刊》2014年第3期。

③ 蒙古语并非上合组织成员国国语,因此不在本文讨论范围之内。

④ 参见黄行、许峰:《我国与周边国家跨境语言的语言规划研究》,载《语言文字应用》2014年第2期。

克孜语的主要使用区域为新疆维吾尔自治区的克孜勒苏柯尔克孜自治州,与境外吉尔吉斯斯坦的吉尔吉斯语基本相同,只是为了区别境内外语言而使用了不同的汉语译名。而以前在黑龙江省富裕县使用的哈卡斯柯尔克孜语,现在已经很少有人使用,虽然名称相同,但与使用地区为俄罗斯的哈卡斯语是不同的独立语言。我国境内的乌孜别克族,现状是人口较少和居住地分散且与其他民族杂居,该族大部分均已开始使用维吾尔语、哈萨克语或柯尔克孜语,因而我国境内的乌孜别克语实际上处于一种濒危状态。我国境内的乌孜别克语与境外的乌兹别克语也只是为了分别,使用了不同的汉语译名用字。

此外,我国的俄罗斯族使用的俄语在语音和词汇方面已经与俄罗斯联邦所使用的俄语不完全相同。新疆维吾尔自治区塔什库尔干县大多数塔吉克居民使用的萨里库尔方言与塔吉克斯坦的塔吉克语互相不能通话,被视作不同的语言。

已有的研究表明,政治因素对上合组织成员国语言政策的影响非常大,这种影响并不限于俄语及各国主体民族语言之间的消长关系,也体现在各国文字政策及改革方面。苏联时期,俄语处于优势地位,各成员国主体民族语言的文字,也都普遍采用与俄文一致的斯拉夫字母或基里尔字母的文字系统。苏联解体后,各国主体民族语言地位普遍提升,随之,文字政策也发生了较大的变化,普遍开始拉丁化趋势。而我国境内的“哈萨克语、柯尔克孜语、乌孜别克语、塔塔尔语由于伊斯兰教的影响,历史上均已改用或采用阿拉伯字母形式的文字”①。上合组织成员国的非主体民族语言,在苏联时期也普遍采用基里尔字母。我国境内各族情况则有不同,例如我国境内新疆维吾尔自治区的乌孜别克族、塔塔尔族基本都采用维吾尔文字,而塔吉克族由于使用的是萨里库尔话,本民族语言并无传统文字,所以使用的是维吾尔文或汉文。②

结语

语言作为一种“资源”,在学界已有不少学者讨论,作为国家语言发

---

① 参见黄行、许峰:《我国与周边国家跨境语言的语言规划研究》,载《语言文字应用》2014 年第 2 期。

② 同上。

展规划中的一个重要组成部分也被写入相关语言政策与发展纲要当中。与之相关,在我国国力日渐强盛,与世界各国政治、经济、文化交往渐趋频繁的背景下,我们应从国家安全、语言战略的角度去了解、分析世界各国语言政策。并在此基础上结合我国境内语言资源现状,加快部署国家语言战略规划,充分发挥我国在国际经济、政治以及民族事务活动中的重要影响,保护国家利益及国家安全。对于上合组织成员国语言政策及现状的了解,将不仅有助于我国与其在政治、经济、科技及文化等领域内交往的顺利开展,也将有助于我国国内语言政策及法规体系的更完备、更科学化。

Study on the Language Policies and Legislations of Russia and Central Asian Countries

Zhao Wei

Abstract: The official languages of the SCO members are different. Their language policies and regulations are influenced by the languages of the majorities, as well as by the factors of political, social and historical change. As a result, the situation is a kind of "being largely different with only minor resemblance". The understanding of the present situation of SCO members' language policies and legislations is also of great significance to the corresponding language policies and regulations in our country.

Keywords: Language Resources; Language Strategies; Language Policies

图书在版编目(CIP)数据

上海合作组织年度法治报告. 2017 / 刘晓红, 倪正茂主编. -- 北京 : 法律出版社, 2018
ISBN 978-7-5197-2922-6

Ⅰ. ①上… Ⅱ. ①刘… ②倪… Ⅲ. ①司法制度-研究报告-世界-2017 Ⅳ. ①D916.04

中国版本图书馆 CIP 数据核字(2018)第 290636 号

上海合作组织年度法治报告(2017)
SHANGHAI HEZUO ZUZHI NIANDU FAZHI BAOGAO (2017)

刘晓红　倪正茂 主　编
贾少学　石其宝 副主编

责任编辑 韩满春
装帧设计 李　瞻

出版 法律出版社
总发行 中国法律图书有限公司
经销 新华书店
印刷 中煤(北京)印务有限公司
责任校对 马　丽
责任印制 陶　松

编辑统筹 学术·对外出版分社
开本 720 毫米×960 毫米 1/16
印张 25.25
字数 365 千
版本 2018 年 10 月第 1 版
印次 2018 年 10 月第 1 次印刷

法律出版社/北京市丰台区莲花池西里 7 号(100073)
网址/www.lawpress.com.cn
投稿邮箱/info@lawpress.com.cn
举报维权邮箱/jbwq@lawpress.com.cn
销售热线/010-83938336
咨询电话/010-63939796

中国法律图书有限公司/北京市丰台区莲花池西里 7 号(100073)
全国各地中法图分、子公司销售电话:
统一销售客服/400-660-6393
第一法律书店/010-83938334/8335　西安分公司/029-85330678　重庆分公司/023-67453036
上海分公司/021-62071639/1636　深圳分公司/0755-83072995

书号:ISBN 978-7-5197-2922-6　**定价**:98.00 元
(如有缺页或倒装,中国法律图书有限公司负责退换)